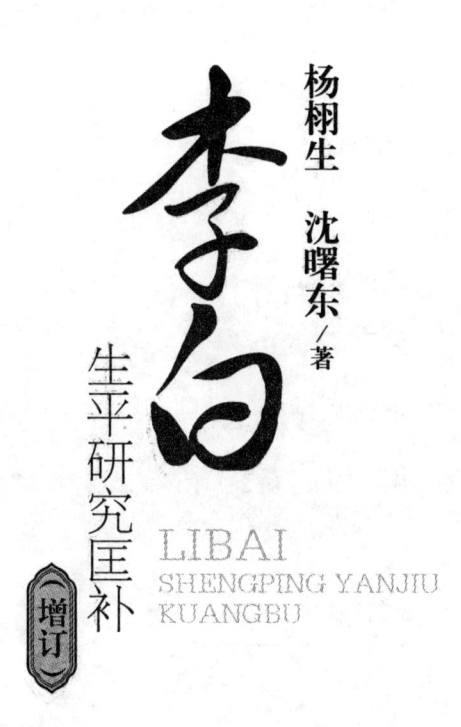

◀ 李白文史系列丛书 ▶

杨栩生　沈曙东 /著

李白
生平研究匡补

LIBAI
SHENGPING YANJIU
KUANGBU

（增订）

四川大学出版社

项目策划：高庆梅
责任编辑：高庆梅
责任校对：袁　捷
封面设计：墨创文化
责任印制：王　炜

图书在版编目（CIP）数据

李白生平研究匡补 / 杨栩生，沈曙东著. — 增订本.
— 成都：四川大学出版社，2019.12
　ISBN 978-7-5690-3281-9

　Ⅰ. ①李… Ⅱ. ①杨… ②沈… Ⅲ. ①李白（701—762）—人物研究　Ⅳ. ①K825.6

　中国版本图书馆CIP数据核字（2019）第287341号

书　名	李白生平研究匡补（增订）
著　者	杨栩生　沈曙东
出　版	四川大学出版社
地　址	成都市一环路南一段24号（610065）
发　行	四川大学出版社
书　号	ISBN 978-7-5690-3281-9
印前制作	跨克
印　刷	郫县犀浦印刷厂
成品尺寸	170mm×240mm
印　张	24.75
字　数	428千字
版　次	2019年12月第1版
印　次	2019年12月第1次印刷
定　价	78.00元

版权所有 ◆ 侵权必究

◆ 读者邮购本书，请与本社发行科联系。
　电话：(028)85408408/(028)85401670/
　(028)86408023　邮政编码：610065
◆ 本社图书如有印装质量问题，请寄回出版社调换。
◆ 网址：http://press.scu.edu.cn

扫码加入读者圈

四川大学出版社
微信公众号

《李白文史系列丛书》编委会

主　任：李　平

副主任：汤国平　陈清太　毛　彬
　　　　龙　合　罗　润

编　委：李联万　伏德明　张　杰
　　　　朱　勇　陈昌伦

前言

李白，正如裴斐先生所说，"他的身世经历很富有传奇性，并存在许多谜。生也是谜，死也是谜"（《李白诗歌赏析集·前言》）。正因为李白的身世存在许多"谜"，越是谜，越想探个究竟，这便激起了后世学人的探究热情。这一热情，在20世纪八九十年代形成了"如切如磋，如琢如磨"的研讨热潮。其研讨，主要集中在家世与种族、出生地、出川时间、移家东鲁、李杜交游、待诏翰林之原因、几次入京、归蜀与否、流夜郎至否、生卒年等方面，即所谓李白生平研究的"十大热点"。《李白生平研究匡补》是我们对李白生平的探讨以及研究者疏漏之拾零的考证订补。正文由"李白蜀中行踪及诗文创作""李白首次入京求仕长安之始末""李白卒于宝应元年"上、中、下三篇构成，由巴蜀书社于2000年出版。这次增订，补入了我们2000年以后有关李白生平的浅见拙识，正文仍以原题三篇，是为《李白生平研究匡补（增订）》。

上篇，主要讨论李白"仗剑去国，辞亲远游"出峡的年月、"路中投刺"苏颋的时间地点、由蜀入京之有无，以及《明堂赋》《大猎赋》《蜀道难》是否蜀中之作诸问题。

李白出峡的年月，自宋人薛仲邕《李翰林年谱》以来便有多种说法。我们通过对郦道元《水经注》有关记载的辨析和对李白《宿巫山下》《荆门浮舟望蜀江》《渡荆门送别》《自巴东舟行经瞿塘峡登巫山最高峰晚还题壁》诸诗的解读，认为李白开元十三春三月出峡是比较可靠的。

李白"于路中投刺"苏颋也并不是在苏颋赴任益州途中，而是在苏颋开元九年春益州履职后出巡地方时的襜帷暂驻之所。其时，李白于年初下渝州拜谒李邕不见纳，期间结识宇文少府，宇文以桃竹书筒相赠，其后李白便"提携"桃竹书筒"峨眉去"，继而在北上成都的途中适逢苏颋巡察地方，便"于路中投刺"。

李白由蜀入京之说，肇自唐人孟棨《本事诗》之谓"李太白初自蜀至京师"云云，五代时王定保《唐摭言》以"李太白始自西蜀至京"踵其后，清人凌扬藻《蠡勺编》以李白"开元初自蜀入京"继其说，今时武承权、张哲民先生再申旧说。孟、王、凌三家之说，不过是"一言以蔽之"，而武、张两家虽有举证，但却都并不确实。我们对武承权先生《李白疑案新论》（陕西人民出版社2002年版）、《李白弱冠自蜀入京求仕漫游考析》（《中国李白研究》2012年集）之举证多有质疑，并以李白《上安州裴长史书》之自叙生平为本，排比其蜀中经历，证实李白在蜀中时并无入京的可能。张哲民先生《〈游石门〉证李白自蜀入京》（《中国李白研究》2008年集）以汉中石门栈道石壁刻有"唐李白游石门"字样并诗为据，称李白曾经经石门由蜀入京。我们认为，"唐李白游石门"之石刻，并无年代可寻，后人刻此也有可能，而其诗则有意弄巧，造作痕迹颇重，不可能是李白所为，且所举李白其他诗作，亦不能证明李白曾有过汉中之行。故而李白经汉中石门由蜀入京亦不确。

关于《明堂赋》《大猎赋》，自薛仲邕以来多以李白自谓"十五观奇书，作赋凌相如"（《赠张相镐》）相牵合，并牵合史籍所载明堂改拆和玄宗之猎渭川，以为蜀中之作。但这却有许多误解。两赋并不作于蜀中，实乃应诏入京的天宝元年、二年，亲见明堂之规模、祭祀及玄宗大猎场面之献赋。而《蜀道难》这种足以代表李白诗歌风格特征的名篇，亦非青少年时期在蜀中的李白所可成就者。结合《旧唐书·玄宗纪》所载玄元皇帝庙之建置和更名，以及李白诗之忆为贺知章所激赏事，则《蜀道难》既非青少年时期的蜀中之作，亦非李白首次入京的开元十九、二十年间所作，而是应诏入京的天宝元年、二年"因以所业贽谒贺知章"时所作。

上篇末，我们编制了《李白蜀中年表》附于文后。年表始于李白生年（701），止于李白出峡（开元十三年，725），其中着重对李白出生地的诸家之说进行排比辨正，认定李白生于蜀中。

中篇，主要讨论李白首次入京求仕长安的时间、秦中行迹和出京后的短期游踪。

李白首次入京求仕的时间，稗山先生《李白两入长安辨》（《中华文史论丛》第二辑，1962年）定在开元二十六年至开元二十八年之间；后来郭沫若先生在《李白与杜甫》（人民文学出版社1971年版）中又将些事的系年提前了将近十年，定为开元十八年至开元十九年间；郁贤皓先生对郭沫若先生之说加之申论，并将李白在京城逗留时间挪后至开元二十年。我们仔细检索了李白的长安及秦地之作和有关史籍，虽然可以肯定开元年间李白有过长安之行，但却没有直接的证据证明其起始时间，稗、郭、郁三家也没有能提供确凿的依据。于是，我们便采取逐年追寻的填充办法。先以《送梁公昌从信安王北征》为根据，佐以有关史料，证明李白开元二十年正月已在京城，然后以《秋日于太原南栅饯阳曲王赞公贾少公石艾尹少公应举赴上都序》《忆旧游寄谯郡元参军》等诗及史料为据，证明李白开元二十二年春时已不在京城，则《梁园吟》之"我浮黄河去京阙，挂席欲进波连山"的"五月不热疑清秋"便是开元二十一年。以同样的方法，根据李白《豳歌行上新平长史兄粲》《上安州裴长史书》及崔宗之《赠李十二》等，推知其开元十九年"荷花初红柳条碧"时已抵京。李白首次入京的时间便是开元十九年至开元二十一年（《李白首次入京时间之考索》，载《南京师大学报》1985年第2期）。

李白的秦地行迹，主要辨识两个问题：一是隐居终南山的时间，一是出游邠、坊、岐的先后及作《梁甫吟》的时地。

李白隐终南，多以为是首次入京的当年秋时，可是我们考察李白及与之交游者的诗作，发现他入京的当年秋天并在不终南山，如《答长安崔少府叔封游终南山翠微寺太宗皇帝金沙泉见寄》、崔宗之《赠李十二》等。而第三年秋时李白已不在京城，则其隐终南当在入京的次年秋时，因玉贞公主其时不在终南，便于暮秋出行邠、坊寻求出路。李白出行邠、坊、岐，自曾巩《李太白文集后序》之谓"西涉岐、邠"后似乎再无异议，但考察李白此期的遭遇和心境，当是先行邠州求助于时任邠州长史的族兄李粲，不成，再行坊州，求之于旧交王（司马）、阎（正字），亦无所成，在返终南旧隐途中，取道岐州，游磻溪，有感于姜太公垂钓遇文王而显达，作《梁甫吟》，大抒其不遇之情。《梁甫吟》并非作于供奉翰林被逐后，亦非作于离京行至洛阳时，亦非作于坊州行之前。

李白出京后的行踪，根据《梁园吟》《忆旧游寄谯郡元参军》等诗及其他相关材料可追寻：开元二十一年春离京后"挂席"黄河，游梁园，访古平台，旋至洛阳"一醉累月"间游龙门等地，于冬十二月与元参军（演）游随州访仙城；次年春后"还山寻故巢"返安陆，不久，又于夏间出游襄阳，投书韩朝宗，不果，再还安陆；开元二十三年即受元参军之邀"五月相呼渡太行"，游并州（太原），直至次年春。《与韩荆州书》不如王伯奇先生之说作于开元二十四年，而是作于开元二十二年夏间；李从军先生李白出京后经太白山归蜀之说亦不能成立。

下篇，讨论的是李白卒年（一并涉及生年）问题。

李白的生卒年，宋人薛仲邕《李翰林年谱》、清人王琦《李太白年谱》之后，出现了五种新说：生于长安元年（701），卒于广德二年（764）；生于长安元年，卒于广德元年（763）；生于神龙元年（705），卒于大历元年（766）；生于神龙元年，卒于大历二年（767）；生于神龙元年，卒于永泰元年（765）。我们对"新说"各家所涉及的李白诸多诗文如《闻李太尉大举秦兵百万出征东南儒夫请缨冀申一割之用半道病还留别金陵崔侍御十九韵》《为宋中丞自荐表》《中丞以吴兵三千赴河南军次寻阳脱余之囚参谋幕府因赠之》等的辨析解读，否定其系年和对史事的附会等；对所依据的文献资料加以排比辨证，甚或文字辨读，辨别其真实性、可靠性；分析"新说"所存在的问题，认为擅疑古籍、误系或随意系年李白诗文、证据不实或不坚实、偏用史料和其他文献资料，是"新说"存在的主要问题。因此，李白生于长元年卒于宝应元年（762）不误。将此说放到李白生平的大平面中去排比验证亦是可靠的。

　　附篇，收录了不能编入或不能完全编入上、中、下三篇的文章，其目的是为读者减少对原文检索的困难。附篇所录各文，其他都不必赘言，只是有一篇文章涉及句读问题，需要在这里特别提出来说一说。李华《故翰林学士李君墓志》有"有子曰伯禽天然长能持幼能辩数梯公之德必将大其名也已矣"一段文字，这段文字的标读，诸版诸家皆误，致使表达的内容混乱、错误。我们在《李白子嗣小考》（《绵阳师专学报》1986年第2期）中提出了"有子曰伯禽，天然长能，持幼能辩，数梯公之德，必将大其名也已矣"这样的标读。后来我们在《唐人之李白序志碑传辨读》（《绵阳师范学院学报》2012年第1期）又做了专题探讨，认为"既然李白只有伯禽一子，并无名'天然'之子，则'有子曰伯禽、天然'的标读就是错的；既然没有两个儿子，因此也就没有'长''幼'可言，因而'长能持，幼能辩'的标读也是错的"。文章句读，看来似乎是"小学"，但这段文字的标读，却牵涉李白有几个儿子，有没有名

"天然"的儿子这样一个在李白的生平中并不算小的问题。而且，虽然笔者在二十多年前就对此进行了辨证，但却一直没有被研究者注意。所以，我们要在这里重申。

　　这本书，是我们多年研读李白诗文所得的裒辑，谓之"匡补"，其意不过是对前贤时彦旧说的补苴罅漏。然则孔管之见，恐如此些微之功亦求之不得，甚或更生错端，求同道不吝指点。

作　者

2018年6月

目录 CONTENTS

上 篇 李白蜀中行踪及诗文创作 …………………………………………… 001

　　一、"仗剑去国,辞亲远游"出三峡／004

　　二、漫游与"修长策""拟素贞"的发愤／019

　　三、蜀中少年时期的传闻析疑／032

　　四、李白由蜀入京之有无／039

　　五、《明堂赋》《大猎赋》《蜀道难》是否李白蜀中之作／045

　　[附]　李白蜀中年表／054

中 篇 李白首次入京求仕长安之始末 …………………………………… 069

　　一、两次长安之行的确实／071

　　二、首次入京和出京的时间／073

　　三、首次入京他说辨／086

　　四、首次入京之秦地行迹／100

　　五、首次入京出长安后的短期行踪和"归蜀"辨／107

　　六、首次入京是否作《蜀道难》及《蜀道难》思想内容辨解／120

下 篇 李白卒于宝应元年考辨 …………………………………………… 127

　　一、"新说"所据诗文系年讨论／130

　　二、"新说"所据碑、序及杂记材料的真实性讨论／162

　　三、李白卒于宝应元年／173

　　四、李白生卒年研究之分析／183

附　篇　李白杂考散论……………………………………………………193

　　李白子嗣小考 / 195

　　唐人之李白序志碑传辨读 / 201

　　五代及宋时李白序志之载事辨 / 211

　　李白居安陆期间事迹辨证 / 224

　　李白《宣州谢朓楼饯别校书叔云》诗题辨识 / 235

　　《文苑英华》之录李白诗文所本寻踪 / 244

　　《文苑英华》之李白诗题目异文辨读 / 250

　　李白秦中行吟叙论 / 261

　　《游谢氏山亭》是否李白作之疑 / 276

　　"辞欲壮丽　义归博远"——《大猎赋》与马扬畋赋 / 285

　　《与贾少公书》杂谈 / 292

　　《赵公西候新亭颂》艺术性散论 / 295

　　李白政治眼界及治世才能之另一面观察 / 298

　　唐五代时人论李白述评 / 310

　　"何时竹林下　更与步兵邻"——阮籍之于李白论略 / 323

　　"须教自我胸中出　切忌随人脚后行"——李白对鲍照的学习继承与发扬论略 / 330

　　李白《梦游天姥吟留别》之意旨解读 / 343

　　李白杜甫之论诗诗论略 / 348

　　论李白诗歌的叙事艺术 / 357

　　"李白精神"之解说 / 367

　　附录一：《李白生平研究匡补》序 / 376

　　附录二：曲径通幽　走近李白——《李白生平研究匡补》读后 / 378

上 篇

李白蜀中行踪及诗文创作

李白在蜀地生活达二十余年，但《李太白全集》所存蜀中诗作却屈指可数，且多难考定其年代，这无疑有碍于我们对李白的生活经历及思想、创作发展的认识。笔者欲就其蜀中行踪及诗文创作年代之能考者考之，能辨者辨之。

李白蜀中之行踪，在其三十岁时（730）所作《上安州裴长史书》中略有所叙：

> 白……少长江汉，五岁诵六甲，十岁观百家，轩辕以来，颇得闻矣。常横经籍书，制作不倦，迄于今三十春矣。

（按，于此可知李白上此书时已三十岁，为开元十八年）

> 以为士生则桑弧蓬矢，射乎四方，故知大丈夫必有四方之志。乃仗剑去国，辞亲远游，南穷苍梧，东涉溟海。见乡人相如大夸云梦之事，云楚有七泽，遂来观焉。而许相公家见招，妻以孙女，便憩迹于此，至移三霜焉。
>
> 曩昔东游维扬，不逾一年，散金三十余万，有落魄公子，悉皆济之。
> ……
> 又昔与蜀中友人吴指南同游于楚，指南死于洞庭之上，白禫服恸哭，若丧天伦，炎月伏尸，泣尽而继之以血。

（按，上叙出峡以后至上书裴长史之前的一段经历）

> 又昔与逸人东严子隐于岷山之阳，白巢居数年，不迹城市，养奇禽千计，呼皆就掌取食，了无惊猜。广汉太守闻而异之，诣庐亲睹。因举

二人以有道，并不起。

（按，上叙大匡山之隐居）

又前礼部尚书苏公出为益州长史，白于路中投刺，待以布衣之礼，因谓群寮曰："此子天才英丽，下笔不休，虽风力未成，且见专车之骨，若广之以学，可以相如比肩也。"

（按，上叙游成都）

李白此自叙，当是我们考察他蜀中行踪的基本依据。

一、"仗剑去国，辞亲远游"出三峡

前录《上安州裴长史书》，李白以倒叙记生平：从定居安陆到作书时已历三年，则李白定居安陆在开元十五或十六年；"东游维扬，不逾一年"，在定居安陆之前，即开元十四或十五年；"炎月伏尸"于"洞庭"，又在"东游维扬，不逾一年"之前，则游于楚的"炎月"，当是开元十三或十四年夏。从"仗剑去国，辞亲远游"后紧接"南穷苍梧，东涉溟海"（即"游于楚"，"东游维扬"）及叙"炎月伏尸"与"隐于岷山之阳"相连的行文看，李白的出峡亦当是开元十三四年。詹锳《李白诗文系年》（后简称詹《系》）谓，《唐大诏令集》卷74《命卢从愿等祭岳渎敕》"令工部尚书卢从愿祭东岳……太常少卿张九龄祭南岳及南海"下注"开元十四年正月"。张九龄有《登南岳事毕谒司马道士》诗，诗云："将命祈灵岳，回策诣真士。""司马道士"即司马承祯，"登南岳事"即"祈灵岳"（"祭南岳"）。可见开元十四年正月司马承祯已在衡山。又据《旧唐书·司马承祯传》：开元"十五年又召至都。玄宗令承祯于王屋山自选形胜，置坛室以居焉"。李白《大鹏赋》序称"昔于江陵见天台司马子微"，李白之遇司马承祯（字子微）于江陵当在开元十四年司马承祯游衡山之前。前文据《上安州裴长史书》推知李白出峡当在开元十三四年，而开元十四年正月后司马承祯已在衡山，则李白见承祯于江陵当在开元十三年。开元十三年,即李白出峡之时。

李白出峡之季节月份,颇多争议,或谓秋天,或谓五月,或谓三月。笔者认为,要确指李白初出三峡的时月,首先得解决《宿巫山下》《荆门浮舟望蜀江》二诗的写作时间。

此二诗,黄锡珪《李太白年谱》(后简称黄《谱》)系于乾元二年(759),詹《系》亦系于乾元二年,并认为:太白初出夔门下瞿塘至荆门在五月,而诗言"三月下瞿塘""正是桃花流""江陵识遥火,应到渚宫城"等,非初出峡时,当是流夜郎半道承恩放还中作。此说尚可商榷。

先说《宿巫山下》。诗云:

> 昨夜巫山下,猿声梦里长。
> 桃花飞渌水,三月下瞿塘。
> 雨色风吹去,南行拂楚王。
> 高丘怀宋玉,访古一沾裳。

诗既言"昨夜巫山下,猿声梦里长。桃花飞渌水,三月下瞿塘",则可知李白是下瞿塘而宿巫山下。然而李白赦还不曾有下瞿塘之事,白之遇赦于巫山,其诗有明言,《自汉阳病酒归寄王明府》诗所云"去岁左迁夜郎道""今年敕放巫山阳"即是。"巫山阳"即巫山南。可见李白流夜郎途中遇赦时尚未出巫山。郁贤皓先生《李白丛考》在谈到《自巴东舟行经瞿塘峡登巫山最高峰晚还题壁》一诗时,怀疑巫山最高峰有可能在瞿塘峡岸边。果若如此,则"巫山阳"当然有可能在瞿塘峡。可事实却不然,且看《水经注》(卷33、34)的记载:

> 江水又东,迳广溪峡,斯乃三峡之首也。其间三十里,颓岩倚木,厥势殆交……峡中有瞿塘黄龛二滩,夏水回复,沿溯所忌。

(按,广溪峡即瞿塘峡)

> 江水又东,迳巫峡,杜宇所凿以通江水也……江水历峡东,迳新崩

滩……其下十余里，有大巫山……其间首尾百六十里，谓之巫峡，盖因山为名也。

长江三峡为郦氏躬亲考察，谓"尝往返十许"，所记应当不谬。这一段文字，把瞿塘峡和巫山区域划分得清清楚楚：瞿塘峡与巫峡之断在新崩滩，巫峡是大巫山所在的江岸，而大巫山还在新崩滩之下十余里（按，笔者曾数历三峡，郦氏所记不谬）。可见"巫山阳"不会包括瞿塘峡以至白帝城，李白流夜郎不曾行经瞿塘峡，所以"下瞿塘"而"宿巫山下"不应是赦还时事，而是李白"仗剑去国，辞亲远游"之出峡。《宿巫山下》当作于此时，这是从地理方位上而言。再说，李白遇赦于"巫山阳"，如果《宿巫山下》作于遇赦时，那么李白"下瞿塘"就得先上瞿塘、登白帝城，而这一系列都集中在三月，从时间上来说，恐怕也是不可能的。

既然"巫山阳"不会包括瞿塘峡以至白帝城，则《早发白帝城》亦是写"仗剑去国，辞亲远游"之出峡明矣。诗人用传神之笔，艺术地再现了《水经注》中关于三峡的描写，表现了诗人"已将书剑许明时"的"仗剑去国，辞亲远游"的心境和必有所成的自信气概。此诗，杨慎《升庵诗话》说："太白娶江陵许氏，以江陵为还，盖家室所在。"杨慎显然是将此诗系于李白寓家安陆之后。李白寓家安陆，根据李白《上安州裴长史书》所叙"白本家金陵……常横经籍书，制作不倦，迄于今三十春矣。……而许相公家见招，妻以孙女，便憩迹于此，至移三霜焉"之经历，当是他二十七八岁时（即开元十五六年）。杨氏之谓，且不说当时安陆、江陵分属淮南和山南两道，只就分属安陆和江陵两郡（《新唐书·地理志》：安州安陆郡，属县有安陆等六县；江陵府江陵郡，属县江陵"贞观十七年省安兴县入焉"）而论，李白也不会"以江陵为还"。杨氏盖泥于"千里江陵一日还"中"还"字之解而曲为之说。今时有论者重申杨氏之说（康怀远《〈早发白帝城〉写作时间质疑》，《社会科学战线》1982年第4期），谓"'早'就是早晨，可以引申为初时，'早发'者，'当初出发'之谓也。从题目看，李白似乎是以回忆的口吻写这首诗的"。又说："《说文》：'还，复也。'据此，'千里江陵一日还'的'还'就有'归''到'的意思。李白用一'还'字显得对江陵感情之深切，不无'还乡'之情。……因此，可以这样认为，《早发》是李白出蜀后大约二十七八岁以安陆为立身之地并开始第一次漫游生涯时写的。"此说有两个问题：一是对"早发"的"'当初出发'之谓也"的曲解；二是对"还"的不得确解。正如清人吴齐贤《论杜》所说，"唐人作诗，于题目不轻下一字，亦不轻漏一字"，题中有的在诗中无不写到。李白作诗，亦是如此。笔者曾在拙文《李白〈留别金陵崔侍御十九韵〉系年再辨》（《中国李白研究》1991年）中以李白长达三十八字的诗题"闻李太尉大举秦兵百万出征东南儒夫请缨冀申一割之用半道病还留别金陵崔侍御十九韵"为例论及。以《早发白帝城》论，诗题称"早发"，诗中说"朝辞"，"朝辞白帝彩云间"正是"早发白帝城"的诗意化的抒写，首句将题目点尽，还何劳"'早发'者，'当初出发'之谓也"的曲为之解！至于"还"字，则更不应泥于《说文》"还，复也"的解释，"还"作"至""到"类解亦是其常义之一，如《逸周书·周祝》"故时之还也，无私貌；日之出也，无私照"，孔晁注"还，谓至也"。徐陵《折杨柳》"春还应共见，荡子太无情"，李白"闻道春还未相识，走傍寒梅访消息"，诸诗之"还"，皆用其义。"千里江陵一日还"之"还"正是"到""来到"之义——千里江陵一天就到了！如此，诗作于李白"仗剑去国，辞亲远游"之出峡时的江陵是无疑的了。

至于《荆门浮舟望蜀江》一诗，单看"正是桃花流，依然锦江色"二句，似乎系于出峡或赦还皆宜。不过从诗歌的内容和情味上来考察，却又以出峡之作为当。诗云：

春水月峡来，浮舟望安极。
正是桃花流，依然锦江色。
江色绿且明，茫茫与天平。
逶迤巴山尽，摇曳楚云行。
雪照聚沙雁，花飞出谷莺。
芳洲却已转，碧树森森迎。
流目浦烟夕，扬帆海月生。
江陵识遥火，应到渚宫城。

诗歌不仅写出了"正是桃花流，依然锦江色。江色绿且明，茫茫与天平"的满江春水送行舟，而且还是"雪照聚沙雁，花飞出谷莺。芳洲却已转，碧树森森迎。流目浦烟夕，扬帆海月生"的物物生辉含情迎。李白被卷入统治者的权力之争，流放夜郎，是一大冤案，是他平生所受打击之最烈者。他赦还至江夏，犹自说"天地再新法令宽，夜郎迁客带霜寒"（《江夏赠韦南陵冰》），可见一纸赦诏，并没有平复他心灵的巨创和满腔怨愤。而《荆门浮舟望蜀江》却何以表现得这般浪漫？揆诸情理，此诗应不是赦还之作。

再说，将《荆门浮舟望蜀江》与《渡荆门送别》相比较，也能说明《荆门浮舟望蜀江》是初出峡时所作。《渡荆门送别》诗云：

> 渡远荆门外，来从楚国游。
> 山随平野尽，江入大荒流。
> 月下飞天镜，云生结海楼。
> 仍怜故乡水，万里送行舟。

诗的前两句便足以说明作者是初次出峡游楚，更何况是"仍怜"故乡水，万里送行舟。而《荆门浮舟望蜀江》"春水月峡来，浮舟望安极。正是桃花流，依然锦江色"，所表现的感情正是"仍怜故乡水"。两诗当为同期之作。

既然《宿巫山下》《荆门浮舟望蜀江》不作于李白赦还时，以此则可证李白出峡当在开元十三年（725）春三月。

黄《谱》系李白出峡为开元十四年秋，则既不合《宿巫山下》《荆门浮舟望蜀江》之季节，亦与李白于江陵见司马承祯（开元十四年正月司马承祯已去衡岳）相左。詹《系》据《荆州歌》系出峡为开元十三年五月，亦似不甚妥帖。《荆州歌》云："白帝城边足风波，瞿塘五月谁敢过？"言"五月谁敢过"，则李白不必在五月过瞿塘；既言"荆州麦熟"，则李白其时已在荆州无疑。盖可知过瞿塘正在五月以前。后来郁贤皓先生之《李白丛考》又认为李白"南穷苍梧，东涉溟海"不止两年，并据《秋下荆门》诗将出峡定于开元十二年秋。但他又认为李白次年夏才游楚，说："从'炎月伏尸'句表明是盛夏季节，可知这是出蜀的第二年即开元十三年（公元725）夏天。"李白既然秋天就下了荆门，何以直到第二年夏才游洞庭呢？其实，李白于开元十三年三月出峡后，初夏就到了江陵，有《荆州歌》为证。之后不久便与吴指南游于楚，"炎月伏尸"于洞庭。这与《李白丛考》所说的"南穷苍梧，东涉溟海"不止两年并不矛盾。而《李白丛考》别立新说，却又造出了自开元十二年秋至十三年夏这一段时间的空白。

至于《李白丛考》借以持论的《秋下荆门》诗，笔者以为也还值得讨论。此诗《唐写本唐人选唐诗》作《初下荆门》，《李白丛考》认为正是这个"初"字，"证知乃初出蜀之作"。其实，"秋"作"初"字，历来的李白研究者很少有人接受。王琦如果接受，他就应该在《年谱》中明白地将此诗系于开元十三年；黄锡珪如果相信，他就不会将此诗系于乾元二年；詹锳先生相信"秋"就是"初"，将此诗系于开元十三年，却又与他五月出峡之说抵牾。《秋下荆门》一诗，《唐写本唐人选唐诗》虽题作"初下荆门"，但却并不可靠。因为其书"原卷抄写较为草率，不仅文字讹误，诗句脱漏处亦时时可见，即人名、诗名也间有遗漏或误植"[1]，而"《太白集》在生前已家家有之，传写异同，或中间改订，卷、集互歧，理所应有"[2]，则《秋下荆门》题为"初下荆门"未必不是其误之一。宋人乐史在李阳冰《草堂集》基础上编订的《李翰林别集》和宋敏求在乐史本基础上增订、整理而成并曾巩考订次序的《李太白文集》仍以"秋下荆门"为题（且并无"秋"亦作"初"的异文标注），便是宋人对"秋"不为"初"的认定。或者也可以说，《秋下荆门》自李阳冰以来就不曾作"初下荆门"。而且，就从诗的题目与内容的关系看，"秋"为"初"亦是不当。清人吴齐贤《论杜》说，"唐人作诗，于题目不轻下一字，亦不轻漏一字"，但"霜落荆门江树空，布帆无恙挂秋风。此行不为鲈鱼鲙，自爱名山入剡中"却不见"初下"的踪迹，而"秋下"却是明明白白的。再说，诗言"此行"，可见李白"下荆门"不止这一次，这次也并非头一次，而"自爱名山入剡中"则是"此行"的愿望和目的。以笔者之愚见，黄《谱》将此诗系于乾元二年，认识到是李白晚年之作，还是颇有见地的。试想，李白离家之时，还是以"已将书剑许明时"的气概辞家远游的，那时他以为"士生则桑弧蓬矢，射乎四方，故知大丈夫必有四方之志"，

---

[1] 蔡宛若《唐人选唐诗六种·关于〈唐写本唐人选唐诗〉》（华夏出版社1998年版）。
[2] 孙琴安《唐诗选本六百种提要》（陕西人民出版社1987年版）录《雪堂校刊群书叙录·敦煌本唐人选唐诗跋》。

为的是功名抱负，怎么刚离蜀就变成了"此行不为鲈鱼脍，自爱名山入剡中"了呢？李白有《经乱离后将避地剡中留赠崔宣城》一诗，王《谱》、詹《系》均系于至德元载，从诗题看，李白至德元载避安史之乱即有志于剡中，然而随之而来的却是入永王幕府，坐系寻阳狱，旋又长流夜郎，一直没有机会偿剡中之愿，直到放还才能再续前愿，说"此行""自爱名山入剡中"也是颇合情理的。李白还有一首《郢门秋怀》，王琦注云："郢门，即荆门也……其地临江，有山曰荆门……或又谓之郢门。"詹《系》系此诗于乾元二年，谓："'空谒苍梧帝，徒寻漠海仙。已闻蓬海浅，岂见三桃圆。倚剑增浩叹，扪襟还自怜。'似乎已届暮年。"此诗最后写道："终当游五湖，濯足沧浪泉。"这与《秋下荆门》"此行不为鲈鱼脍，自爱名山入剡中"的思想是一致的，黄《谱》系《郢门秋怀》《秋下荆门》二诗于乾元二年，并谓"'霜落荆门江树空'之句，是中秋后白由郢门将还巴陵也"。黄《谱》是正确的。《秋下荆门》一诗为李白流夜郎半道放还时所作，不可以证李白初出峡之时月。诗题之"秋"一作"初"，恐是"初"与"秋"音近而误。

李白初出峡时曾登巫山，赋《自巴东舟行经瞿塘峡登巫山最高峰晚还题壁》（以下简称《题壁》）诗。此诗自黄《谱》以来即被断为李白流夜郎至巫峡所作，以为"瞿塘峡即西陵峡"（王琦于《题壁》诗注引《方舆胜览》云：瞿塘峡"旧名西陵峡"。郭沫若《李白与杜甫》在谈到《题壁》诗时，于诗题中"瞿塘峡"下以括号注"古西陵峡"），且唐归州天宝元年改为巴东郡（《旧唐书·地理志》：归州，"武德二年割夔州之秭归、巴东二县分置归州。……天宝元年改为巴东郡"），故有此说。

今按，瞿塘峡称西陵峡，实属误传，以至杜甫有"蜀江楚峡混殊名"之叹。（杜甫《夔州歌十绝句》其二，仇兆鳌《杜诗详注》引朱鹤龄注："瞿塘峡旧名西陵峡，与荆州西陵峡相乱，故曰'混殊名'。"）虽然瞿塘峡误有西陵峡之称，但西陵峡却并不曾误有瞿塘峡之称，因而不得认为李白"自巴东舟行"所经之瞿塘峡便是西陵峡，即李白自巴东舟行并非逆水经西陵峡而登巫山最高峰。

考两《唐书》，唐代先后被称为巴东者不止归州一地，《旧唐书·地理志》：山南东道"夔州下，隋巴东郡，武德元年改为信州……二年……又改信州为夔州……天宝元年改为云安郡"，夔州属县有奉节，"隋为巴东郡……贞观二十三年改为奉节"。《新唐书·地理志》：山南东道"夔州云安郡……本信州巴东郡，武德二年更州名，天宝元年更郡名"。归州巴东在巫峡以东，今湖北巴东县；夔州巴东郡之奉节，即白帝城（今奉节县）。此两巴东，一在三峡上游（夔州），一在三峡下游（归州），李白所称巴东孰为是？李白《宿巫山下》诗既言"昨夜巫山下，猿声梦里长。桃花飞渌下，三月下瞿塘"，则李白所指瞿塘实在巫山上游，非所谓"即西陵峡"之瞿塘峡。又，李白有《江上寄巴东故人》一诗，云："觉后思白帝，佳人与我违。"既"寄巴东故人"而又"思白帝"，则"巴东""白帝"实为一地。李白还有首《峨眉山月歌送蜀僧晏入中京》，首二句云："我在巴东三峡时，西看明月忆峨眉。""巴东三峡"显然是因袭《水经注》之"故渔者歌曰'巴东三峡巫峡长，猿鸣三声泪沾裳'"之"巴东三峡"。《旧唐书·地理志》载：山南东道"归州……巴东，汉巫县地，属南郡，周置乐乡县，隋改为巴东县"。郦氏之谓"巴东"，自然不会是后来"隋改为巴东县"的归州巴东，而是指东汉时为巴东郡治的白帝城，李白因袭之。于此可证，《题壁》诗之谓"巴东"，实指夔州之巴东。上文已证知李白之"敕放巫山阳"实与瞿塘奉节（白帝）无涉，则迁夜郎便不得上瞿塘，即是说《题壁》诗既不作于赦还时，也不作于迁夜郎途中，而作于开元十三年出峡时，其时夔州巴东虽改名奉节，但文人好古，取旧名以代时称，岂独李白，唐人多有此习。如杜甫《夔州歌十绝句》（其一）云："中巴之东巴东山，江水开辟流其间。白帝高为三峡镇，瞿塘险过百牢关。"其"巴东"便是白帝城。仇兆鳌注云："《唐志》：夔州为巴东郡，在中巴之东。《水经注》：章武二年改白帝为永安。巴东郡治也。"夔州奉节之为巴东郡治不始于隋时，汉献帝建安六年已然（《晋书·地理志·益州》："献帝初平元年刘璋分巴郡立永宁郡，建安六年改永宁为巴东。"），李白仍以古名，故称"自巴东舟行经瞿塘峡登巫山"，次序非常明白。

若将《题壁》诗断为李白迁夜郎途中所作，则于诗本身多有未合。且读全诗：

江行几千里，海月十五圆。
始登瞿塘峡，遂步巫山巅。

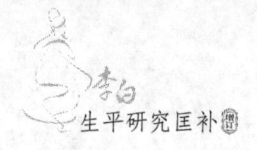

巫山高不穷，巴国尽所历。
日边攀垂萝，霞外倚穹石。
飞步凌绝顶，极目无纤烟。
却顾失丹壑，仰观临青天。
青天若可扪，银汉去安在？
望云知苍梧，记水辨瀛海。
周游孤光晚，历览幽意多。
积雪照空谷，悲风鸣森柯。
归途行欲瞑，佳趣尚未歇。
江寒早啼猿，松暝已吐月。
月色何悠悠，清猿响啾啾。
辞山不忍听，挥策还孤舟。

诗云："江行几千里，海月十五圆。"但李白谪途并未经十五个月。诸家认为，李白之巫山遇赦是乾元二年二三月。王《谱》谓："按，《唐书》本纪：乾元元年二月丁未，以改元大赦。四月乙卯，以有事南郊大赦。十月甲辰，以册立太子大赦。二年三月丁亥，以旱降死罪，流以下原之。公之遇赦，当在此数月中。"此后，黄《谱》、安旗、薛天纬《李白年谱》、郁贤皓《李白丛考》主乾元二年（759）三月遇赦，詹《系》、郭沫若《李白与杜甫年表》主乾元二年二月遇赦。逆数十五月，则李白始登谪途最早当是乾元元年正月。可是安旗、薛天纬《李白年谱》至德二载十二月下云："本年十二月戊午（十五）日，朝廷因玄宗回长安，'赐酺五日'。时白已身为罪人，故不得参与此庆祝活动，乃作《流夜郎闻酺不预》诗，则白之判流当在本月或本月以前。"安旗又在《李白全集编年注释》中说："白自乾元二年赦还后，诗中言及流放事，多称'三年'。如：'万里南迁夜郎国，三年归及长风沙。'（《江上赠窦长史》）'贾谊三年谪。'（《田园言怀》）由本年（按，即至德二载）至乾元二年，合首尾计之，适为三年。白之判流，当在本年十二月之前。郭沫若《李白与杜甫年表》云'白被定罪长流夜郎'在本年十一月，差是。十二月戊午（十五）长安赐酺，岁内消息或可至江南。"那么李白至遇赦，谪途当有十六七个月，不合"海月十五圆"。李白又有《流夜郎至西塞驿寄裴隐》诗，云："我行望雷雨，安得沾枯散。鸟去天路长，人愁春光短。"显系春暮夏初时令。王注云："西塞驿当在西塞山边。《元和郡县志》：'西塞山在鄂州武昌县东八十五里。'"李白流夜郎自寻阳首途（黄《谱》、安《谱》主此说），去西塞山不过数百里水路（按，李白此诗云"扬帆借天风，水驿苦不缓"，可知李白谪途至西塞驿是舟行），费时不会很久。且查考这一时期的诗作，李白于此间又无甚逗留，何况玄宗曾明令流贬人等"日驰十驿以上"（《资治通鉴》卷214：天宝五载"秋七月丙辰敕：'流贬人多在道逗留，自今左降官日驰十驿以上'"），恐不会容李白盘桓日久。如果是这样，则李白自寻阳流放约在乾元元年三月，正是黄《谱》之谓自乾元元年"仲春终以永王事，长流夜郎"。这种情况可能是李白至德二载十一二月被判流放后暂缓起解，虽不知是何原因，但根据《流夜郎至西塞驿寄裴隐》诗所提供的季节时令，却可以推知流放自寻阳首途的大致时间。那么自乾元元年二三月至次年二三月怎么能见"海月十五圆"呢？即使自赦诏颁布至李白闻赦间有一个月左右的传达时间，也不合"海月十五圆"。这两情况，李白的谪途都与"海月十五圆"不合，则可见《题壁》诗非李白赦还之作。

　　诗又云："巫山高不穷，巴国尽所历。""巴国"即今四川东部重庆一带。马端临《文献通考》说："重庆府，古巴国。"王应麟《小学绀珠》云："三巴，巴郡今重庆府，巴东今夔州，巴西今合州。"倘李白是自归州之巴东溯江而上登巫山，"巴国"何以能"尽所历"？

　　诗又云："周游孤光晚，历览幽意多。……归途行欲曛，佳趣尚未歇。"既言"周游"，恐非戴罪之身；既言"幽意多"，"佳趣尚未歇"，恐亦非流徒心境。我们不妨将李白在迁流途中之作择其离巫峡最近者以资比较。其江陵《赠别郑判官》诗云："远别泪空尽，长愁心已摧。二年吟泽畔，憔悴几时回？"——何等哀愁！又《上三峡》诗云："巫山夹青天，巴水流若兹。巴水忽可尽，青天无到时。三朝上黄牛，三暮行太迟。三朝又三暮，不觉鬓成丝。"——何其沉重！两相比较，《题壁》诗"周游"之说，"幽意""佳趣"之旨，应不合远窜身份及心情。

　　诗歌的描写笔墨清新，甚至可以看到诗人的奕奕神采，"日边攀垂萝，霞外倚穹石。飞步凌绝顶，极目无纤烟"，"江寒早啼猿，松暝已吐月。月色何悠

悠，清猿响啾啾"，表现了诗人心情的轻快。只有最后"辞山不忍听，挥策还孤舟"，似因猿声而有所感。此则应篇首之"江行几千里，海月十五圆"，辞家既久，游览之中，触景生情，自然而发。以诗人《荆门浮舟望蜀江》的不胜依恋之情论，离家日久，听猿声而有所感，乃情理之中事。

詹《系》系此诗于乾元二年李白上巫峡未遇赦时，却又有所疑，说："《唐宋诗醇》曰：'词意沉郁，盖白当忧患之余，虽豪迈不减，而怀抱可知。'《唐会要》卷71：'太平县，开元二十二年六月置，天宝元年八月二十四日改为巴东县。'此诗之作，当在天宝之后。按巴东在瞿塘峡之东，而瞿塘峡却在巫山之西，今题云'自巴东舟行登巫山'者，不知何以故，岂巫山最高峰尚在瞿塘之西耶？但既言自巴东舟行，定是逆水而上。"盖泥于"巴东"之指而囿于《唐宋诗醇》之说，未得其解。《李白丛考》虽力辩《题壁》诗为流放至巫山所作，却也不能不提出与詹《系》同样的问题："巫山是东北—西南走向的山脉，共有十二峰，李白登的'最高峰'，疑它的位置可能就在瞿塘峡岸边。"此则上文所引《水经注》已明辨巫山之所在。

综上所述，《题壁》诗为李白早年出峡之作大约是可以确定的。只是有一点尚须说明。詹《系》谓"诗云'积雪照空谷，悲风鸣森柯'疑是乾元二年初春所作"。其实以巫山海拔一千五百米的高度，三月积雪未足为怪，前叙李白《荆门浮舟望蜀江》就说"正是桃花流"，"雪照聚沙雁"，而根据《宿巫山下》所云"桃花飞渌水，三月下瞿塘"，则"雪照"正是春三月，故而不必因"积雪"而疑为初春之作。"积雪照空谷"与"三月下瞿塘"并不矛盾。

要之，李白开元十三年春三月经瞿塘峡登巫山，赋《早发白帝城》《题壁》《宿巫山下》等诗，随即下荆门，赋《荆门浮舟望蜀江》等诗，在"麦熟茧成蛾"的季节抵荆州；旋游于楚，"炎月伏尸"于洞庭，从此走上了漫游的长途，也走上了艰难险巇的世途。

李白出峡离蜀的年代，自薛仲邕以来，有开元十年、开元十二年、开元十三年、开元十四年等几种说法。开元十二年、开元十三年、开元十四年三种说法之不可信，已如前文所论，唯薛仲邕的开元十年说笔者尚未探及。薛仲邕《翰林李太白年谱》将李白出峡定在开元十年未示何据，今时却有陈钧先生在《李白出蜀年代新考》（《人文杂志》1990年第2期）中重申薛说，断定李白是"开元十年春"出的三峡,其理由有三条:一是从"李白出蜀的动因"上来考察,认为李白的出蜀,是导源于开元九年谒见苏颋而受到他的鼓励和教导,说:"李白之出蜀,既然导源于开元九年之谒见,那么,两件事在时间上就不应该相距太久。所以,将李白出蜀年代系于开元十二年、开元十三年、开元十四年,皆有悖于常情。"二是认为《题壁》是李白初出峡时所作。三是"李白行踪的前后联系",认为因为李白《登锦城散花楼》有"暮雨向三峡,春江绕双流",所以表明了诗人最向往的是三峡中的巫峡,于是便投入热情,并付诸"遂步巫山巅"的行动,从作《登锦城散花楼》的春天到作《题壁》的次年春末,"历时该有十五个月左右,正合'海月十五圆'意"。

观此三条理由,并没有一条提供了李白出蜀年代的确凿依据。第一条,"就不应该相距太久",不过是猜想之辞,并无事实根据。第二条,《题壁》诚然是李白初出夔门时的作品,但陈文却并没有能够证明它就是开元十年的春天所作。既然如此,那么也就无所谓第三条理由的"正合""海月十五圆"了,因为十五个月没有它计算的起点。

虽然陈文并没有提供李白出蜀年代的确凿依据,但却仍然得出了李白"开元十年春,出夔门,登巫山,下江陵"的结论,因而这个结论的可靠性也就颇值得怀疑了。陈文的主要依据是"出蜀动因"。李白谒见苏颋,的确是受到了很大的激励,但是不是就一定要出夔门下江陵"辞亲远游"才算是受到了激励呢?而且就算是这样,是不是一定要在短时间内就付诸行动呢?

李白与苏颋的关系,《唐诗纪事》引宋人杨天惠《彰明逸事》,中有李白曾"隐居戴天大匡山,往来旁郡,依潼江赵征君蕤。……太白从学岁余,去游成都,赋《春感》诗……益州刺史苏颋见而奇之"的记载。又有《上安州裴长史书》,"昔与逸人东严子隐于岷山之阳,白巢居数年,不迹城市。……前礼部尚书苏公出为益州长史,白于路中投刺,待以布衣之礼,因谓群寮曰:'此子天才英丽,下笔不休,虽风力未成,且见专车之骨,若广之以学,可以相如比肩也。'"李白《上安州裴长史书》之自谓与《彰明逸事》相勘比,"于路中投刺",可见李白谒见苏颋是在苏开元九年春出为益州长史后的途中(说详后),当是先投刺不中,而后游成都。因为这次谒见,李白虽大受称赞,所谓"天才英丽,下笔不休","且见专车之骨",但却以"风力未成",尚需"广之以学"

而不见用，换句话说，李白投刺的目的未能达到，于是才在《春感》诗中感叹"茫茫南与北，道直事难谐"，正指虽受称赞而不见用一事。

李白投刺不中，再游成都后当年冬天便回到家乡读书处匡山，写有《冬日归旧山》（说详后），诗的后四句所说的"洗砚修良策，敲松拟素贞。此时重一去，去合到三清"，颇似苏秦始将连横说秦失败归后的发愤和抱负。李白欲"修良策""拟素贞"，重去投刺，定到"三清"。"三清"，即道家所谓人、天两界之外别有玉清、太清、上清的神仙境界，以喻出人头地，取得高位。所谓"修良策""拟素贞"，正是苏颋所谓"广之以学"，成其"风力"。可见李白谒见苏颋，受到苏颋的鼓励和教导所激励的倒不是出蜀，而是要更加奋发努力再加锤炼，下定决心修成之后"此时重一去，去合到三清"。如此看来，李白开元九年春谒见苏颋（说详后），其年冬方归旧山，似不可能在次年春又出峡"仗剑去国，辞亲远游"。他还要"修良策""拟素贞"，恐怕不是三五个月可以了事的，何况下的是"此时重一去，去合到三清"那样大的决心。因此，陈文所谓李白"开元十年春，出夔门，登巫山，下江陵"的结论是不实在的。

李白"于路中投刺"之后的行踪，亦见《上安州裴长史书》。如前所引，李白叙述他在开元十八年以前的主要经历：前苏公出为益州长史，白"于路中投刺"不果，于是与逸人东严子隐于"岷山之阳"（按，杨慎《李诗选题辞》谓指匡山），"巢居数年，不迹城市"，后来与吴指南游洞庭，再游扬州（维扬），再入赘许家定居安陆。李白投刺之后隐居岷山之阳（匡山），与《冬日归旧山》正相吻合。既然是"巢居数年，不迹城市"，那就说明李白开元九年春谒见苏颋后次年春并没有"辞亲远游"出三峡。陈文所提出的李白"开元十年春，出夔门，登巫山，下江陵"的结论，与李白的自叙是相悖的。

陈钧先生之后，乔长阜先生以对李白《大鹏赋序》之"余昔于江陵见天台司马子微"时间的推衍，再申"开元十年出蜀"说（《李白开元十年"仗剑"出蜀臆说》，《中国李白研究》1997年集）。认为：

>《旧唐书·司马承祯传》："开元九年，玄宗又遣使迎入京，亲受法箓，前后赏赐甚厚。十年，驾还西都（按：在十月），承祯又请还天台山，玄宗赋诗以遣之。十五年又召至都（按：十五年十月前玄

宗在洛阳）。"……据《李白系年》所考，司马承祯开元十四年居衡山；而从孟浩然游越所作《宿天台桐柏观》（当作于开元十三年冬）没有提到司马承祯（据卫凭"庙谒"，司马承祯本居于天台桐柏观）看，此人开元十三年当已在衡山。司马承祯开元十五年是应诏入京，江陵不在入京要道，他不会绕至其地。所以，他开元十年十月离开洛阳后，可能在江陵的时间，当在开元十年十一、十二月到十一年春夏这段时间内（他既然请求回台州天台山，当然在归途之中不会耽搁太久；绕道游江陵，自然不会是离开洛阳半年以后之事）。从李白方面说，没有材料能否定他其时能与司马承祯相遇于江陵；相反，他出蜀之初所作《秋下荆门》诗，表明他秋天（当是深秋）正从峡州荆门山向其下游的荆州江陵进发。二州相邻，至迟在初冬可抵达；而且，李白出蜀后第二年春夏，当仍在荆州一带。所以，李白在开元十年后到十一年春夏这段时间内，与司马承祯相遇于江陵，是没有什么不可能的。那么，由此推断，李白出蜀时间就当在开元十年秋，而不可能迟到至十三年秋，十二年秋的可能性也很少。

这段推衍，我们认为有诸多不实：

其一，司马承祯开元十三年已在衡山的说法，当然是为否定司马承祯开元十三年在江陵而设的。可是，孟浩然的《宿天台桐柏观》并非作于开元十三年冬。诗云："息阴憩桐柏，采秀寻芝草。鹤唳清露垂，鸡鸣信潮早。愿言解缨络，从此去烦恼。""鹤唳清露垂"，是孟浩然宿桐柏观的时令。据《风土记》："鸣鹤戒露。此鸟性警，至八月白露降，流于草上，滴滴有声，因即高鸣相惊，移徙所宿处，虑有变害也。"因此，孟浩然"息阴憩桐柏"应是秋八月而不是冬天。"愿言解缨络，从此去烦恼"，是孟浩然宿桐柏观时的情感、心境。"缨络"乃世网之谓。他说他希望从世网中解脱出来，从此远离烦恼。这应该是孟浩然应试长安不第遭遇坎坷后的精神状态，而孟浩然应试长安是开元十六年的事。因此，徐鹏《孟浩然集校注·作品系年》将《宿天台桐柏观》系于开元十八年夏是很有见地的。而乔文据此推衍出的司马承祯开元十三年已在衡山之说也便是不实之词。何况，怎么能说司马承祯开元十三年不在天台桐柏观就一定是在衡山呢？

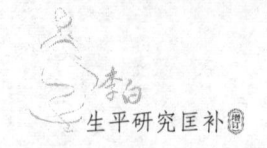

其二，将《秋下荆门》定为李白初出蜀之作（按，乔文并未对此给予求证，径定为李白出蜀之作），并以此证明司马承祯开元十年后离开洛阳取道江陵与李白相遇的可能性，从而推断出李白开元十年出峡，亦是乔文之一误。《秋下荆门》一诗，前文已论及，"秋"不为"初"是李阳冰、乐史、宋敏求、曾巩等唐宋时李白文集编修者所认定的，且"秋"若为"初"，则诗之内容与题目全不吻合，而"此行不为鲈鱼脍，自爱名山入剡中"倒与《郢门秋怀》"终当游五湖，濯足沧浪泉"的思想相一致。所以，《秋下荆门》应是李白流夜郎赦还时所作，不可用以牵合司马承祯开元十年十月以后到江陵李白与其相遇，又反过来证明李白开元十年出峡去蜀。

其三，乔文说，司马承祯"开元十年十月离开洛阳后，可能在江陵的时间，当在开元十年十一、十二月到开元十一年春夏这段时间内"，"李白在开元十年十月后到十一年春夏这段时间内，与司马承祯相遇于江陵，是没有什么不可能的"。这里所说的只是两种可能性，然而乔文却凭这样的可能性推断出了"李白出蜀的时间当在开元十年秋"的结论。

陈、乔之李白"开元十年春"出蜀"新考"，只不过是推测性的，是对薛仲邕《翰林李太白年谱》说法的重申，并没有可靠的依据，仅仅是"臆说"而已。

探讨李白出峡去蜀的时间，从司马承祯方面去考察李白何时在江陵与他相遇，虽然不失为一个切入点，甚至是很重要的切入点，但既然没有确凿的依据能证实此事，则不妨多从李白出蜀前的行踪上去考察。

前录《上安州裴长史书》李白出蜀前后一段经历，可知李白出蜀前"投刺"苏颋后又有过"巢居"数年的隐读。苏颋出任益州长史抵蜀在开元九年春二三月间（说详后）。"与逸人东严子隐于岷山之阳，白巢居数年，不迹城市"，"数年"之数，恐怕当有三四年方可称得。李白不在开元十年出蜀是显然的。李白出峡的季节是春三月，有《宿巫山下》《荆门浮舟望蜀江》《题壁》诸诗可证。《题壁》写道："江行几千里，海月十五圆。"这就是说李白离家已经十五个月了。如果从开元十年秋逆数十五个月，李白离家最迟应在开元九年夏间，可是这哪里还有他自己说的"投刺"苏颋后还与东严子"隐于岷山之阳""巢居数年"的时间？这也证明李白不可能在开元十年出峡去蜀。那么开元十一年呢？开元十二年呢？如果开元十二年出蜀，以"海月十五圆"倒推，李白于开元十一年初就要离家。李白开元九年冬才"归旧山",其后才与东严子"隐于岷山之阳","巢居数年,不迹城市",就从开元九年冬天算起,到开元十一年初,实际时间才一年多,也不合"数年"之称。当然,以此而论,开元十一年出蜀就更无可能了。假如李白是开元十四年出蜀的,这与"巢居数年"倒相合,但却如前文所论,司马承祯开元十四年正月已在衡山,李白当然不会在开元十四年的春三月在江陵见到他。而开元十四年以后就更不会是李白出峡的时间了。剩下的就只有开元十三年了。以开元十三年春三月合于"海月十五圆",则李白离家的时间在开元十二年初。从开元九年到开元十二年初,历时将近三年(四个年头),故称"数年"就是合适的了。这样看来,开元十三年三月李白出峡去蜀还是比较可靠的。

二、漫游与"修长策""拟素贞"的发愤

《题壁》诗作于开元十三年三月李白出峡时,"海月十五圆"则指李白离家时间,盖以月圆寄寓诗人之离思。据此可以推知李白远游之辞家约在开元十二年初,这一年,李白二十四岁。《别匡山》(又作《出山》《题大明寺》)一诗,当是此时所作。诗云:

> 晓峰如画碧参差,
> 藤影摇风拂槛垂。
> 野径来多将犬伴,
> 人间归晚带樵随。
> 看云客倚啼猿树,
> 洗钵僧临失鹤池。
> 莫怪无心恋清境,
> 已将书剑许明时。

诗表明"无心恋清境",乃"已将书剑许明时"。此诗王本不收,《江油县志》据《大明寺碑》收录。观其"莫怪无心恋清境,已将书剑许明时"之气概,绝似"士生则桑弧蓬矢,射乎四方,故知大丈夫必有四方之志,乃仗剑去国,辞

亲远游"，其出于李白之手笔，可信而无疑（按：此诗安旗先生《李白纵横探》认定为李白离蜀时作；1982年江油李白纪念馆印行《李白留故里诗选注》编入；安旗先生《李白全集编年注释》、詹锳先生《李白全集校注汇释集评》均收录此诗；陈尚君先生辑校《全唐诗补编》亦收录于李白名下）；薛天纬先生《〈别匡山〉确系白少作》[《李白研究论丛》（第八辑）更从文献学、内容、诗体多角度加以考察]。只是《光明日报》（1983年3月1日）之《文学遗产》栏第576期载陈广福先生《李白〈别匡山〉诗考》一文，谓是李白"当他'四海明识，具知此谈'，'可以相如比肩'的二十岁时，就毅然决然地告别抚育他成长的故里"时所作。这一说法似欠妥当。陈文只引"可以相如比肩"一语，而略去"虽风力未成"一句，已是不妥，而又不察"可以相如比肩"又是以"若广之以学"为条件的。这显然不是指李白谒见苏颋的当时就"可以相如比肩"。陈文误系《别匡山》一诗，下文对李白开元九年赋《春感》《登锦城散花楼》《冬日归旧山》诸诗之考可证。

开元十二年初，是李白最后一次离开家乡。告别故乡后，没多久，便登临峨眉，有《登峨眉山》一诗，诗云："平生有微尚，欢笑自此毕。"此与"已将书剑许明时"是同样气概，表明平生有所向往，大志在胸，此一去乡远游，理想实现有日，故登峨眉而言"从此完成志愿而愉快欢笑"（复旦大学编《李白诗选》注文）。因怀四方志，峨眉非久留之地，在"峨眉山月半轮秋"的时候，李白即"夜发清溪向三峡"，从此漫游海内，"观空天地间"（《同族侄评事黯游昌禅师山池二首》其一）。

李白第一次离开家乡读书处匡山作蜀中之游，起于对李邕和苏颋的拜谒。拜见苏颋，是李白自己在《上安州裴长史书》中所说，"前礼部尚书苏公出为益州长史，白于路中投刺"，而拜见李邕则是葛景春先生的考证所得。其《李白〈上李邕〉写于蜀中》（《社会科学研究》1986年第6期）根据曲阜孔庙《唐孔夫子庙碑》"朝散大夫使持节渝州诸军事守渝州刺史江夏李邕文"和《资治通鉴·唐纪》开元六年十一月宋璟上书请任命李邕为渝州刺史，考知李邕开元七、八、九年之间任渝州刺史，李白"在渝州拜谒了当时极负文名的渝州刺史李邕"，"此诗显然是回敬的语气，态度相当不客气，显示出一股少年锐气"。又在《李白思想艺术探骊》（中州古籍出版社1991年版）中说："李白游渝州谒见李邕时，大概态度不拘俗礼，且谈论放言高论，纵谈王霸，使李邕十分不悦。史称李邕'颇自矜衒'（《旧唐书·李邕传》），为人自负好名，对年轻后进态度颇为矜持，当然对青年李白平交诸侯的态度及策士般的'大言'产生不满和反感，李白对此不满，因此在临别时写了这首态度颇不客气的《上李邕》一诗，以做对李邕倨傲，看不起年轻后辈轻慢行为的回敬。"安旗（《李白全集编年注释》《李白全集编年笺注》）、詹锳（《李白全集校注汇释集评》）两先生也证实了葛景春先生的考证。安旗先生说："诗中既有'宣父犹能畏后生，丈夫未可轻年少'之语，自应是早年所作……尚是年少后生，初入世途，未谙谒大官见长者待师儒之礼，又兼年少气盛，如初生之犊，故于李邕敢以敌体之礼自居，如语平交然。……天宝五载夏，白与李邕、杜甫、高适相会于济南，作《东海有勇妇》诗，中有句云：'北海李使君，飞章奏天庭。舍罪警风俗，流芳播沧瀛。'于李邕之德政颇加颂扬，与此态度迥异，其非同时之作甚明。兹据李邕刺渝时间及诗中年少语气改系本年。"（按，即开元八年）詹锳先生《李白全集校注汇释集评》一改《李白诗文系年》系《上李邕》于天宝五载而从葛说，也是对此前系《上李邕》于他年[1]的否定。

《上李邕》一诗的写作时间，后来武承权先生又有新说。其《李白疑案新论》（陕西人民出版社2002年版）认为"这首诗的写作时间，应为开元十八年李白在江夏时"，"李白的《送储邕之武昌》诗'春风三十度，空忆武昌城'，'春风三十度'，说明李白已三十岁，这正是开元十八年。李白很多同时期的诗证明，李白这次到江夏从春季到冬季，停了一年的时间。他到江夏来主要是交游。……这时，李邕正在遵化和沣州为官并往来江夏，李白宜在此时见他，那时李邕虽然在海内享有名望，但其官衔却不甚高，还未当北海太守，只是任县尉和司马等职，所以李白直呼其名不为过"。武承权先生其实并没有举出确凿的证据支持其说，只是推测。何况《送储邕之武昌》并不作于开元十八年，李白也不是在武昌（江夏）。詹锳先生《李白诗文系年》谓："诗云：'湖连张乐地，山

---

1 复旦大学编《李白诗选》（人民文学出版社1961年版）："这首诗是天宝四载（公元七四五）游北海郡时写给北海太守李邕的。"孙钦善《高适集校注》（上海古籍出版社1984年版）谓"天宝五载……李白有《上李邕》"。

逐泛舟行。'谢朓诗有'洞庭张乐地'之句，则送别之地似在巴陵附近。"又在《李白全集校注汇释集评》说："诗云：'黄鹤西楼月，长江万里情。春风三十度，空忆武昌城。'知在春季，与初游武昌时相去已三十载矣。本集有《黄鹤楼送孟浩然之广陵》，诗当作于开元二十八年以前，一般以为在开元十六年，下数三十年，当为乾元元年春。"武承权先生对"春风三十度，空忆武昌城"的理解是有待尚榷的。而且，说李白是因为李邕官职不高才直呼其名也不妥。李白平交王侯的思想很早就已经形成，所谓"府县尽为门下客，王侯皆为平交人"，直呼其名与否，岂会因官位之高下而异！直呼"李邕"之名，大言炎炎，这正如安旗先生"正缘作时尚是年少后生……又兼年少气盛"之论，正能说明"自应是早年所作"。

李白于渝州拜谒李邕并作《上李邕》一诗，葛景春、安旗、詹锳诸先生所见的是，只是安旗先生说李白游渝州谒见李邕是在游成都之后，恐未是。

如果李白是游成都之后去渝州谒见的李邕，那就意味着李白是先投刺的苏颋（即游成都）。因为据《彰明逸事》载，李白"去游成都，赋《春感》诗云……益州刺史苏颋见而奇之"（按，《彰明逸事》之载，与李白《上安州裴长史书》之"前礼部尚书苏公出为益州长史，白于路中投刺，待以布衣之礼"微有出入，应该是先投刺苏颋，后游成都），投刺苏颋和游成都是相连的。但是，李白投刺苏颋时，苏颋称"此子天才英丽，下笔不休，虽风力未成，且见专车之骨，若广之以学，可以相如比肩也"，这番话，对李白来说，既是赞赏，也是激励和训导，说李白虽然颇有文才，但却"风力未成"，尚需"广之以学"，才"可以相如比肩"。李白应该是听得出苏颋这话的意思的。此后他归旧山时"洗砚修良策，敲松拟素贞。此时重一去，去合到三清"（《冬日归旧山》）的决心，和"与逸人东严子隐于岷山之阳，白巢居数年，不迹城市"（《上安州裴长史书》）的发愤苦读，正是接受了苏颋的训导，为苏颋所激励。因此，李白在投刺苏颋以后也就不会再去谒见李邕而口出"大鹏一日同风起，抟摇直上九万里。假令风歇时下来，犹能簸却沧溟水"（《上李邕》）的狂言，"敢以敌体之礼自居"，"又非以谒大官见长者待师儒之礼"[1]的狂傲交接颇负文名而"时流推重"的前辈。因此，揆诸情理，李白谒见李邕，应该是在投刺苏颋之前。另外，

---

[1] 朱谏：《李诗辨疑》，转引自裴斐、刘善良编：《李白资料汇编》。

古代交通工具不发达，游人远行代步的只有车、马、船，车、马皆非一般人家所能具有，但船不必一定要自备。李白家所在的青莲镇，位于水上交通非常便利的涪江岸。舟行涪江，不仅可以领略沿江的山光水色、风土人情，还可以瞻仰如陈子昂等前贤的遗迹。如果李白是对李邕之刺渝州有所知闻，是奔"我家北海"（按，李邕后来作北海太守，世称"李北海"，故李白《题江夏修静寺》称"我家北海宅，作寺南江滨"）而去，则李白就更不必劳神费力去成都而下渝州了，自青莲顺水直下最为便当快捷。而且，既然有如此便利的水上交通，李白下渝州拜谒李邕就很可能是在开元九年初春时。因为此后于"路中投刺"苏颋是开元二三月间（说详后），以水上交通之便利，他没有必要在上年末出游渝州，开年后的春正二月，时间、季节正宜。

李白拜谒李邕不果，于是溯岷江而上，登峨眉后取道成都。李白拜谒李邕不果，于是溯岷江而上登峨眉，有《酬宇文少府见赠桃竹书筒》可证。詹锳先生《李白诗文系年》谓："诗云：'中藏宝诀峨眉去，千里提携长忆君。'当是少年居蜀时作。"《李白全集校注汇释集评》又谓："桃竹书筒：以桃枝竹所为藏书之筒。桃竹，杨注：'即桃枝竹也，出巴渝间。'"安旗先生《李白全集编年笺注》亦谓："杜甫有《桃竹杖引》，苏轼跋云：'桃竹，叶如椶，身如竹，密节而实中，天成拄杖也。出巴渝间。《杜臆》：'桃竹即棕竹，川东至今有之。'似此，宇文少府当为渝州州治巴县县尉。此与'千里'句亦符，渝州去峨眉适有千里之遥。"是可知李白在渝州遭李邕闭门不纳上诗李邕后，结识宇文少府，宇文赠之以"绮绣纹""巧妙""绝群""彩质叠成五色云"的当地特产桃竹书筒，李白"提携""中藏宝诀"的桃竹书筒去了峨眉。在峨眉，李白结识了元丹丘。郁贤皓先生在《李白丛考·李白元丹丘交游考》中说："魏颢《李翰林集序》说：'白久居峨眉，与丹丘因持盈法师达，白亦因之入翰林。'……'与丹丘'三字紧接在'白久居峨眉'之后，似也可理解为李白'与丹丘久居峨眉'。就是说，李白与丹丘初交是在游峨眉之时。李白在后来写的《闻丹丘子于城北山营石门幽居》诗中说：'仆在雁门关，君为峨眉客。'说明开元二十三年前后李白赴太原时，元丹丘又去过峨眉山，由此我推测元丹丘早年可能在峨眉山隐居过。"郁贤皓先生在考证基础上的推测应该是比较可靠的，并且由此透视出《峨眉山月歌》"思君不见下渝州"的"君"，"当即指元丹丘。元丹丘在此之前已出川，因此，李白'思君不见下渝州'，也紧接着'夜发清溪向三峡'了"。

离开峨眉后，李白取道成都。适逢开元八年罢知政事的礼部尚书苏颋"检校益州大都督长史"，于开元九年春间抵蜀履职后巡察地方，李白于其襜帷暂驻之所拜谒，即所谓"路中投刺"。"路中投刺"之"路中"，是指苏颋赴任益州途中，还是在绵州"投刺"的？其实都不是。李白《上安州裴长史书》说他"于路中投刺"，苏颋"待以布衣之礼，因谓群寮曰……"，如果苏颋其时是在赴任途中，则不会有"群寮"，应该是在履职府衙后才有"群寮"。而李白从渝州往成都，不管是否登峨眉山，从方向上说，都不会在苏颋入蜀抵成都府衙"路中"遇到。而且，如果李白是在苏颋入蜀抵成都途中"投刺"，游成都则要倒转走回头路，这是不合情理的。所以，可以认为，李白"投刺"是在苏颋上任后巡察地方的"路中"。李白拜谒苏颋，因有《旧唐书·玄宗本纪》之载（开元八年春正月）："己卯，侍中宋璟为开府仪同三司，中书侍郎苏颋为礼部尚书，并罢知政事"，又有《新唐书·苏颋传》载：开元八年"罢为礼部尚书，俄检校益州大都督长史，按察节度剑南诸州"，故今之论者多以为苏颋出为益州长史乃开元八年正月，其时李白于"路中投刺"。其实，此说并不妥当。吴廷燮《唐方镇年表考证》卷下云："苏颋《旧传》：罢相，自礼部尚书为剑南节度使。开元九年也。"岑仲勉《唐方镇年表补正》年表六，亦以为吴的考证是正确的。苏颋之罢出知益州，《旧唐书》《新唐书》载有明文，《唐方镇年表考证》《唐方镇年表补正》何以异之？今考《全唐诗》卷74载苏颋《将赴益州题小园壁》诗云："岁穷唯益老，春至却辞家。可惜东园树，无人也作花。"可知苏颋将赴益州是在"岁穷"春将至之时。但苏颋曾两次入蜀，《蜀城哭台州乐安少府》诗云"远游跻剑阁，长想属天台，万里隔三载，此邦余重来"即是其证。"岁穷唯益老，春至却辞家"赴蜀，究竟是哪一次呢？苏颋有《慈恩寺二月半寓言》一诗，诗云："二月韶春半，三空霁景初……不驻秦京陌，还题蜀郡舆。爱离方自此，回望独踟蹰。"据《唐会要》卷48及《旧唐书·玄奘传》载：慈恩寺在长安东南曲江北，唐贞观二十八年李治为太子时，在隋无漏寺旧址为母后长孙氏建，故名"慈恩寺"。《将赴益州题小园壁》《慈恩寺二月半寓言》二诗，显系苏颋两次赴蜀将离京之作，前者为"岁穷"春将至之时，后者为春"二月半"时。苏颋又有《陈仓别陇州司户李维深》诗,诗云:"京国自携手,同途欣解颐。情言正的的,春物宛迟迟。忽背雕戎役,旋瞻获宝祠。蜀城余出守,吴岳尔归思。"此诗显系颋出任益州("蜀城余出守")行至陈仓(今宝鸡市)时作。所谓"情言正的的,春物宛迟迟",意即携手同行,颇相欢悦,情辞深厚,春物竟好像迟迟未至——竟不觉春物已至(按,可见春至未久,是在行途中)。假如苏颋出任益州是在"二月韶春半"时离京,而行至陈仓则不当言"春物宛迟迟",否则时间便倒转。于此可知《将赴益州题小园壁》诗所谓"岁穷唯益老,春至却辞家"正是指出任益州将离京之时,而行至陈仓说"春物宛迟迟",时间上也是相合的。《旧唐书》《新唐书》谓苏颋开元八年正月己卯(十六日)为礼部尚书,"俄检校益州大都督长史",则颋《将赴益州题小园壁》诗不可能作于上年"岁穷"之时,因他不得预知其罢知政事并将出任益州"春至却辞家"。而诗称"岁穷"春将至时辞家,则亦不得作于罢知政事出任益州的开元八年(按:"俄知"之行文虽不准确,但却告知苏颋出任益州不会在罢为礼部尚书后一年两载)。因而可以认为苏颋出任益州离京当在开元八年"岁穷"之时,至陈仓是"春物宛迟迟",抵蜀大致不过开元九年二三月之际。吴、岑氏或正有鉴于此,故异两《唐书》之说。开元九年二三月间苏颋抵蜀履职后出巡地方,李白"于路中投刺"。

这次谒见,如前所述,李白虽大受称赞,但却因"风力未成",尚需"广之以学"而不见用,因赋《春感》诗。诗云:

茫茫南与北,道直事难谐。
榆荚钱生树,杨花玉糁街。
尘萦游子面,蝶弄美人钗。
却忆青山上,云门掩竹斋。

"道直事难谐",正指受称赞而不见用事,或者也包括游渝州("南")无所成而"事难谐"。所谓"榆荚钱生树,杨花玉糁街",据《太平御览》卷956崔寔《四民月令》"二月榆荚成"语,可知其时也正是春二月光景。此后李白又游成都,赋《登锦城散花楼》诗。诗云:

> 日照锦城头,朝光散花楼。
> 金窗夹绣户,珠箔悬银钩。
> 飞梯绿云中,极目散我忧。
> 暮雨向三峡,春江绕双流。
> 今来一登望,如上九天游。

所谓"飞梯绿云中,极目散我忧",盖投刺不中,心仍郁郁,故登楼散忧也。诗言"暮雨向三峡,春江绕双流"句,亦可知与《春感》同为投刺后的那个春天所作。

此次出游,李白因"道直事难谐"而大为扫兴,虽春光明媚,"榆荚钱生树,杨花玉糁街。尘萦游子面,蝶弄美人钗",而诗人还是"却忆青山上,云门掩竹斋",留恋家乡的青山竹斋,故而不曾远游,不久便还乡,写有《冬日归旧山》诗。诗云:

> 未洗染尘缨,归来芳草平。
> 一条藤径绿,万点雪峰晴。
> 地冷叶先尽,谷寒云不行。
> 嫩篁侵舍密,古树倒江横。
> 白犬离村吠,苍苔上壁生。
> 穿厨孤雉过,临屋旧猿鸣。
> 木落禽巢在,篱疏兽路成。
> 拂床苍鼠走,倒箧素鱼惊。
> 洗砚修良策,敲松拟素贞。
> 此时重一去,去合到三清。

首先,此诗从季节上看约是冬十月光景,距前下渝州拜谒李邕的正二月约八九个月。以诗所写屋舍环境的荒废程度上看,不像是短暂的投亲访友式的离居,正似八九个月无人居住料理。其次,从李白"于路中投刺"不中而赋《春感》,再游成都赋《登锦城散花楼》,到《冬日归旧山》的情感上看,诗人出游，因"道直事难谐"，大为扫兴，已有"却忆青山上，云门掩竹斋"之意，留恋家乡的青山竹斋，故不久便回到家乡读书处的"旧山"，写下了这首《冬日归旧山》，情通理合。再从诗的内容上看，诗最后四句所写，颇似苏秦始将连横说秦失败而归后的发愤和抱负。苏秦说秦王不果，"乃夜发书，陈箧数十，得《太公阴符》之谋，伏而诵之，简练以为揣摩。读书欲睡，引锥自刺其股，血流至足。曰：'安有说人主而不能出其金玉、锦绣，取卿相之尊者乎？'期年，揣摩成，曰：'此真可以说当世之君矣！'"（《战国策·秦策一》）白亦欲"修良策""拟素贞"，再去投刺之时定到"三清"。"修良策""拟素贞"，正与苏颋所语"广之以学""风力未成"合。"重一去"，亦已表明已曾去过，虽不曾言去为何事，但结合"去合到三清"与"修良策"看，可知与拜谒投刺有关。且前言"归旧山"，后言"重一去"，表明其"归旧山"正为已曾去过的那次。

基于对《冬日归旧山》一诗的上述理解，笔者以为它当是李白开元九年春拜谒李邕无果投刺苏颋不中而后归旧山读书处所作。但敬永谅先生在《李白〈冬日归旧山〉探微》（《文史杂志》2004年第5期。以下简称《探微》）中却提出了怀疑，并认定《冬日归旧山》作于开元十二年，是李白"即将出蜀告别'旧山'的产物"。

《探微》怀疑的是"李白离家仅七八个月的时间，其旧居竟然会荒废破败如斯（按，指诗之所写'嫩篁侵舍密，古树倒江横。白犬离村吠，苍苔上壁生。穿厨孤雉过，临屋旧猿鸣。木落禽巢在，篱疏兽路成。拂床苍鼠走，倒箧素鱼惊'）？他真的只离开了短短的七八个月的时间吗？"并将李白诗中所写之景与《古诗·十五从军征》"兔从狗窦入，雉从梁上飞，中庭生旅谷，井上生旅葵"相比较，说"一样的描写手法，一样的荒凉破败，能区别出荒败的程度有何不同吗"？

我们说李白离开"旧山"七八个月或八九个月，不过是大概之词。从年初下渝州到二三月间投刺苏颋，再到冬日归旧山，差不多也就八九个月。不管是七八个月或是八九个月，都只是短期的。《探微》将李白诗中所写之景与《古诗·十五从军征》所写之破败荒凉加以比较，这样比较，是不是就可以认为李白离开"旧山"的时间也如《古诗·十五从军征》中的老军人离开家乡那么长呢？当然不能这么认为，也不是这么回事。作为文学的诗歌，它并不是实录的。如果简单地以两诗所写景象一样就推测李白离开"旧山"的时长，其结论当然也就十分简单：李白离开"旧山"的时间和那个"十五从军征，八十始得归"的老军人离家的时间是一样的。然而，这岂不大谬于李白蜀中的情形么？何况，《冬日归旧山》和《十五从军征》两诗所写的荒凉破败也并非如《探微》所认识的是"一样的"。且如"拂床苍鼠走，倒箧素鱼惊"相较于"中庭生旅谷"，其景象就大是不同。以"中庭"（庭堂正中）而生"旅谷"（野生谷物），可见房屋屋顶都已经颓塌，而"拂床苍鼠走"，则是乡村屋舍一段时间无人居住的平常现象，即便是现在农村的屋舍也是常事。而书籍受潮三五年或更长的时间，那就不只是生"素鱼"，而是霉烂了。

《探微》又认为"《冬日归旧山》诗末'此时重一去，去合到三清'一句，表明李白此次'归旧山'只是做短暂停留，为了实现自己的抱负又将远离"，因此李白不可能在"一年之内再行干谒"。这却是对《冬日归旧山》行文的误解了。李白说"洗砚修良策，敲松拟素贞。此时重一去，去合到三清"，其"此时"显然是指"修良策""拟素贞"的"广之以学"之后，而不是指"归旧山"时。因此，将《冬日归旧山》系于开元九年，并不意味着是说李白"一年之内两次投刺"。

再说，"洗砚修良策，敲松拟素贞。此时重一去，去合到三清"，李白下的是发愤攻读再行干谒必获成功的大决心，"修良策""拟素贞"非一时之功。而李白于开元十三年春三月出峡，如果他是开元十二冬时才"归旧山"，那他哪还有时间"修良策""拟素贞"？且不说如果按《自巴东舟行经瞿塘峡登山最高峰晚还题壁》所写的离家已"海月十五圆"，开元十二年冬，李白已经在"辞亲远游"的途中了，还如何能"归旧山"？

以此而论，兼之前文所言对《冬日归旧山》一诗的理解，李白于开元九年冬"归旧山"应该是可靠的。

此次出游，李白下渝州拜谒李邕，归途"路中投刺"苏颋、游成都，冬日归旧山，历时八九个月，其间虽有峨眉等名胜之游，但无诗作传世。《李太白全集》所载峨眉之作仅《登峨眉山》《峨眉山月歌》两首，皆为"辞亲远游"时所作。《彰明逸事》有"隐居戴天大匡山，往来旁郡"之说，估计李白隐读期间并不仅仅只有开元九年成都等地之游，不然何以能有《赠江油尉》诗，又何以能写出《蜀道难》《剑阁赋》等诗？

李白开元九年春正二月间首游渝州、成都等地，冬归旧山以后，至开元十二年别匡山而"仗剑去国，辞亲远游"，其间将近三四个年头，乃李白"与逸人东严子隐于岷山之阳""不迹城市"之数年。此间有"广汉太守"之荐以"有道"，却不应试。可见李白对功名则已有一番打算，这可能是他走出终身不应科试的第一步。

"岷山之阳"，杨慎《李诗选题辞》说"则指匡山"。此说甚是。王琦注引《尚书地理今释》："岷山跨古雍、梁二州，自陕西巩昌府岷州卫以西，大山重谷，谺谽起伏，西南走蛮箐中，直抵四川成都府之西境。凡茂州之雪岭，灌县之青城，皆其支脉。"又，《元和郡县图志·剑南道》：茂州茂山县有汶山，"汶山即岷山也……即陇之南首也"。从陇南到蜀西皆是岷山山脉，匡山在其中。

王瑶（《李白》，上海人民出版社1954年版）和郭沫若（《李白与杜甫》，人民文学出版社1971年版）说"岷山之阳"指青城山，似不可信。青城山在成都平原西北边缘，汉时属蜀郡。而大匡山，王琦注引《一统志》云："大匡山，在绵州彰明县北三十里，一名康山，亦名戴天山。"绵州汉时属广汉郡。李白既称"广汉太守""诣庐""举二人以有道"，则其隐必不在蜀郡之青城山，而当是绵州彰明之匡山。宋姚宽《西溪丛语》引《绵州图经》云："戴天山有大明寺，开元中李白读书于此寺。"元符二年（1099）杨天惠为彰明令，所著《彰明逸事》也谓李白"隐居戴天大匡山"。

李白所说的"东严子"不知何人。杨慎《李诗选题辞》说："东严子，梓州盐亭人，赵蕤，字云卿。"王琦怀疑此说，谓"东严子姓名不可考。杨升庵以为即征君赵蕤，梓州盐亭人，字云卿者是……恐俱非是"。杨慎之说颇有影响，今之学者多有因循，如谓"赵蕤后来隐居在梓州郪县长平山安昌岩。安昌岩很可能又名东岩，或赵蕤所居安昌岩之东。他隐居不仕，故隐其名以地名为号，自称'东严（岩）子'是很可能的。……李白由戴天山'往来旁郡'，即由绵州昌明大匡山来到梓州郪县长平山安昌岩，从赵蕤学长短纵横之术。绵州和梓州为邻郡，两郡山脉相连，同为'岷山之阳'"（葛景春《李白思想艺术探骊》，中州古籍出版社1991年版）；"赵蕤的出生地，就在白虎寨山麓东面潼江北岸……现今叫作赵家坝的地方。……位于白虎寨山麓东面的赵家坝，在唐代可能就叫东岩

或东岩村，因而赵蕤自号'东岩子'"（沈亦军、杨子林《赵蕤及其〈长短经〉研究》，西南交通大学出版社2004年版）。其实，杨慎之说并不正确，王琦所疑甚是，东严子与赵蕤并非同一人。关于赵蕤，史籍多有记载。《新唐书·艺文志》"杂家类"著录赵蕤《长短要术》十卷，注云："字太宾，梓州人，开元中召之不赴。"宋孙光宪《北梦琐言》云："赵蕤者，梓州盐亭人。博学韬钤，长于经世。夫妻俱有节操，不受交辟。撰《长短经》十卷，王霸之道见行于世。"《四川通志》云："赵蕤，盐亭人，隐于梓州郪县长平山安昌岩……明皇屡征之不就，李白尝造其庐访焉。"赵蕤隐于梓州郪县长平山安昌岩，而李白却谓"与逸人东严子隐于岷山之阳"。且正因赵蕤"开元中召之不赴""不受交辟""明皇屡征之不就"，李白才以"征君"尊称之（按，白出蜀后有《淮南卧病书怀寄蜀中赵征君蕤》诗），而称东严子则以"逸人"。"征君"虽也可以是"逸人"（隐居者），但若不曾被朝廷征召而又不赴或赴而又隐者，则不得以此称。李白称东严子为"逸人"，则可见东严子未曾有被朝廷召之不赴或赴而又隐之经历。再说《彰明逸事》谓李白"隐居戴天大匡山，往来旁郡，依潼江赵征君蕤……从学岁余"，而《上安州裴长史书》称"白巢居数年，不迹城市"。"从学岁余"与"巢居数年"自然不是一回事。而且，从地理上说，从前文所引《尚书地理今释》和《元和郡县图志》可见陇南到蜀西皆是岷山山脉，李白读书的大匡山在其边缘，故匡山也是"岷山之阳"。而距匡山百余公里的赵蕤隐居地梓州安昌岩已经不在岷山的边缘了，非"岷山之阳"，赵蕤也就不是"昔与逸人东严子隐于岷山之阳"的"东严子"，只是李白"隐居戴天大匡山，往来旁郡"之"从学岁余"。

赵蕤所著《长短经》"皆谈王伯经权之要，成书于开元四年……此书辨析事势，其源盖出于纵横家，故以'长短'为名。虽因时制变，不免为事功之学，而大旨主于实用，非策士诡谲之谋"（《四库全书总目提要》卷117子部·杂家类一）。观李白后来喜论王霸、纵横之术，数以管、晏、苏秦等自许，岂非早年闻赵蕤之名而往从之学，且深受其"王伯经权之要"的影响？《长短经》成书于开元四年，则赵蕤之名于世必在其书行世的开元四年以后，李白从其学当在此后。既是"依"而且"从"，其地点当在赵蕤隐居的梓州郪县，《四川通志》就说"李白尝造其庐访焉"，《舆地纪胜》卷154"潼川府"亦载，"濯笔溪在郪县西，古传李白访赵征君，习书于此，因名"。遗迹流传，说明太白确曾亲至。

因为有宋人杨天惠《彰明逸事》李白"隐居戴天大匡山，往来旁郡，依潼江赵征君蕤。蕤……善为纵横学，著书号《长短经》，太白从学岁余"的记载，于是便有了李白师从赵蕤的说法。李白有《淮南卧病书怀寄蜀中赵征君蕤》一诗，诗云："吴会一浮云，飘如远行客。功业莫从就，岁光屡奔迫。良图俄弃捐，衰疾乃绵剧。古琴藏虚匣，长剑挂空壁。楚怀奏钟仪，越吟比庄舄。国门遥天外，乡路远山隔。朝忆相如台，夜梦子云宅。旅情初结揖，秋气方寂历。风入松下清，露出草间白。故人不可见，幽梦谁与适？寄书西飞鸿，赠尔慰离析。"诗题中称赵蕤为"征君"，诗中全是思乡怀友而不及师生之情，结尾处"寄书西飞鸿，赠尔慰离析"，竟相"尔汝"，虽是亲昵的表示，却也是不拘形迹，非尊师者。比照他《江西送友人之罗浮》之"尔去之罗浮，我还憩峨眉"的相"尔汝"，赵蕤只是他蜀中的一友人，亦即"故人不在此"的"故人"。也即是说，李白并未拜赵蕤为师，《彰明逸事》之载，不过是"逸事"记事笔法。李白依赵蕤"从学岁余"，《彰明逸事》有此一记，或者是因为李白读书大匡山广为之学往来旁郡时，闻赵蕤朝廷"召之不赴"，且著有《长短经》，慕名往访，兼之李白少赵蕤二十余岁[1]，时人便以为李白师从赵蕤，口耳相传，便有了"从学"云云之记。实则李白并未拜入师门，不过是"三人行则必有我师焉"那种情形罢了。所以后来《四川总志》载为"李白尝造庐以请"，可能是比较实事求是的。当然，李白拜不拜入师门，并不影响他向赵蕤的求教，我们只是在辨其事。否则，我们读到他《淮南卧病书怀寄蜀中赵征君蕤》诗时，见他于赵蕤非但不书师生情，却还相"尔汝"，将如何看待？

《上安州裴长史书》中李白之自叙生平止于开元九年，其二十岁以前事不曾提及，亦无确凿的文献可考。但既然开元十二年以前曾隐于"岷山之阳"数年，而开元九年投刺苏颋后又终"归"旧山，则可知开元十二年以前白已隐于匡山矣。李白自言"十五观奇书"（《赠张相镐》）、"十五好剑术"（《与韩荆州书》），约略可知李白从十五岁起即于大匡山读书学剑，为"一鸣惊人，一飞冲天"（范传正《唐左拾遗翰林学士李公新墓碑并序》）做准备，直到开元十二年

---

[1] 沈亦军、杨子林《赵蕤及其〈长短经〉研究》（西南交通大学出版社2004年版）："赵蕤的出生年以确定在唐高宗调露年间（679—680）比较恰当。"

初别匡山辞亲远游。其《初月》《雨后望月》《对雨》《晓晴》《望夫石》《送友人明府任长江》《访戴天山道士不遇》《赠江油尉》诸诗，当是此数年间之作。

李白又自述他"五岁诵六甲，十岁观百家"，看来他十五岁以前可能是在家攻读。

三、蜀中少年时期的传闻析疑

李白的青少年时期都是在家乡彰明度过的，历时甚久，故后世颇多关于李白在家乡的传闻，有的铭之于碑，有的撰之于书。如李白读书处匡山大明寺中，有北宋熙宁元年（1068）刻立的中和大明寺住持碑，碑文云："玄宗朝翰林学士李白字太白，少为当县小吏，后于此山读书，于滴翠之坪有十载。"稍后，元符二年（1099）杨天惠任彰明令，著有《彰明逸事》一书，亦言李白"微时募县小吏"，并记其轶事三则，说白"微时募县小吏，入令卧内。尝牵牛经堂下，令妻怒，将加诘责，太白亟以诗谢云：'素面倚栏钩，娇声出外头。若非是织女，何必问牵牛？'令惊异不问。稍亲，招引侍砚席。令一日赋山火诗云：'野火烧山后，人归火不归。'思辄不属，太白从旁缀其下句云：'焰随红日远，烟逐暮云飞。'令惭止。顷之，从令观涨，有女子溺死江上，令复苦吟，云：'二八谁家女，飘来依岸芦。鸟窥眉上翠，鱼弄口旁朱。'太白辄应声继之，云：'绿发随波散，红颜逐浪无。何因逢伍相，应是想秋胡。'令滋不悦。太白恐，弃去。"（引自《唐诗纪事》卷18）其后，又有北宋宣和五年（1123）刻立的《谪仙祠堂记》碑袭其说。

对碑铭及《彰明逸事》所记，今之论者或持肯定态度，或认为可备一说。其实细推，碑铭及《彰明逸事》所载的那些传闻都是靠不住的。

首先，从年龄看，李白不太可能做小吏。

上文笔者已证及，李白"仗剑去国，辞亲远游"，离开家乡彰明当是开元十二年初他二十四岁时。如依《中和大明寺住持记》碑所说，李白做县衙小吏后读书于大匡山有十载，则李白为县衙小吏时（开元二年）尚未满十四岁。如许年龄便去做县衙小吏，这就不能不使人大生疑窦了。且不说未满十四岁的孩童做小吏能干啥，单就他小小年纪为什么要去做小吏就已经够费解的了。若为生活所窘，则李白之家并不贫寒。虽然也许并不如他在《上安州裴长史书》中所自吹的那样"世为右姓","东游维扬不逾一年,散金三十余万,有落魄公子悉皆济之"那样多财漫洒,但也绝不会就非要靠尚是孩童的李白去做小吏以维持家庭生计不可。有人认为,李白家庭出身寒微,既不豪,也不富,其父并非富商,而是一个半耕半读的陶渊明式的隐者,李白正因家庭境况不好,为生活所迫,才不得不"少为当县小吏"。愚以为,既然是尚可"半耕"的隐者,一家人的基本生活还是可以保证的吧,否则靠什么去"读",靠什么去"隐"呢?就以颇为落魄困穷的陶渊明为例,他的隐居生活也并不是贫寒的。他不仅有"方宅十余亩,草屋八九间",还能够"开荒南野际"以至"我土日已广";他虽然亲自参加劳动"种豆南山下",但"带月荷锄归"(《归园田居》)后还有条件"欢然酌春酒,摘我园中蔬"(《读山海经》),"盥濯息檐下,斗酒散襟颜"(《庚戌岁九月中于西田获早稻》),"漉我新熟酒,只鸡招近局"(《归园田居》);甚至于还有"采菊东篱下,悠然见南山"(《饮酒》)的悠然。虽然他也曾有过"夏日长抱饥,寒夜无被眠。造夕思鸡鸣,及晨愿乌迁"(《怨诗楚调示庞主簿邓治中》)的日子,但那却是他在旧居被烧后的晚景。李白之家不曾有此不幸,孩童时的李白正在受着良好的家庭教育——"五岁诵六甲,十岁观百家"(《上安州裴长史书》)、"十五游神仙"(《感兴八首》其五)、"十五好剑术""十五观奇书",可见家境还是很不错的。真正穷人家的孩子,可能受到那样良好的教育吗?既然不为生活所迫,李白又何必去做那么个县衙小吏!

其次,为仕进计,李白之为小吏也无可能。

如果李白为仕进计,把县衙小吏作为一个进身之阶,以"心雄万夫"之志而在意于一个小小的县衙小吏,那么,他与东严子隐于大匡山时,"广汉太守"(即绵州刺史)"举二人以有道",则更是一个大好的机会,然而他却"不起"。"养高忘机不屈"如此,难道此前几年,他竟连"侍砚席"的县衙小吏之职也会热心么?况少年李白诵六甲、观百家、好剑术、游神仙,正在为"一鸣惊人,一飞冲天"做准备,狠下功夫,岂肯中道弃学,舍大就小而为县衙小吏?即便碑文所载不确,李白读书于大匡山乔松滴翠之坪不足十年,则李白十四五岁以后就更不会去做一个县衙小吏了。

再说,唐代社会虽然政治比较开明,但等级制度却还是比较森严的,对出身寒微低贱如州县小吏步入仕途者不仅歧视,而且在选举制度上也有明令。《旧

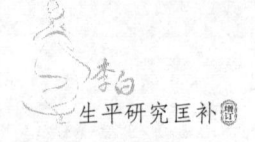

唐书·宪宗纪》载元和二年禁令云："进士、举人，曾为官司科罚，曾任州县小吏，虽有辞艺，长吏不得举送。违者送官停任，考试官贬黜。"同样内容的禁令也见于《新唐书·选举志》："尝坐法及为州县小吏，虽艺文可采，勿举。"《唐会要·贡举·进士》亦载："元和二年十二月敕：'自今已后，州府所送进士，如迹涉疏狂，兼亏礼教，或曾任州府小吏，有一事不合清流者，虽薄有辞艺，并不得申送。如后举事发，长吏奏停现任，如已停替者，殿二年。本试官及司功官，见任及已停替，并量事轻重贬降。仍委御史台常加察访。'"从措辞之严厉，处罚之苛刻，以及"仍委……"的用语，应该说这条禁令当是被长期执行的，其所以在元和二年发出，无疑是带有重申的性质。唐代社会对小吏的歧视，乃至禁有明令，当时的读书人对此无疑是清楚的，就像今天的学生了解我们的考试、招生制度一样。从李白小时候所受的教育来看，那位"高卧云林，不求禄仕"的李客，对他这个"惊姜之夕，长庚入梦"的儿子，可谓苦心孤诣，寄托着光耀门楣、再振家声的全部希望。一旦使李白为小吏，岂非将自己全部的努力和全部的希望都付诸东流？就算李白其时年少无知，不知其为小吏之利害，但他的父亲则断无不知之理。明知道一旦为县衙小吏，其前途便会几乎葬送，即便是偶有机会步入仕途，而其发达之望也是甚微的，就像唐睿宗要提拔钟绍京为中书令，却因其"出自胥吏"而遭到薛稷等人的反对而未果（参见《旧唐书·薛收传》）一样，就像唐玄宗欲加牛仙客尚书却受到宰相张九龄以"边隅小吏"为由的反对（参见《资治通鉴》卷214）一样，李白之父若非百般无奈，万不得已，无处求生，岂肯冒此不测之险出此下策？但正如前所述，李白家还并未穷愁到让年不满十四岁的孩童铤而走险的地步。

再退一步说，即令李客自远荒逃归于蜀，偏处彰明，高卧云林，不求禄仕，对当时舆论、朝廷明令无所闻见，而糊里糊涂地让李白去做了县衙小吏，那么那个曾经"诣庐亲睹，举二人以有道"的"广汉太守"，作为朝廷命官，总不至于也无所闻见就糊里糊涂到连考察也不考察一下李白的身份就贸然推荐吧。须知，他若荐非其人，是要负法律责任，是要冒"停任""贬黜"丢官的危险的。开元四年七月，唐玄宗诏令"各巡本管内，人有清介独立，可以标映士林，或文理兼优，可以润益邦政者；百姓中有文儒异等，道极专门，或武力超伦，声侔敌国者，并精访择，具以名闻"（《唐大诏令集》卷104《遣王志愔等各巡本管内制》）。"人有"云云，自然不包括小吏人等。"百姓中有文儒异等"云云，也并不包括小吏一类，因为"百姓"与"吏"自来便是两个不同的概念，两个不同的范畴。这道诏令与唐王朝一贯的选举制度是一致的，因而"广汉太守"不仅"诣庐亲睹"，而且"举二人以有道"，否则他是不会干蠢事的。而且，李白被推荐应有道科试，其"道极专门"，也并不是因其有养奇禽的所谓"道术"，而是诏令中明文的"文儒异等"之学的"道"。就是他在《上安州裴长史书》中所说的"昔与东严子隐于岷山之阳，白巢居数年，不迹城市，养奇禽千计，呼皆就掌取食，了无惊猜，广汉太守闻而异之，诣庐亲睹，因举二人以有道，并不起。此则白养高忘机，不屈之迹也"，其意也并不是在吹嘘自己养奇禽的本领，而是在标榜自己高隐"巢居数年，不迹城市"，"养高忘机，不屈之迹"的清高。我国社会自上古到中古，隐居之风不绝，到盛唐尤剧，社会上、士林中往往有一种偏颇的认识，大凡读书人，不去做官，却高卧云林，那便一定是"隆中卧龙"，才名与清名并涨，往往受到朝廷的征召，受到官府的礼聘，假如这个时候再熬一下价钱，就像诸葛亮那样非要刘皇叔三顾茅庐不可，那声名将更大，给的官位也更高，即所谓的"终南捷径"，也就是李白自己后来所说的"金高南山买君顾"。因而，李白之所以被"广汉太守"举以有道，不是因为养奇禽的"道术"，而是因为诏令中所说的"文儒异等"之"道极专门"的才学。既然被荐举应有道科试，也正好从反面说明李白不曾做过县衙小吏。

李白入仕翰林也是经人荐举的。不管是谁的荐举，荐举者都不能不负法律责任。即使当时朝廷对州县小吏入仕禁无明令，荐举者也不能不考虑当时朝廷及其官员对州县小吏的歧视。那么，这又再度从反面证明了李白不曾为县衙小吏。

李白的再次被荐举是寻阳狱中宋若思等为他洗雪之后，《为宋中丞自荐表》以御史中丞宋若思的名义上表朝廷，为李白"特请拜一京官"。可以推想，宋若思等为他洗雪之时不会不讯及他的家世出身。即令他本人不说，讳莫如深，难道宋若思等就不做调查了解？如果他确曾做过县衙小吏，宋若思等为之洗雪、释放出狱，已经是冒险之举了，又岂肯再冒险举荐？

李白不仅多次被举荐，而且终于被封官，"代宗登极，广拔淹瘁，时君亦拜拾遗"（刘全白《唐故翰林学士李君碣记》），"代宗之初，搜罗俊逸，拜公左拾遗"（范传正《唐左拾遗翰林学士李公新墓碑并序》）。虽然是"闻命之后，君亦逝矣",但朝廷任命前的审查是不会没有的。如果李白曾做过县衙小吏,恐怕不会被委以"左拾遗"。

如此看来,不管是李白或其父为李白的仕进计,抑或从李白的数度被推荐应试、入仕,李白都不可能去做个小小的县衙小吏,何况还是在未满十四岁的孩童时期。

第三,《彰明逸事》记李白诸事可谓无稽。

如上所论,既然李白少时不可能去做县衙小吏,那么北宋熙宁元年刻立于匡山的《中和大明寺住持记》碑所载李白"少为当县小吏"事也就极不可信了,与此相关的传闻、记载的真实性也就值得仔细分析和鉴别了。且以今之论者多引以为据并大赞李白少年聪慧之事的《彰明逸事》为例。

《彰明逸事》一记李白为县衙小吏时牵牛经堂下,令妻怒,白以"素面倚栏钩,娇声出外头。若非是织女,何必问牵牛"为对。后面两句,正面的意思则是说:既然问了"牵牛"的事,则一定是织女了。诗句之对,虽然是信口妙语,但却失之轻薄,甚而近乎调戏。牛女之事,乃情人、夫妻及男女幽会之谓,小小年纪的李白(这时尚未满十四岁),怎好当着县令之妻的面自谓牛郎,而把县令妻比作织女呢?而且从"令惊异不问"看,那个被调戏了妻子的县令当时不仅在场,而且也听出了话中的味道。也就是说,李白是当着县令的面用言语调戏了县令的妻子,县令又岂可只"惊异"却"不问"而忍此戏妻之辱?以此可见《彰明逸事》所记不实之甚。今之论者不察于此,如果硬要把这件事真当成是李白生平之一事,甚至是一件大事,一件颇值得夸耀的事,津津乐道,那就只能使人认为李白尚未满十四岁便已经是风流场中人,不仅是轻薄而且是猥亵之徒了,不然他何以能信口道出那种"妙语"。但是,可能吗?

《彰明逸事》又记李白为县衙小吏时"从令观涨"续令诗事。诚然,县令以"鸟窥眉上翠,鱼弄口旁朱"戏溺水女子,的确是毫无人性的,但李白继之以"何因逢伍相,应是想秋胡",以伍相事言"想秋胡"之溺死女子却是并不恰当的。伍相子胥之死并非溺水,而是吴王夫差将其赐死后再浮之江中的。《史记·伍子胥传》载:

吴太宰嚭既与子胥有隙,因谗曰……吴王……乃使使赐伍子胥属镂之剑,曰:'子以此死。'伍子胥……乃告其舍人曰:'必树吾墓上以梓,令可以为器;而抉吾眼县于吴东门之上,以观越寇之入灭吴也。'乃自刭死。吴王闻之大怒,乃取子胥尸盛鸱夷革,浮之江中。

伍子胥是自刭后再被装到马革制成的袋子里投到江中的,而涨中女子则是投水而死。显然,说"何因逢伍相,应是想秋胡"前句之用典是不伦不类的,如果说是"何因逢屈子"倒还说得过去。以李白"五岁诵六甲,十岁观百家"的学养,伍子胥之事不会不知或知之有误。于此正可见出传闻者编造的痕迹。再退一步说,即令李白其时尚幼,读书有所不到,那县令总不至于连司马迁之文也没读过吧?须知,唐代的县令也是要明经出身的。如果县令有察于李白用典之失,正可以反唇相讥,然而他却只是"滋不悦",这不又再一次露出传闻者编造的痕迹?何况,那"应是想秋胡"未必一定是以女子之怨对县令的讽刺,说是对县令诗有一定的迎合意味也未尝不可,因为诗说的毕竟是"想"而并不是"怨"。如果是这样,恐怕就不应该是李白所为了。

杨天惠以时人编造或走了样的传闻收入《彰明逸事》并无什么过错,因为他已明确以"逸事"名书,"逸事者,皆前人所遗,后人所记,求诸异说"(刘知几《史通》),搜奇猎异而已,失实总是难免的,甚至是比较多的。倘我们今人还要千方百计地想使逸事、传闻成为真实,并以之等同史料,那就大谬了。王琦在《年谱》中录《唐诗纪事》所引《彰明逸事》此段文字冠之以"传疑"二字,其慎重谨严,实乃学者风范。

第四,《谪仙祠堂记》不过是因袭之辞。

在杨天惠《彰明逸事》之后称李白曾为县衙小吏者又有北宋宣和五年(1123)刻立的《谪仙祠堂记》碑,谓李白"曾为邑小吏"。碑文作者称"观绵州刺史高忱记之于前,县令杨遂记之于后,崔令钦之文泛论其出处,杨天惠作石刻于县廨之西厅",似见过高忱和杨遂之记和崔令钦之文、杨天惠之石刻。高忱的记载今不传,不得其详,但根据宋人计有功的《唐诗纪事》所云"今大匡山犹有读书台,而清廉乡故居遗地尚在,废为寺,名陇西院,有唐梓州刺史碑及绵州刺史高忱记"来看,计氏是见过高忱之记的。但计氏紧接着说,"太白有子伯禽,女平阳,皆生太白去蜀后。有妹月圆,前嫁邑子,留不去,以故葬邑下,墓

今在陇西院旁百步外",不及李白为县为衙小吏一字。可见高棅的记也不曾言及李白为小吏之事。如果高棅真的记载了此事,以《唐诗纪事》搜集之广,"三百年间文集、杂说、传记、遗史、碑志、石刻,下至一联一句,传诵口耳,悉搜采缮录"(《唐诗纪事序》),岂能只及于太白子、妹等?杨遂之记今存,也不及李白为吏之事。崔令钦"泛论其出处"之文,今不得见。令钦虽与李白有过交往,但其关系恐怕不会过于为李白编集作序的魏颢和李阳冰吧。《李翰林集序》和《草堂集序》尚无及于李白为吏之事,揆诸情理,令钦之文则更无由言及,何况令钦还只是"泛论"其出处!余下的只有杨天惠的石刻了。杨天惠的石刻虽不得其详,但据他的《彰明逸事》大略可以窥知。而《谪仙祠堂记》碑正因袭于杨天惠。《彰明逸事》记云:"闻唐李白本邑人,微时募县小吏……令滋不悦,太白恐,弃去,隐居戴天大匡山。往来旁郡,依潼江赵征君蕤,蕤亦节士,任侠有气,善为纵横学,著书号《长短经》,太白从学岁余,去游成都,赋《春感》诗,云:'茫茫南与北,道直事难谐。榆荚钱生树,杨花玉糁街。尘萦游子面,蝶弄美人钗。却忆青山上,云门掩竹斋。'益州刺史苏颋见而奇之。"再看《谪仙祠堂记》碑文。碑文称李白"曾为邑小吏,其成立时始从学于潼江,而观礼于赵蕤,遂旅于成都,而见知于苏颋"。《谪仙祠堂记》只是《彰明逸事》的简写。

如前所论,李白于开元八、九年他十九、二十岁时下渝州拜谒李邕,"路中投刺"苏颋,随后即游成都等地。谒见苏颋,李白虽大受称赞,但却因"风力未成"尚需"广之以学"而不见用。故而李白赋《春感》诗,叹曰:"茫茫南与北,道直事难谐。"《上安州裴长史书》明言"于路中投刺,待以布衣之礼",而《彰明逸事》却说:"去游成都,赋《春感》诗云:……益州刺史苏颋见而奇之。"其实,李白当是先投刺而后游成都(说见前文)。倘《谪仙祠堂记》作者有察于《彰明逸事》叙事之颠倒,则不会不变顺序地对《彰明逸事》进行简写;既然只是不变顺序的简写,则正说明了《谪仙祠堂记》对杨天惠《彰明逸事》的因袭。

如此看来,李白不曾做过县衙小吏是显然的。传闻只是传闻,逸事毕竟只是逸事。李白"少为当县小吏"之说本不足为论,只是近年来颇有认其为真者,姑试为一说。

综上所述，李白五岁（神龙元年，705）至十五岁（开元三年，715）读于家。十五岁至二十四岁（开元十二年，724）读隐于家乡彰明大匡山。此间往来旁郡求学等，时有诗作；开元八、九年（720、721）谒见李邕、苏颋，不用而赋《春感》诗，后游成都，赋《登锦城散花楼》诗；此后不出七八个月即归旧山读书处，赋《冬日归旧山》诗；后广汉太守举以有道，不应试；开元十二年初春赋《别匡山》诗，仗剑去国，辞亲远游；开元十二年秋临峨眉，赋《登峨眉山》《峨眉山月歌》即下渝州；次年经瞿塘峡登巫山，赋《早发白帝城》《自巴东舟行经瞿塘峡登巫山最高峰晚还题壁》《宿巫山下》诸诗，于此出峡东游。这就是李白蜀中踪迹及诗作年代之大略。

四、李白由蜀入京之有无

李白由蜀入京之说，最早起于唐人孟棨。其《本事诗·高逸第三》载："李太白初自蜀至京师，舍于逆旅，贺监知章闻其名，首访之。……出《蜀道难》以示之。读未竟，称叹者数四，号为谪仙人。"其后，五代王定保在《唐摭言》中也说"李太白始自蜀至京师……因以所业贽谒贺知章。知章览《蜀道难》一篇，扬眉谓之曰：公非人世之人，可不是太白星精耶？"以此，清人凌扬藻《蠡勺编》（卷22）也承此说，谓李白"开元初自蜀入京，知章以谪仙人呼之"。对于李白自蜀入京的这一说法，今人多不以为然。近年来，武承权先生在其《李白疑案新论》（陕西人民出版社2002年版）和《李白弱冠自蜀入京洛求仕漫游考析》（《中国李白研究》2012年集）中重申此说，对孟棨、王定保、凌扬藻的说法做了具体的表述。但是，考察武先生之说的依据，其最为重要的莫过于李白《叙旧寄江阳宰陆调》了。文章说"'君披万人丛，脱我如狴牢。此耻竟未刷，且食绥山桃。'意思是他在长安遭到斗鸡徒围攻，后来被陆调搭救后，他没有洗刷这次耻辱，就到蜀中绥山。……李白能从长安回到蜀中，他必然先是从蜀中到长安"，"以上三次到京洛的经历，都没有回到蜀中，故只有弱冠时才可能从蜀中来京洛，然后再回蜀中"（按，武先生是主张李白四次入京的，故有"以上三次到京洛"之说）。武文所录"且食绥山桃"一节，乃李白《叙旧寄江阳宰陆调》一诗的异文。异文共34句：

夫子特峻秀，岳立冠人曹。
风流少年时，京洛事游遨。
骏騄红阳燕，玉剑明珠袍。
一诺许他人，千金双错刀。
满堂青云士，望美期丹霄。
我昔北门厄，摧如一枝蒿。
有虎挟鸡徒，连延五陵豪。
邀遮来组织，呵吓相煎熬。
君披万人丛，脱我如狴牢。
此耻竟未刷，且食绥山桃。
非天雨文章，所祖托风骚。
苍蓬老壮发，长策未逢遭。
别君几何时，君无相思否？
鸣琴坐高楼，渌水净窗牖。
政成闻雅颂，人吏皆拱手。
投刃有余地，回车摄江阳。
错杂非易理，先威挫豪强。

为便于认识异文与正文的差别，且将全诗（正文）录出：

太伯让天下，仲雍扬波涛。
清风荡万古，迹与星辰高。
开吴食东溟，陆氏世英髦。
多君秉古节，岳立冠人曹。
风流少年时，京洛事游遨。
腰间延陵剑，玉带明珠袍。
我昔斗鸡徒，连延五陵豪。
邀遮相组织，呵吓来煎熬。

君开万丛人，鞍马皆辟易。
告急清宪台，脱余北门厄。
间宰江阳邑，剪棘树兰芳。
城门何肃穆，五月飞秋霜。
好鸟集珍木，高才列华堂。
时从府中归，丝管俨成行。
但苦隔远道，无由共衔觞。
江北荷花开，江南杨梅熟。
正好饮酒时，怀贤在心目。
挂席候海色，当风下长川。
多酤新丰酒，满载剡溪船。
中途不遇人，直到尔门前。
大笑同一醉，取乐平生年。

  古代作家的作品，"异文"可以说是一个比较普遍的现象，李白作品异文尤多。异文的形成，原因是多方面的，而且也是难以追寻的，即使从版本源流上去考察也难求其实。虽然如此，但通过正文与异文的比较，还是可以认识的。李白这首《叙旧寄江阳宰陆调》的异文，以34句取代了"陆氏世英髦"以下至"剪棘树兰芳"以上的18句正文。以34句抵18句，而叙述的是同一事、同样的内容，异文的冗长是明显的。此则异文不如正文之一。其二，异文叙事层次杂乱颠倒。如，正文"玉带明珠袍"以后即进入叙旧，而异文却在"玉剑明珠袍"之后接以"一诺许他人"四句非李白与陆宰共历的旧事而轶出了"叙旧"的范畴。又如，正文"脱余北门厄"之后即转入了陆调宰江阳的内容，而异文"脱我如狴牢"之后接以"此耻竟未刷"六句写"我"，再一次轶出了"叙旧"。再如，正文"间宰江阳邑"至"丝管俨成行"八句写陆调之"宰"江阳的情形，层次、语意井然有序，而异文，"回车摄江阳"以前的五句是"摄江阳"，以后两句连同正文六句又是"摄江阳"。而且在"我"与"摄江阳"之间插入"别君几何时，君无相思否"两句，既无连属性，也起不到转折的作用。其三，措辞上，异文也有一些问题。如，正文"腰间延陵剑，玉带明珠袍"，异文却以"玉剑"取

代了"延陵剑"。延陵剑,乃春秋时吴公子季札所佩之宝剑。《史记·吴太伯世家》载:"季札封于延陵,故号曰延陵季子。……吴使季札聘于鲁。……季札之初使,北过徐君,徐君好季札剑,口弗敢言,季札心知之,为使上国,未献,还至徐,徐君已死,于是乃解其宝剑,系之徐君冢树而去。从者曰:'徐君已死,当谁予乎?'季子曰:'不然。始吾心已许之,岂以死倍吾心哉!'"诗用此事,虽在赞陆调有季子遗风,讲信义重友情,但"延陵剑"毕竟是宝剑,是有实战价值的。正因为如此,陆调才能"开万丛人,鞍马皆辟易""脱余北门厄"。而"玉剑"却不同了。玉剑即玉具剑。颜师古注《汉书·匈奴传》之"赐以冠带衣裳……玉具剑":"孟康曰:'摽首镡卫尽用玉为之也。'镡,剑口旁横出者也;卫,剑鼻也。"晋人称之为玉头剑。《晋书·舆服志》载:"汉制,自天子至于百官无不佩剑……晋世始代之以木,贵者犹用玉首,贱者亦用蚌、金银、玳瑁为雕饰。"晋张敞《东宫旧事》载:"太子仪饰有玉具剑。"可见"玉剑"只是一种佩饰之物,并无实际用途。李白是善击剑者("十五好剑术"),是懂剑的,他写诗不可能写成陆调用佩饰之"玉剑""开万丛人,鞍马皆辟易""脱余北门厄"。又如,正文"我昔斗鸡徒,连延五陵豪",异文为"我昔北门厄,摧如一枝蒿。有虎挟鸡徒,连延五陵豪"。正文所状之"我",胆气、勇气、豪气俱隐现其中,而异文所写之"我"不仅胆气、勇气、豪气全无,而且"十五好剑术"的李白居然"摧如一枝蒿"。李白怎么会这样写自己!

《叙旧寄江阳宰陆调》一诗,相较于正文,异文有如上数端之弊,其非李白手笔是显然的。因而异文"且食绥山桃"不能作为李白由蜀入京又还蜀之依据。何况,武承权先生在《李白疑案新论》中用《叙旧寄江阳宰陆调》正文为据立论,而在《李白弱冠自蜀入京洛求仕漫游考析》中又用异文为据立论,求证同一件事,正文、异文兼用,似乎也不妥当。

"且食绥山桃"不能作为李白自蜀入京又还蜀的依据,而武先生所持以为论的其他依据也就不足为据了,不过是对李白诗文措辞用语和内容的理解问题。如《豳歌行上新平长史兄粲》一诗,说"据《新唐书·地理一》曰:'邠,故作"豳",开元十三年以字类"幽"改。'……由此可证,开元十三年之前,李白去了邠州"。"豳"之改"邠",但"豳"字并非不能用或禁用,以此而断诗之作年,似不足为据。又说:据《新唐书·地理一》,"可知新平郡之名,在开元十三年以前已有之。应用古地名，乃诗中惯例。故此诗作于开元十三年以前是可以成立的"。既然武文说"应用古地名，乃诗中惯例"，那么《豳歌行上新平长史兄粲》何以不能是开元十三年以后之作呢？又如说"《赠新平少年》的对象是少年，从侧面反映李白的年龄与他们一样为少年"等，以证明李白"少年"出蜀入京，乃是对"少年"的误解。古时称青年男子、年轻者为"少年"。李白的《少年行》《少年子》《结客少年行》等及其他诗中的"少年"，都是指青年小伙子，而非今义之"少年"。因此，《赠新平少年》虽然"反映李白年龄与他们一样为少年"，但并不能说明是蜀中时期的少年李白。再如，武文认为"李白投刺苏宰相之后到出三峡离蜀之间，即开元九年至十二年的四年之间，即李白21—24岁是个空白"，不同意李白先投刺后隐居（"隐于岷山之阳"）的说法，说"应该是先隐居岷山，后见苏公才对。……李白投刺苏公和上李邕都是表示学业已成，敢于平交王侯的表现。试想：如果'隐居岷山之阳'在后，那么，20岁李白的才学已经得到当朝闻名的'燕许大手笔'之一苏公的赏识……蜀中谁还能再当李白的老师，在岷山隐居数年进行传教授学？……李白自蜀入京洛的时间宜在第二年的开元九年"。这里，对李白《上安州裴长史书》有两个误读：一是苏颋说的是"此子天才英丽，下笔不休，虽风力未成，且见专车之骨，若广之以学，可以相如比肩也"。苏颋虽然很赏识和肯定李白，但却也说李白此时"风力未成"，还未能与"相如比肩"，尚需"广之以学"。正是受了苏颋的激励，李白才"隐于岷山之阳"，"巢居数年，不迹城市"，发愤攻读，"洗砚修长策，敲松拟素贞"。二是对《上安州裴长史书》叙事顺序的误读。李白以倒叙叙其生平："便憩迹于此，至移三霜焉。曩昔东游维扬不逾一年……又昔与蜀中友人吴指南同游于楚……又昔与逸人东严子隐于岷山之阳……又前礼部尚书苏公出为益州长史，白于路中投刺。"毫无疑问，"隐于岷山之阳"在投刺苏颋之后。武文误读李白自叙生平是显然的。这是一处带根本性的误读——因为认为"隐于岷山之阳"在投刺苏颋之前，于是就有了"开元九年至十二年的四年时间……是个空白"的认识，因此李白由蜀入京就有了时间上的可能，再加上一些"证据"，就形成了"李白弱冠自蜀入京洛"说。但是，所有这些都不足为据，都是对李白作品的误读。李白弱冠自蜀入京是不可能的。

张哲民先生《〈游石门〉证李白自蜀入京》（《中国李白研究》2008年

集），依据其在汉中石门栈道"发现一处石壁上雕刻着诗一首，依稀辨读之后，蓦然发现落款处题有'唐李白游石门'字样"，并以《送友人入蜀》《忆旧游寄谯郡元参军》等诗为证，确认"李白到过汉中，走过蜀道，有过自江油经汉中到长安的经历"。

张哲民先生提出的石门石刻是一个重要的发现。但是，单凭"唐李白游石门"几个字，似不能断定"游石门"是诗题，也不能断定"鸡头山下石门游"这首诗就一定是李白所作。或者是因为李白集中有多首写到"石门"，褒斜道上又有石门，当地便借为传说李白曾游于石门，后之游石门者自以为如李白之游，且作诗以纪，刻石者将传说与诗并刻，造成诗为李白所作的错觉，似以此彰显当地。而且，诗歌本身也大可怀疑非李白所作。被现代汉语修辞法称之为"顶针格"的接尾诗，虽可为诗作者扬才露己，但它贵在辞气畅达，诗情画意如行云流水。而这首诗并无如此效果。如"鸡头山下石门游，游到石门看龙湫。龙湫自古龙潭下，潭下湾曲一点油"。前两句，上句写已在"石门游"，下却又写"游到石门"；第二句和第三句，龙湫在龙潭下，那么"石门看龙湫"就不对头了，应该先看到"龙潭"。又如"谷口春残翠屏收，翠屏崖上仙为石"，前句因"春残"已无"翠屏"，后句却又接以"翠屏"。如此看来，这"接尾"接得很不合适。诗中的比喻如"一点油""石为舞裳"，非但不生动形象，反倒生硬有加，云、舞裳的灵动飘然之美尽皆丧失。这样的诗，恐怕难以被认为是李白所作。

张哲民先生为证明李白曾游石门经汉中入京，举"李白描写汉中的诗句"有四处。但所举均非确证。《送友人入蜀》虽然写的是蜀道"蚕丛路"，但并不能确认一定是写的由汉中到眉县入秦的褒斜道。《蜀道难》"青泥何盘盘"的青泥岭，也不在褒斜道上，而是在宝鸡（陈仓）翻秦岭经徽县到略阳的陈仓道上。而《上皇西巡南京歌》的"秦开蜀道置金牛，汉水元通星汉流"，是典籍所记传说和地理如此，并非一定要践行才可得知，所以也不能确定李白就一定到过汉中。至于《忆旧游寄谯郡元参军》诗"汉中太守醉起舞"，其"汉中"实乃"汉东"之误。因为诗歌自"不忍别，还相随，相随迢迢访仙城"至"分飞楚关山水遥"一节，全叙随州之游，不应该中间突然插入"汉中太守……"正如詹锳先生所论，"[汉中太守醉起舞（一作汉东太守醉歌舞）]……前有'汉东太守来相迎'句，此句承前而言，亦应作东"，"汉中太守，应为'汉东太守'。汉中郡即梁州，治所在今陕西汉中市，与随州相距甚远，与上下诗意亦不合"（《李白全集校注汇释集评》）。由此看来，李白的汉中之行也是难以成立的。

综合以上认识，可以说，所谓李白自蜀游石门并赋《游石门》，又经汉中从褒斜道入京的说法是不可靠的。

五、《明堂赋》《大猎赋》《蜀道难》是否李白蜀中之作

因为李白在蜀中有对李邕和苏颋的干谒，尤其是干谒苏颋，苏颋称李白"若广之以学，可以相如比肩"。司马相如是汉代辞赋大家，"可以相如比肩"，则李白投刺苏颋时所献当有大赋，兼之李白自己说"十五观奇书，作赋凌相如"（《赠张相镐二首》其二），所以颇有认为《明堂赋》《大猎赋》是李白蜀中之作者。薛仲邕《李翰林年谱》系《大猎赋》于开元元年（按，薛《谱》以圣历二年即公元699年为李白生年），谓："十月甲辰，猎于渭川，有《大猎赋》。"萧士赟《分类补注李太白诗》谓：玄宗"开元五年，幸东都，将行大享之礼，以武后所造明堂有乖典制，遂拆，依旧造乾元殿。太白此赋，想在未拆之先也"。王琦《李太白全集》注云："考赋中所言，多系书传所载古时规模制度，与则天所造明堂或有不同。盖身在远方，闻其事而赋之，固未亲至东都，得之目见，以古准今，约当如是以修词焉耳。"又在《年谱》"开元三年"下按云："太白《明堂赋》序，历溯天皇天后中宗而不及睿宗，则是赋之作，不特在未改乾元殿之先，并在睿宗未崩之先矣。考睿宗之崩，在三四年间，岂所谓'十五观奇书，作赋凌相如'者，即是《明堂》一赋欤。"而于《大猎赋》，王琦《年谱》谓："（玄宗大猎）凡三见，旧谱竟属之癸丑岁者，大约以太白生于圣历二年，至是合十有五岁。因'十五观奇书，作赋凌相如'一诗而附会其说。若以太白生于长安元年数之，至是始十有三岁耳，恐未是。"王琦虽不同意薛说，但却于《大猎赋》注云："《古赋辨体》：《大猎赋》与《子虚》《上林》《羽猎》等赋，首尾布叙，用事遣辞，多相出入。又曰：太白天才英卓，所作古赋，差强人意，但俳之蔓虽除，律之根固在，虽下笔有光焰，时作奇语，只是六朝赋耳。"度王氏之意，《大猎赋》大抵是李白蜀中青年时的"风力未成"之作。后之学者，大抵秉承前说。王伯祥《增订李太白年谱》系两赋于开元三年，"疑《明堂赋》《大猎赋》诸篇当在此时以后所作"。黄锡珪《李太白年谱》于《明堂赋》从王

琦说，系《大猎赋》于开元八年，谓"是年冬，礼部尚书苏颋出为益州长史，白于路中投刺……按，《通鉴》：'开元八年，十月壬午，畋于下邽。'十月而猎于秦地，《大猎赋》当作于是年冬也"。郭沫若先生《李白与杜甫》亦认为《大猎赋》作于开元八年，说（李白）"在开元八年二十岁时所作的《大猎赋》"。其后，郁贤皓先生《李白选集》于《大猎赋》从黄锡珪、郭沫若说，安旗先生《李白全集编年注释》于两赋皆依王琦、黄锡珪说，系《明堂赋》于开元三四年间，系《大猎赋》于开元八年。程安庸、刘勇先生《李白〈明堂赋〉系年新考》（《中国李白研究》2010—2011年集）系《明堂赋》于开元九年，并称："李白在从赵蕤学时在其指导之下创作此赋，并自觉非常满意。带着这份最佳作品，李白于开元九年春投刺苏颋，呈上此赋，得到了苏颋的赏识。之后进行了修改，与当场所作之赋《大猎赋》一起被苏颋向朝廷进献。"

所有这些，都是在说《明堂赋》《大猎赋》是李白蜀中之作。但是，这一认识，却存在几点不足：

其一，忽略了唐人段成式《酉阳杂俎》所说的"白前后三拟《文选》，不如意，悉焚之，唯留《恨》《别》赋"。据李白《大鹏赋》序所说，"余昔于江陵见天台司马子微，谓余有仙风道骨，可与神游八极之表。因著《大鹏遇希有鸟赋》以自广。……悔其少作，未穷宏达之旨，中年弃之"，其"悉焚""三拟《文选》""不如意"之作，应实有其事。李白在江陵遇司马承祯是开元十三年（725），其时李白二十五岁，已经经历苏颋"此子天才英丽，下笔不休，且见专车之骨，若广之以学，可以相如比肩"的激励和训导而"隐于岷山之阳"，"巢居数年，不迹城市"的"洗砚修长策，敲松拟素贞"的发愤苦读，尚且"悔其少作，未穷宏达之旨"而"弃之"，何况此前所作？因此，李白"前后三拟《文选》，不如意，悉焚之"，当是蜀中之事。李白干谒李邕、苏颋，或献之有赋，但李邕视以"后生""年少"而拒之，苏颋以"风力未成"尚需"广之以学"而不延用。可见其时赋之不成熟，应在"不如意，悉焚之"之列。而《明堂》《大猎》二赋绝非不成熟之作。

其二，也忽略了两赋皆有的"臣"之自称。这一自称，虽不能以此认定赋就一定是献给了皇帝，但可以肯定的是想献给皇帝。如果既没有献也不准备献给皇帝，那"臣"则是毫无意义的自称。程安庸、刘勇《李白〈明堂赋〉系年新考》

认为,《明堂赋》是投刺苏颋时所呈之赋,"之后进行了修改,与当场所作之赋《大猎赋》一起被苏颋向朝廷进献"。这虽然圆通了"臣"之自称,但却又另有矛盾。一者,苏颋说李白"若广之以学,可以相如比肩","广之以学",是一个时间和学识积累的过程,而恐怕不是"修改"就可以了事的。再者,苏颋是明言李白"虽风力未成""若广之以学,可以相如比肩",以李白的"天才英丽"当然能明白苏颋话中的意思。在此等情况下,李白怎么还会将"风力未成"的赋只是修改修改就又呈给苏颋让他"向朝廷进献"(转献皇帝)呢?文章的"风力"不是临时修改可成的,而是成于"广之以学"。因而,从"臣"之自称,也证明《明堂赋》《大猎赋》不是拜谒李邕、苏颋时的所献之作,也并非蜀中之作。

其三,李白所谓的"十五观奇书,作赋凌相如"也不是说他十五岁就"作赋凌相如"了。其"十五"之说,不过是如"十五好剑术""十五游神仙"等一样,都是本之《论语·为政》之"子曰:吾十有五而志于学"而已,以此而定《大猎赋》之作年是不妥的。

再就《明堂赋》《大猎赋》本身来说,也能见出不是李白在青少年时期所能作出的。

《明堂赋》是一篇实体赋,即其所赋对象是明堂这一建筑物实体。既然所赋对象是实体,则赋者当然不可能不亲睹目见而凭空赋出。该赋在历叙高祖、太宗建立唐朝的丰功伟绩之后,便从规划设计、采集建材的经过、明堂的幽深高峻、前后左右建筑群体之布局、明堂在其中的地位和明堂室内户牖之多少、面积之大小、所供五帝神位、堂壁上图画内容等等一一铺写而来。这些,都不是远在蜀地的李白所能了解和知道的,也不是单凭想象夸张而不亲见就可以成文的。像"远而望之""迫而察之"这类用语,虽然借用曹植《洛神赋》之句,但却也明白地说明所赋是"望""察"之所见。虽然诚如王琦《李太白全集》注之所言"赋中所言,多系书传所载古时规模制度,与则天所造明堂或有不同",但这恰恰说明李白所赋并非武则天、中宗所建逾制之明堂。明堂在唐玄宗开元年间屡有拆改、更名、复名之举。《旧唐书·玄宗纪》:开元五年"秋七月甲子,诏曰:……今之明堂,俯邻宫掖,比之严祝,有异肃恭,苟非宪章,将何轨物?……罢辟雍之号,可改为乾元殿",开元十年"冬十月癸丑,乾元殿依旧题为明堂",开元二十七年"冬十月将改作明堂","冬十月毁东都明堂之上层,改拆下层为乾元殿"。《唐会要》卷11"明堂制度":"开元五年正月……太常少卿王忠仁、太常博士冯宗、陈贞节等,咸以则天所造明堂有乖典制……削彼明堂之号,克复乾元之名……乃下诏改明堂为乾元殿。……至十年十月十五日,复题乾元殿为明堂。……至二十六年十月二日,诏将作臣康𫍰素往东都毁明堂。𫍰素以毁拆劳人,遂奏请且拆去上层,卑于旧制九十五尺……依旧为乾元殿"。又,《资治通鉴·唐纪》:开元五年"秋七月……太常少卿王仁惠奏则天立明堂不合古制……甲子,制以明堂为乾元殿",开元十年"冬十月癸丑,复以乾元殿为明堂",开元二十五年"是岁命将作大匠康𫍰素之东都毁明堂。𫍰素上言,毁之劳人,请去上层,卑于旧九十五尺,仍旧为乾元殿",开元二十七年"冬十月辛巳,改修东都明堂","甲辰明堂成"。《旧唐书》《唐会要》《资治通鉴》所载虽小有出入,但开元二十五年(或开元二十六年、二十七年)明堂去其上层,卑于旧制,又复为明堂,大抵是一致的。这就是说,明堂在开元二十五六年之前虽有更名复名,但却未"去其上层,卑于旧制九十五尺"(按,应是使其合于古时规模制度),仍旧是武后、中宗建时的规模制度。李白所赋,既"多系书传所载古时规模制度",而非武后、中宗之逾制所建规模,且赋中所写又必得亲见(此乃实体赋之必然),则此赋之作或者在开元二十七年(拆上层复名明堂)之后耶?李白有《东武吟》诗,写道:"因学扬子云,献赋甘泉宫。天书美片善,清芬播无穷。归来入咸阳,谈笑皆王公。一朝去金马,飘落成飞蓬。"所谓"献赋甘泉宫",是指扬雄所献的《甘泉赋》。《甘泉赋》所赋乃郊祀祭享之事,萧统《文选》将其归入"郊祀"一类。而明堂,据《唐会要》之载,"贞元五年,太宗将造明堂……孔颖达……上表曰:'……按《郊祀志》,汉武帝明堂之制:四面无壁,上覆以茅,祀五帝于上座,祀后土于下防。'……开元五年,幸东都,将行大享之礼……乃下令改明堂为乾元殿"。又,《资治通鉴》载,开元五年秋七月,"以明堂为乾元殿,冬至、元日受贺,季秋大享,复就圆丘"(按,"圆丘"《旧唐书》作"圜丘")。可见明堂乃朝廷祭祀之所,李白在《明堂赋》中亦大写帝王明堂祭祀之盛况,"天子乃施苍玉,鬯苍螭,临乎青阳左个,方御瑶瑟而弹鸣丝","张虎旗与虹旌,攒金戟与玉戚。延五更,进百辟,奉珪瓒,献琛帛。颠昂俯偻,俨容叠迹。乃洁滋醴,修粢盛,奠三牺,荐五牲,享于神灵","鼓大武之隐辚,张钧天之铿鍧。孤竹合奏,空桑和鸣。尽六变,齐九成,群神来兮降明庭"。所以李白说"因学扬子云,献赋甘泉宫",是以己之《明堂赋》拟《甘泉赋》。则《明堂赋》乃李白供奉翰林时所献者。李白供奉翰林之初,唐玄宗对他可谓优礼厚重,出则随驾,入则侍宴,"入侍瑶池宴,出陪玉辇行"(《秋夜独坐怀故山》),"幸陪銮辇出鸿都,身骑飞龙天马驹"(《驾去温泉宫后赠杨山人》),"待诏奉明主,抽毫颂清风。……快意且为乐,列筵坐群公"(《效古》其一),"君王赐颜色,声价凌烟虹。乘舆拥翠盖,扈从金城东"(《东武吟》)。因而李白能与明堂之祭祀大享是当然的,且亦正得以目睹明堂之规模、布局、内部结构等,借此,经铺张夸饰而成赋。

以此而论,所谓李白开元二十一年、开元二十三年作《明堂赋》之说[1],也就难以成立了。

与《明堂赋》一样,《大猎赋》也是一篇实体赋,赋的是天子围猎。赋极尽夸张之能事,既铺写天子行猎规模之巨、声势之大、阵容之盛、苑囿之广、布网之密、猎人之众,又对勇士搏击猛兽做细致描写,如"既徒搏以角力,又挥锋而争先","拳封貒,引巨狿。枭羊应叱以斃踣……或歕髓而飞涎","扼土貀,殪天狗",等等。如此场面,如果没有对天子围猎的亲见,则不可能形诸笔端。而恰恰是李白在诗中多次写到他献赋:"汉帝长杨苑,夸胡羽猎归。子云叨侍从,献赋有光辉"(《温泉侍从归逢故人》),"昔献长杨赋,天开云雨欢。当时待诏承明里,皆道扬雄才可观"(《答杜秀才五松山见赠》),"夸胡新赋作,谏猎短书成"(《秋夜独坐怀故山》)。扬子云的《羽猎赋》《长杨赋》,都是畋猎之赋。如此看来,李白所献之赋也应该是畋猎赋。而畋猎赋,在李白集中只有《大猎赋》一篇,则《大猎赋》便是李白"待诏承明里"的供奉翰林时"叨侍从"所献之赋,非蜀中之作。

或以为"开元八年作于蜀中","白尝三拟《文选》,此赋规模,亦从《子虚》《上林》《羽猎》中来,或是蜀中之作","苏颋以相如拟白,则白投刺所献,当为大赋,或即是此篇"(安旗《李白全集编年注释》《李白全集编年

---

[1] 乔长阜《〈明堂赋〉写作旨意和时间浅探》(《中国李白研究》1994年集)主作于开元二十一年,詹锳《李白诗文系年》《李白全集校注汇释集评》主作于开元二十三年。

笺注》）。其实，此赋正如郭沫若先生所论，"有些辞句在气魄上很足以令人佩服。……诗情韵调的清新激越，的确超过了汉代的司马相如"（《李白与杜甫》）。也就是说，作《大猎赋》时的李白，已经不是苏颋所说的"虽风力未成""若广之以学，可以相如比肩"时的李白了。所以他敢以《大猎赋》诋相如、子云："《上林》……《羽猎》……当时以为穷壮极丽，迨今观之，何龌龊之甚也"（《大猎赋序》）。我们曾以《李白〈大猎赋〉与马扬畋赋》（《绵阳师专学报》1990年第1期）为论，认为"铺张夸叙，恢弘扬厉，本是汉赋的两大特色，一大优势，然而文人有意弄巧，扬才露己，'极丽靡之辞，闳侈巨衍，竟于使人不能加也'（《汉书·扬雄传》），岂料弄巧反拙，反为所累。李白深知汉赋发展中的这种流弊，因而一方面继承汉赋的铺张夸叙，恢弘扬厉，写其壮丽之辞，一方面又摒其弊端，铺张夸叙中剪枝除蔓，'约言'而赋。《大猎赋》一篇，只在'猎'字上做文章，从围猎、打猎铺张夸叙，极写其'大'，绝不像《上林赋》诸篇那样铺及山川草木渊甲池鱼。这样一来，'铲刈秽草，伐去恶木，烈火而焚之。嘉木立，美竹露，奇石显'（柳宗元《钴鉧潭西小丘记》）。此所以李白敢以《大猎赋》嗤《上林》《羽猎》诸篇也"。因此，无论从哪方面看，《大猎赋》都不是李白青年时期之作。

诚然，李白供奉翰林期间，史籍无载明堂大享和天子围猎。但是，史籍无载并不等于没有其事。《资治通鉴》既然称"冬至、元日受贺，季秋大享"不在明堂也要在圆丘举行，则朝廷此等活动已成惯例，史官不记，后世修史者不载，似属当然。所以，《旧唐书》《唐会要》《资治通鉴》于唐玄宗朝只有明堂更名、复名、拆改的记载，而没有"大享"祭祀的记载，后世并不会因此而认为明堂在唐玄宗时没有"大享"祭祀。天子行猎，也是古代帝王的一种礼制。据《通典》（卷76）"《天子诸侯四时田猎》：周制，天子诸侯无事则岁行蒐苗礼。……《王制》曰：天子诸侯无事而不田曰不敬，曰不以礼，曰暴天物。……《穀梁传》曰：因蒐狩而习用武事，礼之大者也"。既然如此，皇帝畋猎也就是遵制守礼的经常行为，而李白谓"汉帝长杨苑，夸胡羽猎归。子云叨侍从，献赋有光辉"，定非空以扬雄自比，应是实有其事。独孤及《送李白之曹南序》"曩子之入秦也，上方览《子虚》之赋，喜相如同时。白由是朝诣公车，夕挥宸翰"也是证明。天子畋猎之类事，史书失载也是有的。如张读《宣室志》所记"明皇狩近郊，射中大鹿，张果曰：千年仙鹿也"。又，薛用弱《集异记》"徐佐卿"条："明皇天宝十三载重阳日猎于沙苑。"二事均不见于正史。天宝二年十月帝猎渭川一事亦为正史所不载（据詹锳《李白全集校注汇释集评·大猎赋》"题解"）。这后一条，倒恰恰为李白随驾玄宗畋猎而献《大猎赋》提供了依据，正合《大猎赋》序之所言"以孟冬十月大猎于秦"。

李白《蜀道难》一诗，历来为研究者所重视，不乏笔墨，但有人认为是李白未出蜀时所作[1]却是大可商讨。

首先，值得考察的是李白蜀中时期是否已经具备了创作《蜀道难》这类名篇的条件。李白青年时期游览蜀中名胜，创作《蜀道难》是有生活基础的，正如论者所说，"从客观上讲，李白游历蜀地名山大川，尤其亲临剑门奇峰，仰观蜀道艰难，雄奇秀丽，千姿百态的自然山水，在他胸中酝酿，必然作出沁人肺腑的作品"。但是，如果说这种酝酿能立时成篇，在蜀中就形成《蜀道难》，却未必然了。因为文学创作从感性到理性形成艺术升华是一个复杂的过程，它受到文学修养、思想意识、精神境界与气质等因素的影响，而这些条件，李白在蜀中时还并不完全成熟，并不像今之论者所说的"主观上李白又谙熟庄子笔法"云云。论者以《大鹏赋》为例证，说李白"自称'少作'的《大鹏赋》那样纵横捭阖、汪洋恣肆的风格堪与《庄子》匹敌"。其实，李白何曾自称过《大鹏赋》是他的"少作"！《大鹏赋》序云：

> 余昔于江陵见天台司马子微，谓余有仙风道骨，可与神游八极之表，因著《大鹏遇希有鸟赋》以自广。此赋已传于世，往往人间见之。悔其少作，未穷宏达之旨，中年弃之。及读《晋书》，睹阮宣子《大鹏赞》，鄙心陋之。遂更记忆，多将旧本不同。今复存手集，岂敢传诸作者，庶可示之子弟而已。

此序明确地告诉我们，《大鹏赋》是李白中年所作，而少作乃《大鹏遇希有

---

[1] 康怀远：《〈蜀道难〉是李白在蜀地时的作品》，《社会科学研究》1984年第1期。

鸟赋》。既然"悔其少作,未穷宏达之旨,中年弃之",连李白自己也不满意,自然也就无所谓"谙熟庄子笔法"了。何况苏颋曾明言李白"风力未成",尚需"广之以学"。论者把《大鹏赋》当作李白的"少作"来读,不能不说是一种疏忽。如果以论者所引徐而庵《记唐诗》中"蜀道之难难于上青天,篇凡三见,与《庄子·逍遥游》篇同。……太白歌行,纯学庄子"的话而论,则恰恰说明《蜀道难》应该是李白的中年之作。

李白在蜀中曾受到过当时著名的文章家苏颋的褒奖,说:"此子天才英丽,下笔不休,虽风力未成,且见专车之骨,若广之以学,可以相如比肩也。"这番褒奖,实际道出了青年李白"风力未成",还不能与相如比肩,尚须"广之以学"方可与相如比肩。可见李白当时要写出《蜀道难》那样足以代表他艺术风格的名篇,其主观条件并不具备。虽然苏颋之论是在开元九年,距李白出蜀尚有三四年,这期间,李白大可以"广之以学",达到与相如比肩,可是李白蜀中诸作却不能说明这一点。李白蜀中诸诗如《春感》《登锦城散花楼》《冬日归旧山》《访戴天山道士不遇》《别匡山》《登峨眉山》《峨眉山月歌》等,虽多能以较清新的笔墨描写山水景物,反映自己的情趣、理想,但毕竟还显得嫩弱,风力不足,与《蜀道难》"笔阵纵横,如虬飞蠖动,起雷霆乎指顾"(沈德潜《唐诗别裁》),实难相提并论。

一个诗人,尤其是风格独特的大诗人,其艺术风格的形成,必有一个循序渐进的过程。这个过程,我们通过他的作品是可以认识可以理解的。然而,从李白的蜀中诸诗到《蜀道难》,这之间好像是一个奇异的突变。如果说以蜀中诸诗所表现出的风格、气质、艺术造诣为基础,可以产生像《蜀道难》那样"奇之又奇""自骚人以还,鲜有此体调"(殷璠《河岳英灵集》)的写景抒情名篇,那是令人难以理解的。《李白诗选》(复旦大学古典文学教研组编)对李白蜀中诗作是这样认识的——"这些诗篇虽然还没有达到独树一帜的境界,但已显出诗人的才华"。即是说,蜀中诗篇虽已显现出李白的才华,但毕竟还没有达到独树一帜的境界。这个评价是中肯的。揆诸情理,《蜀道难》不可能产生于诗人还没有达到独树一帜境界的蜀中时期。

李白在蜀中受到苏颋的称赞,有意思的是,几年后,他在安陆又受到郡督马公更高的褒奖,说:"诸人之文,犹山无烟霞,春无草树。李白之文,清雄奔放,名章俊语,络绎间起,光明洞彻,句句动人。"应该说这个时期的李白才成熟,才形成他"清雄奔放"的浪漫主义艺术风格。而这以后,李白创作出像《蜀道难》那样杰出的篇章,才可以说是合乎情理的。

我们再从《蜀道难》一诗本身来看,诗人的立脚点是很明显的,仅"侧身西望长咨嗟"就足可说明。蜀地因在秦地及长安之西,故素有"西蜀"之称,"西有巴蜀汉中之利"(《战国策·秦策》)、"南取汉中,西举巴蜀"(贾谊《过秦论》)、"圣主西巡蜀道来"(李白《上皇西巡南京歌》)、"西蜀地形天下险"(杜甫《诸将》)等皆是明证,所以"西望"是望蜀道,诗人的立脚点不在蜀地是显然的。

"侧身西望长咨嗟"一句,康怀远先生认为是用张衡《四愁诗》中"侧身西望涕沾裳"的成句。这是正确的。但却接着说"是李白'从西而望',不是李白在长安向西而望",即是说李白是在蜀地向东望。这却有些欠妥了。且看张衡《四愁诗》:

> 我所思兮在太山,欲往从之梁父艰。
> 侧身东望涕沾翰。……
> 我所思兮在桂林,欲往从之湘水深。
> 侧身南望泪沾襟。……
> 我所思兮在汉阳,欲往从之陇阪长。
> 侧身西望泪沾裳。……
> 我所思兮在雁门,欲往从之雪纷纷。
> 侧身北望泪沾巾。……

很明显,诗中的东望、南望、西望、北望都是望的在东面太山、南面桂林、西面汉阳(今甘肃甘谷县南)、北面雁门的"我所思"。如果按论者对"西望"——"从西而望"的理解,那岂不是说"我所思兮"在西边,"我"却侧身向东望去吗?这是无论如何也讲不通的。

再举几首李白"西望"的诗一读,就更清楚"西望"不能理解为是"从西而望"了。

横江西望阻西秦，汉水东连扬子津。
白浪如山那可渡？狂风愁杀峭帆人。

(《横江词》其三)

一为迁客去长沙，西望长安不见家。
黄鹤楼中吹玉笛，江城五月落梅花。

(《与史郎中饮听黄鹤楼上吹笛》)

贾生西望忆京华，湘浦南迁莫怨嗟。
圣主恩深汉文帝，怜君不遣到长沙。

(《巴陵赠贾舍人》)

这三首诗中的"西望"，都显然不能被理解为"从西而望"，否则，西秦、长安、京华就在横江、黄鹤楼、湘浦的东边去了。这就足以证明"侧身西望长咨嗟"之"西望"不能有任何其他理解，只能是向西而望。那么写《蜀道难》时诗人的立足点自然不在蜀地。

综上两端，在蜀中的青年时期的李白既不具备创作《蜀道难》这样名篇的自身条件，而《蜀道难》诗人的立足点又不在蜀地，则《蜀道难》不是李白出蜀前在蜀地时的作品是显然的。亦有论者提出《蜀道难》是李白开元年间归蜀时的作品。[1]李白《蜀道难》究竟写于何时何地，内容如何，我们将在后文论及，此不赘言。

[附] 李白蜀中年表

武后长安元年（701）　　一岁

生于蜀之昌隆（今四川省江油市）。

按，关于李白生年，有四说：

1　李从军：《李白归蜀考》，《社会科学战线》1982年第4期。

生于武后圣历二年（699）。此为一说。

宋曾巩《李太白文集后序》云："以病卒，年六十有四，是时宝应元年也。"宋薛仲邕《翰林李太白年谱》据此由宝应元年（762）上溯，谓李白生于武后圣历二年（699）。

生于武后长安元年（701）。此为二说。

唐李阳冰《草堂集序》云："公暨不弃我，乘扁舟而相顾。临当挂冠，公又疾亟，草稿万卷，手集未修，枕上授简，俾余为序……时宝应元年十一月乙酉也。"唐李华《故翰林学士李君墓志》云："年六十有二，不偶，赋《临终歌》而卒。"清王琦以二者合推之，谓白生于武后长安元年（701）。又核之以李白至德二载（757）所作《为宋中丞自荐表》之谓"前翰林供奉李白，年五十有七"，谓"自当以表为是，故订以长安元年为太白始生之岁"。

生于神龙元年（705），卒于大历元年（766）。此为三说。

此说为康怀远先生所倡。其《李白生于神龙元年新证》（《江汉论坛》，1985年第4期）认为：李阳冰《草堂集序》"未言卒，说明那时李白还在世"；魏颢《李翰林集序》说"经乱离，白章句荡尽。上元末，颢于绛偶然得之，沉吟累年，一字不下。今日怀旧，援笔成序……白未绝笔，吾其再刊"，"足证李白宝应元年之后是活在人世的"；范传正《唐左拾遗翰林学士李公新墓碑并序》说"代宗之初，搜罗俊逸，拜公左拾遗"，"'代宗之初'，即代宗最初几年，当依次为广德元年（763）、广德二年（764）、永泰元年（765）、大历元年（766）、大历二年（767）。大历元年既在其内，则李白有可能卒于斯年。……由此上推六十二年，李白的生年就不是长安元年而是神龙元年"；并以《大猎赋》作于开元八年合于李白"十五观奇书，作赋凌相如"，以"十五好剑术，遍干诸侯"合于开元八年投刺苏颋，证明"李白生于神龙元年不误"。

舒大刚先生在《再论李白生卒年问题》（《四川大学学报》2005年第5期）、《李白生卒年诸说评议》（《中国李白研究》2005年集）、《李白卒年史料新证》（《社会科学研究》2006年第3期）、《李白卒年诸说平议》（《文学遗产》2007年第5期）诸文中亦屡申"生于神龙元年"说。其主要依据是宋人郭忠恕《汗简》引录唐人李士训《记异》中"大历初，予带经锄瓜于灞水之上，得石函，中有素绢《古文孝经》一部二十二章，壹仟捌佰叁拾贰言。初传与李太白，白授当涂令李阳冰"一段文字。认为"既然李阳冰所传《古文孝经》是'大历初'辗转传自李士训和李白，那么，大历初（766）李白就应仍在人间"，并将《为宋中丞自荐表》系之上元二年（761）作为支撑。

生于神龙二年（706），卒于大历二年（767）。此为四说。

此说为林贞爱先生所倡。其《李白身世及生卒年代考异》（《四川师范学院学报》1989年第4期）认为，神龙初年，"李白的父亲归蜀时，先流寓巂州，后内移定居绵州彰明青莲乡时才生李白的。因此公元705年不可能是李白降生之年，应考虑神龙二年"；因生于神龙二年与李白至德二载（757）所作《为宋中丞自荐表》之谓"年五十有七"相抵，乃断《为宋中丞自荐表》为伪作。

此四说，以王琦生于长安元年说所据最确，结论最为合理。其余三说，皆持据不确，难以成立。

生于圣历二年（699）一说，薛仲邕以曾巩《李太白文集后序》之"以病卒，年六十有四，是时宝应元年也"为据，上推六十四年以成说。但是，曾巩的"年六十有四"却是错的。王琦的《李太白年谱》曾给予驳正，谓"按曾巩《序》，享年六十四。李阳冰《序》载白卒于宝应元年十一月，自宝应元年逆数六十四年，乃圣历二年也。薛氏据之，故曰白生于是年。然李华作《太白墓志》曰年六十二，则应生于长安元年。以《代宋中丞自荐表》核之，表作于至德二载丁酉，时年五十有七，合之，长安元年为是。若生圣历二年，则当云五十有九矣。自当以表为正，故订以长安元年为太白始生之岁"。

曾巩在《李太白文集后序》中叙白晚年行踪，"璘军败丹阳，白奔亡至宿松，坐系寻阳狱……若思军赴河南，遂释白囚……上书肃宗，荐白才可用，不报。是时白年五十有七矣。乾元元年，终以污璘事长流夜郎，遂之江夏、上峡江、至巫山，以赦得释，憩岳阳、江夏。久之复如寻阳，过金陵，徘徊于历阳、宣城二郡。其族人李阳冰为当涂令，白过之，以病卒，年六十有四，是时宝应元年也"，也没有什么发明，也是以《为宋中丞自荐表》所说的"年五十有七"为支点（即以长安元年为生年），宝应元年为卒年，这也证明"年六十有四"肯定是错的。

生于神龙元年（705）一说，虽然出自李阳冰《草堂集序》（序称"神龙之始，逃归于蜀，复指李树而生伯阳"。神龙年号共三年，"神龙之始"可以认为是神龙元年），但"神龙"二字或是李阳冰之后传抄、刊刻致误，或是文字漶漫成误，并非李阳冰之原文。李阳冰为李白文集定名为《草堂集》，并成《草堂集序》，说明李阳冰在成序时已完成对李白文集的编纂，而且对李白"耻为郑、卫之作，故其言多似天仙之辞。凡所著述，言多讽兴。自三代以来，风骚之后，驱驰屈、宋，鞭挞扬、马，千载独步，唯公一人。……今古文集，遏而不行，唯公文章，横被六合，可谓力敌造化"的评价，非有对李白诗文的熟读和透彻理解不可。那么，他对李白至德二载（757）所作《为宋中丞自荐表》的熟悉是毫无疑问的，将自荐表所说的"年五十有七"上推到长安元年（701）也是毫无疑问的。因为既然明言"神龙之始，逃归于蜀，复指李树而生伯阳"（是归蜀后生的李白），怎么可能又推到"神龙之始"李白生呢？《李白生于神龙元年新证》所举其他依据，都不过只是迎合"神龙之始"而已。如举魏颢大约作于"上元末"以后的宝应元、二年的《李翰林集序》之谓"白未绝笔，吾其再刊"，以证"李白在宝应元年之后是活在人世的"。但这正如张昕、陈建平《〈李白卒年辨〉存疑》（《唐代文学研究》总第八期）所辨，"魏颢序成之日，连早在乾元二年李白逢赦一事都不知道，何曾能确知李白宝应元年的生死？在这一点上，魏颢不是知情人。他的证言，不能产生效力"。亦如王辉斌《李白卒年"新说"辨析》（《漳州师院学报》1990年第2期）所论，"魏颢与李白相知乃在天宝十三年夏，李白于金陵曾将部分诗稿（此就李白一生的全部诗稿而言）托其编集。但二人自此别后再也不曾相聚，更没有诗书往还（现存李、魏作品中无二人天宝十三年后之酬唱篇目），而且，上元二年魏颢在'绛'，而李白在当涂与宣城一线，一南一北，魏颢是根本不可能知道李白当时的情况的。正因为二人自天宝十三年后不通音讯，故魏颢才在他的序中作出了一种错误的估计：'屡经昭洗，朝廷忍白久为长沙、汨罗之傃？路远不存，否极则泰，白宜自宽。'他以为上元二年李白还在长流夜郎中。其实，李白早此一年即被中途赦还。魏颢在上元二年既不晓李白遇赦之事，其《序》之所云为揣度之辞可知，而揣度之辞，是不足以佐李白卒年确为宝应元年之后的"。又如举范传正《唐左拾遗翰林学士李公新墓碑并序》之"代宗之初……拜公左拾遗"，以证"大历元年既在其内，则李白有可能卒于斯年"。"有可能"本就是不定之辞，而"代宗之初"既然"依次为广德元年（763）、广德二年（764）、永泰元年（765）、大历元年（766）、大历二年（767）"，那么为什么一定就是大历元年而不是其他哪一年呢？可见定李白卒年为大历元年，不过是强为之说，以附会李白生于神龙元年（"神龙之始"）。至于《大猎赋》、"十五观奇书，作赋凌相如"等，就更不能为李白生于神龙元年之证了。因为《大猎赋》并不作于开元八年李白十五岁时，而是作于供奉翰林期间（详见上编"《明堂赋》《大猎赋》《蜀道难》是否蜀中之作"一节），"十五观奇书""十五好剑术""十五游神仙"，不过是本之《论语·为政》"子曰：吾十有五而有志于学"，夸饰自己少年志趣。

舒大刚数文以宋人郭忠恕《汗简》引录唐人李士训《记异》记大历初传《古文孝经》与李白，李白传与李阳冰一事为据，证明"大历初（766）李白就应仍在人间"，亦属率尔之言。《记异》一类笔记小说本是求"异"，所记之事，大不可信。如《太平广记》卷461有"高巘""天后"两则。前则记渤海太守高巘死而复苏，"悟白衣人乃是家中老瞎麻鸡"；后则记唐文明年间"天下诸州进雌鸡变为雄者甚多"。其出处皆谓"出《记异》"。两则皆荒诞不经之言。如果这样的"记异"也可以拿来做李白大历初"应仍在人间"的依据，那我们是不是也可以相信宋人《侯鲭录》所记"东坡先生在岭南，言元祐中有见李白酒肆中"？再说，李阳冰《草堂集序》谓"临当挂冠，公又疾亟……时宝应元年十一月乙酉也"，"挂冠"即辞官或离任，据王琦注引《宣和书谱》"唐李阳冰，字少温，赵郡人，官至将作少监"，既然李阳冰后来官至"将作少监"，则此时的"挂冠"并非辞官，而是秩满离任。宝应元年十一月李阳冰就已经秩满将离任，只是因为李白"又疾亟"才暂时未离当涂，岂会直到四年后的大历元年还在当涂令任上？何况唐时制度，官秩满后，皆于冬时赴京候选，李阳冰就更不可能久滞在当涂令任上了。以此可见《记异》所记李白大历初受《古文孝经》再传给李阳冰之事的虚妄。就算"大历初（766）李白就应仍在人间"，但李白是不是就一定死于766年？大历年号共十四年，"大历初"至少应该有两三年。为什么"大历初"就一定只能大历元年？何况永泰二年十一月才改元大历，大历元年实际只有两个月！这岂不也是在牵强附会李白生于"神龙之始"（神龙元年）？

生于神龙二年（706）一说，林贞爱所谓"705年不可能是李白降生之年，应考虑神龙二年"，本已是揣测之论，而又轻率地擅疑古籍，指李白的《为宋中丞自荐表》为伪作，其说就更不足信了。

又，关于李白生地，有三说：

生于蜀中说。

魏颢《李翰林集序》："蜀之人无闻则已，闻则杰出，是生相如、君平、王褒、扬雄，降有陈子昂、李白，皆五百年矣。白本陇西，乃放形，因家于绵。身既生蜀，则江山英秀。"

李阳冰《草堂集序》："李白，字太白，陇西成纪人……（白父）神龙之始，逃归于蜀，复指李树而生伯阳。"

于邵（唐大历时梓州刺史）作李白故宅碑文，谓李白生于蜀之彰明。

刘全白《唐故翰林学士李君碣记》："君名白，广汉人。……白幼则以诗为君所知，及此投吊，荒坟将毁，追想音容，悲不能止。"

范传正《唐左拾遗翰林学士李公新墓碑并序》："公名白，字太白，其先陇西成纪人……神龙初，潜还广汉，因侨为郡人。……公之生也，先府君指天枝以复姓。"

宋宋祁《新唐书》本传："神龙初遁还，客巴西。白之生，母梦长庚，因以命之。"

宋欧阳忞《舆地广记》："绵州彰明县有唐李白碑，白之先世流嶲州，其后内移，白生于此县。"

宋曾巩《李太白文集后序》："白，蜀郡人，初隐岷山，出居襄汉。"

宋陈振孙《直斋书录解题》："《李翰林集》三十卷，唐翰林供奉广汉人李白撰。"

宋郑樵《通志》于李白《草堂集》下注："白，蜀人，草堂在蜀，怀故国也。"

明杨慎《升庵文集》引《成都古今记》云："李白生于彰明之青莲乡。"

清王琦注《李太白全集》附录《年谱》："太白之为蜀人，固彰彰矣。"

生于西域说。

李宜琛《李白的籍贯与生地》（《北平晨报副刊》1926年5月10日）称"太白不生于四川，而生于被流放的地方……是在碎叶"。

陈寅恪《李太白氏族之疑问》（中华书局《李白研究论文集》）称"太白生于西域，不生于中国也"。

胡怀琛《李太白的国籍问题》（同上）称"李白的先世曾寓居在呾逻私城的南面十余里，是突厥化的中国人。……李白的先世在呾逻私城共住了八十九年。回到巴西时，太白是五岁。……李白是生在呾逻私城，在他五岁时，由他的父亲带他回到巴西来的"。

李长之《道教徒的诗人李白及其痛苦》（重庆商务印书馆1946年版）称李白"生于苏俄属的中亚细亚"。

郭沫若《李白与杜甫》（人民文学出版社1971年版）断言李白生于"中央亚细亚的碎叶城"。

余恕诚《李白出生于中亚碎叶的又一确证》（《安徽师范大学学报》1973年第1期）、殷孟伦《试论唐代碎叶城的地理位置》（《文史哲》1974年第4期）、周春生《李白与碎叶》（《历史研究》1978年第7期）、陈化新《李白出生于碎叶补说》（《延边大学学报》1979年第3期）、朱方《唐代条支地望质疑》（《中华文史论丛》1979年第3期）都支持郭沫若先生的李白生于中亚碎叶说。

李、陈、胡、李、郭之后，又有李白生于条支说［如刘友竹《李白的生地是条支》（《社会科学研究》1982年第1期）、康怀远《对〈李白的生地是条支〉的一点补充》（《社会科学研究》1982年第3期）］，另又有焉耆碎叶（如李从军《条支碎叶与李白生地》，《社会科学研究》1983年第5期）、哈密碎叶（如钟兴麒《唐代安西四镇之一的碎叶位置新探》，《新疆大学学报》1986年第3期）等，同是西域说。

生于长安说。

刘开扬《李白在蜀中的生活和诗歌创作》（《文学遗产》1982年第4期）主此说，谓"我以为李白生于长安，为长安人"。

三说中，以生于蜀中说持据最重。其说皆出自与李白同时的亲友。如魏颢，是李白的朋友，也是李白的崇拜者，"东浮汴河水，访我三千里"（李白《送王屋山人魏万还王屋》），后相见于广陵，携手游金陵等地，《李翰林集序》称李白"尽出其文，命颢为集"，其于白之生地"身既生蜀"应出自李白之口。虽然魏颢不知李白之卒，还说"白未绝笔，吾其再刊"，则是因为两人自金陵一别后，既未晤面，亦无书信往还，彼此不知行踪。王辉斌先生却对魏《序》"身既生蜀"一段文字别有解说。其《李白生于江油"新说"平质》（《李白求是录》江西人民出版社2000年版）认为："'白本陇西，乃放形，因家于绵。身既生蜀，则江山英秀'，这段文字写得十分明白。前部分是说：李白祖籍陇西，他因为'放形'的原因，才'家于绵'迁居于四川的。由此，我们可知，李白在未曾'放形'之前，是居住于他地的。……李阳冰《草堂集序》云：'神龙之始，逃归于蜀。'……则李白'放形'后'家于绵'乃在他五岁时随父所致。魏颢《序》文的后部分则是说：像李白这样一位曾经使唐玄宗'降辇步迎'的著名人物，既然从小就生活在蜀川，则那里的'江山'也因之增光添色。此即'身既生蜀，则江山英秀'之谓也。"王先生对魏《序》的解说颇有些顾此失彼。魏《序》开篇便说"自盘古划天地，天地之气，艮于西南。剑门上断，横江下绝，岷、峨之曲，别为锦川"，此乃蜀之"地灵"，紧接着便是蜀之"人杰"："蜀之人无闻则已，闻则杰出。是生相如、君平、王褒、扬雄，降有陈子昂、李白，皆五百年矣。"蜀地地灵人杰，所举司马相如、严遵、王褒、扬雄、陈子昂诸家，莫不是生于蜀的"蜀之人"，把李白与之并举，李白当然也是生于蜀的"蜀之人"。怎么接着的"身既生蜀"却又成了"从小生活在蜀川"（前一"生"出生，后一"生"却是生活、生长）呢？这样的后言不搭前语，当然不是魏颢的原意，而是对魏颢行文理解的错误。再说，"白本陇西，乃放形，因家于绵"之"白本陇西"，是说"李白的祖籍陇西"，而"乃放形，因家于绵"又是李白"他因为'放形'的原因，才'家于绵'迁居于四川江油"，这岂不是东扯一句西扯一句么？而且，"放形"，如果理解为"放浪形骸"之类的意义，则五岁的孩童将如何去"放浪形骸"（"放形"）？又怎能够"'家于绵'迁居于四川江油"？因此，"白本陇西，乃放形，因家于绵"，显然是指李白的前辈，而"放形"也不是"放浪形骸"一类的意义，而是说李白的前辈后来（"乃"，然后）放弃了祖籍陇西的经历（形迹），而迁家于绵州。这样，"身既生蜀"就无法有其他理解了。

　　李阳冰是李白的从叔，其《草堂集序》称"草稿万卷，手集未修，枕上授简，俾余为序"，所叙李白生平，当然也是十分可靠的。

　　于邵作碑文的李白碑今不存，但据宋欧阳忞《舆地广记》载"绵州彰明县有唐李白碑……白生于此县"，宋乐史《太平寰宇记》载："绵州彰明县有李太白碑，在宁梵寺门下，梓州刺史于邵文。"宋王存等《元丰九域志》载："绵州有李太白碑，唐梓州刺史于邵文。"彰明县有于邵为文的李白碑是确实无疑的。这是唐人碑刻中最早的关于李白生于蜀地彰明的记载。于邵被任命为梓州刺史，大约在大历五年（770）。《旧唐书·于邵传》："出为道州刺史，未就道，转巴州。时岁俭，夷獠数千相聚山泽，围州掠众。邵励州兵以拒之，旬有二日，遣使说喻，盗邀邵面降。邵儒服出城，盗罗拜而降，围解。节度使李抱玉以闻，超迁梓州，以疾不至，迁兵部郎中，西川节度使崔宁请留为支度副使。"李抱玉为山南西道节度使（巴州属山南西道）是在大历五年正、二月间（《旧唐书·代宗纪》：大历"五年春正月……凤翔节度使李抱玉判梁州事，充山南西道节度使。……二月戊戌李抱玉移镇鳌屋"。）其时，于邵平巴州夷獠之乱，为"节度使李抱玉以闻，超迁梓州"。于邵虽"以疾不至"梓州，但却被西川节度使崔宁"请留为支度副使"。于邵有《为剑南西川崔仆射再请入朝表》，谓："臣某言，去冬臣知衙事官姚悟回，伏奉手诏，许臣入朝。臣自西川军还，整装择吉，与监军使孟游仙等，以今月五日发成都，十二日至绵州，罗江县中使马承倩至，又奉恩旨，令臣与游仙等却回。……臣以迫于所务，抱恨南边，固请监军使便行，犹期上诉。虽一夫阻命，而违众实难。游仙今于汉州便发，以从诸将之请。……谨附监军使孟游仙奉表陈情以闻。"可见此《表》是于邵随崔宁行至绵州，接到诏令后返成都，行至汉州（今广汉县）时作。李白碑文应是这次在绵州停留时写成。其时，于邵因崔宁"请留为支度副使"而不再是兵部郎中，而支度使之职朝廷任命又尚未到达，因而仍然被视为梓州刺史，所以宋人乐史、王存称"梓州刺史于邵文"。或者于邵自己署的就是"梓州刺史"也是可能的。大历五年（770）去李白之卒不足十年，其可靠度应是很高的。

至于刘全白，则是"幼则以诗为君所知，及此投吊，荒坟将毁，追想音容，悲不能止"，写下了《唐故翰林学士李君碣记》，其所记，也应当是可信的。

唐人对李白的出生地是没有怀疑的，只有中唐元稹说李白是"山东人"（见《唐检校工部员外郎杜君墓系铭并序》），宋时被刘昫编入"正史"（《旧唐书》），这才生出歧义。明人王世贞、胡震亨等于此多有辨正。王世贞谓"白本陇西人，产于蜀，尝流寓山东；子美从游时在山东，故称山东也。此山东乃关东，非今之山东也"（《弇州山人四部稿》卷六）。胡震亨谓"李白，蜀人，非今山东人也。山东李白之说，出于杜诗。云山东者……意白时正寓关东故耳。旧史传白，不书郡望，援杜句直书为山东人，史例之变，然实非以其尝家任城而云山东也。齐鲁之称山东，自元始。于唐此地尚隶河南，未有今山东称"（《唐诗癸签》卷二十九）。清人王琦辨误甚详，说"李阳冰、魏颢、刘全白、范传正诸人之作，皆以太白为蜀人，即以太白之诗考之，亦以巴蜀为故乡，东鲁乃寄寓，昭然分明。而刘氏独以为山东人。按，杜子美诗'近来海内为长句，汝与山东李白好'，元微之《杜工部墓系铭》'是时山东人李白亦以奇文取称'，疑太白寓家山东日久，故以山东称之，旧史遂承其误欤"（《李太白全集》附录刘昫《旧唐书·文苑列传》注）。王琦之后，清人亦有辨之甚力者，如李调元《李白故里考》："自唐李阳冰序其文，刘全白撰其墓碣，皆云广汉人，而论白者或曰陇西，或曰山东，不知白实生于绵之巴西也。……白既隐岷山，举有道不就，隐匡山，苏颋为益州长史，见异之，则是白始终一蜀人也。"

王琦的"即以太白之诗考之，亦以巴蜀为故乡"，不仅表明他以李白为蜀人是李白自己所诗，也揭示出唐宋以来识李白为蜀人的本原所在。李白诗文中诸如《渡荆门送别》"渡远荆门外，来从楚国游。……仍怜故乡水，万里送行舟"（按，"渡远荆门外，来从楚国游"时的"故乡水"，当然只能是流自巴蜀的长江水）、《上安州裴长史书》"见乡人相如大夸云梦之事，云楚有七泽，遂来观焉"（按，以蜀人司马相如为"乡人"）、《淮南卧病书怀寄蜀中赵征君蕤》"国门遥天外，乡路远山隔。朝忆相如台，夜梦子云宅"（按，蜀人司马相如、扬雄皆"蜀中""乡路"之人）、《题嵩山逸人元丹丘山居》"家本紫云山，道风未沦落"（按，紫云山在今江油市境内。《彰明县志》："紫云山在绵州彰明县西南四十里，峰峦环秀，古木樛翠，常有紫云结其上，故名。"李白之家在紫云山。蜀人也）皆是。

如此，李白生于蜀是可以肯定的。诚如裴斐先生所说，"李白是蜀生之蜀人，这是历史上有翔实记载的。要推翻这个千百年来妇孺皆知的历史结论而另立新说，窃以为根本不可能，除非发现足以将魏、李、刘、范诸人记载推翻的新资料"（《江汉论坛》1984年第11期《评李白出生碎叶兼及其籍贯问题》）。

唐中宗神龙元年（705）　　五岁

发蒙。知诵六甲，《上安州裴长史书》云："五岁诵六甲。"

按，六甲，即六十甲子，《汉书·食货志上》："八岁入小学，学六甲五

书记之事，始知室家长幼之节。"王先谦补注引顾炎武曰："六甲者，四时六十甲子之类。"又引周寿昌曰："犹言学数干支也。"

唐睿宗景云元年（710）　　十岁

攻诗书及诸子百家。

《上安州裴长史书》："十岁观百家，轩辕以来，颇得闻矣。"《新唐书》本传："十岁通诗书。"《秋于敬亭送从侄耑游庐山序》："余小时，大人令诵《子虚赋》，私心慕之。"皆十岁前后时。

唐玄宗开元三年（715）　　十五岁

观奇书、作诗赋、学剑、任侠、游仙，广泛涉猎，犹孔子"十有五而有志于学"（《论语·为政》）。

《赠张相镐二首》（其二）："十五观奇书，作赋凌相如。"

按，唐段成式《酉阳杂俎》云："李白前后三拟《文选》，不如意，辄焚之，唯留《恨》《别》二赋。今《别赋》已亡，唯存《恨赋》矣。"

王琦《拟恨赋》注云："古《恨赋》，齐梁间江淹所作，为古人志愿未遂，抱恨而死者致慨。太白此篇，段落句法，盖全拟之，无少差异。"

又，计有功《唐诗纪事》引宋人杨天惠《彰明逸事》云："时太白齿方少，英气溢发，诸为诗文甚多，微类《宫中行乐词》体。今邑人所藏百篇，大抵皆格律也。虽颇体弱，然短羽褵褷，已有雏凤志。淳化中，县令杨遂为之引，谓为少作是也。"王琦《李太白全集·年谱》于其后按曰："此编今已不传，晁公武《读书志》曰：'蜀本《李太白集》，附入左绵邑人所裒白隐处少年所作诗六十篇，尤为浅俗。'今蜀本李集亦不可见，疑《文苑英华》所载五律数首，或即是与。"安旗《李白年谱》列《初月》《雨后望月》《对雨》《晓晴》四首于是年存疑。

又，李白《与韩荆州书》："十五好剑术，遍干诸侯；三十成文章，历抵卿相。"所谓诸侯，实指州守、县令类地方官员。魏颢《李翰林集序》："少任侠，手刃数人。"范传正《碑》："少以侠自任，而门多长者车。"李白亦于《赠从兄襄阳少府皓》诗称："结发未识事，所交尽豪雄。……托身白刃里，杀人红尘中。"

又，李白《感兴八首》（其五）言"十五游神仙，仙游未曾歇"，《题嵩山逸人元丹丘山居》谓"家本紫云山，道风未沦落"（王琦注："紫云山，在绵州彰明县西南四十里"），《旧唐书》本传"少有逸才，志气宏放，飘然有超世之心"。

开元六年（718）　　十八岁

读书于匡山，往来旁郡。

杜甫《不见》诗："匡山读书处，头白好归来。"《一统志》："大匡山，在成都府彰明县北三十里。唐杜甫寄李白诗：'匡山读书处，头白好归来。'亦名戴天山。"又，《唐诗纪事》引《彰明逸事》："（白）隐居戴天大匡山，往来旁郡，依潼江赵征君蕤。蕤亦节士，任侠有气，善为纵横学，著书号《长短经》，太白从学岁余，去游成都，赋《春感》诗……益州刺史苏颋见而奇之。"

按，白《上安州裴长史书》谓"前礼部尚书苏公出为益州长史，白于路中投刺，待以布衣之礼，因谓群寮曰：'此子天才英丽，下笔不休，虽风力未成，且见专车之骨，若广之以学，可以相如比肩也。'"此即《彰明逸事》之谓"见而奇之"之事。虽然《彰明逸事》之谓"去游成都……见而奇之"与白自叙"于路中投刺"不合（当以白自叙为是），但时间大抵不错。李白见赏于苏颋在开元九年春，依潼江赵蕤从学岁余在此之前，"隐居戴天大匡山，往来旁郡"更在其前，故读书于匡山，往来旁郡应是白此年前后事。往来旁郡当有江油（唐时属龙州）、剑阁（唐时属剑州）等地。《赠江油尉》成于此年前后；《剑阁赋》《送友人入蜀》《蜀道难》诸篇虽中年之作，但诗、赋中剑门蜀道一带景象及感受，非亲历莫能出之笔下。《访戴天山道士不遇》《寻雍尊师隐居》亦是此年前后之作，苏仲翔《李杜诗选》说："二诗皆李白早年作品，自然淡泊，不着痕迹，已开后来面目。"

开元八年（720）　　二十岁

读书于大匡山，其间过从赵蕤学《长短经》（纵横之学）。

按，因为《彰明逸事》有李白"隐居戴天大匡山，往来旁郡，依潼江赵征君蕤……从学岁余"的记载，于是便有了李白师从赵蕤的说法。其实李白并不曾拜赵蕤为师。李白有《淮南卧病书怀寄蜀中赵征君蕤》诗，题称赵蕤为"征君"，诗中全是思乡怀友而不及师生之情，结尾处"寄书西飞鸿，赠尔慰离析"，竟相"尔汝"，虽表示亲昵，却也是不拘形迹，非尊师者。比照他《江西送友人之罗浮》之"尔去之罗浮，我还憩峨眉"的相"尔汝"，赵蕤只是他蜀中的一友人。或者是因为李白读书于大匡山广为之学往来旁郡时，闻赵蕤朝廷"召之不赴"，且著有《长短经》，慕名往访，因屡屡之故，兼之李白少赵蕤二十余岁（沈亦军、杨子林《赵蕤及其〈长短经〉研究》定赵蕤生于679—680年间），时人便以李白师从赵蕤看待，口耳相传，便有"从学"云云之记。实则李白并未拜入师门，不过是"三人行则必有我师焉"罢了。后来《四川总志》改载为"李白尝造庐以请"，确是实情。

开元九年（721） 二十一岁

本年春初（或上年末）下渝州拜谒李邕，于春二三月间谒见苏颋后游成都一带，冬日归旧山（匡山）读书处。

按，李白于本年春初或上年末下渝州拜谒时任渝州刺史且可能有宗亲关系（"我家北海"）的李邕，颇受怠慢，愤而作《上李邕》后即溯岷江而上游峨眉等地，于"路中投刺"到任不久巡察地方的益州长史苏颋。白《上安州裴长史书》："前礼部尚书苏公出为益州长史，白于路中投刺，待以布衣之礼，因谓群寮曰：'此子天才英丽，下笔不休，虽风力未成，且见专车之骨，若广之以学，可以相如比肩也。'四海明识具知此谈。"又《唐诗纪事》引《彰明逸事》：李白"去游成都，赋《春感》诗……益州刺史见而奇之"。两相勘比，则是白谒见苏颋虽大受赞赏，却因"风力未成"，尚须"广之以学"而不见用（连同拜见李邕的被怠慢），大为扫兴，赋《春感》诗，谓"茫茫南与北，道直事难谐"，又游成都，赋《登锦城散花楼》诗，谓"飞梯绿云中，极目散我忧"，盖两次干谒无成，心甚郁郁，故登楼散忧也。诗言"今来一登望，如上九天游"，可知其为首次游成都。此后不久因其"却忆青山上，云门掩竹斋"，便归旧山读书处，有《冬日归旧山》诗。

又按，李白投刺苏颋，当有所作。唐人习俗，干谒求进或求名，诗、赋是其端，孟浩然之《临洞庭湖赠张丞相》、王维之《上张令公》、杜甫之"三大礼赋"，白居易以《赋得古原草送别》之谒顾况，皆是。苏颋称李白"下笔不休"，则李白之作既非短章，亦是当庭所成，即日后所谓"日试万言，倚马可待"。但白之此次"投刺"却无诗赋传世，未知所赋者何。或以为《大猎赋》《明堂赋》即白之"投刺"之作，但两赋均非蜀中之作（详见上篇"《明堂赋》

《大猎赋》《蜀道难》是否蜀中之作"一节）。

开元十年（722）　　二十二岁

上年投刺后，至开元十二年年初隐于岷山之阳（匡山），即"巢居数年，不迹城市"，"修良策"，"拟素贞"，发愤攻读，待重一去时，"去合到三清"。

白《上安州裴长史书》："昔与逸人东严子隐于岷山之阳，白巢居数年，不迹城市，养奇禽千计，呼皆就掌取食，了无惊猜。广汉太守闻而异之，诣庐亲睹，因举二人以有道，并不起。"盖李白受到苏颋激励后，"洗砚修良策，敲松拟素贞。此时重一去，去合到三清"（《冬日归旧山》），发愤攻读。

按，岷山之阳，杨慎《李诗选题辞》谓"则指匡山"，郭沫若《李白与杜甫》却说指青城山。当以杨说为是。

王琦注引《地理今释》："岷山跨古雍、梁二州，自陕西巩昌府岷州卫以西，大山重谷，谽谺起伏，西南走蛮箐中，直抵四川成都府之西境。凡茂州之雪岭、灌县之青城，皆其支脉。"又《元和郡县图志·剑南道》：茂州茂山县有汶山，"汶山即岷山也……即陇之南首也"。从陇南到蜀西皆是岷山山脉，匡山在其中。且青城山时属蜀郡，而大匡山，"在绵州彰明县北三十里，一名康山，亦名戴天山"（王琦注引《一统志》），绵州汉时属广汉郡，白以旧名代时称，亦唐人好古之习，既称"广汉太守""诣庐""举二人以有道"，则其隐必不在蜀郡之青城山，而当是绵州彰明之匡山。

开元十二年（724）　　二十四岁

年初"仗剑去国，辞亲远游"离家，沿途游览，秋登峨眉，旋下渝州，短期盘桓，再向三峡。

按，白《自巴东舟行经瞿塘峡登巫山最高峰晚还题壁》作于次年春三月出峡时，诗云"江行几千里，海月十五圆"，则可知其"仗剑去国，辞亲远游"之离家在本年初。

白《上安州裴长史书》："以为士生则桑弧蓬矢，射乎四方，故知大丈夫必有四方之志，乃仗剑去国，辞亲远游。"

有《别匡山》（一题作《出山》《题大明寺》）诗。《敕赐中和大明寺住持记》碑文云：李白于匡山读书十载，"厥初，有题是寺诗云：晓峰如画参差碧，藤影摇风拂槛垂。野径来多将犬伴，人间归晚带樵随。看云客依啼猿树，洗钵僧临失鹤池。莫怪无心恋清境，已将书剑许明时"。"莫怪无心恋清境，已将书剑许明时"，绝似"士生则桑弧蓬矢，射乎四方，故知大丈夫必有四方之志，乃仗剑去国，辞亲远游"之气概。

有《登峨眉山》《峨眉山月歌》。《登峨眉山》诗云"平生有微尚，欢笑自此毕"，盖大志在胸，此一去国远游，实现有日，故登峨眉而言"从此完成志愿而愉快欢笑"（复旦大学古典文学教研组编《李白诗选》）；《峨眉山月歌》云"夜发清溪向三峡，思君不见下渝州"，则是从嘉州（清溪驿在嘉州犍为县）下渝州向三峡的出蜀路线。

开元十三年（725）　　二十五岁

春三月登巫山、出三峡去蜀，于江陵遇道士司马承祯。

《自巴东舟行经瞿塘峡登巫山最高峰晚还题壁》《宿巫山下》《早发白帝城》《荆门浮舟望蜀江》《渡荆门送别》《荆州歌》诗皆作于是年春夏（详见上篇"'仗剑去国，辞亲远游'出三峡"一节）。

《大鹏赋》初稿《大鹏遇希有鸟赋》成于江陵遇道士司马承祯时。《大鹏赋序》云："余昔于江陵见天台司马承祯，谓余有仙风道骨，可与神游八极之表，因著《大鹏遇希有鸟赋》以自广。此赋已传于世，往往人间见之。悔其少作，未穷宏达之旨，中年弃之。及读《晋书》，观阮宣子《大鹏赞》，鄙心陋之。遂更记忆，多将旧本不同。今复存手集，岂敢传诸作者，庶可示之子弟而已。"

按，李白出峡离蜀之时间，自宋人薛仲邕《翰林李太白年谱》以来，有开元十年、开元十二年、开元十三年五月、开元十四年几种说法，唯开元十三年五月近似但不确，其余三说皆不可靠，本书上篇"'仗剑去国，辞亲远游'出三峡"一节辨之甚详。

中 篇

李白首次入京求仕长安之始末

李白两入长安，稗山先生首倡，经郭沫若先生《李白与杜甫》再加推论予以肯定，几成定论，而20世纪80年代初却又成为李白研究中争论的一个热点。今笔者亦试为考索，以究其始末。

一、两次长安之行的确实

稗山先生的"两入长安"说，大多取证于李白反映隐居终南山及出游邠州坊州事迹的诗作。为了使"两入"说更有依据，不妨再取证于李白其他方面的诗作，如留赠、送人以及后来对长安生活的追忆之作。且看下面三首：

《留别王司马嵩》：

> 鲁连卖谈笑，岂是顾千金。
> 陶朱虽相越，本有五湖心。
> 余亦南阳子，时为《梁甫吟》。
> 苍山容偃蹇，白日惜颓侵。
> 愿一佐明主，功成还旧林。
> 西来何所为，孤剑托知音。
> 鸟爱碧山远，鱼游沧海深。
> 呼鹰过上蔡，卖畚向嵩岑。
> 他日闲相访，丘中有素琴。

《赠薛校书》：

> 我有吴越曲，无人知此音。

>   姑苏成蔓草，麋鹿空悲吟。
>   未夸观涛作，空郁钓鳌心。
>   举手谢东海，虚行归故林。

《叙旧赠江阳宰陆调》（节录）：

>   太伯让天下，仲雍扬波涛。
>   清风荡万古，迹与星辰高。
>   开吴食东溟，陆氏世英髦。
>   多君秉古节，岳立冠人曹。
>   风流少年时，京洛事游遨。
>   腰间延陵剑，玉带明珠袍。
>   我昔斗鸡徒，连延五陵豪。
>   邀遮相组织，呵吓来煎熬。
>   君开万丛人，鞍马皆辟易。
>   告急清宪台，脱余北门厄。

这三首诗，过去都被认为是反映李白天宝元年应诏入京的事。但是，如果细品诗意，我们就会发现并非这么回事。

《留别王司马嵩》诗既言"愿一佐明主"，说明尚未"佐明主"，而天宝元年应诏入侍翰林已经"佐明主"。况且，如果是应诏，就不是什么愿不愿的问题，而"西来"只是孤身一剑欲托知音，就更不像是应诏而来的了。题曰"留别"，诗曰"西来"，正说明"西来""孤剑托知音"无着，意欲离去，这就是《赠薛校书》所说的"虚行归故林"。

《赠薛校书》所言薛校书虽不知何人，但薛校书在京城却是可以肯定的。据《新唐书·百官志》载，弘文馆、集贤院、秘书省、著作局、崇文馆、司经局设校书或校书郎。可见校书之职皆京官，薛校书也当然是在京城。诗题既言"赠"，其时李白也应在京城。诗曰"我有吴越曲，无人知此音"，"未夸观涛作，空郁钓鳌心"，可见还不曾受诏，若是受诏，则不当谓无"知音"。李白天宝元年应诏入侍翰林，虽被放还，却不为"虚行"。因而此诗定非受诏后所作。

《叙旧赠江阳宰陆调》叙他在长安时曾与五陵恶少发生过一场争斗，幸亏陆调"开万丛人"，又报告御使台才获救。李白天宝元年入京，玄宗未正式召见他时他有诏命在身，既召见他，他是供奉翰林，出则随辇，入则侍宴，而且"当时结交何纷纷"（《驾去温泉宫后赠杨山人》），"五侯七贵同杯酒"（《流夜郎赠辛判官》），鸡鸣狗盗之徒、五陵恶少自然不敢欺侮他，而且他根本也没有可能混迹于市井。就是最后被逐出宫，也是体体面面地赐金放还，也不至于受到那样的欺凌，看来这只能是在他应诏之前的另一次入京时无名无势又性好任侠才惹出的事。

上面这三首诗，都表明李白在天宝元年应诏入京以前曾有过长安之行。

除此而外，我们认真排比李白反映离京路线的诗作，还会发现这样一个问题：李白离开长安时既行陆路又行水路，而且不同方向。《别韦少府》诗云："西出苍龙门，南登白鹿原。欲寻商山皓，犹恋汉皇恩。"又《答杜秀才五松山见赠》诗云："昔献长杨赋，天开云雨欢。当时待诏承明里，皆道扬雄才可观。……角巾东出商山道，采秀行歌咏芝草。"这是从陆路离开长安。说他西出苍龙门（按，李白有《初出金门寻王侍御不遇咏壁上鹦鹉》诗云："落羽辞金殿，孤鸣托绣衣。能言终见弃，还向陇西飞。"白初出金门时可能欲先向陇西行），而后折向东南，登白鹿原，出商山道离开长安。在《梁园吟》中李白却说"我浮黄河去京阙，挂席欲进波连山……洪波浩荡迷旧国，路远西归安可得？……东山高卧时起来，欲济苍生未应晚。"这又是说的从水路离京。倘若李白只有一次长安之行，却又生出截然不同的两条离京路线，岂不是太矛盾了吗？这正好证明李白曾两入长安。根据诗意，从陆路离京，只能是指天宝三年被放还那次，而水路则应是他第一次入京之"虚行归故林"了（说详后）。

二、首次入京和出京的时间

李白平生有着极广泛的交游，在他几遍天下的交游中，最值得注意的是与谯郡元参军的关系。他有《忆旧游寄谯郡元参军》一诗，叙述了他与元参军的四会四离。这是研究李白生平的重要作品，也是我们考察李白首次入京的具体时间的重要线索。为了说明的方便，兹录全诗于其后：

忆昔洛阳董糟丘,为余天津桥南造酒楼。
黄金白璧买歌笑,一醉累月轻王侯。
海内贤豪青云客,就中与君心莫逆。
回山转海不作难,倾情倒意无所惜。
我向淮南攀桂枝,君留洛北愁梦思。
不忍别,还相随;
相随迢迢访仙城,三十六曲水回萦。
一溪初入千花明,万壑度尽松风声。
银鞍金络到平地,汉东太守来相迎。
紫阳之真人,邀我吹玉笙。
餐霞楼上动仙乐,嘈然宛似鸾凤鸣。
袖长管催欲轻举,汉东太守醉起舞。
手持锦袍覆我身,我醉横眠枕其股。
当筵意气凌九霄,星离雨散不终朝,
分飞楚关山水遥。
余既还山寻故巢,君亦归家渡渭桥。
君家严君勇貔虎,作尹并州遏戎虏。
五月相呼渡太行,摧轮不道羊肠苦。
行来北凉岁月深,感君贵义轻黄金。
琼杯绮食青玉案,使我醉饱无归心。
时时出向城西曲,晋祠流水如碧玉。
浮舟弄水箫鼓鸣,微波龙鳞莎草绿。
兴来携妓恣经过,其若杨花似雪何。
红妆欲醉宜斜日,百尺清潭写翠娥。
翠娥婵娟初月辉,美人更唱舞罗衣。
清风吹歌入空去,歌曲自绕行云飞。
此时行乐难再遇,西游因献长杨赋。
北阙青云不可期,东山白首还归去。

渭桥南头一遇君,酂台之北又离群。
问余别恨知多少,落花争春暮纷纷。
言亦不可尽,情亦不可及。
呼儿长跪缄此辞,寄君千里遥相忆。

诗歌先叙与元参军洛阳相遇,次偕游随州(汉东),再叙太原(并州)之行同游晋祠,最后是诗人在京城与元参军又一度相逢。这就给我们提供了一条线索:李白在"五月相呼渡太行"游太原以前曾游过洛阳。既是这样,素有四方之志的李白,自以为"长安大道横九天","何王公大人之门不可以弹长剑乎",既达东都洛阳,难道有可能不去京城长安么?要解开这一疑团,我们就不能轻易放过诗中所写随州分手时的"余既还山寻故巢"的"还山"二字。

我国古代自魏晋以来,隐居成为知识分子的一种风气,也是求仕的一种手段,即所谓"终南捷径"。因而"出山"和"还山"便有了特殊的含义。"出山"便是指出仕或求仕,与此相应,"还山"便是指解官归隐或求仕无着而归隐。李白《还山留别金门知己》一诗,其"还山"就是指解翰林之职而将归隐。《送韩准裴政孔巢父还山》之"还山",则是指诗中"出山揖牧伯"的干谒无成而归隐。那么"余既还山寻故巢"之"还山"究竟是哪种含义呢?这就要看这个"还山"是在什么时候了。

王琦于李白《秋日于太原南栅饯阳曲王赞公贾少公石艾尹少公应举赴上都序》所云"今年春皇帝有事千亩,湛恩八埏,大搜群才,以缉邦政"下注云:"《玉海》:开元二十三年正月己亥,耕籍田,大赦,赐勋爵。所谓'湛恩八埏,大搜群才',正指斯事。"又于《李太白全集·年谱》开元二十三年下系此诗,并说:"《旧唐书》:'开元二十三年春正月己亥,亲耕籍田,加至九推而止,卿以下终其亩。大赦天下。在京文武官及朝集采访使,三品以上加一爵,四品以下加一阶,外官赐勋一转。其才有霸王之略,学究天人之际及堪将帅牧宰者,令五品以上清官及刺史各举一人。致仕官量与改职,依前致仕。赐酺三日。'此文所云'今年春皇帝有事千亩,湛恩八埏。大搜群才,以缉邦政。王公以令宰见举,贾公以王霸升闻',正其事也。又,开元十九年春正月丙子,帝亲耕于兴庆宫龙池。此乃帝欲知稼穑之事,故习为之。虽曰亲耕,与籍田大礼不

同,无恩典逮下,与此文所言不合,故订其的为是年之作。"王琦考订颇周详,《秋日于太原南栅饯阳曲王赞公贾少公石艾尹少公应举赴上都序》只能作于开元二十三年。这就是说,李白游太原是开元二十三年的事。根据《忆旧游寄谯郡元参军》的叙述顺序,"余既还山寻故巢"之"还山",显然不是指天宝年间的赐金放还,而只能是指首次入京求仕不成之"虚行归故林"。

按照《忆旧游寄谯郡元参军》所叙述的顺序,游随州是在"五月相呼渡太行"游太原之前,季节是"一溪初入千花明"的二三月。一是二三月,一是五月,有没有可能是同一年的事呢?也即是说游随州和游太原是不是都在开元二十三年?要弄清这个问题,就必须考察李白在游随州到游太原期间,除了"寻故巢"探家而外还有些什么活动。

李白曾以《与韩荆州书》干谒韩朝宗,企求援引,书中说:"幸愿开张心颜,不以长揖见拒。"这正是他在《忆襄阳旧游赠济阴马少府巨》中所说的"昔为大隄客,曾上山公楼。……高冠佩雄剑,长揖韩荆州"。据此我们可以弄清李白结识韩朝宗投书的时间。

大隄,王琦注引《一统志》云:"大隄在襄阳府城外。"可见李白长揖韩荆州是在襄阳。据《新唐书·韩朝宗传》载:"韩朝宗初历左拾遗……累迁荆州长史。开元二十二年初置十道采访使,朝宗以襄州刺史兼山南东道。……坐所任吏擅赋役,贬洪州刺史。天宝初召为京兆尹。"又,张九龄《张曲江集》有《贬朝宗洪州刺史制》,称"朝请大夫荆州大都督长史兼判襄州刺史、山南东道采访处置等使、上柱国、长山县开国伯韩朝宗"。又,《唐大诏令集》卷100之《置十道采访使敕》末署"开元二十二年二月十九日"。由此可知,韩朝宗以荆州长史兼判襄州刺史、山南东道采访使是开元二十二年二月事。因而,李白在襄阳长揖韩荆州,上《与韩荆州书》也只能是开元二十二年二月以后。又据《旧唐书·张九龄传》载,开元"二十四年迁尚书右丞相,罢知政事",《新唐书·玄宗纪》载,开元"二十四年……十一月……壬寅裴耀卿、张九龄罢"。《贬朝宗洪州刺史制》既出于张九龄之手,则韩朝宗以荆州长史兼判襄州、山南东道,必在开元二十二年二月至开元二十四年十一月之间。可是李白开元二十三年五月便去了太原,"行来北凉(京)岁月深","使我醉饱无归心","时时出向城西曲",在太原逗留了不短的一段时间,直到次年"莎草绿""杨花似雪"的春天还在晋祠。因而李白长揖韩荆州只能是在开元二十二年二月至二十三年五月游太原之前的这段时间。根据《忆旧游寄谯郡元参军》叙述的顺序，还应该是在"一溪初入千花明"的游随州之后。如果我们把"一溪初入千花明"的游随州与"五月相呼渡太行"的游太原归在同一年，其间只有两三个月的间隙，而在这两三个月内，李白既要探家，又要游襄阳，结识韩朝宗并上书等，恐怕是不可能的。因此，《忆旧游寄谯郡元参军》中"一溪初入千花明"的游随州和"五月相呼渡太行"的游太原应是各在一年的两件事。李白游随州当是开元二十二年春天。

如前文所论，李白第一次入京后是从水路离京的，有《梁园吟》可证。诗云：

> 我浮黄河去京阙，挂席欲进波连山。
> 天长水阔厌远涉，访古始及平台间。
> 平台为客忧思多，对酒遂作《梁园歌》。
> 却忆蓬池阮公咏，因吟渌水扬洪波。
> 洪波浩荡迷旧国，路远西归安可得？
> 人生达命岂暇愁，且饮美酒登高楼。
> 平头奴子摇大扇，五月不热疑清秋。
> 玉盘杨梅为君设，吴盐如花皎白雪。
> 持盐把酒但饮之，莫学夷齐事高洁。
> 昔人豪贵信陵君，今人耕种信陵坟。
> 荒城虚照碧山月，古木尽入苍梧云。
> 梁王宫阙今安在，枚马先归不相待。
> 舞影歌声散渌池，空余汴水东流海。
> 沉吟此事泪满衣，黄金买醉未能归。
> 连呼五白行六博，分曹赌酒酣驰晖。
> 歌且谣，意方远。
> 东山高卧时起来，欲济苍生未应晚。

此诗王琦注云："作《梁园歌》而忽间以'信陵'数语……此文章衬托法，

不是为信陵致慨，乃是为梁王释恨，并为自己解愁，以见不如及时行乐之为得也。"吴汝纶亦谓"篇中皆历尽兴衰及时行乐之旨"（《唐宋诗举要》引）。王、吴所见极是，观此诗虽确有及时行乐的颓废思想，但是值得注意的是篇终的"东山高卧时起来，欲济苍生未应晚"。这正是李白的自信。犹如《行路难》（其一）所高唱的"长风破浪会有时，直挂云帆济沧海"一样，李白相信将来终能实现"济苍生"的抱负。这种思想和精神状态，与他受诏入京而又被逐的天宝三载出京后的思想和精神状态大不相同。第一次入京的李白是抱着"西入秦海，一观国风""何王公大人之门不可以弹长剑乎"（《上安州裴长史书》）的希望，虽然终于还是"寒灰寂寞凭谁暖，落叶飘扬何处归"（《幽歌行上新平长史兄粲》），但却也不过是吟着"我有吴越曲，无人知此音"（《赠薛校书》），"青云当自致，何必求知音"（《冬夜醉宿龙门觉起言志》）而已，尚未完全失望，青云之志尚存。及至游梁园、访古于平台，友朋聚会"酣驰晖"而行乐，将信陵、梁王、枚乘、司马相如均皆否定，唯独不能忘怀"东山高卧时起来，欲济苍生未应晚"的理想抱负（信陵、梁王、枚、马，或功业有成，但均非济苍生者，李白之否定，也正在于此），仍然是充满着致身青云的自信。李白的第二次入京，是应玄宗之诏而去的，不像前一次是自己找去的。殊不知"仰天大笑出门去，我辈岂是蓬蒿人"（《南陵别儿童入京》）的李白，入朝之后玄宗却以文学弄臣待之，且又遭谗受毁，备受排挤，为权贵所不容，很快又被"赐金放还"，体体面面却又灰溜溜地被逐出了京城，思想上受到了巨创。这叫李白如何不恨，如何不愤！失望与愤怒充塞于胸，于是愤然受道箓成为一个正式的道教徒，独与天地精神往来，其实施抱负之信心已甚颓然，发而为诗则是"别君去兮何时还，且放白鹿青崖间，须行即骑访名山。安能摧眉折腰事权贵，使我不得开心颜"（《梦游天姥吟留别》）、"抽刀断水水更流，举杯消愁愁更愁。人生在世不称意，明朝散发弄扁舟"（《宣州谢朓楼饯别校书叔云》）、"严陵高揖汉天子，何必长剑拄颐事玉阶""少年早欲五湖去，见此弥将钟鼎疏"（《答王十二寒夜独酌有怀》）。而且，动辄便要"访名山""弄扁舟""五湖去"，宣布归隐，与统治者决裂，不像《梁园吟》《行路难》等诗那样"莫学夷齐事高洁""有耳莫洗颍川水，有口莫食首阳蕨"，否定伯夷、叔齐隐而不出。于"访古始及平台间"之"始"，也知其为初游。因此，《梁园吟》应是李白第一次求仕长安无果，出京后游梁园、访古平台时之所成，则此次离京便是"挂席"而去，其时是"五月不热疑清秋"的仲夏。但是，仅仅这样，是无法确定李白离京的时间和在京城一带逗留的时间的。

李白有《送梁公昌从信安王北征》诗。此诗根据有关史料可以断定是开元二十年李白在长安时所作。其一，高适有《信安王幕府》诗，其序云："开元二十年，国家有事林胡，诏礼部尚书信安王总戎大举，时考功郎中王公、司勋郎中刘公、主客郎中魏公、侍御史李公咸在幕府。"其二，王琦注引《册府元龟》："开元二十年正月，朔方节度副大使、礼部尚书信安郡王祎，为河东河北两道行军副大总管，知节度事，率兵讨契丹。"其三，《旧唐书·玄宗纪》载："（开元）二十年春正月乙卯，以礼部尚书信安王祎（按，《新唐书》作'袆'，同《册府元龟》）率兵讨契丹。"综合上述史料可知，信安王虽为朔方节度副大使，但既为礼部尚书，受命率师讨契丹时应在京城，且高适诗序所列幕府诸公虽无梁公之名，但幕府诸公皆郎中或侍御史等京官，可知幕府之建定在京城受命出师时。李白既送梁公昌"入幕推英选"从信安王北征，则开元二十年正月必在京城。

那么，李白"挂席"而去的"五月不热疑清秋"是否即是开元二十年正月送梁昌入信安王幕府之后的五月呢？如果是，则李白第一次入京已经是到了尾声。这时的李白，投赠干谒，游郊、坊，隐终南，穷尽其力，"弹长剑"非但没有敲开王公大人之门，自己反落得"翳翳昏垫苦，沉沉忧恨催。清秋何以慰？白酒盈吾杯。……弹剑谢公子，无鱼良可哀"（《玉真公主别馆苦雨赠卫尉张卿》），"而我竟何为？寒苦坐相仍。长风入短袂，内手如怀冰。……摧残槛中虎，羁绁韝上鹰"（《赠新平少年》）、"寒灰寂寞凭谁暖，落叶飘扬何处归"（《幽歌行上新平长史兄粲》）的穷愁潦倒，而《送梁公昌从信安王北征》却表现得英气勃勃，气概非常。诗云：

入幕推英选，捐书事远戎。
高谈百战术，郁作万夫雄。
起舞莲花剑，行歌明月宫。
将飞天地阵，兵出塞垣通。

> 祖席留丹景，征麾拂彩虹。
> 旋应献凯入，麟阁仁深功。

诗尽管是送梁昌而勉之，但意气却在。倘李白其时已如前举数诗所状之穷愁潦倒，悲苦无路，见别人之"入幕推英选"，自己却无此际遇，正应该有无限慨叹，岂能写出"起舞莲花剑，行歌明月宫"的英姿和"将飞天地阵，兵出塞垣通""征麾拂彩虹"的气势？

因此，揆情揆理，《送梁公昌从信安王北征》必不是李白第一次入京将要离去之前那个时候写成的，也即是说，李白"挂席"出京不是送梁昌入信安王幕府（开元二十年正月）之后的五月。但是如前所论，据对《忆旧游寄谯郡元参军》诗的所叙时间考察，开元二十二年春，李白已与元参军同在随州，开元二十三年又与元参军"五月相呼渡太行"同在太原游晋祠，因此，李白第一次入京"挂席"离去，只能是在开元二十一年（733）的五月。

现在，我们再来考察李白第一次入京的时间。

李白《上安州裴长史书》云："常横经籍书，制作不倦，迄于今三十春矣。""愿君侯惠以大遇，洞开心颜，终乎前恩，再辱英盼。……若赫然作威，加以大怒，不许门下，逐之长途，白即膝行于前，再拜而去，西入秦海，一观国风，永辞君侯，黄鹄举矣。何王公大人之门不可以弹长剑乎？"则是李白三十岁（开元十八年）《上安州裴长史书》时已有西入长安之意。因此，李白第一次入京最早当在开元十八年或以后。

李白有《豳歌行上新平长史兄粲》诗，诗云：

> 豳谷稍稍振庭柯，泾水浩浩扬湍波。
> 哀鸿酸嘶暮声急，愁云苍惨寒气多。
> 忆昨去家此为客，荷花初红柳条碧。
> 中宵出饮三百杯，明朝归揲二千石。
> 宁知流寓变光辉，胡霜萧飒绕客衣。
> 寒灰寂寞凭谁暖，落叶飘扬何处归？
> 吾兄行乐穷曛旭，满堂有美颜如玉。

赵女长歌入彩云，燕姬醉舞娇红烛。
狐裘兽炭酌流霞，壮士悲吟宁见嗟！
前荣后枯相翻覆，何惜余光及棣华？

过去，自稗山先生"两入"说一出，赞同者差不多都以"忆昨去家此为客，荷花初红柳条碧"为李白离家时间的依据。其实这并不对。"荷花初红柳条碧"应该是指"此为客"（即客关内）的时间，而不是"去家"的时间，其理由如下：

一，"忆昨去家此为客，荷花初红柳条碧。……宁知流寓变光辉，胡霜萧飒绕客衣"的"流寓"究竟是指的哪一段客居生活呢？是指从"去家"开始直到关内（包括长安）为客这段时间呢，还是只指关内（包括长安）为客？笔者以为只是指关内（包括长安）为客。李白离家之前《上安州裴长史书》说"西入秦海，一观国风"，"何王公大人之门不可以弹长剑乎"？说明他对长安之行是充满信心的。那么从离家到抵长安之前，李白不会有"宁知流寓变光辉"凄苦的感慨感伤。谁知到长安后，几经奔波，时光流逝，季节更换，而自己仍同落叶般飘零，毫无着落，所以说是"宁知流寓变光辉，胡霜萧飒绕客衣"。"变光辉"正是从"荷花初红柳条碧"的夏季变到秋季（当然也隐喻着遭遇之"变"）。

二，从诗歌内容的衔接上看。"中宵出饮三百杯，明朝归揖二千石"显然是"忆"的内容，而且也明显是"忆"的初入关内（包括长安）"此为客"时"弹长剑"于王公大人之门的情形，而不是"去家"的情形。如果独独"荷花初红柳条碧"是指"去家"的时间，诗歌就显得语无伦次了。"忆昨去家此为客"之"忆"是"忆"的"此为客"，这样才与诗歌后面的叙述连贯一致，也就是说，"荷花初红柳条碧"是指"此为客"的时间，而不是"去家"的时间。

因此，李白第一次入京抵长安的时间是"荷花初红柳条碧"的夏间，辗转邠、坊，一直"流寓"到了"胡霜萧飒绕客衣"的秋冬之际。

如前所论，开元二十年春李白送梁昌入信安王幕府，其时他已在长安，则"荷花初红柳条碧"入抵长安的夏间当然不在开元二十年，只能在此之前。

"两入"说者一般都认为李白第一次入京结识了崔宗之，有崔宗之《赠李十二》诗为证。诗云：

凉秋八九月，白露空园亭。
耿耿意不畅，梢梢风叶声。
思见雄俊士，共话今古情。
李侯忽来仪，把袂苦不早。
清论既抵掌，玄谈又绝倒。
分明楚汉事，历历王霸道。
担囊无俗物，访古千里余。
袖有匕首剑，怀中茂陵书。
双眸光照人，词赋凌子虚。
酌酒弦素琴，霜气正凝结。
平日心中事，今日为君说：
我家有别业，寄在嵩之阳。
明月出高岑，清溪澄素光。
云散窗户静，风吹松桂香。
子若同斯游，千载不相忘。

稗山先生在《李白两入长安辨》（《中华文史论丛》第二辑，1962年版）中说：李白"八九月间会见了崔宗之，有互相唱和之作。崔赠李白诗说：'凉秋八九月……李侯忽来仪，把袂苦不早。'……纯是初相识口吻"。郁贤皓先生在《李白丛考·李白两入长安及有关交游考辨》中进而论道："李白到达长安是在'凉秋八九月'。这是崔宗之和李白初次见面，恨相见之晚，所以说：'李侯忽来仪，把袂苦不早。'值得注意的是，崔宗之根本没有提到李白奉诏进京，却说他'担囊无俗物，访古千里余。'正和《上安州裴长史书》中说的'西入秦海，一观国风'是同样意思，说明这次绝不是奉诏进京，而是初入长安'访古'而已。更值得玩味的是：崔宗之和李白初次见面，却劝李白跟他一起到嵩山去隐居。试想：如果李白是奉诏入京，崔宗之怎么能对他说这样的话？"稗、郁之说甚是。既是"初相识""初次见面"，自然是李白到长安后不久的事。"凉秋八九月……李侯忽来仪"虽然与《幽歌行上新平长史兄粲》的"胡霜萧飒绕客衣"同是秋冬，但又并不是同一年的同一季节。因为李白才到长安不久便到"寒灰寂寞凭谁暖，落叶飘扬何处归"的境况，恐怕是不大可能的，而且也就不会有《送梁公昌从信安王北征》那样的意气。如此，"胡霜萧飒绕客衣"时的"寒灰寂寞凭谁暖，落叶飘扬何处归"，既不可能在作《送梁公昌从信安王北征》诗的开元二十年春之前，又不可能是开元二十一年，因为前已证知开元二十一年李白已"挂席""浮黄河去京阙"，"五月不热疑清秋"时已游梁园访古平台，那就只能是在开元二十年的秋冬之际。而与崔宗之"初相识"的"凉秋八九月"又只能在此之前的某一年。

有没有可能是开元十八年李白上书安州裴长史之后呢？要明确这个问题，就要看《上安州裴长史书》作于开元十八年（李白三十岁）的哪个季节。《上安州裴长史书》云：

> 乃仗剑去国，辞亲远游，南穷苍梧，东涉溟海。见乡人相如大夸云梦之事，云楚有七泽，遂来观焉。而许相公家见招，妻以孙女，便憩迹于此，至移三霜焉。

"至移三霜"之"霜"，固然是代言一年，但我们试想，李白如果未经秋而行文可能称"霜"吗？大凡修书投简，未有时令未到而行文已至者，如处六月而言"至移三霜"，则是大悖情理。因此，《上安州裴长史书》定作于秋冬之际。因此，李白与崔宗之"凉秋八九月……李侯忽来仪"的"初相识"也一定不在开元十八年，那就只能是在开元十九年了。同样，"荷花初红柳条碧"的"此为客"，也就只能是开元十九年了。

如此，可以确定地说，李白第一次入长安的起始时间是在开元十九年（731），在京城一带滞留了开元十九、二十、二十一三个年头。这在李白的诗作中也可以得到印证。

李白有《以诗代书答元丹丘》诗云："离居在咸阳，三见秦草绿。"瞿蜕园、朱金城《李白集校注》"评笺"云："据此可知李白之入长安至少凡历三春。而天宝元年李白尚在泰山，终不能'三见秦草绿'，此实白行踪中之疑而未定者。"过去，人们只知李白有天宝元年应诏入京之事，而不知有开元间求仕长

安之行，因而都认为此诗乃李白天宝初年在长安所作，故《李白集校注》虽疑于此，却疑而未定。今以为，既然李白之"三见秦草绿"并非天宝年间应诏入京之事，而他开元年间又有过长安之行，那么，"三见秦草绿"便应当是指李白开元年间入京所经历的时间。

"三见秦草绿"，有人认为"正是指其（李白）三次在长安而言。开元年间一入长安为一见；天宝初二入长安为二见；天宝后期三入长安为三见"（李从军《李白三入长安考》，载《中华文史论丛》1983年第二辑）。此说不过是附会"三入长安"而曲为之解。如果按照这样的理解，则李白与元丹丘从开元十八九年到天宝初再到天宝后期，数十年间仅有三次见面。事实当然不是，据郁贤皓先生《李白丛考·李白与元丹丘交游》考证，李白自开元年间入京到天宝九载，与元丹丘相会大约有九次。《李白三入长安考》对"三见"的理解，颇使人大惑不解的是，既然是抒写友情，为什么独以秦地相见为意呢？难道在其他地方的相会就没有友情么？《以诗代书答元丹丘》又明显地并非专叙秦地相会之情，诗云：

> 青鸟海上来，今朝发何处？
> 口衔云锦字，与我忽飞去。
> 鸟去凌紫烟，书留绮窗前。
> 开缄方一笑，乃是故人传。
> 故人深相勖，忆我劳心曲。
> 离居在咸阳，三见秦草绿。
> 置书双袂间，引领不暂闲。
> 长望杳难见，浮云横远山。

诗歌显然并非专叙秦地相会之情，"三见秦草绿"当然是指在秦地（长安一带）度过了三个春天。

谢思炜先生在《李白初入长安的若干作品考索》（《西北大学学报》1983年第3期）中提出《寄远十二首》组诗是李白首次入京对妻子许氏的思念之作。其说虽未必完全确实（因为魏颢《李翰林集序》说李白"始娶于许"，"又合于刘，刘诀，次合于鲁一妇人"，"终娶于宋"，《寄远十二首》组诗非一时之作,焉知李白十二首全都为许氏?)但根据谢文所提供的证明,又参之以李从军先生的《李白家室考辨》(《兰州大学学报》1981年第2期),其第三、第八、第十首大抵是不错的。其第三首的"自知未应还,离居经三春"和第十首的"床中绣被卷不寝,至今三载闻余香"之"三春""三载",便是指首次入京所经历的时间。

除此而外,《寄远》第八首还给我们提供了李白第一次长安之行离家的时间。诗云"忆昨东园桃李红碧枝,与君此时初别离。金瓶落井无消息,令人行叹复坐思","初别离",说得极明白。李白在《上安州裴长史书》中说:"许相公家见招,妻以孙女,便憩迹于此,至移三霜焉。"可见李白自入赘许家至开元十八年间,确实未曾远游,"西入秦海,一观国风",确实是李白婚后的"初别离"。

另外,李白有《惜余春赋》,赋云:

> 若有人兮情相亲,去南国兮往西秦。见游丝之横路,网春辉以留人。沉吟兮哀歌,踯躅兮伤别。送行子之将远,看征鸿之稍灭。醉愁心于垂杨,随柔条以纠结。望夫君兮咨嗟,横涕泪兮怨春华。遥寄影于明月,送夫君于天涯。

这是从妻子方面着笔,写诗人于"余春"(暮春)将"去南国兮往西秦",妻子"送夫君于天涯"的伤别之情。我们知道,李白天宝元年应诏"辞家西入秦"是在"黄鸡啄黍秋正肥"的季节,《南陵别儿童入京》诗云"白酒新熟山中归,黄鸡啄黍秋正肥……会稽愚妇轻买臣,余亦辞家西入秦。仰天大笑出门去,我辈岂是蓬蒿人",而此赋却说在暮春之时"去南国兮往西秦",在时间上相差很远,可见不是应诏时的"西入秦",而应该是开元年间的入京。根据前面的分析,这个"余春""去南国兮往西秦"还应该是开元十九年的春天。与"桃李红碧枝"(桃枝花红李枝叶碧)的春三月是正相吻合的。

李白于"桃李红碧枝"的春天离家,"荷花初红柳条碧"的夏间抵达长安,时间上也是颇相接的。

综合上述分析,我们可以对李白第一次入京的经过做如下概述:

开元十九年"桃李红碧枝"的春天，李白从安陆启程，经南阳（按，李白《酬坊州王司马与阎正字对雪见赠》诗云："游子东南来，自宛适京国。"战国时韩之宛邑即今之南阳。称"游子"，则非应诏身份；"东南来"，正来自安陆，《旧唐书·地理三·淮南道》：安州"在京师东南二千五十一里"），于"荷花初红柳条碧"的夏间抵长安。在长安、邠、坊、岐等滞留及隐终南等凡历三春，求仕无望，"无人知此音"，只好"虚行归故林"。开元二十一年春后便"挂席""浮黄河去京阙"。

三、首次入京他说辨

自稗山先生首倡"两入长安"说后，论者甚众，然对李白第一次入京的时间却莫衷一是。为使这一问题得到更深入细致的讨论，求得更确实可靠的依据，使之更接近于真实，且举主要几家说法辨之。

（一）稗山说

稗山先生在《李白两入长安辨》中将李白第一次入京的时间估计为开元二十六年（738）"荷花初红柳条碧"的夏季至二十八年（740）春季之间，其主要理由有两点：

（1）开元二十三年以前是李白的"安陆十年"期间。前期李白经常往来于襄汉江浙，后期则多活动于南阳、洛阳、梁园之间，没有西入长安的迹象。李白于开元二十三年出游太原，直到开元二十四年还在太原与元参军同游晋祠，而唐玄宗开元二十二年正月率领他的政府机构就食洛阳，直至二十四年方回长安，李白去长安求仕自不得早于此时。李白在《忆旧游寄谯郡元参军》诗中历述他和元参军的交游离合，在叙同游晋祠之后说"此时行乐难再遇，西游因献长杨赋。北阙青云不可期，东山白首还归去"，可见离太原后不久，他就西游长安了，"时间当在二十五年至二十九年之间"。

（2）李白《对酒忆贺监》诗序说："太子宾客贺公，于长安紫极宫一见余，呼余为谪仙人。"唐肃宗立为太子在开元二十六年六月，贺知章任太子宾客当在同时，"则李白第一次到长安似又不能早于二十六年"。

稗文的第一点理由，主要是囿于"安陆十年"。"十年"当然是大概之词，并非实指，指的是李白以安陆为中心的漫游时期。此间，不管是前期的"往来于襄汉江浙"，或即如稗山先生所说的"多活动于南阳、洛阳、梁园之间"，结交地方官、干谒求仕是其主要目的，李白自己所说的"酒隐安陆，蹉跎十年"（《秋于敬亭送从侄耑游庐山序》），其"蹉跎"即是指的干谒无成。李白因干谒安州裴长史不成，便欲求仕京城，在《上安州裴长史书》中既已将"西入秦海，一观国风，永辞君侯，黄鹄举矣。何王公大人之门不可以弹长剑乎"的大话说出，自不可能待得很久，甚至直到开元二十三年以后才付诸实施。

至于《忆旧游寄谯郡元参军》中"西游因献长杨赋"和"北阙青云不可期"的问题，笔者已在前文论及，正是指的天宝元年的应诏入京（后文笔者质疑郭石山《关于李白两入长安问题》一文时还将涉及），此不赘述。

其第二点理由，诚如稗文所说，唐肃宗李亨立为太子是在开元二十六年六月，则"李白第一次到长安似又不能早于二十六年"，但是据《旧唐书·玄宗纪》载"（开元）二十九年春正月丁丑，制两京诸州各置玄元皇帝庙"，天宝二年三月，"改西京玄元庙为太清宫，东京为太微宫，天下诸郡为紫极宫"，因此，《对酒忆贺监》诗序非但不能证明李白开元年间入京的时间，倒恰好证明李白之遇贺知章于长安紫极宫（按，此是以州郡之紫极宫代称西京太清宫）是天宝间应诏入京时。

稗文于李白开元年间的行踪只注意了开元二十三年以后，却失察于开元二十三年以前，尤其失察于《上安州裴长史书》《忆旧游寄谯郡元参军》和《对酒忆贺监》诗序所提供的行踪线索，以不确实的证据推出了不确实的结论。

虽然如此，但稗山先生"两入长安"说的提出，却解决了李白生平及诗歌系年等方面的诸多矛盾和困难，是李白研究的一个重大突破。

（二）郭沫若、郁贤皓说

继稗山先生后，郭沫若先生在《李白与杜甫》一书中肯定了"两入长安"一说，又进而将李白第一次入长安的时间提前了将近十年，认为是"开元十八年（730）的春夏之交，他经由南阳第一次赴长安"，开元十九年的五月猎取功名无着，乃离京泛舟黄河东下。其根据是李白《与韩荆州书》中所说的"三十成文章，历抵卿相。虽长不满七尺，而心雄万夫。王公大臣许以义气"。郭沫若先生

认为,"开元十八年,李白三十岁,那时玄宗在西京。十九年十月玄宗曾赴东都,十一月即返长安。到二十二年正月又就食洛阳。李白在三十岁要'历抵卿相'与王公大臣等交游,只有西京才有这样的可能,这就肯定着:李白在三十岁时断然去过一次西京"。

值得注意的是,郭沫若先生还指出:杜甫的《饮中八仙歌》所列举的八人有贺知章、苏晋等,而苏晋死于开元二十二年(见《唐书·苏珦传》),李白预"八仙"之游当在此之前。

郭沫若先生的意见,得到郁贤皓等的支持。郁贤皓先生在《李白初入长安事迹探索》(《南京师范学院学报》1978年第4期、《社会科学战线》编《中国古典文学研究论丛》第一辑)以及《李白丛考·李白两入长安及有关交游考辨》中以《以诗代书答元丹丘》一诗的"离居在咸阳,三见秦草绿"为依据,进而推出"李白从开元十八年夏秋间入京,到开元二十年正好三年"。

郁贤皓先生的结论是建立在以开元十八年为李白第一次入京的起始时间这一基础上的,而其前提又是要肯定郭沫若的说法,他说:"郭老认为:'李白在三十岁时要"历抵卿相",与王公大人等交游,只有到西京去才有这样的可能。'现在我们对照李白在三十岁写的《上安州裴长史书》中说到要'西入秦海,一观国风',证明郭老说的'李白在三十岁时断然去过一次西京',是正确的。"但是,正如笔者前文所论,李白上书裴长史是在"至移三霜焉"的开元十八年秋冬之时,李白当然不可能又在同一年的"夏秋间入京"。如果再考虑到李白在书中所说的"愿君侯惠以大遇,洞开心颜,终乎前恩",期求援引尚需一段时间的等待,莫说其夏秋间不可能启程,就是年末也无时间动身。因此,"三见秦草绿"恰恰应该是从开元十九年算起。

再说,以"离居在咸阳,三见秦草绿"为唯一的依据,显得证据不充分,何况对于"三见秦草绿"的理解,论者也是见仁见智,如杨明先生就认为,"有的同志认为'离居'二句乃李白自述,'三见'者,三次在长安也,故以此为太白三入长安之证。窃以为这一理解不确。此二句当是元丹丘来信中语,元自述索居于长安已经春风三度。李白当时恐在长江下游一带。……全诗十六句,每四句一转韵。前四句言书至,次四句言开缄,再四句乃述书中之意,末四句方言读后之情思。韵随意转,层次井然"(《李白学刊》第一辑《读李小识》)。其说似亦不无道理。窃以为,"三见秦草绿"可以作为印证,却不可以用作依据,更不能是唯一的依据。

(三)郭石山说

李白开元十八年入京一说支持者颇多,然郭石山在《关于李白两入长安问题》(《吉林大学社会科学学报》1982年第2期)一文中却持反对意见。郭石山支持了稗山先生的意见,认为李白第一次去长安应在开元二十四年之后,而不可能在开元十八年。其理由是:

(1)李白《与韩荆州书》中"三十成文章,历抵卿相"两句之前还有"十五好剑术,遍干诸侯"与此相偶。李白十五岁时尚未出蜀,不可能"遍干诸侯",只不过是"遍干"了蜀中的一些州官而已。李白还说过"十五观奇书""十五游神仙",可见"十五好剑术"的两句大抵是夸饰之词,因此与之相偶的"三十成文章,历抵卿相"也就不能看得太死。李白"成文章"不必是直到三十岁的时候,他还说过十五岁就"作赋凌相如"。而且玄宗去东都洛阳就食,照例大批朝官从行,分司洛阳又是唐时制度,李白"历抵卿相"结交王公大臣,不是非去长安不可,在洛阳一样能做到,《忆旧游寄谯郡元参军》就曾说在洛阳"一醉累月轻王侯"。

(2)李白开元二十三年至开元二十四年春在太原。《忆旧游寄谯郡元参军》一诗有"此时行乐难再遇,西游因献长杨赋。北阙青云不可期,东山白首还归去"之句,紧接"此时"之后便是"西游因献长杨赋",可见李白开元二十三年赴太原,次年游晋祠之后便西游长安"献赋"求仕去了。而这次求仕却又不是天宝元年应诏的那次,郭石山认为:李白从开元二十三年赴太原游晋祠之后,假如直到天宝元二年才被召,中间相距六年之久,《忆旧游寄谯郡元参军》诗怎么能把在晋祠的"此时行乐"和六年之后的受诏紧凑到一起来写呢?而且六年之后李白被召入京"仰天大笑出门去",是他平生最得意的一件事,岂是"西游因献长杨赋"轻轻"西游"两字而已?更何况受诏入京确曾见重于唐玄宗,本不是"北阙青云不可期"的;李白被召终至被逐,此后提到这事,他就是愤慨牢骚,不像这里写得心平气和。于是,郭文估计李白是在开元二十四年之后,可能即于开元二十五年取道南阳西游长安。

郭石山对李白第一次入长安的时间估计，基本上坚持了稗山先生的论点和论据。其第一点理由对郭沫若李白开元十八年入京一说的辩驳颇为有力，但第二点理由却未必可靠。

首先，我们应当认识到李白《忆旧游寄谯郡元参军》一诗之"忆旧游"是"忆"与元参军的"旧游"，而不是李白一个人的"旧游"，不然他何必要"寄"给元参军呢？《忆旧游寄谯郡元参军》一诗中，紧接"此时行乐难再遇"之后的"西游因献长杨赋"的确就是指的天宝元年被召一事，但他天宝元年被召是在与元参军同游晋祠以后，这一段已与元参军无涉，当然应该略而不书，为何不可以把相隔六年以后的事凑到一起来写呢？郭石山以为相隔六年的事不能凑到一块来写，既凑到一块写，时间相隔就一定很短，以至有李白开元二十四年离开太原后二十五年即可能有长安之行的估计。其实可以说这是忽略了诗歌"忆旧游寄谯郡元参军"的题旨所致。同样，因为是"忆"与元参军的"旧游"，而不是李白自己一个人的"旧游"，而"西游因献长杨赋"是指的李白天宝元年被召入京，那么他对被逐出宫的愤慨、牢骚也当然是应该略而不抒的。如果李白写了他与元参军同游晋祠分手后还要大写一通他自己被召入京的行踪，然后再大发一通被逐的愤慨牢骚，则显然不合"忆"与元参军"旧游"的题意。所以，不能说李白在写了"西游因献长杨赋，北阙青云不可期"之后没有大发一通愤慨牢骚，就认定"西游因献长杨赋"是指的李白第一次游长安，从而做出李白第一次游长安是在开元二十四年以后可能是开元二十五年的时间估计。

再说，《忆旧游寄谯郡元参军》诗中的"西游因献长杨赋"恰恰能说明李白此次的"西游"就是指天宝元年应诏的那次，而非在此之前的另一次。李白《温泉侍从归逢故人》诗云："汉帝长杨苑，夸胡羽猎归。子云叨侍从，献赋有光辉。"又，《答杜秀才五松山见赠》诗云："昔献长杨赋，天开云雨欢。当时待诏承明里，皆道扬雄才可观。"又《古风》（其八）云："子云不晓事，晚献长杨辞。"这三首所云献"长杨赋（辞）"，皆李白以子云之赋比己赋，无疑都是指天宝元年应诏所献之赋，从而也就印证了"西游因献长杨赋"之"西游"是指天宝元年的应诏入京。

至于"北阙青云不可期"，就更不能作为是李白应诏以前曾入京的依据了。李白以布衣之身待诏金门，似乎是平步青云，但事实上李白并未被重用。据乐史

《李翰林别集序》说,"上尝三欲命李白官,卒为宫中所捍而止"。可见李白虽供奉翰林,终未能授官而致身青云,故云"北阙青云不可期",以言其不得意。郭石山对"北阙青云不可期"的理解似太拘泥了。

于此可见,将《忆旧游寄谯郡元参军》一诗中的"此时行乐难再遇,西游因献长杨赋。北阙青云不可期,东山白首还归去"数句作为李白开元二十四年以后第一次入长安的依据是不可靠的。

(四)李从军说

其后,李从军在《李白第一次入长安考异》(《吉林大学社会科学学报》1983年第1期)一文中,对李白第一次入长安的时间做了进一步的考证,认为李白于"开元十九年年底(731)或开元二十年初到了长安"。其理由是:

(1)李白《明堂赋·序》说"臣白美颂,恭维述焉"。李文认为,"既然是以臣下的身份对明堂称美作颂,那么,此赋无疑是献给皇帝的";而据《通鉴》载,开元二十五年明堂被毁,仍为乾元殿;李白《明堂赋》有"帝躬乎天田,后亲于郊桑"两句,"帝躬乎天田"始见于《通鉴》开元十九年:"丙子,上躬耕于兴庆宫侧,尽三百步。"因而《明堂赋》只能作于开元十九年以后到开元二十五年以前。

(2)李白《赠从弟冽》一诗,"约写于开元二十六年(738)或开元二十七年春为是",从"无由谒明主"一句,"也可知并非作于天宝年间",而诗中所说"羌戎事未息"是指《通鉴》二十六年所载吐蕃寇河西被节度使崔希逸击破,鄯州都督知陇右留后杜希望攻吐蕃新城、张守珪大破契丹等事。既然如此,那么《赠从弟冽》诗中所说的"久别咸阳西""当然只能是指开元年间入出长安以后一段时间的'久别'";既言"久别",即使是把《赠从弟冽》诗的写作时间推后到开元最后一年,这"久别"一词也是无法说通的。那么,诗中所谓"献主昔云是,今来方觉迷"的所献就是"臣白美颂,恭维述焉"的《明堂赋》。

(3)唐玄宗开元二十二年(734)赴东都,一直到开元二十四年十月方还长安。因此李白于咸阳献《明堂赋》"只能在开元十九年(731)到开元二十一年之间"。

李从军的考证虽然颇为详尽,但依据却并不坚实。

首先，说一说李从军依据之一的《明堂赋》。

赋序虽说"臣白美颂，恭维述焉"，但是不是称"臣"就一定是要将此赋献给皇帝呢？有没有可能是欲献而终未果呢？《赠薛校书》诗就明明说"未夸观涛作"就"虚行归故林"了（按，"观涛"用枚乘《七发》中吴客以观涛之乐启发楚太子事，盖以比己之赋作）。在唐代，作者在文中自称为"臣"的，除了为官者，还有应试的举子，为谋仕而献赋、颂之类的布衣之士。没有官位而自称"臣"，是因为所写之文要给君王看的，含谦卑之意。例如杜甫的"三大礼赋"（《朝享太庙赋》《朝献太清宫赋》《有事于南郊赋》）、《封西岳赋》等文中都自称"臣"，张祜进献《元和直言诗》自称"东野小臣"，来鹄上《圣政纪颂》也自称"臣"等，他们都是布衣之士。

《明堂赋》不作于开元年间，本书前篇已论及。即使不如笔者所论，李从军将《明堂赋》之作年下限在开元二十五年以前，也是有问题的。因为据《通鉴》开元二十七年载，"冬十月毁东都明堂"，《旧唐书·玄宗纪》也载开元二十七年"冬十月将改作明堂"，"冬十月，毁东都明堂之上层，改拆下层为乾元殿"。这就是说，李白不独开元二十五年以前有作《明堂赋》的可能，就是开元二十五年到二十七年以前也仍有作《明堂赋》的可能。再有，王琦注《明堂赋》云："按，新、旧《唐书》及《通鉴》……玄宗开元五年幸东都，将行大享之礼，以武太后所造明堂有乖典制，遂依旧拆改为乾元殿。……太白此赋，盖在开元五年未复改乾元殿以前所作者也。考赋中所言，多系书传所载古时规模制度，与则天所造明堂或有不同，盖身在远方，闻其事而赋之，固未亲至东都，得之目见，以古准今，约当如是以修词焉耳。"王琦又于《李太白全集·年谱》云："按，太白《明堂赋序》，历溯天皇、天后、中宗，而不及睿宗，则是赋之作，不特在未改乾元殿之先，并在睿宗未崩之先矣。考睿宗之崩，在开元四年六月，制改明堂为乾元殿，在开元五年七月，赋之作应在三四年间。"（按，如本书上篇"《明堂赋》《大猎赋》《蜀道难》是否李白蜀中之作"一节所论，王琦所言，正好说明《明堂赋》之作是在拆其上层使之合于古时规模制度之后。这里引用王琦之说，只在针对李从军先生提出的《明堂赋》之作年限提出另外的可能。）如此看来，李文将《明堂赋》的写作时间下限到开元二十五年，又以开元二十二年玄宗赴东都直到二十四年十月还西京的史实为根据，推出李白于开元十九年到二十一年之间献《明堂赋》的结论是难以成立的。

其次,从李从军依据之二的《赠从弟冽》一诗的内容上看,似也有商讨之处。为便于理解,兹录全诗:

> 楚人不识凤,重价求山鸡。
> 献主昔云是,今来方觉迷。
> 自居漆园北,久别咸阳西。
> 风飘落日去,节变流莺啼。
> 桃李寒未开,幽关岂来蹊。
> 逢君发花萼,若与青云齐。
> 及此桑叶绿,春蚕起中闺。
> 日出布谷鸣,田家拥锄犁。
> 顾余乏尺土,东作谁相携。
> 傅说降霖雨,公输造云梯。
> 羌戎事未息,君子悲涂泥。
> 报国有长策,成功羞执珪。
> 无由谒明主,杖策还蓬藜。
> 他年尔相访,知我在磻溪。

对这首诗的理解似宜于虚实结合,像"楚人不识凤,重价求山鸡"这开始两句,形式上是用《太平广记》所引《笑林》楚人求凤得鸡欲献楚王的典故,而实际上李白此处却并没有用这个典故的原意。楚人不识凤,而重价求的是山鸡,所以李白这只"凤"才被冷落。李白起初并不明白这一点,以为唐明皇真是求凤,献赋还颇为得意——"献主昔云是"。后来,李白才发现唐明皇并不识凤,重价求的是山鸡,犹如"珠玉买歌笑,糟糠养贤才",这才恍然大悟,原来自己"献主"是干了件大糊涂事——"今来方觉迷"。何谓"献主昔云是,今来方觉迷"之"迷"?"子云不晓事,晚献长杨辞"(《古风》其八)是最好的注解。一说"方觉迷",一说"不晓事","不晓事"只是"方觉迷"的换一说法而已。可见"昔云是"的所献,正是"不晓事"时所献的"长杨辞赋"。而"长杨辞

（赋）"正是李白被召入京时所献，如前所述，李白有《温泉侍从归逢故人》诗所云"汉帝长杨苑，夸胡羽猎归。子云叨侍从，献赋有光辉"，有《答杜秀才五松山见赠》之"昔献长杨赋，天开云雨欢。当时待诏承明里，皆道扬雄才可观"。

至于"无由谒明主"，从诗意看，乃是对"报国有长策，功成羞执珪"而言的。李白"自居漆园北，久别咸阳西"，适逢"羌戎事未息"（按，"羌戎事"不独开元二十六年有之，天宝年间亦甚频繁，《唐书》之《北狄》《吐蕃》等传所载甚明），悲生灵涂炭，自谓有报国平戎之长策，又不贪图高官权势，但这些却因已被逐出宫门，且又是"东作谁相携"之孤身，而无法向皇帝陈述（按，《史记索隐》引高绣注："谒，白也。"），只好"杖策还蓬藜"，还像未遇文王的吕尚那样隐居起来。诗歌最后"他年尔相访，知我在磻溪"的用典，以自己的已曾遇明皇同吕尚的未遇文王相比拟，正说明了他的虽遇而等于未遇，从而否定了明皇这一"明主"之明。使诗歌从开始"楚人不识凤，重价求山鸡"到"顾余乏尺土，东作谁相携"等的比兴连成一线，寄寓诗人沉痛的身世之感和忧国之情，又与"献主昔云是，今来方觉迷"的认识紧扣。

以此看来，《赠从弟冽》应该是天宝年间的作品，不足为李白第一次入长安的时间之证。

既然《明堂赋》不作于开元年间，或以李文所据不能确认作于开元二十五年以前，而《赠从弟冽》也并非如李文所说作于开元二十六七年，而是天宝初应诏晋京入侍翰林又被放还后之作，那么，开元二十二年到开元二十四年唐玄宗在不在京城，都与李白没关系。李文的第三条依据也就不能成为依据了。

综上，李文所持证明李白"开元十九年年底（731）或开元二十一初到长安"的依据都是不确实的，其说不能成立。

（五）谢力说

自郭石山先生重申稗说之后，谢力先生又再申稗说，他在《李白开元末年入京考》（《李白学刊》第一辑）一文中对"李白开元末年入京"一说做了如下考证与推断："李白开元末入长安，首先透露个中消息的，是其《忆旧游寄谯郡元参军》诗"，认为"西游因献长杨赋"是指开元末年入长安，于是指李白《南都行》为开元二十八年之作，说"李白此次西游，始于开元二十八年。其年春夏在南阳"，并断定《邺中赠王大劝入高凤石门山幽居》诗中"长啸寻豪英"所寻找的知音，"就是崔宗之"，于是便考："崔宗之任左司郎中，下限不逾天宝元年。《赠李十二》诗只能写于开元二十八九年间，考李崔交游诗的内容，此诗应作于开元二十八年秋"。同时，谢文还指贾至与李白的交游为其证。可是，笔者仔细检索谢文的这些推论和论据，发现存在如下几个问题：

第一，谢文说李白"长啸寻豪英"是"寻找知音"，接着便说"这知音是谁？就是崔宗之"。说得如此肯定，依据何在？没有依据。然则，谢文何以知道这"知音""就是崔宗之"呢？即如谢文所说，"今存《李白集》中，李、崔酬唱诗有五首，知崔宗之乃李白生平的重要交游之一"，那也不过只是"之一"，怎么就能说一定是崔宗之呢？为什么不可以或不可能是其他的人呢？如果我要举一个在长安官场与李白交厚的另一个人，像谢文那样再去考证他某时在长安，从而认定李白是去寻找他，不也是可以的么？可是，这样的求证是不妥的。

退一步说，就算李白要寻找的知音就是崔宗之其人吧，然谢文对崔宗之《赠李十二》诗作年的结论也是不准确的。既然说"崔宗之任左司郎中，下限不逾天宝元年"，当然应该是也包括天宝元年的，那么，天宝元年秋也是有作《赠李十二》诗之可能的。须知，崔宗之诗中说的是"凉秋八九月……李侯忽来仪"，"凉秋八九月"距岁暮尚有三四个月的时间！何以"只能写于开元二十八九年间"，"应作于开元二十八年秋"？笔者这样说，旨在说明《李白开元末年入京考》一文结论的偏执，以偏执的结论维持其"开元末年入京"说，显失妥当。

再退一步说，即令上面说的问题都不是问题，而谢文的考证也不能不说是没有错误的。

谢文引《东都留守韦虚心神道碑》"（虚心）以开元二十九年某月日，遘疾薨于东都宁仁里之私第……明年某月日，葬贞公于高阳原。……季弟曰虚舟，事皇帝历户部、司勋郎中，今移左司"，说"碑文既云明年，即天宝元年。因此，崔宗之任左司郎中，下限不逾天宝元年"。这里谢文忽略了碑文"今移左司"的一个重要的"今"字，径以"明年"为虚舟任左司之年。开元二十九年的"明年"自然是天宝元年，可是"今移左司"的"今"则碑文作成之时，就不是称"明年"的天宝元年了。读碑文这段文字，探其"以开元二十九年某月日，遘疾薨……明年某月日,葬……"的文意,此碑文乃追述之笔是不用怀疑的,碑文之成不在"明年",而是在其后。《文苑英华》所录神道碑文,凡谓"明年"者皆如此(当然,不称"明年"也有如此者),如杨炎《安州刺史杜公神道碑》叙杜鹏举开元"某月日终于官舍,明年二月葬于寿安之南原",而后却叙及其夫人尉迟氏"天宝四载终于山阳别业"。更有如权德舆《河东裴府君神道碑》"贞元六年冬十一月没于钟陵……明年八月返葬于长安少陵原之旧茔",而后却叙及家人天宝十三载、贞元五年之事。《文苑英华》收孙逖神道碑文除《东都留守韦虚心神道碑》一篇外,尚有《故滕王府咨议杜公神道碑》《赠太子詹事王公神道碑》《太子右庶子王公神道碑》三篇。前篇于碑主死葬书"某月日",后两篇则确书几月几日。盖滕王府咨议杜义宽卒葬于永徽年间,去孙逖甚远,不能确指年月日,故约书之为"某月日",而太子右庶子王敬从乃孙逖同僚,碑文称"公与徐安贞、韦陟、孙逖继挥宸翰"云云,故于王敬从之卒葬了然。于此可见《东都留守韦虚心神道碑》之概书"某月日",是不详其事之故也,或因时间久远,或托为碑文者道之未详。不管哪种情况,都说明碑文之成不在下葬的"明年"是当然的。

如此看来,《东都留守韦虚心神道碑》"今移左司"的"今"则是"明年"后的某一年,因而谢文所谓"崔宗之任左司郎中,下限不逾天宝元年"的结论则不能成立。那么,天宝元年应诏晋京的李白便与在韦虚心之后任左司郎中的崔宗之有足够的时间相交往,怎么能硬说李白是开元末年入京与崔宗之相交的呢?即使笔者此说不能成立,而如前所论,崔宗之任左司郎中,下限不逾天宝元年,当然也应该包括天宝元年,那么,李白天宝元年应诏晋京也是有时间与崔宗之相交的。

需要说明的是,李白与崔宗之的交往不始于天宝初,笔者前文引稗山、郁贤皓二先生之论已述及,这里,笔者只在辨《李白开元末年入京考》所持依据的不可靠。

第二,谢文说:"李白此次西游,始于开元二十八年。其年春夏在南阳。"谢文并没有提出任何依据,只是说"有《南都行》。诗云:谁识卧龙客,长吟愁鬓斑。"这怎么能证明"此次西游,始于开元二十八年"呢?《南都行》充其量能证明李白某年春夏在南阳,因为诗有"高楼对紫陌,甲第连青山"之句。

至于《邺中赠王大劝入高凤石门山幽居》一诗，诚如谢文所说，不应是天宝年间之作，但也并不能证明如谢文所谓李白是"在开元二十八年由南阳入京"的。谢文说，李白一出长安是"抱着东山再起的雄心偃伏草莽的。时近十年，李白对沉湮不闻已经厌倦，对自己像诸葛亮那样龙蟠躬耕，等待识用已经深以为耻了。因此，他在开元二十八年，由南阳入京"。诚然，李白一出长安确实是"抱着东山再起的雄心"的，但却并未抱着这样的雄心去"偃伏草莽"，以开元二十二年所作的《与韩荆州书》"君侯何惜阶前盈尺之地，不使白扬眉吐气，激昂青云耶"，和开元二十八年所作的《赠范金乡》诗（从安旗、薛天纬《李白年谱》）"我有结绿珠，久藏浊水泥，时人弃此物，乃与燕石齐。撼拭欲赠之，申眉路无梯。……徒有献芹心，终流泣玉涕"，可证其并未"偃伏草莽"。事实上，虽李白在一出长安之后便开始漫游，却未尝停止过干进。既然如此，那么就不存在"时近十年"云云，也就不存在这首诗作于开元二十八年李白"由南阳入京"的事。如果真像谢文所说，李白对自己等待识用已经"深以为耻"了，那么谢文所认定的"李白西游，始于开元二十八年。其年春夏在南阳"的《南都行》之"谁识卧龙客"，自比为龙蟠躬耕的诸葛亮又做何理解？岂非自相矛盾！其实，"耻学琅邪人，龙蟠事躬耕"，正如《李白集校注》"评笺"所说，"正不受其劝也"，表示要积极干进，自取富贵，"作此诗时已去南阳而求干进矣"。既然此诗之作不能坐实于开元二十八年（谢文虽断言，却是勉强其说），那么，认为它是一出长安前后之作也不是不可以的吧。看"富贵吾自取，建功及春荣"之句，倒与李白一出长安所作的《冬夜醉宿龙门觉起言志》之"青云当自致，何必求知音"语似意同。《留别王司马嵩》诗说"余亦南阳子，时为《梁甫吟》。愿一佐明主，功成还旧林。西来何所为，孤剑托知音"，可见"青云当自致，何必求知音"，正谓"西来""孤剑托知音"无成，大失所望，愤而言不托知音，当自致青云。以此，将《邺中赠王大劝入高凤石门山幽居》一诗认作是李白一出长安后所作或许更合适些吧。诗云："欲献济时策，此心谁见明？"看来李白是已经去过长安，想要"献济时策"未果，才有"此心谁见明"之叹。如果他并未去过长安有"欲献济时策"之举，则如何能叹为"此心谁见明"？正因为"欲献济时策"未果，才落得个"飘飘不得意"，这样他才要"投躯寄天下，长啸寻豪英"而"遍干诸侯"自取富贵，即"青云当自致"。

第三，《忆旧游寄谯郡元参军》诗，并未露出李白开元末年入京的端倪。

谢文认为，《忆旧游寄谯郡元参军》一诗，"对献赋一事轻轻带过。宜乎稗山先生云：'如果把这里所说的西入长安理解为就是供奉翰林的那一次，那么，不难设想，他对这位知己总得说几句牢骚话，不会用"北阙青云不可期"轻轻了结这一重公案的；而"青云不可期"的意思，正切合于第一次的活动无成而不切合第二次的遭谗被放……'……一入长安时间在开元二十三年前，而此次献赋，在开元二十三年后。开元末入长安与一入长安一样，也是无成而归，于献赋之后，也就没有什么可说的了"。

此中有两点须辨识：

其一，李白待诏翰林被逐出京以后，确实发过不少牢骚，尤其是对知己朋友，但是，这牢骚并不是在不该发、用不着发的时候也发一通。正如笔者前文所辨，李白《忆旧游寄谯郡元参军》之"忆旧游"，是"忆"他与元参军的"旧游"，而不是他李白一个人的"旧游"。李白天宝元年被召是在与元参军分手之后，这一段经历与元参军毫无关系，当然应该从略，所以诗歌只用"北阙青云不可期"轻轻了结。按谢文的意思，如果"西游因献长杨赋"指的是天宝元年之应诏晋京，那么，李白于被逐时是应该大发一通牢骚的，因为他没有在诗里大发一通牢骚，所以便不是指天宝元年的应诏入京，而是指开元末年的入京，这实在是不顾《忆旧游寄谯郡元参军》的题旨和内容而强为之说。如果李白在写了他与元参军晋祠分手之后还大写一通他应诏入京的行踪，然后再大发一通他被逐的愤慨牢骚，那么这还能算是李白与元参军的"旧游"么？还算是李白，还算是李白的诗么？

其二，亦如笔者前文所说，李白以布衣之身而待诏金马门，似乎是平步青云，似乎已不存在"青云不可期"。然而，他虽待诏翰林，其实却并未被重用。据乐史《李翰林别集序》说，"上尝三欲命李白官，卒为宫中所捍而止"。可见，李白虽供奉翰林，却终未能授官而致身青云，故云"北阙青云不可期"，以言己之不得意。谢文对"北阙青云不可期"的理解似太拘泥了些。

诚如谢文所说，天宝初年，李白入长安曾经献赋，在李白诗中屡有提及，除谢文所举《答杜秀才五松山见赠》《还山留别金门知己》《答高山人兼呈权顾二侯》三篇外，尚有"汉帝长杨苑，夸胡羽猎归。子云叨侍从，献赋有光辉"

(《温泉侍从归逢故人》)、"子云不晓事,晚献长杨辞"(《古风》其八)等,较之"西游因献长杨赋",不独语似意同,就连所献的赋也都是一样的——"长杨赋",这就足见"西游因献长杨赋"正是指天宝元年应诏晋京时的献赋。意者,天宝元年李白虽应诏晋京,但入京之后玄宗并未给予大用,不过是文学侍从而已,如王琦《李太白全集·年谱》引唐人《松窗录》说宫中牡丹盛开,"上乘照夜车,太真妃以步辇从。……上曰:赏名花,对妃子,焉用旧乐辞焉!遽命……立进《清平调词》三章,白欣然承诏旨"。故而李白才有献赋之举,以期仕用。

如此说来,《忆旧游寄谯郡元参军》诗并非如谢文所说透露出了李白开元末年入京的端倪,而是实实在在地反映着李白天宝元年的晋京。

其三,李白与贾至的友谊,诚如谢文所说,"开元二十年李白初入长安,贾至才十四五岁,绝无可能和李白相处相游",但说"贾、李旧游即指开元末,贾至任校书郎,李正在长安之时"却未必然了。

傅璇琮先生《唐代诗人丛考·贾至考》结论是这样的:"贾至在天宝元年至六七年间曾任单父尉,在任单父尉前又曾为校书郎","则他当于开元末或天宝初由明经擢第,而于天宝前期为宋州单父尉",并说"贾至在诗中称李白为'旧游',大约天宝时曾有交谊"。傅璇琮先生的结论无疑是客观的,他根据所存的史料,不能断然确指,所以前说贾至"在天宝元年至六七年间曾任单父尉",此前为校书郎,后面又说于"天宝前期为宋州单父尉",盖大约其说而已。而这大约其说的结论,在《李白开元末年入京考》中却成了"贾至天宝元年以校书郎为单父尉"的肯定之语,从而得出"贾李旧游即指开元末"的断语,以附会"李白开元末年入京"说。傅璇琮先生说"天宝元年至六七年间""天宝前期",只是划定一个大致的时间区限,并没有认定就是从天宝元年始为单父尉,即是说,贾至于天宝二年也是有可能在校书郎任上的,所以他才认为李白与贾至"大约在天宝时曾有友谊"。贾至自己所作的《虙子贱碑颂》就是说"天宝初,至始以校书郎尉于单父"。天宝年号有十五年,"初"的划定大概不应该只指天宝元年吧,应该说天宝元、二、三年都可以是"天宝初"的范围,如刘全白《唐故翰林学士李君碣记》说:"天宝初,玄宗辟翰林待诏,因为和蕃书,并上《宣唐鸿猷》一篇,上重之,欲以纶诰之任委之,同列者所谤,诏令归山。""天宝初"显然包

括了天宝元年的应诏至天宝三年的"诏令归山"。旧、新《唐书》李白传之叙述"天宝初"也是如此。那么，李白天宝元年应诏晋京是有可能与贾至相识相交的。即令"天宝初"就如谢文所说的是天宝元年，李白应诏入京时在八九月，贾至此时未必不在校书郎任上。除非天宝元年八九月以前贾至已为单父尉，否则如何能肯定贾至、李白天宝元年不得相识相交？但既不能确指贾至是天宝元年八九月以前或以后为单父尉的，也便不能排除贾至、李白相交在天宝元年八九月以后的三四个月内。

既然如此，可见谢文"贾、李旧游即指开元末年"的结论是站不稳的。

综上所述，谢文借以维持"李白开元末年入京"说的依据颇不可靠，因而其说也难以成立。

对李白第一次入长安时间的考证研究，上述诸家虽然还缺乏准确性和坚实可靠的依据，但诸家所做的工作却是十分可贵的，它对逐步解决李白研究中的疑难、促进李白研究的进一步深入，都具有一定的价值和意义。

四、首次入京之秦地行迹

李白第一次入京，于安陆始途，经南阳，其诗之谓"游子东南来，自宛适京国"（《酬坊州王司马与阎正字对雪见赠》）正是说明。李白在南阳有过短时间的逗留，其间拜谒诸葛庐是必然的，尔后作《梁甫吟》，且此后在诗文中多及"梁甫吟""武侯"，并以"南阳子""诸葛"自况，皆出于此，亦始于此。

李白于开元十九年"荷花初红柳条碧"的夏间抵秦入京之后，在京城有过较长时间的干谒、结交甚至浪迹市井的生活。"弹剑作歌奏苦声，曳裾王门不称情"（《行路难》其二），"我欲攀龙见明主，雷公砰訇震天鼓。……阊阖九门不可通，以额叩关阍者怒"（《梁甫吟》），"晚途值子玉，华发同衰荣。托意在经济，结交为兄弟"（《读诸葛武侯传书怀赠长安崔少府叔封昆季》），"李侯忽来仪，把袂苦不早。清论既抵掌，玄谈又绝倒"（崔宗之《赠李十二》），"风流少年时，京洛事遨游。腰间延陵剑，玉带明珠袍。我昔斗鸡徒，连延五陵豪。邂逅相组织，呵吓来煎熬"（《叙旧赠江阳宰陆调》），"羞逐长安社中儿，赤鸡白狗赌梨栗"（《行路难》其二），"经过燕太子，结托并州儿"（《少年行二首》其一），"笑入胡姬酒肆中"（同前，其二），"夜入琼楼卧"（《少年子》）等等皆是。干谒是为了求仕，结交官宦豪门甚至浪迹市井以涨声名高身价，也是为了求仕。但是，这一些手段、方法都未能奏效，"大道如青天，我独不得出"（《行路难》其二），于是李白便企图走"终南捷径"。次年（开元二十年）秋，李白隐于终南山，有《玉真公主别馆苦雨赠卫尉张卿二首》（按，詹锳先生《李白全集校注汇释集评》据《金石萃编》之录《玄元灵应颂》谓"玉真公主别馆在终南山宗圣观内"）。或以为李白隐居终南山是其首次入京的当年，如郁贤皓《李白初入长安事迹考索》（《南京师范学院学报》1978年第4期），安旗、薛天纬《李白年谱》，安旗、阎琦《李白诗集导读》皆如是认为。但是，其实李白不可能在入京的当年就去终南山隐居。因为正如他《上安州裴长史书》所说，"西入秦海，一观国风"，"何王大人之门不可以弹长剑乎"？到京城是求仕猎取功名的，此前在京城并无声名，如果一到京城便去隐居起来，只会更寂寂无闻，不会引起官府、朝廷的注意，达不到目的，只有在京城有了一定的知名度，再去隐居，才可能有收获。另外，从他及与他交游者的诗中也可以见出入京当年的秋天他并不在终南山，如《答长安崔少府叔封游终南翠微寺太宗皇帝金沙泉见寄》，诗中所写崔少府所历之"地古寒云深""践苔朝霜滑"，显然是秋冬时节。从《读诸葛武侯传书怀赠长安崔少府叔封昆季》之"余亦草间人，颇怀拯物情。晚途值子玉，华发同衰荣。托意在经济，结交为兄弟"可知李白与崔少府结交是在他第一次入京的当年，则《答长安崔少府叔封游终南翠微寺太宗皇帝金沙泉见寄》诗便是当年（即开元十九年），可知李白当时不在终南山"秋坐金张馆"的玉真公主别馆。李白与崔宗之的酬赠诗就更能说明问题。崔宗之《赠李十二》说"凉秋八九月，白露空园亭。……李侯忽来仪，把袂苦不早"，李白的酬诗《酬崔五郎中》是"朔云横高天，万里起秋色"。郎中之职，据《旧唐书·职官志》，乃尚书省官员，则崔、李赠酬时李白在京城无疑，而"把袂苦不早"恨相见之晚，其"李侯忽来仪"也就不会是李白进京之后直到次年秋天才见崔宗之。因而李、崔相见当是李白入京的当年（开元十九年），其时为"凉秋八九月"。于此可见李白《玉真公主别馆苦雨赠卫尉张卿二首》不作于他进京的当年，而是次年（开元二十），即李白隐居终南山是在他入京的次年

（开元二十年）。

詹锳先生《李白全集校注汇释集评》谓："《金石续编》卷八录天宝二载蔡玮撰《玉真公主朝谒谯郡真源宫受道王屋山仙人台灵坛祥应记》记其来此居别馆之时间及经过云：'公主以天宝之前岁（即开元二十九年）孟夏月，佩参灵之印，混疑（按，当为凝）始之心，临目存真，斯焉攸处。若然者七日，而所居精室卿云覆之，有二青衣玉童自云来拜，因而动承指使，常在左右也。'由此可知，开元二十九年夏以前，终南山宗圣观内并无玉真公主别馆"，"玉真公主于开元二十九年夏始在宗圣观立别馆，知此诗只能作于本年秋或以后某年秋。太白天宝元年入京，可能未被立即召见，在京逗留期间，结识张垍，请其援引"。但是，李白天宝元年是应诏入京的，没有必要去终南山隐居；即便是唐玄宗没有立即召见，但李白应该明白，既然是应诏，召见是迟早的事，没有必要去隐居或求人援引；诗中所写"秋坐金张馆"之"苦"如"翳翳昏垫苦，沉沉忧恨催"，"饥从漂母食，闲缀羽陵简。园家逢秋蔬，藜藿不满眼"，"厨灶无青烟，刀机生绿藓"，也不可能是应诏入京时的景况；而假如是应诏入京，他也不会以"丹徒布衣"自比；并且，詹锳先生所引《金石续编》之录蔡玮文"所居精室卿云覆之"云云，并不能说明开元二十九年以前玉真公主在终南山没有"所居精室"，而且其文也只是记"灵坛祥应"，此前玉真公主在"所居精室"并无"祥应"之事如"卿云覆之，有二青衣玉童自云来拜"等等，自然也就不在记中了。

《玉真公主别馆苦雨赠卫尉张卿二首》谓"弹剑谢公子，无鱼良可哀"，可见李白在玉真公主别馆只是寓居。李白寓居其地，原本是欲拜见玉真公主，但从他《玉真仙人词》所写玉真公主"弄电不辍手，行云本无踪"看，玉真公主行踪不定，可能久未回终南山精室，李白未能如愿，于是后来便移往终南山松龙隐居。其后有《春归终南山松龙旧隐》一诗，可知在终南山隐居地是松龙。

隐居当然是走"终南捷径"，但是隐居也没有奏效，而且隐居的清苦寂寞如《玉真公主别馆苦雨赠卫尉张卿二首》所描绘的"翳翳昏垫苦，沉沉忧恨催""饥从漂母食，闲缀羽陵简。园家逢秋蔬，藜藿不满眼。蟏蛸结思幽，蟋蟀伤褊浅。厨灶无青烟，刀机生绿藓"那样，对青年的李白来说，也是难耐的。于是，当年（开元二十年）暮秋便出行邠、坊、岐，想得到地方官员的援引或地方衙门的接纳。先到邠州，可能是出于邠州长史李粲是其族兄的考虑。《豳歌行上新平长史兄粲》所写"胡霜萧飒绕客衣"正是其出行邠州的季节，而说"何惜余光及棣华"，则明显是希望李粲这位族兄能施援手。

《豳歌行上新平长史兄粲》，以及《登新平楼》《赠新平少年》，或以为题中"新平"乃天宝元年邠州之更为新平郡而系之天宝年间。但是，正如王琦注《上安州裴长史书》之"广汉"所说，"太白，巴西郡人，唐之巴西郡，即汉之广汉郡。取旧名以代时称，唐人多有此习"。因而，以"新平"称邠州，不足为系此三诗于天宝年间之据。以《豳歌行上新平长史兄粲》所写"寒灰寂寞凭谁暖，落叶飘扬何处归"的凄凉和"何惜余光及棣华"的企盼，以及《赠新平少年》中韩信的"一遭龙颜君，啸咤从此兴"与"而我竟何为，寒苦坐相仍。长风入短袂，内手如怀冰。故友不相恤，新交宁见矜？摧残槛中虎，羁绁韝上鹰。何时腾风云，搏击伸所能"不遭龙颜垂青的悲壮之吟，非第一次入长安莫属。

至于李从军先生《李白考异录·关于〈李白三入长安质疑〉的质疑》所说的"诗的最后两句：'前荣后枯相翻覆，何惜余光及棣华'是李白自咏待诏翰林的'前荣'和现在流落的'后枯'"，以此定为李白三入长安的作品，乃是对诗作的误解。《豳歌行上新平长史兄粲》并没有待诏翰林的影子，只写道"忆昨去家此为客，荷花初红柳条碧。中宵出饮三百杯，明朝归揖二千石"，但这并不是待诏翰林的生活。待诏翰林的李白是"王公大人借颜色，金章紫绶来相趋"（《驾去温泉宫后赠杨山人》）、"谒帝称觞登御筵"（《玉壶吟》）、"入侍瑶池宴，出陪玉辇行"（《秋夜独坐怀故山》）、"五侯七贵同杯酒"（《流夜郎赠辛判官》），远比"中宵出饮三百杯，明朝归揖二千石"豪贵的排场。这"中宵出饮三百杯，明朝归揖二千石"，就是"此为客"（即第一次秦中之行求仕长安）的情形。

在邠州，李白企求援引或接纳不成，这年（开元二十年）冬便行向坊州。在坊州，希望坊州王司马和曾经做过太子正字的阎某"假我青云翼"，表示"风水如见资，投竿佐皇极"（《酬坊州王司马与阎正字对雪见赠》）。但也无所成。于是次年（开元二十一年）春便返程终南山。在返程中取道岐州，访古凤台，作《凤台曲》《凤凰曲》，而后游姜太公垂钓遇文王的磻溪，以《梁甫吟》大抒了

一通自己不遇于时的感慨。

《梁甫吟》一诗，或以为是李白供奉翰林被逐后之作。[1]其实，这首诗之作年，正如瞿蜕园、朱金城《李白集校注》所言："此诗以太公、郦生为喻，皆是未遇时之口吻。若已被召入京，即使遭谗被放，亦与未遇者不同。'我欲攀龙见明主……以额叩关阍者怒'，疾权相之蔽贤也。"亦如安旗先生《李白全集编年注释》《李白全集编年笺注》进而之论："瞿、朱所言极是也。此期所作诸诗……均有鲜明特点，即虽悲不遇，然犹寄希望于将来，故每于慷慨欷歔之际，尚有自慰自解自励之辞。……本篇亦有此特点，既则曰：'大贤虎变愚不测，当年颇似寻常人。'再则曰：'狂客落魄尚如此，何况壮士当群雄。'终则曰：'张公两龙剑，神物合有时。风云感会起屠钓，大人岘屼当安之。'所以如此，盖时代使然。开元之世，政治毕竟尚属清明，白亦正值盛年，初入长安虽受挫折，然仅以为时机未至，犹冀风云感会，大展宏图。故每于诗中作此等语。天宝年间诸作不复如此。"此论甚是。但将此诗系于出京行洛阳时的开元十九年，却未为尽善。安旗先生似乎回避了"八十西来钓渭滨"这一"来"字。这一"来"字，虽然写的是太公吕尚"八十西来"，但也表明李白其时的立足点是在太公垂钓的渭滨，否则这一"来"字便没有道理。李白的乐府诗，如《李诗通》所言"连类引义，尤多讽兴"，最擅"触类圆览"。因亲临太公垂钓处，有感于太公文王之遇而大抒自己颠沛流寓，求告无门，历经辛酸苦楚不遇于时的慷慨不平之气。假如他是出京离开秦地后直到洛阳才大抒这种感慨，则"连类引义""触类圆览"之"义"便不在其时了，也即是说，他的感慨抒发没有了触发点。他临渭滨不抒，为什么要离去之后直到洛阳才抒呢？而且，立足点在洛阳，也就不成其"西来"钓渭滨了。

李白下终南山出行，曾巩《李太白文集后序》谓"西涉岐、邠"，认为是先向岐州，而后再向邠、坊。其实则不然。一则，相对于长安附近的终南山，岐州虽近于邠州，又有凤女台、磻溪等古迹，但李白此次出行并不是为了访古游历，或者说主要不是访古游历，而是为了求进，希望得遇地方官员的援引或接纳。邠

---

[1] 王运熙、杨明《关于李白〈蜀道难〉、〈将进酒〉、〈梁甫吟〉、〈远别离〉的写作年代》（《李白研究论丛》，巴蜀书社1987年版），詹锳《李白〈梁甫吟〉解》（《李白学刊》第二辑，上海三联书店1989年版），葛景春《李白思想艺术探骊》（中州古籍出版社1991年版，P318）。

州长史李粲是其族兄,又有"长史"之尊,为求进而出行的李白,这无疑应该是他的首选。王司马,从李白《酬坊州王司马与阎正字对雪见赠》诗之"访戴昔未偶,寻嵇此相得"来看,也与李白有旧。邠州离坊州不远,在邠州无着,下一站选择有旧交的王司马所在的坊州是自然的。再则,在京城,李白虽投靠无门,大受磨难,但尚未与地方官员交结,京城无成,或地方有望。但是邠州、坊州却无"何惜余光及棣华""假我青云翼"者,这才使他对"世人轻我如鸿毛"的"世人"有完全的认识,于在访古磻溪时为姜太公遇文王一事所触发,使历经酸心苦楚求告无门"世人轻我如鸿毛"的愤慨以《梁甫吟》为咏喷薄而出。如此,李白下终南山出行地方,应该是自邠州而坊州而岐州。或谓李白有《留别王司马嵩》诗云"余亦南阳子,时为《梁甫吟》",此王司马嵩,即《酬坊州王司马与阎正字对雪见赠》之"王司马",坊州时已"时为《梁甫吟》",那么《梁甫吟》之作当在此之前,即李白是先游岐州作《梁甫吟》,而后才行向邠、坊。此一疑问,盖因对"时为《梁甫吟》"的理解有异而成。"时为《梁甫吟》"与《三国志·诸葛亮传》之言"亮躬耕陇亩,好为《梁甫吟》"是同类语,都是说的吟咏乐府古辞《梁甫吟》。如果"为《梁甫吟》"是指写作《梁甫吟》,则"好为""时为"的就不止一首或几首《梁甫吟》了。可是诸葛亮并无《梁甫吟》传世,李白集也只独一无二的一首。这样理解"时为《梁甫吟》",与李白先行邠、坊后游岐州访古磻溪就不矛盾了。

李白在岐州磻溪短暂游览后,即回到终南山松龙旧隐处,其《春归终南山松龙旧隐》即记其事。但是不久便又下终南山,《下终南山过斛斯山人宿置酒》之"苍苍横翠微""绿竹""青萝"景象,与春归终南山时令前后相接(亦与其后取道华州《春游罗敷潭》之"春"吻合)。而后,在京城做短暂逗留。但是此时的李白去意已决,其《赠薛校书》"我有吴越曲,无人知此音。姑苏成蔓草,麋鹿空悲吟。未夸观涛作,空郁钓鳌心。举手谢东海,虚行归故林",即是离京时的心境。《赠薛校书》一诗,或以为天宝二三载作[1],或恐有误。"我有吴越曲,无人知此音""未夸观涛作,空郁钓鳌心""虚行归故林",可见不曾受诏。若是受诏,则不当谓"无人知此音"。李白第一次求仕长安的秦中之

---

[1] 詹锳《李白诗文系年》(人民文学出版社1984年版)系之天宝三载,安旗《李白全集编年注释》《李白全集编年笺注》系之天宝二载。

行，在京城在地方遍行干谒求援引，却毫无结果，这才是"无知音"。若是受诏入侍翰林期间所作，也不当言"未夸观涛作"。枚乘《七发》写道，"将以八月之望，与诸侯远方交游兄弟，并往观涛乎广陵之曲江"，所以李白称之为"观涛作"而自况。李白每每将自己的文学才能拟之司马相如、扬雄等大家，这是一个系列，枚乘是其中之一。这里只是以枚乘为代表。"昔献长杨赋，天开云雨欢。当时待诏承明里，皆道扬雄才可观"（《答杜秀才五松山见赠》）、"汉帝长杨苑，夸胡羽猎归。子云叨侍从，献赋有光辉"（《温泉侍从归逢故人》），都明白地说是献了赋的，而且是"皆道扬雄才可观"，并非"未夸"。可见"未夸观涛作"的《赠薛校书》当是首次入京时所作。若是受诏，更不当言"虚行"。他天宝元年应诏入侍翰林，虽然"上尝三欲命李白官，卒为宫中所捍而止"（乐史《李翰林别集序》），终未能做成官，后来又被逐放还，但却毕竟有翰林供奉的名头，毕竟有"长安宫阙九天上，此地曾经为近臣"（《单父东楼秋夜送族弟沈之秦》）、"君王赐颜色，声价凌烟虹"（《还山留别金门知己》）的地位和风光，算不得是"虚行"。第一次入京求仕无成才真是"虚行"。

出京之后，李白取道华州。在华州是否曾登华山，因无诗作传世，不得而知。但《西岳云台歌送丹丘子》写华山"三峰却立如欲摧，翠崖丹谷高掌开"的气象，应是有过亲临。以安史之乱时所写的"西岳莲花山"（《古风五十九首》其十七），虽"托之游仙"（陈沆《诗比兴笺》），却也表明他曾有过华山之登，才可能有莲花山之托。但天宝三载李白是从商山大道离京的（说见前文），商山去华州道路虽不甚遥远，而方向却不同。那么，如果李白有过华山之登，就可能是第一次入京离去取道华州时。但在华州的诗作只有《春游罗敷潭》（按，王琦注："王阮亭曰：罗敷谷水在华州。"）、《赠华州王司士》两首。

华州之后，李白便"挂席"黄河离开秦地游梁园而去。《梁园吟》之"我浮黄河去京阙，挂席欲进波连山。……平台为客忧思多，对酒遂作《梁园歌》。……平头奴子摇大扇，五月不热疑清秋"正记其事。

李白第一次求仕长安的秦地之行——开元十九年于"荷花初红柳条碧"时抵秦入京，曳裾王门，浪迹市井；次年寓居玉真公主别馆，继而隐居终南山之松龙，于秋冬之际出游邠、坊；开元二十一年春返程终南山途中游岐州太公钓隐之渭滨磻溪，而后归终南山旧隐地松龙，不久便下终南山经长安取道华州"挂席"

黄河，结束了他首次入京的秦地之行。

五、首次入京出长安后的短期行踪和"归蜀"辨

李白开元二十一年春后离开长安，"挂席"黄河，五月游梁园。不久便返道洛阳，适逢元参军，遂成莫逆，"忆昔洛阳董糟丘，为余天津桥南造酒楼，黄金白璧买歌笑，一醉累月轻王侯"正其时。在洛阳盘桓数月，其间游龙门等地，有《冬夜醉宿龙门觉起言志》诗和《冬日于龙门送从弟京兆参军令问之淮南觐省序》可证。《冬夜醉宿龙门觉起言志》诗云：

> 傅说板筑臣，李斯鹰犬人。
> 欻起匡社稷，宁复长艰辛。
> 而我胡为者，叹息龙门下。
> 富贵未可期，殷忧向谁写。
> 去去泪满襟，举声梁甫吟。
> 青云当自致，何必求知音。

此诗，《李白集校注》"评笺"云："詹锳……谓为去朝以后穷愁潦倒之辞，恐非。傅说李斯之喻，皆在未遇时，既已被征，虽遭谗而去，亦不当作富贵未可期之语也。"《李白集校注》所疑极是。又，李白《留别王司马嵩》诗云："余亦南阳子，时为梁甫吟。……愿一佐明主，功成还旧林。西来何所为，孤剑托知音。"此诗显系李白开元入京将去之语。以此则见"青云当自致，何必求知音"正谓"西来""孤剑托知音"无成，慨叹"我有吴越曲，无人知此音"（《赠薛校书》），大失所望，愤而言不托知音，当自致青云。是以知李白开元二十一年求仕无成出京后在洛阳"一醉累月"间有龙门之游。

《冬夜醉宿龙门觉起言志》只言"冬"，未知"冬"之何月，而《冬日于龙门送从弟京兆参军令问之淮南觐省序》则明白地说是冬十二月。序云：

> 紫阳仙季，有英风焉。……岁十二月，拜省于淮南，思白华之长
> 吟，眺黄云之晚色。目断心尽，情悬高堂。倾兰醑而送行，赫金鞍而

照地。

此序，自薛仲邕《翰林李太白年谱》以来诸家多无说（如王琦《李太白年谱》，安旗、薛天纬《李白年谱》，瞿蜕园、朱金城《李白集校注》），似存疑者。唯黄锡珪《李太白年谱》系于开元二十一年，詹锳《李白诗文系年》系于开元二十二年。黄《谱》谓：开元二十一年，太白"春间与从弟幼成、令问等由安陆游襄阳，始识韩朝宗及孟浩然。夏间携襄阳之段七娘至湖阳，后复至方城汝州。秋抄游洛阳"。詹《系》谓"是年（按，即开元二十二年）白经汝海，游龙门至洛阳"，并将《冬日于龙门送从弟京兆参军令问之淮南觐省序》系于是时。黄《谱》、詹《系》系年有异，而又皆以为李白作此序是自襄阳而北经汝海（汝州）游洛阳时。窃以为其说不确。《冬日于龙门送从弟京兆参军令问之淮南觐省序》云：

  日落酒罢，前山阴烟，殷勤惠言，吾道东坐。想洛桥春色，先到淮城。见千条之绿杨，折一枝以相赠。则华萼情在，吾无恨焉。

《李白集校注》谓"坐字未详"。笔者以为，"坐"或是"矣"字草书之误。《后汉书》卷65《郑玄传》："（郑玄）以山东无足问者，乃西入关，因涿郡卢植，事扶风马融。……融素骄贵，玄在门下，三年不得见，乃使高业弟子传授于玄。玄日夜寻诵，未尝怠倦。会融集诸生考论图纬，闻玄善算，乃召见于楼上，玄因从质诸疑义，问毕辞归。融喟然叹曰：'郑生今去，吾道东矣。'率自游学，十余年乃归乡里。"序之"吾道东坐（矣）"即用此事。李白虽在叹从弟令问一去再无知己，无可与论道者，但未尝又不是在借题发挥，慨叹自己求仕不成，其道不行，犹孔子之"道不行乘桴浮于海""吾道穷矣"（《论语·公冶长》）。此则正与《赠薛校书》之"我有吴越曲，无人知此音"及《冬夜醉宿龙门觉起言志》之"富贵未可期，殷忧向谁写"同是一脉，正所谓"而我胡为者，叹息龙门下"！以此可知，开元二十一年冬十二月李白尚在龙门。

据《忆旧游寄谯郡元参军》之叙与元参军旧游，李白在洛阳"一醉累月"间游龙门等地后即与元参军在"一溪初入千花明，万壑度尽松风声"的春天

"相随迢迢访仙城",似乎是春天才到随州的。其实不然。且参读《忆旧游寄谯郡元参军》《题随州紫阳先生壁》《冬夜于随州紫阳先生餐霞楼送烟子元演隐仙城山序》:

> 忆昔洛阳董糟丘,为余天津桥南造酒楼;
> 黄金白璧买歌笑,一醉累月轻王侯。
> ……
> 不忍别,还相随。
> 相随迢迢访仙城,三十六曲水回萦。
> 一溪初入千花明,万壑度尽松风声。
> ……
> 紫阳之真人,邀我吹玉笙。
> 餐霞楼上动仙乐,嘈然宛似鸾凤鸣。
>
> (《忆旧游寄谯郡元参军》)

"相随迢迢访仙城"应是初次游随州的语气,并且说是"初入",则更说明是初次游随州。

> 神农好长生,风俗久已成。
> 复闻紫阳客,早署丹台名。
> 喘息餐妙气,步虚吟真声。
> 道与古仙合,心将元化并。
> 楼疑出蓬海,鹤似飞玉京。
> 松雪窗外晓,池水阶下明。
> 忽耽笙歌乐,颇失轩冕情。
>
> (《题随州紫阳先生壁》)

《史记正义》引《括地志》云:"厉山在随州随县北百里,山东有石穴。曰神农生于厉乡。"诗说"神农好长生,风俗久已成。复闻紫阳客,早署丹台名"，当然是初识"紫阳客"，其时是"松雪窗外晓"的冬季。

> 历行天下，周求名山，入神农之故乡，得胡公之精术。胡公身揭日月，心飞蓬莱。起餐霞之孤楼，炼吸景之精气。延我数子，高谈混元。金书玉诀，尽在此矣。白乃语及形胜，紫阳因大夸仙城。元侯闻之，乘兴将往。别酒寒酌，醉青田而少留；梦魂晓飞，度渌水以先去。
> （《冬夜于随州紫阳先生餐霞楼送烟子元演隐仙城山序》）

按，据《李白诗文系年》《李白集校注》《李白丛考》，元演，即元参军，名演，字烟子。序之所云，正是李白初入神农之故乡，初识紫阳初受其教，其时为冬天是不用说的。

这就是说，李白于开元二十一年冬十二月送从弟李令问之淮南觐省后，旋与元参军（演）一行到了随州。在随州，李白与元演等度过了一个"一溪初入千花明，万壑度尽松风声"的春天（开元二十二年），之后，便"余既还山寻故巢，君亦归家渡渭桥"与元演等分手。"还山寻故巢"后不久，又于夏间出游襄阳，上书韩朝宗，企求援引荐举，《与韩荆州书》作于此时。

李白上书韩朝宗之时间，笔者曾在《李白首次入京时间之考索》（《南京师大学报》1985年第2期）和《"李白归蜀"说辨疑》（《绵阳师专学报》1986年第1期，人民大学《中国古代近代文学研究》1987年第1期）中涉及，认为是开元二十二年。此两文，虽非专门探讨李白上书韩朝宗之事，但于其时间的认定却并非不征之言，但却被王伯奇先生在《李白拜谒上书韩荆州时间考》（《中国李白研究》2003—2004年集）中指为"错误""误说"，认为"李白自开元十八年暮春或初夏离开安陆始入长安，直至开元二十四年春夏，历时六年多，在此期间根本未有归返安陆的机会"，断定"李白拜谒上书韩朝宗的时间当在开元二十四年秋"。王伯奇先生的这种认定，是把李白《忆旧游寄谯郡元参军》所叙与元参军自洛阳"一醉累月"后的随州之游置之开元十七年李白上书安州李长史之前为基础的，说李白的此次洛阳之游是李白《上安州李长史书》所说"南徙莫从，北游失路，远客汝海，近还郢城"的"北游"。笔者认为，王伯奇先生的这个说法大成问题。

其一，李白所说"南徙莫从，北游失路"的"南""北"，是就大的地理方位而言，并非具体的地域；"远""近"是就距离而言。"远客"的"汝海"和"近还"的"郧城"，则是"北""南"的具体区域。李白说他远游北至汝海，近游南还至郧城（安陆）。可见李白的"北游"所至是汝海（汝水流域），而不是洛阳。李白在洛阳"一醉累月"，经历了不短的时间。如果"北游"是指洛阳一带，则行文应该是"远客洛阳（或者河洛）"。这也表明李白的洛阳"一醉累月"和"远客汝海"不在同一时期。由此可见，李白上书安州李长史（开元十七年）之前并没有游洛阳一带。因而《忆旧游寄谯郡元参军》所叙的自洛阳"一醉累月"后一路行来直至"余既还山寻故巢，君亦归家渡渭桥"就不是在开元十七年以前。

其二，李白《忆旧游寄谯郡元参军》说他在洛阳"一醉累月轻王侯"，而他《上安州裴长史书》却写道"西入秦海，一观国风……何王公大人之门不可以弹长剑乎"，他要敲开王公大人之门，以实现自己的理想抱负。这不是"轻王侯"，反倒是借重王侯。李白以"何王公大人之门不可以弹长剑乎"的自信求仕长安，结果却落得个"寒灰寂寞凭谁暖，落叶飘扬何处归"（《幽歌行上新平长史兄粲》），于是激而成愤，"一醉累月轻王侯"。这也说明李白《忆旧游寄谯郡元参军》中的洛阳之行不是开元十七年以前，而是第一次求仕长安出京后的事。

其三，李白洛阳之游后是"我向淮南攀桂枝"，"攀桂枝"是指隐居（按，詹锳《李白全集校注汇释集评》注引淮南小山《招隐士》："桂树生兮山之幽，攀援桂树兮聊淹留。"，"攀桂枝"指隐居），这也是只有在求仕不成后才会有的打算。

总此三端，李白《忆旧游寄谯郡元参军》所叙自洛阳一路行来的随州之游，只能是他开元十九年求仕长安二十一年出京后的行踪，而不是王伯奇先生所说的是开元十七年上书安州李长史以前的行踪。那么，李白游随州之后的"还山寻故巢"，便是在他开元二十一年出京后二十三年"五月相呼渡太行"之前。

李白开元十九年求仕长安不成，于开元二十一年五月"挂席"黄河离去，在洛阳"一醉累月"后与元参军同游随州，度过了一个"一溪初入千花明"的春天，开元二十三年五月又与元参军"相呼渡太行"作并州之游。因此，"一溪初入千花明"的随州之游只能是开元二十二年,而"还山寻故巢"就只能是在开元二十二年春后。

如前所考,李白长揖韩荆州只能是在开元二十二年春二三月至二十三年五月游太原之前的这段时间。根据《忆旧游寄谯郡元参军》诗叙述的顺序,还应该是在"一溪初入千花明"的游随州之后。那么,李白上书韩荆州有没有可能是与元参军随州分手之后"还故巢"之前呢?答案是否定的。因为韩朝宗以荆州长史兼判襄州、山南东道采访使,是朝廷"初置十道采访使"的开元二十二年二月十九日以后,李白与元参军随州分手是"千花明"的二三月,这个时候的韩朝宗恐怕还没有抵达任所,或者消息也还传不到随州。而且,从随州到襄州,这也是元参军"归家渡渭桥"当行之道,李白与元参军既然是"不忍别,还相随,相随迢迢访仙城"来随州,如果李白要从随州去襄州,从感情上说,应该与元参军偕行。《忆旧游寄谯郡元参军》"忆"的是与元参军的"旧游",如果李白与元参军偕行襄州,诗歌定当有所反映,但却没有。这也表明李白与元参军在随州分手后并没有去襄州,也即是说上书韩荆州不在这个时候。再说,随州离安陆很近,李白离家已经四个年头了,按常情常理,几乎已经在家门口了,似没有必要一定要掉转头去襄州。

看来,李白与元参军随州分手之后确实是"还山寻故巢"了。那么,李白又是何时拜谒的韩朝宗呢?李白有《忆襄阳旧游赠济阴马少府巨》一诗,诗云:"昔为大堤客,曾上山公楼。开窗碧嶂满,拂镜沧江流。高冠佩雄剑,长揖韩荆州。""碧嶂满",可见"长揖韩荆州"当是夏时光景。李白又有《秋夜于安府送孟赞府兄还都序》。此序成于李白开元二十二年"还山寻故巢"返安陆后(说详下文),于题目即知是秋时。此序之行文,颇有与《与韩荆州书》雷同者,应成于《与韩荆州书》之后(说详下文)。开元二十三年五月李白与元参军"渡太行"之约,序之作当然不在开元二十三年秋间。因此,李白"高冠佩雄剑,长揖韩荆州"上《与韩荆州书》只能在开元二十二年夏秋间。

在襄阳(襄州),李白有过短暂的盘桓,结识后来做少府的马巨(《忆襄阳旧游赠济阴马少府巨》),赠诗从兄少府李皓企求援引(《赠从兄襄阳少府皓》),作诗《襄阳歌》《襄阳曲四首》《大堤曲》,皆在其盘桓襄阳期间。襄阳之作,意味最深的是《襄阳歌》。李白在京城铩羽而归,去拜见颇负推贤进能盛名的韩朝宗："君侯何惜阶前盈尺之地，不使白扬眉吐气激昂青云耶？"李白已经把话说到了这个份上，可却仍然无果，可见朝廷的求贤不过是装点门面徒邀清明的虚言，以推贤进能见称者，亦只是徒有其名。于是，李白以嬉笑戏谑之语，写尽饮酒作乐任情放浪之态，寓庄于谐，将愤懑之情和傲然之气充溢其间，真所谓"谑浪笑傲，中心是悼"。

李白襄阳盘桓未久，其后便又回到安陆（安州），于秋时送孟赞府还都，有《秋夜于安府送孟赞府兄还都序》（以下简称《序》）。

此序，詹锳先生《李白诗文系年》系于开元十七年，安旗《李白全集编年注释》系于开元十七年，并注云："孟赞府，名字不详，即《代寿山答孟少府移文书》（以下简称《书》）之孟少府。"笔者以为两人之说似皆有误。首先，《序》之孟赞府和《书》之孟少府似不当为同一人。《书》说"淮南小寿山谨使东峰金崟双鹤，衔飞云锦书于维扬孟公足下"，"维扬"（扬州）当指"衔飞云锦书"所达的地点，非就籍贯而言，而《序》却称于"安府"送孟赞府，而且于安府相送的孟赞府是"还都"。《书》之"孟少府"或是李白出蜀之后"东游维扬"结识的一孟姓少府，非是《序》之于安府相送的"孟赞府"。其次，《序》谓"亲承光辉，恩甚华萼"，情同兄弟，而《书》中感情却大非如此。且看《书》：

一昨于山人李白处奉见吾子移文，责仆以多奇，叱仆以特秀，而盛谈三山五岳之美，谓仆小山，无名无德而称焉。观乎斯言，何太谬之甚也？吾子岂不闻乎？无名为天地之始，有名为万物之母。假令登封禋祀，曷足以大道讥耶？

绎其文意，孟少府似在责难李白隐于寿山，而李白之答，尽管是代为寿山，言语间却颇为不屑。可见其二人并非相知相亲如《序》之谓"恩甚华萼"者。詹锳《李白诗文系年》、安旗《李白全集编年注释》之所以将《序》系于开元十七年，或者正是认为孟赞府与孟少府为同一人，以为开元十五年李白《代寿山答孟少府移文书》，两年以后，当时为少府的孟某已迁为赞府，于是似乎合于情理了。其实不然。《序》说"白以弱植，早饮香茗"，就是说作《序》之时已并非"弱植"了。假如《序》作于开元十七年,其时李白二十九岁,比开元十五年增长了两岁,是否就"壮"了呢?按《礼记·曲礼》所说的男子"三十曰壮",则二十九岁也仍是"弱植"。因此,《序》之作最早也应是李白三十岁以后。另外,李白此序在行文上有一个奇特的现象,一篇不足两百字的短文,居然有数句与《与韩荆州书》相同或相雷同。且看《序》:

> 夫士有饰危冠,佩长剑,扬眉吐诺,激昂青云者,咸夸炫意气,托交王侯。若告之急难,乃十失八九。我义兄孟子,则不然耶?道合而襟期暗亲,志乖而肝胆楚越。鸿骞凤立,不循常流。孔明披书,每观于大略;少君读《易》,时作于小文。四方贤豪,眩然景慕。虽长不过七尺,而心雄万夫。至于酒情中酣,天机俊发,则谈笑满席,风云动天。非嵩丘腾精,何以及此。……时林风吹霜,散下秋草;海雁嘶月,孤飞朔云。惊魂动骨,夏瑟落涕。抗手缅迈,伤如之何。且各赋诗,以宠行路。

"虽长不过七尺,而心雄万夫"(《序》)——"虽长不满七尺,而心雄万夫"(《书》);"扬眉吐诺,激昂青云者"(《序》)——"扬眉吐气,激昂青云耶"(《书》);"若告之急难"(《序》)——"倘急难有用"(《书》)。而"饰危冠,佩长剑"又正是李白自状其拜见韩荆州时"高冠佩长剑"的气概。似此,可以认为《序》与《书》是先后之作。意者,李白与韩荆州书后,旋归安陆,适逢好友孟赞府还京,"酒情中酣,天机俊发"之时提笔作序以送,竟情不自禁地将近时得意之作腾挪而出。此一作为,于李白不时有之,罗忼烈先生在《话李白》(《两小山斋论文集》)中举者甚多。因此,《序》当是李白于开元二十二年夏秋间出游襄阳长揖韩荆州后还安陆作。

以上便是李白开元二十一年出京后的短期行踪。要之,李白开元二十一年春后"挂席"黄河离京而去,五月游梁园、访古平台,旋至洛阳,在洛阳"一醉累月"间游龙门等地,于冬十二月与元参军"相随迢迢访仙城",次年在仙城(随州)度过了"一溪初入千花明,万壑度尽松风声"的春天,于春夏之际"还山寻故巢"返安陆,又于夏间出游襄阳,投书韩朝宗,不果,再返安陆,开元二十三年即受元参军之邀五月"渡太行"游并州（太原），"行来北京（京）岁月深"，直至第二年"微波龙鳞莎草绿""其若杨花似雪何"的春天。

考察李白开元二十一年出京后的行踪大抵如此，但李从军先生却提出了李白"继初入长安之后，于开元二十一年后，由长安出发"归蜀说（《社会科学战线》1982年第4期，《李白归蜀考》），并举《登太白峰》《今别离》《久别离》《宿巫山下》《荆门浮舟望蜀江》诸诗以证李白是"经太白踏上入蜀道路"，在蜀地"逗留了两年左右"的时间。

根据上文对李白第一次求仕长安开元二十一年出京后短期行踪的考察，李白开元二十一年归蜀从时间上来说绝无可能，已不必论。但"归蜀"说者所持以为据的诸诗却需弄清到底写于何时。

李白《登太白峰》一诗，《李白集校注》所谓"是时太白盖已有西游邠岐之意"的评笺诚然有误，而李从军先生的理解亦颇有出入。李文云：

> 首句云"西上"表明李白是由长安出发的。……据《明一统志》载："太白山在武功县南九十里。"……"一别武功去"正是背武功、岐州而南向……登太白峰后别武功而"前行"，恰恰正是从太白山由剑阁入蜀！

这段话在对"一别武功去"的理解上是有偏差的。试想《登太白峰》开篇既言"西上太白峰，夕阳穷登攀"，李白当然已经登上了太白峰。那么，李白怎么会站在太白峰上说"别武功"呢？而且既言"西上"太白峰，可见李白还并没有去过武功，何由言"别武功"？如果李白真的说别武功而去，那么"何时复更还"的"还"，显然也就是"还"所"别"的武功了，这又怎么可能呢？"西上太白峰"而言何时"还"武功，岂非语无伦次？笔者认为，诗题既称《登太白峰》，诗又曰"西上太白峰""何时复更还"，则"一别武功去"之"别"显然就是别太白峰，而非别武功。"一别武功去"实乃"一别去武功"的倒语。而且登太白峰言及"武功"，则"武功"实指武功山，非武功县。《水经注·渭水》谓"太白山在武功县南，去长安二百里……杜彦达曰，太白山南连武功"。太白山在武功县与武功山之间，北邻武功县，南连武功山，李白"西登太白峰""一

别武功去"，显然是别太白山南向武功山而去，并非如《李白归蜀考》所谓"正是背武功、岐州而南向"，"从太白山由剑阁入蜀"。只有这样理解"一别武功去"，才能使"何时复更还"的"还"与"登太白峰"这一诗题扣得起来，诗也才能前后贯通："登"而将"别"，将"别"而思何时再"还"。

弄清了上述问题，我们再来探讨李白究竟是何时"西上太白峰"的。为此，我们不妨将李白的另一首登太白峰诗（即《古风》其五）与《登太白峰》诗并读。

《古风》（其五）：

太白何苍苍，星辰上森列。
去天三百里，邈尔与世绝。
中有绿发翁，披云卧松雪。
不笑亦不语，冥栖在岩穴。
我来逢真人，长跪问宝诀。
粲然启玉齿，授以炼药说。
铭骨传其语，竦身已电灭。
仰望不可及，苍然五情热。
吾将营丹砂，永与世人别。

《登太白峰》：

西上太白峰，夕阳穷登攀。
太白与我语，为我开天关。
愿乘泠风去，直出浮云间。
举手可近月，前行若无山。
一别武功去，何时复更还？

不难看出，李白在《古风》（其五）这首诗中所表现的求仙问道、超尘出世、"永与世人别"的思想，与《登太白峰》诗中"太白与我语，为我开天关。愿乘泠风去，直出浮云间"有着极大的一致。天宝三载，李白被唐玄宗逐出朝廷，是他在仕途上所受的一次最沉重的打击，于此，他对统治者的面目和官场的黑暗与倾轧有了更清醒的认识，虽然他并不甘心自己的失败，但也由此而失望于功名，看淡了人世，便企图从道家思想中寻求精神解脱，掩盖他心灵的巨创。于是李白求仙问道，追求超尘出世，出京之后北往安陵，乞盖寰为造真箓，由高天师如贵道士于济南紫极宫授道箓（李白有《访道安陵遇盖寰为予造真箓临别留赠》《奉饯高尊师如贵道士传道箓毕归北海》两诗叙其事），遁入方外，成为正式的道教徒。因此可以说，以道家思想的消极遁世、超然物外掩盖他内心苦闷愤懑，便是李白被逐出京之后一段时间内的思想特征。以此来认识李白这两首登太白峰的诗，可以说这两首诗正是这种思想的产物。因而，这两首诗应是李白天宝年间被逐出京之后"登太白峰"时所作。其所以一事两诗，乃因《登太白峰》一诗是以写实为基础发挥联想抒胸中之情，但这毕竟颇受限制；"太白何苍苍"以游仙的形式驰骋想象，将仙（"绿发翁"即"真人"）写得更具体更形象更具"仙"性，从而把"吾将炼丹砂，永与世人别"的心情表现得更突出更强烈。可以说，"太白何苍苍"一首，是借游仙对《登太白峰》的深度发挥。《唐宋诗醇》谓"太白何苍苍"一诗是"被放东归将受道箓时作"，詹锳先生进而将"太白何苍苍"一诗与"《登太白峰》同系于天宝三年"（见《李白诗文系年》49页），均极正确。

　　李白既被放东归，如何又"西登太白峰"呢？原来李白天宝年间应诏入京而后被逐，东归之前在关内曾有过短途的游历。李白有《初出金门寻王侍御不遇咏壁上鹦鹉》诗云："落羽辞金殿，孤鸣托绣衣。能言终见弃，还向陇西飞。"詹《系》谓"王注：张华《禽经》注：'鹦鹉出陇西，能言鸟也。'按，太白斯时或有游陇西之意，此句盖双关之词"。又，《别韦少府》诗云："西出苍龙门，南登白鹿原。欲寻商山皓，犹恋汉皇恩。"又，《答杜秀才五松山见赠》诗云："昔献长杨赋，天开云雨欢。当时待诏承明里，皆道扬雄才可观。……角巾东出商山道，采秀行歌咏芝草。"可见李白初欲"向陇西飞"，故而"西出苍龙门"，正是在"向陇西飞"途中改变初衷而"西上太白峰"，而后"一别武功去"，"南登白鹿原"，"东出商山道"离去。

《今别离》诗，《李白归蜀考》以其"结发生别离……五变庭中草"为据，证知李白《久别离》中"别来几春未还家，玉窗五见樱桃花"是李白离开结发妻许氏近五载；又因为《久别离》中"东风兮东风，为我吹行云兮使西来"，而许氏在安陆，便认为"正表明李白此时身在蜀地"。此一说大有可疑，关键在于《今别离》究竟为谁人所作。

《今别离》一诗，最早见于唐人元结乾元三年（760）所编《箧中集》，题为"今别离"，作孟云卿诗；后五代时前蜀韦縠编入《才调集》作李白诗；《文苑英华》题为"离别曲"作孟云卿诗；郭茂倩《乐府诗集》题为"生别离"亦作孟云卿诗；王琦《李太白全集》据《才调集》收入《诗文拾遗》。今李文信为李白所作而倡"李白归蜀"说，则不可不辨。

《箧中集》的编选者元结与孟云卿颇相友善，他在《送孟校书往南海》诗序中说："平昌孟云卿，与元次山同州里，以词学相友，凡二十年。次山今罢守舂陵，云卿始典校芸阁。于戏，材业次山不如云卿，词赋次山不如云卿……云卿少次山六七岁，云卿声名满天下，知己在朝廷，及次山之年，云卿何事不可至！勿随长风，乘兴蹈海；勿爱罗浮，往而不归。"次山与云卿"同州里，以词学相友"，又极关心、勉励、推崇，相知之甚自不待说，诗章往还想必更应是常事，而《今别离》一诗次山焉能不知为云卿诗否？此其一。

其二，《箧中集》编成于乾元三年，其时次山尚未谪舂陵（按，次山《舂陵行》序云："癸卯岁漫叟授道州刺史。"癸卯岁即763年。道州是舂陵故地），云卿亦未往南海。二人既"以词学相友"，《箧中集》编成之后云卿不可不读，若《今别离》为李白所为而非云卿，云卿焉能默然许之？即使《箧中集》编成的当时云卿或与元结偶然未相会而不曾读到，但其后既"送……往南海"，二人必当见面，《箧中集》既收云卿之诗，次山焉能不示云卿？

其三，云卿之诗风较太白大相径庭。辛文房《唐才子传》评云卿"词气伤怨"，而太白"天才赡逸"。云卿之诗多伤贫贱，作贫酸语，诸如"朝亦常苦饥，暮亦常苦饥。飘飘万里余，贫贱多是非"（《悲哉行》）、"贫贱少情欲……岁余多馁饥"（《田园观雨兼晴后作》）、"含酸欲谁诉，展转伤怀抱"（《古别离》）、"贫居往往无烟火，不独明朝为子推"（《寒食》）。而太白诗近千首，竟无一言以露贫酸，即使腰无半文"正值倾家无酒钱"，也"且将换酒与君醉，醉后托宿吴专诸"（《醉后赠从甥高镇》）。就是像"昨夜梁园雪，弟寒兄不知"（《对雪献从兄虞城宰》），"天寒素手冷，夜长烛复微"（《赠裴司马》），"寒灰寂寞凭谁暖，落叶飘扬何处归"（《幽歌行上新平长史兄粲》）等干求于人，也是"向君发皓齿"，作壮士之悲吟，所谓"壮士悲吟宁见嗟"（《幽歌行上新平长史兄粲》）。旷达高迈如此，"远道行既难，家贫衣复单。严风吹积雪，晨起鼻何酸"（《今别离》）之语，岂出自太白胸怀！

综上所述，《今别离》一诗当为孟云卿所作，非李白所为无疑。如此，则李文依据《今别离》所得出的一切结论都不能成立。即是说不能认定《久别离》之"别来几春未还家，玉窗五见樱桃花"是李白别结发妻许氏近五载，而"东风兮东风，为我吹行云兮使西来"更不能"表明李白此时身在蜀地"。

细味《久离别》一诗"玉窗五见樱桃花""云鬟绿鬓罢梳结"之句，"玉窗"指女子居室，"云鬟绿鬓"更是女子发饰，可见诗人纯借妻子身份来写，以妻子的思念写自己的思念深情，犹李白集中《自代内赠》《代赠远》之属。如此，则诗中"东风兮东风，为我吹行云兮使西来"，正好与李文所说相反："我"当是妻子，其时在李白游地以西，李白五春未还家，其妻望东风"吹行云兮使西来"。此诗所云"几春未还家"，"五见樱桃花"，或有实事，其写作时间及地点虽一直无考，尚有待于对李白之生平行踪更加探索考察者，但李白平生四娶，游踪遍海内，岂知必是为结发妻许氏而作？虽然有"去年寄书报阳台"之句，但此"阳台"也不必与《寄远十二首》之"阳台"同观为云梦泽中之阳台，从而如《李白归蜀考》那样认为是"许氏夫人在安陆"。或是以宋玉《高唐赋》之"阳台"喻妻子居地，如李白《自代内赠》之"梁苑空锦衾，阳台梦行雨"，其妻在梁苑却也用"阳台"。

至于《宿巫山下》《荆门浮舟望蜀江》二诗，作于李白"仗剑去国，辞亲远游"之出峡时无疑，笔者辨之在前，不再赘言。

考察李白开元二十一年出京后的行踪，李白绝无归蜀的可能，而《李白归蜀考》所持之据亦无可靠者，则李白"继初入长安之后，于开元二十一年后由长安出发"归蜀一说显然不能成立。

六、首次入京是否作《蜀道难》及《蜀道难》思想内容辨解

李白《蜀道难》的写作时地，新说颇多，略有三种：一是安旗先生在《〈蜀道难〉新探》（以下简称《新探》）（《西北大学学报》1980年第4期）提出的写于开元十八至十九年李白第一次求仕长安将离去时，并认为李白"在前后将近一年时间中，步步艰难，处处碰壁，备受蹭蹬之苦，饱尝失意滋味"，"乃借蜀道之艰险写世途之坎坷，抒胸中之愤懑"，"它是这时期蹭蹬失意生活的总结概括，它是郁积于心的失望、悲哀、愤懑的总爆发，它是作者在经历一番大幻灭后谱出的血泪交织的乐章，因而它是对李唐王朝阴暗面的揭发和批判"；二是李从军先生《李白归蜀考》提出的李白"继初入长安之后，于开元二十一年后由长安出发"归蜀之作；三是康怀远先生在《〈蜀道难〉是李白在蜀地时的作品》（《社会科学研究》1984年第1期）中提出的是李白"仗剑去国，辞亲远游"出蜀前之作。康怀远说，笔者前文已辨之。李从军说，笔者已辨李白开元二十一年后归蜀的不可能性，则《蜀道难》当然不作于其时。唯安旗先生之说尚须分辨。

首先说《蜀道难》是否为李白第一次求仕长安时所作。

笔者在翻检有关史料和《李太白全集》时，注意到了这样一个事实：李白于长安紫极宫因《蜀道难》见赏于贺知章，而紫极宫原名玄元皇帝庙，始建于开元二十九年。因而我们认为《蜀道难》应是李白天宝年间晋京之作。且试言其详。

唐人孟棨《本事诗·高逸第三》载：

> 李太白初自蜀至京师，舍于逆旅，贺监知章闻其名，首访之。既奇其姿，复请所为文。出《蜀道难》以示之。读未竟，称叹者数四，号为谪仙。解金龟换酒，与倾尽醉，期不间日。由是光誉称赫。

又，五代王定保《唐摭言》载：

> 李太白始自西蜀至京，名未甚振，因以所业贽谒贺知章。知章览《蜀道难》一篇，扬眉谓之曰：公非人世之人，可不是太白星精耶？

《本事诗》《唐摭言》所云"初自蜀至京师"，"始自西蜀至京"，盖唐人于李白生平已有模糊，即使与李白相友好者如魏颢、李阳冰等，尚未能确指李白数次入京，何况李白身后百二十余年的孟棨辈（按《本事诗》成书于光启二年，即886年——见《本事诗》孟棨序）。虽然如此，但二书于李白因《蜀道难》见赏于贺知章一事，却与李白自叙等史料大致吻合。

李白《对酒忆贺监》诗序云："太子宾客贺公，于长安紫极宫一见余，呼余为谪仙人，因解金龟换酒为乐。没后对酒，怅然有怀，而作是诗。"李白好友魏颢《李翰林集序》亦称"宾客贺公奇白风骨，呼为谪仙子"。李白既"命颢为集"，此事未必不出于李白之口授。又《旧唐书》本传载："初，贺知章见白，赏之曰：'此天上谪仙人也。'"《新唐书》本传亦载：李白"至长安，往见贺知章，知章见其文，叹曰：子谪仙人也"。以李白《对酒忆贺监》诗序较之于《本事诗》《唐摭言》，唯一不同的是，《本事诗》《唐摭言》言明是因《蜀道难》而见赏，而《对酒忆贺监》诗序和两《唐书》则不曾提及出示《蜀道难》。盖李白《对酒忆贺监》重在因酒而忆及当年"解金龟换酒"的知己之赏，而不在乎因何事何篇，而且因为是"忆"，如果仅就其一篇而言之，似乎数十年为诗，只有一篇被称道，李白自己也不愿那样去行文；而两《唐书》，作为史书，重在为人物立传，于某一篇章可以简略；《本事诗》所以明本事，《唐摭言》要"摭"，拮取轶闻为其本色。如此，李白因《蜀道难》见赏于贺监一事应是可靠的，孟棨、王定保辈不谬。确认这一点，我们便可以进而弄清李白见赏于贺监的时间。

李白《对酒忆贺监》诗序称"太子宾客贺公，于长安紫极宫一见余，呼余为谪仙人"。据《旧唐书·玄宗纪》载："（开元）二十九年正月丁丑，制两京诸州各置玄元皇帝庙"，天宝二年三月，"改西京玄元庙为太清宫，东京为太微宫，天下诸郡为紫极宫"。李白在《对酒忆贺监》诗中说："人亡余故宅，空有荷花生。"又在《重忆》一诗中说："稽山无贺老，却棹酒船回。"可见李白其时不在京城而在会稽。诗序中所称"长安紫极宫"，当是以会稽紫极宫之名称西京太清宫。或者因是事后追忆，径以紫极宫代称玄元皇帝庙旧名。不管是哪种情况，李白这个诗序都给我们提供了这样的证明：《蜀道难》见赏于贺公，应是开元二十九年正月以后的事，而不可能早于这个时间。因为开元二十九年正月之前既无玄元皇帝庙，也就没有后来的太清宫、紫极宫之更名，而李白也就不会说

"于长安紫极宫一见余,呼余为谪仙人"了。

李白于天宝元年应诏入京,贺知章于天宝三载正月告老还乡(唐玄宗《送贺知章归四明》诗序云:"天宝三年,太子宾客贺知章,鉴止足之分,抗归老之疏。解组辞荣,志期入道。正月五日,将归会稽,遂饯东路。"),是《蜀道难》当作于此前。而且从李白所说的"于长安紫极宫一见余"看,《蜀道难》之见赏于贺知章,是李白与贺知章第一次见面。李白应诏入京供奉翰林,贺知章时为太子宾客,不会要一年半载后才见面,因此《蜀道难》还应是李白天宝元年入京不久后完成,这也正与《新唐书》所记载的时间相符。《新唐书·韦皋传》云:"天宝时,李白为《蜀道难》篇。"曾巩在《进新唐书表》中说:"窃惟唐有天下几三百年……其典章制度之美,宜其粲然。著在简册,而纪次无法,详略失中,文采不明,事实零落。盖又百五十年,然后得以发挥幽沫,补缉阙亡,黜正伪谬,克备一家之史,以为万世之传。"应该说《新唐书》的编纂者是很谨慎的,其李白《蜀道难》作于天宝时的记载,必有确实之本。因此,《新唐书·韦皋传》是《蜀道难》作于天宝初年的一个有力旁证。

另外还要谈及的是姚合《送李余及第归蜀》一诗,以《蜀道难》为首入长安之作论者、归蜀作论者和出蜀前作论者都认为很能说明些问题。笔者颇以为怪,同是一首《送李余及第归蜀》,却同时证明了几个截然不同的结论。细读姚诗,以为其错在姚。且看姚合诗:

> 蜀山高峣峣,蜀客无平才。
> 日饮锦江水,文章盈其怀。
> 十年作贡宾,九年多邅回。
> 春来登高科,升天得阶梯。
> 手持冬集书,还家献庭闱。
> 人生此为荣,得如君者稀。
> 李白《蜀道难》,羞为无成归。
> 今子称意行,所历安觉危?

李白一生鄙弃科举,终身不应科试,姚合《送李余及第归蜀》却将李白牵扯，已极是不妥；何况李白开元年间干谒长安虽未如愿，但其错不在李白，是因为"我有吴越曲，无人知此音"才"虚行归故林"（李白《赠薛校书》），李白又何"羞"之有？更何况《蜀道难》中并无一字言及"羞为无成归"的心情！如此则见姚氏之非。度姚氏用心，不过是用李白这个李余的同姓老乡夸李余，意在说，李白虽名高一时，仕途却坎坷偃蹇，而李余却是"春来登高科，升天得阶梯"，"人生此为荣，得如君者稀"，就连鼎鼎大名的李白也比不上。姚氏《送李余及第归蜀》，只因要用同姓老乡吹嘘李余及第的得意，便随意将一生不屑科试的李白牵扯，本已是大错，后人不加详察，为我所用，更是错上加错。

至于《新探》从李白的政治生活经历和他惯用的艺术手法研究的《蜀道难》的"微言大义"，也还值得推敲。笔者认为，《新探》的"微言大义"，是和对诗的某些地方的附会性的解释有关。《新探》下述一段文字有比较集中的表现：

> 锦城也不是指成都。试读唐代诗人咏长安之作"长安回望绣成堆""万家身在画屏中"，就可知唐代长安也是一座锦绣之城。李白曾在《东武吟》一诗中称长安为"金城"。故知"锦城虽云乐，不如早还家"实以"锦城"谐"金城"，从而暗指长安，表示长安虽好，于己无份，徒留无益，不如归去之意。何况最后分明写道："侧身西望长咨嗟！"假如李白是在长安望蜀道及成都，应是南望而不是西望。不曰"南望"而曰"西望"者，分明是他即将东游，回望长安，因此是西望……足见他"侧身西望"的"锦城"是指长安无疑。

这段文字，以"锦城"谐"金城"，从而得出《蜀道难》的"锦城"是指长安的结论，是难以成立的。

"锦城"是"锦官城"的简称，并不是由"锦绣之城"得名。清人王琦注《李太白全集》引《元和郡县志》："锦城在成都县西南十里，故锦官城也。"又引《太平寰宇记》："锦城，《华阳国志》云，成都夷里桥南岸道西有城，故锦官也，命曰锦里。"近人喻守真《唐诗三百首详析》注李白此诗及杜甫《蜀相》，分别取成都以锦官及锦水得锦城名的说法，也不认为"锦城"是"锦绣之城"的意思，可见以长安具锦绣之城的条件通过谐"金城"音的推导，来证明

中　篇｜李白首次入京求仕长安之始末

"锦城虽云乐"的"锦城"指长安,其起点就是不实在的。何况杜牧诗句的本意也不是把长安描绘成"锦绣之城"。《樊川诗集》冯集梧注引《大雍记》云:"东绣岭在骊山右,西绣岭在骊山左。唐玄宗时植林木花卉如锦绣,故名。"诗题既命名为"过华清宫",显然是诗人经过华清宫后,在去长安的路上回头眺望。"绣成堆"正是写华清宫所在的骊山风物之美。张燕瑾先生在《唐诗选析》里说得好,他说:"'回望'点明了'过华清宫'的'过'字,是说已经过了华清宫,现在是从长安回望骊山……远远望去,真如一团锦绣!"如果把"长安回望"看成是宾语前置,那就显然同下句"山顶千门次第开"牛头不对马嘴了。

《新探》还就谐音双关的艺术手法来论证"锦城虽云乐"不是实指成都。我们说,谐音双关的确是我国古代诗歌的一种表现艺术,但是,一篇作品是否确实运用了这种手法,却必得具体分析。

今存《李太白全集》言及"锦城"者,连同"锦城虽云乐,不如早还家",略有五处:"日照锦城头,朝光散花楼。"(《登锦城散花楼》)"锦水东流绕锦城,星桥北挂象天星。"(《上皇西巡南京歌》其七)"天子一行遗圣迹,锦城长作帝王州。"(同前,其八)"闻君往年游锦城,章仇尚书倒屣迎。"(《答杜秀才五松山见赠》)"锦城虽云乐"以外的四处,都无一例外地实指成都,不谐"金城"。如果按《新探》说,太白以长安的"锦绣之城"的资格,让它得到以"锦城"寓指的待遇,那么就应该说已经能够表达以写蜀道险恶以表达时政昏乱的目的了,又何必还要费以"金城"来谐音的周折呢?诚然,李白曾在《东武吟》里称长安为"金城",班固在《西都赋》里写了"建金城而万雉",长安因之也确有被称为"金城"的资格,但是在李白的诗文中却从没有以"锦城"谐"金城"的他例。

再就"侧身西望"句来看,我们认为很难说"锦城"不是指的成都。

四川位于秦地以西,自古以来就有西蜀之名。《战国策·秦策》称蜀为"西僻之国",又说到"西有巴蜀";贾谊《过秦论》说秦孝公"南取汉中,西举巴蜀";杜甫《诸将》诗说"西蜀地形天下险";李白《万愤词投魏郎中》诗称玄宗避乱蜀地为"迁白日于秦西"。既然如此,在长安望蜀道及成都,怎么能"不是西望",而只能是"南望"呢?

归结起来看,既然"锦城"仍应是指成都,"绣成堆"也不是写长安,"侧身西望"的是蜀道及成都,而"金城"又不是特指长安,那么《新探》所谓"锦城——金城——长安"的推论,恐怕就没有多少说服力了。

一切寓意,哪怕是可以被人们认作为最深刻的寓意,一旦失去了可以被当作"寓意"的基础,则皮之不存,毛将焉附?何况如前所论,李白其诗实实在在是写于天宝元年应诏晋京时,而且是进京后不久,也就是供奉翰林不久,就看他那"仰天大笑出门去,我辈岂是蓬蒿人"(《南陵别儿童入京》)的得意和后来对供奉翰林一段生活的回忆,如"昔献长杨赋,天开云雨欢。当时待诏承明里,皆道扬雄才可观。敕赐玉龙二天马,黄金络头白玉鞍"(《答杜秀才五松山见赠》),"激赏摇天笔,承恩赐御衣"(《温泉侍从归逢故人》),"献书入金阙,酌醴奉琼筵。屡忝白云唱,恭闻黄竹篇"(《金门答苏秀才》),"昔在长安醉花柳,五侯七贵同杯酒……文章献纳麟麟殿,歌舞淹留玳瑁筵"(《流夜郎赠辛判官》)等等的快意,哪有蹭蹬之苦!那么,说《蜀道难》是诗人"郁结于心的失望、悲哀、愤懑的总爆发",是"在经历一番大幻灭后谱出的血泪交织的乐章"等等,都是不存在的,又何由"对李唐王朝阴暗面的揭发和批判"?

至于《蜀道难》为何而作,笔者以为詹锳先生《李白诗论丛·李白〈蜀道难〉本事说》(人民文学出版社1984年版)、《李白诗文系年》的送友人入蜀说,最为近之。这首诗同太白的《剑阁赋》《送友人入蜀》都是送友入蜀的。《剑阁赋》主要希望朋友早日归来,所谓:"送佳人兮此去,复何时兮归来?"《送友人入蜀》则劝慰朋友,也抒发诗人自己的那种命中注定、不可强求的感慨,所谓"升沉应已定,不必问君平",送别人,当然其中有自我在。《蜀道难》则极写蜀地自然环境方面的高危阻绝,以及此西陲人事之险恶多故。无论为天为人,总归都是蜀地,都是友人行将进入之境,因而三致意,力陈戒慎。在写法上,这同张载《剑阁铭》是同型的。《剑阁铭》从"一人荷戟,万夫趑趄"的形胜之地,想到"匪亲勿居",进而联想到历史上"凭险作昏"自立为王的公孙述。左思的《蜀都赋》就是一边写蜀地"峻岨塍埒长城,豁险吞若巨防。一人守隘,万夫莫向",一边联想到"公孙跃马而称帝,刘宗下辇而自王"。而李太白则是素有"济苍生""安社稷"宏愿的人物,他在《蜀道难》里,前幅"备言铜梁玉垒之阻",后幅极写巴蜀人事之危,突出其"难",就更是自然不过的了。在一篇之中,他三呼"蜀道之难难于上青天",最后发出"所守或匪亲,化为狼与豺。朝避猛虎,夕避长蛇,磨牙吮血,杀人如麻"的令人触目惊心的警告来。其似火丹心,瑰丽诗境,自然也是浪漫主义大诗人爽朗热烈的性格表现。明人胡震亨在他的《李诗通》里说:"愚谓《蜀道难》自是古相和歌曲,梁陈间拟作者不乏,讵必尽有为始作。白,蜀人,自为蜀咏耳。"我以为合胡、詹两家意,就可以得《蜀道难》的大体。我们不把"锦城"作通过谐音以寓指长安来理解,是不会损伤《蜀道难》这一名篇的光辉的。何其芳先生《李白〈蜀道难〉——新诗话》(《文学知识》1959年第3期)说:"《蜀道难》主要的客观意义,就是描写了雄壮奇异的自然美,并进而创造了庄严美丽的艺术美。这样的自然美与艺术美,都是可以丰富我们对祖国的河山和祖国的文学艺术的热爱的。"这样的意义难道不大么?难道一定要让它有"寓意",意义才够大么?

下 篇

李白卒于宝应元年考辨

李白的卒年，这些年出现了几种新说法（以下简称"新说"）：其一说（生于长安元年）卒于广德二年（764），为李从军先生《李白卒年辨》（《吉林大学社会科学学报》1983年第5期）所倡，陈钧先生《李白卒于广德二年补证》（《盐城师专学报》1999年第1期）从其。其二说（生于长安元年）卒于广德元年（763），为阎琦先生《李白卒年刍议》（《西北大学学报》1985年第3期）所倡，为安旗先生《李白全集编年注释》（巴蜀书社1990年版）《李白全集编年笺注》（中华书局2015年版）、李祖鑫先生《李白〈献从叔当涂宰阳冰〉系年辨析》（《李白研究》1990年第1期）所支持。其三说（生于神龙元年）卒于大历元年（766），为康怀远先生《李白生于神龙元年新证》（《江汉论坛》1985年第4期）所倡，舒大刚先生《再论李白生卒年问题》（《四川大学学报》2005年第5期）、《李白生卒年诸说评议》（《中国李白研究》2005年集）、《李白卒年史料新证》（《社会科学研究》2006年第3期）、《李白卒年诸说平议》（《文学遗产》2007年第5期）诸文力主此说。其四说（生于神龙二年）卒于大历二年（767），为林贞爱先生《李白身世及生卒年代新考》（《四川师范学院学报》1989年第4期）所倡。其五说（生于神龙元年）卒于永泰元年（765），为吕华明先生《李白〈为宋中丞自荐表〉写作时间考辨》（《中国李白研究》2000年集）、《李白卒年考辨》（《吉首大学学报》2000年第3期）、《李太白年谱补正》（中华书局2012年版）所倡。李白的卒年，连同卒于宝应元年（762）的"旧说"，就有六种说法。很显然，六种说法只能有一种说法是确实的，或者说是更接近事实的。为此，我们不妨且从"新说"用作依据的诸多作品系年的准确性、材料的可信度方面加以探究，以此考察"新说"的可靠与否。

一、"新说"所据诗文系年讨论

(一)《留别金陵崔侍御十九韵》系年之辨

确认李白之卒年,《闻李太尉大举秦兵百万出征东南懦夫请缨冀申一割之用半道病还留别金陵崔侍御十九韵》(以下简称《留别金陵崔侍御十九韵》)的系年至关重要。李白卒年之争,无论旧说新说,均以此诗之系年为据。旧说系此诗于上元二年,从而认定李白卒于宝应元年。新说认为《留别金陵崔侍御十九韵》诗中之"云骑绕彭城"即《通鉴》所载宝应元年(762)五月李光弼出镇临淮赴徐州,"出征东南"即《通鉴》所载"李光弼遣兵击(袁)晁于衢州(今浙江衢县)",以此证明李白赴军病还、留别金陵、往依当涂令李阳冰皆非上元二年,而在宝应元年秋冬,从而将李白卒年后推。

今考两《唐书》及《通鉴》所载李光弼出镇临淮进军徐州之时间颇有异同。《旧唐书·肃宗纪》:

> (上元)二年春正月……乙卯,平卢军兵马使田神功生擒刘展,扬、润平……戊戌……李光弼以失律让太尉、中书令……五月……乙未……李光弼来朝,进位太尉,兼侍中,充河南副元帅,都统河南、淮南、山南东道五道行营节度,镇临淮。

《旧唐书·代宗纪》:

> 宝应元年……五月……丙戌……李光弼进封临淮王。

《旧唐书·李光弼传》对《旧唐书·肃宗纪》《旧唐书·代宗纪》中李光弼上元二年五月出镇临淮进军徐州的经过记载极详细。传云:

> 朝旨令光弼速收东都。……光弼不获已,进军列阵于北邙山下。贼悉精锐来战,光弼败绩。……光弼自河中入朝,抗表请罪,诏释之。光弼恳让太尉,遂加开府仪同三司、侍中、河南、尹行营节度使;俄复拜

太尉，充河南、淮南、山南东道、荆南等副元帅，侍中如故，出镇临淮。史朝义乘邙山之胜，寇申、光等十三州，自领精骑围李岑于宋州。将士皆惧，请南保扬州。光弼径赴徐州以镇之，遣田神功击败之。……光弼未至河南也，田神功平刘展后逗留于扬府，尚衡、殷仲卿相攻于兖、郓，来瑱旅拒于襄阳，朝廷患之。及光弼轻骑至徐州，史朝义退走，田神功遽归河南，尚衡、殷仲卿、来瑱皆惧其威名，相继赴阙。

《新唐书·肃宗纪》：

（上元）二年正月……乙卯，刘展伏诛。……二月……戊寅，李光弼及史思明战于北邙，败绩……李光弼罢副元帅。……五月……庚子，李光弼为河南道副元帅。

《新唐书·代宗纪》：

宝应元年……五月……丙申，李光弼及史朝义战于宋州，败之。

《新唐书·李光弼传》中对李光弼上元二年五月"为河南道副元帅"（即出镇临淮进军徐州）的经过记载略同于《旧唐书·李光弼传》。传云：

使者来督战，光弼不得已令李抱玉守河阳，出师次北邙……官军大溃。……光弼请罪，帝以怀恩违令覆军，优诏召光弼入朝。恳让太尉，更拜开府仪同三司、中书令、河中尹、晋绛等州节度使。未几，复拜太尉，兼侍中、河南副元帅……镇泗州。帝为赋诗以饯。朝义乘邙山之捷进略申光等十三州，光弼舆疾就道，监军使以兵少，请保扬州。光弼曰："朝廷以安危寄我，贼安知吾众寡？若出其不意，当自溃。"遂疾驱入徐州。时朝义围李岑于宋州，使田神功击走之。初，神功平刘展，逼（按，当是"逗"之误）留淮南，尚衡、殷仲卿相攻兖郓间，来瑱擅襄阳，及光弼至屯，朝义走，神功还河南，瑱、衡、仲卿蹴入朝。其为诸将惮服类此。宝应元年进封临淮郡王。……朝义分兵攻宋州,光弼破走之。

《通鉴》卷222《唐纪》38:

上元元年……展引兵入广陵……甲午,展陷润州。……上元二年春,正月……将军贾隐林射展,中目而仆,遂斩之。……二月……中使相继督光弼,使出师,光弼不得已……攻洛阳。戊寅,陈于邙山。……史思明乘其陈未定,进兵薄之,官军大败……三月……李光弼上表,固求自贬;制以开府仪同三司、侍中,领河中节度使。……五月,己丑,李光弼自河中入朝。……乙未……复以李光弼为河南副元帅、太尉兼侍中,都统河南、淮南东西、山南东、荆南、江南西、浙江东西八道行营节度,出镇临淮。……李光弼赴河南行营。……宝应元年……五月……壬辰……史朝义自围宋州数月,城中食尽,将陷,刺史李岑不知所为。……李光弼至临淮,诸将以朝义兵尚强,请南保扬州。光弼曰:"朝廷倚我以为安危,我复退缩,朝廷何望!且吾出其不意,贼安知吾之众寡!"遂径趣徐州,使兖郓节度使田神功进击朝义,大破之。先是,田神功既克刘展,留连扬州未还,太子宾客尚衡与左羽林大将军殷仲卿相攻于兖、郓,闻光弼至,惮其威名,神功遽还河南,衡、仲卿相继入朝。光弼在徐州,惟军旅之事自决之,其余众务,悉委判官张傪。

两《唐书》中李光弼出镇临淮进军徐州之时间皆为上元二年(761)五月,唯《通鉴》载为宝应元年(762)五月。仔细考察,实乃《通鉴》之误。

如《通鉴》载,上元元年(760)十一月刘展反于广陵(扬州),上元二年正月伏诛(两《唐书》载同),《通鉴》载田神功克刘展"留连扬州"当始于此时,直至宝应元年五月李光弼到临淮,"径趣徐州",神功惮其威名才"遽还河南",其"留连扬州未还"竟达一年又五个月。面对讨安史战乱全国举兵之形势,田神功留连扬州按兵不动达如许之久,朝廷竟无任何措施,实不可思议;据《旧唐书·李光弼传》载,田神功平刘展后仅在扬州逗留四五个月(上元二年正月至五月），朝廷尚且"患之"，而以《通鉴》所载留连竟达一年又四五个月（上元二年正月至宝应元年五月），朝廷又当"患之"如何？况且，如《通鉴》所载，上元二年五月，李光弼以河南副元帅、太尉兼侍中，都统河南、淮南等八道行营节度，出镇临淮，八月赴河南行营，其时田神功早已平刘展，且亦正属光弼统制，若田神功惮弼威名"遽还河南"正应该在此时，何以竟要在一年又四五个月以后的宝应元年五月才"遽还河南"？

其实，田神功"遽还河南"，正是在李光弼以河南副元帅、太尉兼侍中，都统河南、淮南等八道行营节度，出镇临淮，赴河南行营时。李白有《饯李副使藏用移军广陵序》一文，王琦《年谱》系此文于上元二年，云："《通鉴》上元二年七月，以试少府监李藏用为浙西节度副使。十月，江淮都统崔圆署李藏用为楚州刺史，领盱眙，文有'社稷虽定于刘章，封侯未施于李广'，'移军广陵，恭揖后命'等语，知是十月以前之作。"今按，李藏用之为"副使"不始于浙西节度使，而早在上元元年十一月淮西节度使王仲升及监军使邢延恩谋除刘展时已是。《通鉴》卷221《唐纪》37：

> 上元元年……十一月……仲升使监军使、内左常侍邢延恩入奏。……延恩因说上曰："……展方握强兵，宜以计去之。请除展江淮都统，代李峘，俟其释兵赴镇，中道执之，此一夫力耳。"上从之，以展为都统淮南东、江南西、浙西三道节度使（按，胡三省注云："按，旧《李峘传》：'峘都统淮南、江南、江西节度使。'展既代峘，其所统亦三道耳。淮南者，东道杨、楚、滁、和、舒、庐、濠、寿八州也。江南者，浙西升、润、常、苏、湖、杭、睦七州也。"）……甲午，展陷润州。……李峘之去润州也，副使李藏用谓峘曰……

那么李白之称"李副使"为何时之"副使"呢？假如是上元二年七月"以试少府监李藏用为浙西节度副使"之"副使"，则"李副使"不应该移军广陵，因为如上录胡三省注，广陵不属浙西道，而属淮南道，据《旧唐书·地理志·淮南道》：扬州大都督府"天宝元年改为广陵郡，依旧大都督府。乾元元年复为扬州，自后置淮南节度使时……恒以此为治所"。而浙江西道节度使据《新唐书·方镇表》先治升州，"寻治苏州"。李白"饯李副使藏用移军广陵"，只能是李藏用为都统淮南、江南、江西节度使李峘之副使时。李白序中有"一扫瓦解，洗清全吴"，则是序当作于李藏用平刘展之后为浙西节度副使之前。李藏用平刘展有功，但"畴赏未及李藏用"（《资治通鉴考异》引《刘展乱纪》），故李白序中有"社稷虽定于刘章，封侯未施于李广""移军广陵，恭揖后命"等语。

既然李藏用移军广陵在上元二年七月未除浙西节度副使之前，则田神功在李藏用移军广陵时就已经离开扬州"遽还河南"了。如果田神功在李藏用移军广陵时尚未离开扬州，是绝不会让他人的军队涉足他的驻地的，李藏用也无法移军广陵，这就证明李光弼上元二年七月以前已经在徐州了。

李光弼于上元二年五月出镇临淮进军徐州的最直接最有力的证明应该是颜真卿的《唐故开府仪同三司太尉兼侍中河南副元帅都知河南、淮南、淮西荆南山南东道五节度行营事东都留守上柱国赠太保临淮武穆王李公神道碑铭》。碑文云：

（上元）二年……夏五月十有一日复拜太尉兼侍中，充河南副元帅都知河南、淮南、淮西、山南东、荆南五道节度行营事，出镇临淮。时史朝义乘邙山之捷围逼申光等一十三州，自领精骑围李岑于宋州，公之将吏皆凶惧，议南保扬州，公谓之曰："临淮城池卑陋，不堪镇遏，不如径赴彭城，俟其东寇，蹑而追之，贼可擒也。"遂趋徐州。

颜真卿，据《新唐书》本传，安禄山反，"河朔尽陷，独平原城守具备"，并合十七郡"兵二十万，绝燕赵。诏即拜户部侍郎，佐李光弼讨贼"，"俄加河北招讨采访使"，肃宗即位，"拜工部尚书兼御史大夫，复为河北招讨使"，至德元载十月，"诏授宪部尚书，迁御史大夫"，后"出为冯翊太守，转蒲州刺史"，"乾元二年拜浙西节度使"，"召为刑部侍郎"，"贬蓬州长史"，"代宗立，起为利州刺史，不拜，再迁吏部侍郎，除荆南节度使，未行，改尚书右丞"，"俄以检校刑部尚书为朔方行营宣慰使，未行，留知省事，更封鲁郡公"。因此，颜真卿碑文之记李光弼事迹，或出于亲见，或出于亲闻，或出于国史实录，无疑是十分可信的。以"夏五月……出镇临淮。时史朝义……遂趋徐州"的行文,显然是说李光弼在上元二年五月受命出镇临淮时,适逢史朝义寇申光等州,李光弼遂于此时"趋徐州"。

如此,李光弼进军徐州"云骑绕彭城(徐州)",应如两《唐书》所载,即上元二年五月,而不是宝应元年五月。

"新说"(李祖鑫《李白〈献从叔当涂宰阳冰〉系年辩析》,以下简称《辩析》)以"直接引用史料""对史料的排比""对史料的分析综合",力辩"李光弼赴徐州是在宝应元年五月,而非上元二年五月",从而认定李白《留别金陵崔侍御十九韵》诗"一定作于宝应元年五月以后"。

"新说"(《辩析》)考证很翔实,但是,笔者认为,任何考证,无论多么翔实,都必须立足于作品本身所提供的线索。只有在此基础上的考证才是合理有效的。李白诗题既为"闻李太尉大举秦兵百万出征东南",那么它告诉我们:第一,李光弼"大举秦兵"必是他接受诏命之初的行动,而《旧唐书》《新唐书》《通鉴》诸史均载其受命出镇临淮是上元二年五月(《辩析》亦认同);第二,唐肃宗上元二年五月任命李光弼都统河南、淮南等八道行营节度使,无疑是便于统一调度统一指挥以抗击安史乱军的一项重大军事措施,因此,唐肃宗诏命一发出,必将以快报晓谕河南等八道各州,使其受李光弼节制。如此两端,李白之"闻"便绝不可能在诏命发出、李光弼"大举秦兵百万出征"的一年以后。即是说,不可能是在一年以后的宝应元年秋李白才"闻"知此事,何况李太尉此次出征是"秦出天下兵,蹴踏燕赵倾。黄河饮马竭,赤羽连天明""函谷绝飞鸟,武关拥连营",震动极大,这也会加快李白其"闻"。那么,李白之"闻"之投效李光弼"冀申一割之用半道病还"也全都是上元二年的事了。应该说,《留别金陵崔侍御十九韵》之作于上元二年秋是可以肯定的。

其所以又有分歧,关键是在对李光弼"出征东南"时第一次赴徐州(彭城)时间的认定上。以"新说"(《辩析》)所见,李光弼都统河南等八道行营节度使,出镇临淮,是先至临淮而再赴徐州的。但笔者以为李光弼是先赴徐州而后再至临淮的。其理由如下:

第一,李白诗题称"出征东南"。"东南"虽然是一个大的区域概念,指的是李光弼都统的河南、淮南等八道,但结合诗的开头所云"太尉杖旄钺,云骑绕彭城",其"出征东南"的具体所指便是彭城(徐州)。如前所述,既然"大举秦兵百万出征东南"是李光弼受命之初的行动,既然李白之"闻"之投效李光弼不可能是在唐肃宗诏命发出的长达一年以后,那么李白的"李太尉大举秦兵百万出征东南"之"云骑绕彭城"便是李光弼的出征路线,彭城便是其最先之赴所。

第二,李白的"云骑绕彭城"之"彭城",是李光弼"出征东南"时驻节所在,且也正是李白将欲奔赴之所,否则,他不必将李光弼的驻节彭城大加描写得如"太尉杖旄钺,云骑绕彭城。三军受号令,千里肃雷霆。函谷绝飞鸟,武关拥连营。意在斩巨鳌,何论脍长鲸"那样的整肃、威武、气势磅礴、气概非常。既然如此,如果李光弼是先至临淮,临淮离李白其时所在的金陵要比徐州近一半的路程,而李白不在李光弼至临淮时去投效,反倒是李光弼赴徐州时才去投效,舍近趋远,又是何苦乃尔!这正再一次说明了一个事实:李光弼之"出征东南"是先赴徐州的。

李光弼之"出征东南"是先赴徐州,除了从李白《留别金陵崔侍御十九韵》诗本身能够得到证实而外,还可以证之于史料。《辩析》认为两《唐书》李光弼传"记述有许多是非常不准确的,甚至是错误的",那么不妨且以《辩析》认为无误的《通鉴》为证。如前所引《通鉴》卷222《唐纪》38:(上元二年)"五月……乙未……复以李光弼为河南副元帅,太尉兼侍中,都统河南……出镇临淮。……八月,己巳,李光弼赴河南行营。"李光弼在河南的行营设于何地?考《新唐书·方镇表》:至德元载"置河南节度使,治汴州",乾元二年"废汴州都防御使,置汴滑节度使,治滑州。……又置河南节度使,治徐州",上元二年"废汴滑、河南二节度"。据前引《通鉴》上元二年五月"复以李光弼为河南副元帅,太尉兼侍中,都统河南……八道行营节度",则说明其时河南节度未废,治所当在徐州。即使李光弼之赴河南行营时河南节度使已废,但《通鉴》既称"赴河南行营",则其行营揆诸情理当不在曾于至德元载为河南节度使之治后来又与河南分两镇的汴滑节度使之治的汴州,而应该是新废的河南节度使之治的徐州。再说,《旧唐书·李光弼传》载李光弼上元二年五月受命出镇临淮一节,谓"史朝义乘邙山之胜,寇申光等十三州……光弼径赴徐州以镇之,遣田神功击败之。……光弼未至河南也,田神功平刘展后逗留于扬府……及光弼轻骑至徐州,史朝义退走,田神功遽归河南",此段行文,先言"径赴徐州",次补叙"未至河南也……"(按,即指李光弼尚未到河南时田神功辈尚逗留于扬州),

再言"轻骑至徐州……田神功遽归河南"。如此，则"徐州""河南"实是一回事。可见李光弼在河南的行营应该是设在徐州的。既然是这样，那么李光弼之赴徐州即使不必一定在上元二年五月，但也如《通鉴》所载上元二年八月已赴河南行营——徐州了。《通鉴》在"出镇临淮"后并没有像后文那样于宝应元年五月下载"李光弼至临淮"，而是接之后以"李光弼赴河南行营"（按，这只是就李光弼事而言），可见李光弼并未至临淮，而是直赴河南行营所在的徐州。只有这样，李白之投效李光弼往徐州，而不往比徐州近将近一半路程的临淮，才是合情合理的。李白于上元二年（761）八月投军徐州半道因病折回金陵，在"旧国见秋月，长江流寒声"时"挥手谢公卿"而作《留别金陵崔侍御十九韵》。即以《通鉴》所提供的史实，《留别金陵崔侍御十九韵》也仍应系于上元二年。何况能够证明李光弼"出征东南"是先到徐州的还有颜真卿的碑文。如前所引，碑文说："公谓之曰：'临淮城池卑陋，不堪镇遏，不如径赴彭城……'遂趋保徐州。"显然，李光弼并没有去临淮，而是直赴徐州。

　　造成《留别金陵崔侍御十九韵》系年有争议，是因为两《唐书》李光弼传和《通鉴》对李光弼之赴徐州及与史朝义战于宋州等史事记载有所不同。《通鉴》与《新唐书·李光弼传》有几处明显的不同：一是将李光弼赴徐州及使田神功击史朝义解宋州之围明确地置于宝应元年五月，并排在"至临淮"之后；二是将李光弼受命出镇泗州（临淮）的"舆疾就道，监军使以兵少，请保扬州"改为"李光弼至临淮，诸将以朝义兵尚强，请南保扬州"；三是由于有上两处的不同，《通鉴》便大大地扩大了《新唐书·李光弼传》李光弼从受命出镇泗州到"疾驱入徐州"的时间和距离。寻《新唐书·李光弼传》文意，"未几，复拜太尉……镇泗州……朝义乘邙山之捷进略申光等十三州，光弼舆疾就道……遂疾驱入徐州"（按，根据《新唐书·李光弼传》紧接"其为诸将惮服类此"后的"宝应元年进封临淮郡王"的叙述，以前的事均在宝应元年以前），可见李光弼是在出镇泗州（临淮）途中因史朝义进略申光等州，才改道"疾驱入徐州"的；而《通鉴》则是"出镇临淮……八月……己巳，李光弼赴河南行营。……宝应元年……五月……史朝义自围宋州数月……李光弼至临淮……遂径趣徐州"。

　　细读前录《通鉴》与《新唐书·李光弼传》两段文字，所载史事（不包括时间）除《通鉴》"八月，己巳，李光弼赴河南行营"，余皆相同，就连文字也几

乎一致。可见两书所载史料大致同出一源。既然如此，却为何又出现如此大的差异呢？推其原委，《新唐书》乃纪传体，于列传既不必也不可能以年月日记，唯顺其序则可。甚至有时还将相邻或相隔不久的几件事集中到一起，以突出传主。如《新唐书·李光弼传》为突出"其为诸将惮服"，将史朝义走，神功还河南，瑱、衡、仲卿踵入朝几件相邻却又有一定时间距离的事集中在一起（按，《旧唐书·李光弼传》亦然）。而《通鉴》是编年体，则非按年月日编排不可。因而，《新唐书》列传记事只顺其序就有可能造成《通鉴》在编排年月时的从误。恰好《新唐书·代宗纪》有"宝应元年……李光弼及史朝义战于宋州"的记载，而却不载上元二年的宋州之战，《通鉴》便以为《新唐书·李光弼传》的上元二年的宋州之战即《新唐书·代宗纪》中的宝应元年五月的"战于宋州"，亦即《新唐书·李光弼传》后文的"朝义分兵攻宋州，光弼破走之"。《通鉴》之误，盖由误取《新唐书》之载所致。

　　《新唐书·代宗纪》不载上元二年的宋州之战，并不能表明上元二年李光弼或李光弼所部与史朝义于宋州无战。纪传史，"本纪"与"列传"是互为补充参详的，"本纪"中有的"列传"不必定有，"列传"中有的"本纪"不必定有，此《史记》已早开先例。盖因"纪"与"传"所记者一是帝王一是大臣名将，地位身份有异，则所记详略侧重自会有别。《辩析》认为"两《唐书》的列传部分常有差错"，但却只据《通鉴》胡注引《资治通鉴考异》指出了《旧唐书·李光弼传》中的谬误，却未能对《新唐书·李光弼传》有所指摘。曾巩在《进新唐书表》中说"臣公亮言：窃惟唐有天下几三百年……其典章制度之英，宜其粲然。著在简册，而纪次无法，详略失中，文采不明，事实零落。盖又百有五十年，然后得以发挥幽沫，补缉阙亡，黜正伪谬，克备一家之史，以为万世之传。"可见《新唐书》的编纂者是很审慎的，对《旧唐书》亦有"黜正伪谬"之功。但之所以会出现本纪、列传所载或有或无，还有一个原因，便是本纪、列传分别为欧阳修、宋祁所撰，其所依据的史料有所不同。本纪所依据的多是朝廷当时的史官所记和章表制诰等，安史战乱期间，战事频仍，或不及申奏朝廷，或申奏中途生变等等，于是史官不记，章表不存，后世修本纪者亦不载。正因为这样，《新唐书》本纪与列传则更有互为参详补充的价值，我们不得轻易以本纪不载而谓列传谬，如果这样，反过来不也可以说本纪谬么？当然，《新唐书》也并非全无谬误，宋人吴缜曾作《新唐书纠谬》二十卷，所驳凡四百余事。但即使如此，即使如后世所认为的此书"未免有意吹求"（永瑢《四库全书简明目录》），也未"吹求"于李光弼两战宋州。再说，安史战乱所及的河南河北州郡攻守争夺之战，陷而复，复而陷是常事，仅就《通鉴》所载上元、宝应之际便有怀州、泽州、洛阳、河阳等数经争夺，宋州未必一战而已！何况，《新唐书·李光弼传》明载两战宋州。

《辩析》以《通鉴》胡三省注引的《资治通鉴考异》中所举《蓟门纪乱》等为据，辩史朝义因其内部矛盾甚剧，上元二年"不可能寇申光等十三州，更不可能亲率精骑围宋州"。但《辩析》却忽略了史朝义内乱在范阳而不及史朝义即位的洛阳。而且范阳内乱五月已平，洛阳一带即使如《通鉴》所说"朝义所部节度使皆安禄山旧将与史思明等夷，朝义召之多不至，略相羁縻而已，不能得其用"，也不过是"略相羁縻"而已，并非久之不附，并且他们相互间虽有矛盾，但在对付唐军上却无疑是一致的。上文说到李光弼第一次赴徐州在上元二年八月（即《通鉴》所说的"八月，己巳，李光弼赴河南行营"），且姑将李光弼与史朝义上元二年的宋州之战限在五月到八月间，史朝义三月弑其父即伪位，至宋州之战时已历数月，不得谓"略相羁縻"。如果史朝义在弑父自代时的范阳内乱、洛阳周围安史旧部不受统制不是"略相羁縻"，而是持续较久，则已无力于唐军，安史之乱不正该在这时就能平息了么，何以直延续到广德元年（763）！可见时史朝义其势并不算弱。虽有内讧，却只两月便平息；虽有安、史旧部不受统制，却亦不过是"略相羁縻"。怎可轻易否定两《唐书》尤其是《新唐书》所载上元二年史朝义寇申光围宋州之事！《辩析》称"遍查史料均未见其他有关'史朝义乘邙山之胜寇申光等十三州'的记载"。好像《辩析》除了《通鉴》外（《辩析》所引《蓟门纪乱》出自《通鉴》胡注）还"遍查"了其他什么史料。而《辩析》考史之忽略处，已辨如上文。今考《唐会要》卷78"元帅"，其记事甚略，却及于"上元二年七月，李光弼除河南、淮南、山南东道、荆南五节度行营元帅，此并副元帅也"，而《新旧唐书互证》《唐鉴》《唐书直笔》《唐史断论》等论史载之谬误者，均未涉及战宋州事（即表明未否定宋州战事）。看来，李光弼上元二年与史朝义战于宋州事是不好轻易否定的。

另外，《新唐书·李光弼传》虽书为"时朝义围李岑于宋州"，但既然唐军

方面"隐去田神功而专书李光弼之名是允许的"(见《辨析》),那么乱军方面径书史朝义似乎也应该是可以的,虽未必为"常把功过归于首领人物以示褒贬"的"春秋笔法"(见《辨析》),但如前文说到的受史料限制,不详其部下何人与此一役,径以史朝义称,自当不能以谬误视。所以,称"朝义围李岑于宋州"不必一定是史朝义亲率,也就不必如《辨析》之史朝义"又怎敢擅离大本营亲率精骑奔袭宋州,久围城下"的反诘。比较《旧唐书·李光弼传》,《新唐书·李光弼传》改"自领精骑围李岑于宋州"为"时朝义围李岑于宋州"去"自"字,这一点就更清楚了。

《辨析》据《新唐书·肃宗纪》之"元年建丑月(761年12月),乙亥,侯希逸及朝义将李怀仙战于范阳"及《新唐书·田神功传》之"俄而禽展送京师,迁淄青节度使。会希逸入青州,更徙兖郓。时贼围宋州急,李光弼奏神功往救,贼解去",而认定"侯希逸于761年12月尚在范阳附近,其入青州当在762年(宝应元年)。而李光弼派田神功去解宋州之围又在侯希逸入青州之后,无疑也在宝应元年而绝非上元二年五月",从而否定上元二年李光弼与史朝义的宋州之战。此说的一个最大问题就在于以为侯希逸的"战于范阳",只能在入青州前,而不能在入青州后。但侯希逸的"战于范阳",却恰恰正是在其入青州以后。据《新唐书·侯希逸传》载,侯为平卢节度使,"与贼确,数有功。然孤军无援,又为奚侵掠,乃拔其军二万浮海入青州"。如果侯希逸是"战于范阳"后入青州的,当然不必"浮海",既是"浮海入青州",则定不自范阳而来。侯入青州前为平卢节度使,据《新唐书·方镇表》,平卢节度使治营州(今辽宁朝阳),屯营平二州境(相当于今河北滦河下游以东、辽宁大凌河以西地区),至青州当然是以"浮海"最为捷径,且免除许多战事,这是"孤军无援"的侯希逸的最好选择。再,《新唐书·方镇表》:上元二年,"平卢军节度使侯希逸引兵保青州,授青密节度使,遂废淄沂节度,并所管五州,号淄青平卢节度"。唐军出兵范阳,时为淄青平节度使的侯希逸自是身先士卒,致有"战于范阳"。如此,再看《新唐书·田神功传》"俄而禽展送京师,迁淄青节度使。会使希逸入青州,更徙兖郓。时贼围宋州急,李光弼奏神功往救,贼解去"的行文,宋州之战正在上元二年,即李光弼"遂疾驱入徐州""使田神功击走之"一役。

"新说"(阎琦)认为,李光弼的"出镇临淮",并非是"出征东南",

"仅是赴任","亦不是'大举秦兵百万出征东南'"（按，安旗先生《李白全集编年注释》还认为"临淮在今江苏盱眙北，其地虽在长安东南，然临淮唐时属河南道，仍不得谓之出征东南"）；李光弼五六月赴临淮，李白作《留别金陵崔侍御十九韵》的时间在秋末，李白"闻"李光弼"出镇临淮"的时间"当在八月以后"，"时间上大相径庭"，况且八月李光弼已移军河南行营。以此否定李白之投效李光弼是李光弼出镇临淮进军徐州其时，从而认定李白投效李光弼是李光弼宝应元年八月"东南征"袁晁农民起义其时。

对此"新说"（阎文）的误解，可做如下辨识：

首先，如笔者前文所辩，李光弼受命"出镇临淮"，其时正逢史朝义乘邙山之胜寇申光等十三州，"遂赴徐州"，并未"赴临淮"，而是先赴徐州。"赴临淮"之说，除《通鉴》于宝应元年五月下载"李光弼至临淮"外，两《唐书》之《李光弼传》《肃宗纪》《代宗纪》皆无此记载。而《通鉴》之误已辩之如前。退一步说，即令如"新说"所说，"李光弼是上元二年五月赴临淮的，他应在本月或六月初到达临淮"，"八月……李光弼已离开临淮，返回河南行营"，那么，临淮虽如"新说"所说"属河南道，从整个中国来说""仍属中原一带"。但光弼既是"大举秦兵"而"出征东南"，则"东南"便无疑是相对于秦地长安而言的，而非"就整个中国来说"，正如"新说"所说，临淮于长安，"大致方向正是正东偏南"，则"出镇临淮"当然可以说是"出征东南"。并且李光弼是以"太尉兼侍中充河南副元帅，都知河南、淮南、淮西、山南东、荆南等节度行营事"，已经大大跨出中原而东南，当然应该是"出征东南"。何况，徐州、临淮一线，于秦地正是东南方向，李光弼出镇临淮进军徐州，当然是"东南征"。李白在诗中大写其"云骑绕彭城"的军威，也正说明"东南征"者正是彭城（徐州）。否则，他没有必要在李光弼驻节彭城上大用笔墨。

两《唐书·李光弼传》载，李光弼出镇临淮时正值史朝义寇申光等十三州，光弼"舆疾就道"，"将士皆惧，请保扬州"，而光弼"径赴徐州以镇之"，可见光弼"出镇临淮"并非"新说"所谓"仅是赴任"，而是既赴任又出征，"大举……百万"当然是夸大之说。"新说"（阎文）可以把李光弼"并未亲自出征，江南一带传闻如此"的仅是"分兵镇压"袁晁说成是"大举秦兵百万"，难道反不可以把受命出镇并出征夸称之为"大举……百万"么？

再说，"新说"（阎文）对李白"闻"李光弼"出镇临淮""当在八月以后"的时间估计也是不甚准确的。因为我们既不能要求李白在李光弼受命出镇临淮时便立即"闻"，"闻"而后立即启程赴军；也不能要求李白"半道病还"之后立即作《留别金陵崔侍御十九韵》才离开金陵。因而不能说李光弼抵临淮与李白"闻"知此事在"时间上大相径庭"。即便如"新说"（阎文）所说，李白"闻"的时间在八月以后，其时李光弼"已离开临淮，返回河南行营"，但李白又焉知李光弼之行？"新说"（阎文）既允许李白宝应元年八月在"李光弼并未亲自出征"袁晁，"江南一带传闻如此"的情况下去参谒李光弼投军效用，何以不能允许李白在不知李光弼已由临淮移军河南行营的情况下去赴其"东南征"呢？何况前文已辨知李光弼出镇临淮（"出征东南"）是"径赴徐州"的，并未抵临淮，李白投军李光弼当然应该是到徐州的。

"新说"（阎文）对李白《留别金陵崔侍御十九韵》诗的系年除了在征引史料上失之去伪存真而外，在诗歌内容的理解上也还有偏差。"新说"（阎文）认为，"半道谢病还，无因东南征""这两句是李白说自己从军的路线。李白正在江南游历，他无论赴中原或赴临淮，其路线都只能是东北或正北，而不可能是'东南'"（按，安旗先生也认为"'半道谢病还，无因东南征'又兼李白从军之路线而言也"，"白由江南一带往投其军，路线为正北或东北，更不得言'东南征'"），从而认定李白是向东南去赴李光弼"东南征"袁晁的，说"意在斩巨鳌，何论脍长鲸"的"'巨鳌'就是史朝义"，"'长鲸'无疑是指浙东袁晁"。

如此诸般，或有曲解。为便于对李白《留别金陵崔侍御十九韵》诗的整体理解，不妨录其全诗：

秦出天下兵，蹴踏燕赵倾。
黄河饮马竭，赤羽连天明。
太尉杖旄钺，云骑绕彭城。
三军受号令，千里肃雷霆。
函谷绝飞鸟，武关拥连营。
意在斩巨鳌，何论脍长鲸。

恨无左车略，多愧鲁连生。
拂剑照严霜，雕戈鬘胡缨。
愿雪会稽耻，将期报恩荣。
半道谢病还，无因东南征。
亚夫未见顾，剧孟阻先行。
天夺壮士心，长吁别吴京。
金陵遇太守，倒屣欣逢迎。
群公咸祖饯，四座罗朝英。
初发临沧观，醉栖征房亭。
旧国见秋月，长江流寒声。
帝车信回转，河汉复纵横。
孤凤向西海，飞鸿辞北溟。
因之出寥廓，挥手谢公卿。

"秦出天下兵"首四句，正是题中"大举秦兵"；"太尉杖旄钺，云骑绕彭城……函谷绝飞鸟，武关拥连营"，又正是李光弼赴徐州（彭城）的情形。以"云骑绕""肃雷霆""绝飞鸟""拥连营"，状其整肃威武、气势磅礴。这样的出征，正会是"斩巨鳌""脍长鲸"。"意在""何论"不在言其高下，"巨鳌""长鲸"不在论其大小，旨在夸赞其所向无敌。如果"长鲸"真是指袁晁，如笔者前文引史所证，李光弼受命（"杖旄钺"）出镇临淮先"赴徐州"是在上元二年五月，而袁晁起义于浙东，两《唐书》和《通鉴》均载于次年（宝应元年），李光弼何以预知而要去"脍长鲸"？而且，李白也正应该用墨于李光弼指向袁晁的征途，却何以大写其"云骑绕彭城"的徐州军事？——诗歌至此将题中的"大举秦兵百万出征东南"点尽，因李白并未亲见，所以是"闻"。"恨无左车略……将期报恩荣"六句即题中的"懦夫请缨冀申一割之用"。"半道谢病还，无因东南征……天夺壮士心，长吁别吴京"六句，即题中的"半道病还"。"无因东南征"（因，《汉语大词典》谓"相就；趋赴"），正说明"云骑绕彭城"就是李光弼的"出征东南"（明点题中的"出征东南"）。倘若"东南征"是"李白说自己的从军路线"，而李白明明"闻"知李太尉在彭城却又要"东

南征",岂非南辕北辙! 再退一步说,即使如"新说"(阎文)所说,李光弼的出征是与袁晁作战,击袁晁于衢州,但衢州唐时属江南东道(《旧唐书·地理志》)或淮南东道(《新唐书·地理志》),李白投军李光弼前流寓金陵一带,则衢州于金陵也不是东南方向,李白从军也不能是"东南征"。诗歌的最后部分,即题中的"留别金陵崔侍御"。

此外,《留别金陵崔侍御十九韵》之用典用语也有颇值得留意处。诗云:"愿雪会稽耻,将期报恩荣。""会稽耻",即《史记·越王勾践世家》所载吴王夫差围越王勾践于会稽山,越王求和,吴王不听伍子胥灭越之言,"卒赦越,罢兵而归。……越王勾践反国,乃苦身焦思,置胆于坐,坐卧即仰胆,饮食亦尝胆也。曰:'女忘会稽之耻耶?'""会稽耻"是大耻,是国耻。袁晁不过是"攻剽郡县,浙东大乱",这对李唐王朝来说,既非大耻,更非国耻。而安史乱军,不仅陷掠河北河南诸郡,而且数月之间两京陷落。皇帝出逃,国都沦丧,这才是李唐王朝之奇耻大耻,有如"会稽耻"。所以李白欲从李光弼"东南征","愿雪会稽耻,将期报恩荣"。又,诗云:"意在斩巨鳌,何论脍长鲸。"这"巨鳌""长鲸"也有特指。"巨鳌未斩海水动,鱼龙奔走安得宁"(《猛虎行》)、"奔鲸夹黄河,凿齿屯洛阳"(《北上行》),"誓欲斩鲸鲵,澄清洛阳水"(《赠张相镐二首》其二),这就是"巨鳌",这就是"长鲸"。并非扰攘一方的袁晁辈可比,而是"夹黄河""海水动"掠中原陷两京的安史乱军。这些也可见"出征东南"只能是李光弼出镇临淮进军徐州讨史朝义乱军的那次,即上元二年五月。

综合对《留别金陵崔侍御十九韵》诗内容的上述理解,李光弼"出征东南","云骑绕彭城"时李白赴军投效,"半道病还"后"留别金陵崔侍御",线索是非常清楚的,内容将题目点得有层有次明明白白,题目于内容一丝不漏。此则正应了清人吴齐贤《论杜》(仇兆鳌《杜诗详注》附录)"唐人作诗,于题目不轻下一字,亦不轻漏一字"之论。

综上所论,上元二年五月李光弼受命出镇临淮,途中因史朝义进略申光等十三州,围宋州,战况紧急,李光弼"遂疾趋入徐州",使田神功解宋州之围,李白正于此间"闻李太尉大举秦兵百万出征东南"的"云骑绕彭城"时投效,则《留别金陵崔侍御十九韵》自当作于上元二年(761)。

（二）《送内寻庐山女道士李腾空》诸诗系年之辨

"新说"（阎文）又从上元二年以后李白的行踪来考察，认为《留别金陵崔侍御十九韵》"亦不可能作于上元二年秋"，因为"上元二年春，李白由豫章至寻阳，嗣后由寻阳沿江下，经长风沙至金陵"，时令已在初夏之后，依李白上元二年秋离开金陵往当涂依李阳冰之旧说，李白"在金陵至多只待了夏秋两个节令，可是李白此间明明有春天作于金陵的诗"，"李白不可能离开金陵后第二年春天再返回金陵写这些诗"。此说的依据是李白的《送内寻庐山女道士李腾空二首》。"新说"（阎文）认为这两首诗只能作于上元二年春，误矣。李白有《赠王判官时余归隐居庐山屏风叠》诗，云："大盗割鸿沟，如风扫秋叶。吾非济代人，且隐屏风叠。"此诗作于安史乱起李白南奔时无疑。值得注意的是，诗题说"归隐居庐山屏风叠"。既是"归隐居"，此前定然已隐于庐山屏风叠。而李白送妻寻庐山女道士李腾空正是往庐山屏风叠的。《送内寻庐山女道士李腾空》（其二）诗云："一往屏风叠，乘鸾著玉鞭。"这便是《赠王判官时余归隐居庐山屏风叠》前的隐居。则李白《送内寻庐山女道士李腾空二首》诗当早于《赠王判官时余归隐居庐山屏风叠》一诗，应是天宝十五载（即至德元载）"风扫石楠花"的春时所作。盖由安史乱起，李白携妻南奔，欲将其妻先行安顿，便于春间送其妻往庐山屏风叠（按，据《窜夜郎于乌江留别宗十六璟》"拙妻莫邪剑，及此二龙随"等可知，李白流夜郎自寻阳首途时其妻已在寻阳，应是李白寻庐山女道士李腾空时之留居）。因托门人武谔去东鲁接其子伯禽（《赠武十七谔并序》："门人武谔……闻中原作难，西来访余。余爱子伯禽在鲁，许将冒胡兵以致之。"）当与武谔会于相约之地，且亦欲有志之所图（从《赠宣城赵太守悦》之"愿借羲和景，为人照覆盆。溟海不震荡，何由纵鹏鲲？所期要津日，倜傥假腾骞"等可知），故而下山，辗转奔走于吴越间。然则"知音安在哉"，终无所获，只好"明朝拂衣去，永与海鸥群"，"归隐居庐山屏风叠"。

因此，《送内寻庐山女道士李腾空二首》，并非"新说"之谓流夜郎赦还时于上元二年春在寻阳上庐山作。

上元二年春李白已在金陵，有李白《江上赠窦长史》"万里南迁夜郎国，三年归及长风沙"可证。王琦注云："长风沙在安庆府东六十里。"李白于乾元元年（758）始流放，赦还至长风沙当是上元元年（760）。安庆距金陵不过百数里

顺水路程，上元二年春李白无疑是能抵金陵的，何况前文已证知李白确于上元二年秋因赴李光弼"东南征"半道病还离开金陵。因而，李白赦还至金陵春天之所作无疑皆在上元二年春。因此，"新说"所举《金陵新亭》《对酒》《醉后赠从甥高镇》等春天之作皆不足为证了。

如前所论，既然《留别金陵崔侍御十九韵》不如"新说"（阎文）所说作于宝应元年（762），而确确实实作于上元二年（761），则《九日龙山饮》《九月十日即事》两诗，就不必如"新说"（阎文）之谓"李白既以宝应元年初冬至当涂，十一月病亟，按现在传统说法，病亟之后，随之而死，他就不可能在重阳节写赏菊诗"。恰恰李白就有可能在宝应元年重阳登龙山赏菊写诗。"新说"（李从军文）认为《九日龙山饮》有"黄花笑逐臣"之"逐臣"，就一定是长流夜郎赦还后所作。说："'逐臣'即放逐之臣。前人多认为《九日龙山饮》乃长流夜郎后至当涂所作。""李白是宝应元年秋冬之交才到当涂的，如果他就卒于此年，岂不是说，之后他又死而复生，第二年（广德元年）重阳节又在当涂龙山登高赋诗了吗？"李从军先生对"逐臣"理解虽正确但却也有失偏颇。其实，在李白诗中，"逐臣"不仅指长流夜郎，也指待诏翰林的"赐金放还"被逐。如"鲁客向西笑，君门若梦中。霜凋逐臣发，日忆明光宫"（《鲁中送二从弟赴举之西京》）、"一去麒麟阁，遂将朝市乖。……霜惊壮士发，泪满逐臣衣"（《书怀赠南陵常赞府》），两诗中之"逐臣"都绝非长流夜郎之放逐。以此而论，李白不仅宝应元年重阳日登高赏菊赋《九日龙山饮》有其可能，就是被"赐金放还"后由东鲁南行游江南的数年及安史乱后避难江南的至德元年，期间都有其可能。既然《九日龙山饮》不具有广德元年所作的唯一性确定性，当然也就不能证明李白广德元年、二年尚在世。

"新说"（李从军文）还以《游谢氏山亭》诗为李白卒于广德年间之证，谓"广德年间，李白仍然在世。李白《游谢氏山亭》一诗也同样能说明这一问题"。

《游谢氏山亭》，笔者颇疑非李白之作（说见后《李白子嗣小考》《〈游谢氏山亭〉是否李白作之疑》），此暂置之不论，姑认之为李白之作。此诗，"新说"谓"再欢天地清"指广德元年（763）正月史朝义自缢，安史之乱平定。此说最大的一个问题就是对"再欢天地清"的"再"避而不提。既言"再欢天地清"，前必已曾有过"天地清"之事。考李白集有《流夜郎半道承恩放还兼欣克复之美书怀示息秀才》诗，诗云："遥欣克复美，光武安可同？天子巡剑阁，储皇守扶风。扬袂正北辰，开襟揽群雄。……左扫因右拂，旋收洛阳宫。回舆入咸京，席卷六合通。""六合通"正是"天地清"的同义语。至德二载（579）九十月两京克复，其时安史叛军气焰甚炽，而李白诗却谓"六合通"，可见不必如"新说"之谓"如尚有余孽，则不得言'天地清'"。"遥欣克复美……席卷六合通"，此为一欢"天地清"。又《通鉴》卷222《唐纪》载，上元元年十一月，扬州长史刘展反，"上命平卢兵马使田神功所部三千讨展……上元二年正月，（张）景超逃入海，（张）法雷至杭州，李藏用击破之，余党皆平"。李白《饯李副使藏用移军广陵序》云："我副使李公，勇冠三军，众无一旅，横倚天之剑，挥驻日之戈。……一扫瓦解，洗清全吴。可谓万里长城，横断楚塞。""一扫瓦解，洗清全吴"，李白大加赞誉，"洗清全吴"，又是"天地清"，此为"再欢天地清"。于此可见，《游谢氏山亭》当作于上元二年春或宝应元年春。虽然上文我们已证知李白上元二年春尚在金陵，但金陵去当涂甚近，往返最多亦不过十数天，李白上元二年春间当然可以于金陵出游当涂。即使李白不是于金陵出游当涂，其赦还到金陵也是要经当涂的。即或上元二年不能于当涂游谢氏山亭，宝应元年是一定可能的。

诚如"新说"（李从军文）所说，从李白《宣城送刘副使入秦》诗知李白上元二年"已过秋风吹"的初冬尚在宣城，假如李白是由金陵出游宣城然后再返金陵，当然不可能倒转时间"于同一年的秋冬之交由金陵至当涂"依李阳冰。但是，我们为什么一定要李白从金陵游宣城再返回金陵往当涂，而不允许李白由金陵去当涂后再出游宣城呢？如果李白是由金陵去当涂再出游宣城，便没有不可圆通之处了。李白上元二年于"旧国见秋月，长江流寒声"（《留别金陵崔侍御十九韵》）的秋间离开金陵，"严风起前楹""霜落牛渚清"（《献从叔当涂宰阳冰》）的秋冬之交抵当涂，"已过秋风吹"的初冬出游宣城，还当涂后又在"白雪飞花乱人目"（《对雪醉后赠王历阳》）的严冬出游历阳。这在时间上是能够的，并无矛盾，因为当涂离宣城不过三二百里，而当涂与历阳不过是隔江相望的距离。李白往当涂依李阳冰固然是因病，但其"疾亟"当在李阳冰为其文集作序的宝应元年十一月，可见此前李白还没有病到不能行动。如此，则"新说"

（李从军文）所罗列的所谓时间上不可圆通的诸诗如《献从叔当涂宰阳冰》《对雪醉后赠王历阳》等，其系年皆无需辩矣。

至于《草书歌行》，前人多以为非太白诗。是否伪作，姑置不论（按，安旗先生《李白全集编年注释》、葛景春先生《李白思想艺术探骊·诗法与书法——李白诗歌与盛唐草书》力辩其不伪）。诗有"湖南七郡凡几家，家家屏障书题遍"。詹锳先生《李白诗论丛·李诗辨伪》（人民文学出版社1984年版）谓："《新唐书·方镇表》，广德二年置湖南节度使，共辖五州。湖南二字用作政治区划之名，当始于此。""新说"（李从军文）因立足于李白非卒于宝应元年而以为"这倒是李白广德二年尚在世的一条佐证"。对"湖南七郡"，前人早有辩说。王琦云："湖南七郡谓长沙郡、衡阳郡、桂阳郡、零陵郡、连山郡、江华郡、邵阳郡。此七郡皆在洞庭湖之南，故曰湖南。"瞿、朱《李白集校注·草书歌行》"评笺"云："至詹氏摭湖南七郡之语，谓广德二年始置湖南节度使，此又过泥，湖南犹江南岭南，形之于诗者非必作为行政区域，唐诗中如'湖南远去有余情'，比比也。"按，瞿、朱所论极是，诗非方镇表、地理志，"新说"（李从军文）不过是附会"李白非卒于宝应元年"之说。

（三）《为宋中丞自荐表》系年之辨

李白《为宋中丞自荐表》，郭沫若先生在《李白与杜甫》中提出是伪作，认为"这篇《荐表》绝不是李白的代笔，甚至是否经过李白看过，都值得怀疑"。后来"新说"（林贞爱文）接过郭沫若先生的说法，以同样的理由指《为宋中丞自荐表》为伪作。对此，源陵《对李白生卒年新考之我见》（《内江师范专科学院学报》1990年第3期）、王辉斌《李白生于江油"新说"平质》（《李白求是录》，江西人民出版社2000年版）等逐一辩驳，认为林先生所申之理由"无一能够立足"。源陵、王辉斌先生所论的确，此不再论，但为纠《为宋中丞自荐表》"新说"（吕华明、舒大刚文）作年之误，于其系年则不能不辨。

《为宋中丞自荐表》云：

> 臣伏见前翰林供奉李白，年五十有七，天宝初五府交辟，不求闻达，亦由子真谷口，名动京师，上皇闻而悦之，召入禁掖。……属逆胡

暴乱，避地庐山，遇永王东巡胁行，中道奔走，却至彭泽，具已陈首。前后经宣慰大使崔涣及臣推覆清雪，寻经奏闻。……臣所管李白，实审无辜。……伏惟陛下回太阳之高辉，流覆盆之下照，特请拜一京官，献可替否，以光朝列。

这段文字，有两处措辞至为重要，不宜忽视。一处是"前后经宣慰大使崔涣及臣推覆清雪，寻经奏闻"的"前后""寻经奏闻"，一处是"臣所管李白"。

先说"前后经宣慰大使崔涣及臣推覆清雪，寻经奏闻"。

这里，首先要辨明的是《新唐书》对李白下狱事的误记。

《新唐书·李白传》载："安禄山反，转侧宿松、匡庐间，永王璘辟为僚佐。璘起兵，逃还彭泽，璘败当诛。……子仪解官以赎，有诏长流夜郎。会赦，还寻阳，坐事下狱。"（按，吕文、舒文皆依此载）以《新唐书》之记，李白有两次牢狱，一次是永王璘兵败的至德二载（757），一次是"万里南迁夜郎国，三年归及长风沙"（《江上赠窦长史》）后"还寻阳，坐事下狱"，推之三年，即乾元二年（759）。于是这就造成了"新说"（吕文、舒文）对"前后经宣慰大使崔涣及臣推覆清雪"的误解，认为崔涣为之"推覆清雪"的是"璘起兵，逃还彭泽，璘败当诛"的"前"一次，宋若思为之"推覆清雪"的是"后"一次。但其实不然。首先，《为宋中丞自荐表》虽是李白所写，但却是替宋中丞代笔，即是说，此表在皇帝那里是会被认定为宋若思的手笔，是宋若思上的表（当然表名不会是这样）。如果宋若思与崔涣为李白"推覆清雪"的不是同一案，那么宋若思在自己上的表章"奏闻"中扯上与自己毫不相干且又隔了几年的事，岂非多事？多事即可能误事，因为宋中丞上表是为李白求官的，要朝廷对李白"拜一京官"，而在表中却要把李白两次下狱的事揭出，岂不可能是愿与事违吗？其次，再从李白方面说，如果崔涣、宋若思为他"推覆清雪"的是两次下狱，则他没有必要把两不相干且相隔几年也与宋中丞无干的事在为宋中丞代笔的表章中扯到一起，也不应该再扯上一个因"惑于听受，为下吏所鬻，滥进者非一，以不称职闻"而罢相的崔涣。《旧唐书·崔涣传》载："天宝十五载七月玄宗幸蜀，涣迎谒于路……即日拜黄门侍郎同中书门下平章事，扈从成都府。肃宗灵武即位，八月……赍册赴行在。时未复京师，举选路绝，诏涣充江淮宣谕选补使，以收遗

逸。惑于听受，为下吏所鬻，滥进者非一，以不称职闻，乃罢知政事。"《旧唐书·肃宗纪》："（至德元年）十一月……诏宰相崔涣巡抚江南补授官吏。……至德二载……八月甲申，以黄门侍郎崔涣为余杭太守江东采访防御使。"李白是为自己"特请拜一京官"而替宋中丞代笔的，如果在表中还重提很不光彩的附逆下狱之事，而且还要扯上一个失势罢相的崔涣，岂不是为自己求官多设障碍？由此可见，《新唐书》之记李白两次牢狱，与李白此表大不相合，其误是显然的。李白只有一次下狱，即《为宋中丞自荐表》之谓"属逆胡暴乱，避地庐山，遇永王东巡胁行，中道奔走，却至彭泽"这次，"前后经宣慰大使崔涣及臣推覆清雪，寻经奏闻"的也就只是这次。而且，从李白写给崔涣、宋若思《系寻阳上崔相涣》《中丞宋公以吴兵三千赴河南军次寻阳脱余之囚参谋幕府因赠之》两诗之"系寻阳""寻阳脱余之囚"，也可以明明白白地看出李白是"却至彭泽"后被囚之寻阳，"逃还彭泽，璘败当诛"与"还寻阳，坐事下狱"实际是一案。这样，崔、宋所"推覆清雪"的也就只能是同一地点的同一案。

现在我们再来从行文上探讨"前后经宣慰大使崔涣及臣推覆清雪，寻经奏闻"的"前后""寻经奏闻"。

所谓"寻经奏闻"，即是说在崔涣及宋若思"推覆清雪"之后，随即（"寻"）将这件事上奏了朝廷。但是，从"奏闻"的行文看，显然只是上奏了朝廷，而朝廷并未下达批文。如果按"新说"（吕文、舒文）之说，《为宋中丞自荐表》作于乾元三年（760）或上元二年（761），而崔涣在至德二载（757）八月以前对李白一案已经"推覆清雪""寻经奏闻"朝廷，朝廷却竟至三五年之久不予批复，可能么？何况至德二载十一二月或乾元元年（758）二三月（见上篇"'仗剑去国，辞亲远游'出三峡"）李白已登流途，这就可见朝廷是批复了的。"推覆清雪""寻经奏闻"这样的措辞行文，只能说明崔涣和宋若思的"奏闻"朝廷尚未批复，也即是说，《为宋中丞自荐表》之写成应该是在至德二载"推覆清雪"的"寻经奏闻"之后朝廷尚未批复判李白流放时。

所谓"前后"，当然是"指一前一后两次，第一次是崔涣为其推覆清雪，第二次是宋若思为其推覆清雪"，但却不如"新说"所说，一次是在至德二载，一次是在乾元二年或上元二年。因为从"前后经宣慰大使崔涣及臣推覆清雪，寻经奏闻"的行文看，"寻经奏闻"是说将崔涣与宋若思"前"与"后"对李白的

"推覆清雪"上奏了朝廷,并非只是宋若思"推覆清雪"的"奏闻",而且是立即("寻")奏闻。既然是对"前后""推覆清雪"的"寻"经奏闻,则"前"与"后"之间的时间距离不会很远,更不会远到李白赦还的乾元二年(759)甚至上元二年(761),至达三年五年之久。如果"寻经奏闻"只是单指宋若思的"推覆清雪",则行文不当如"前后……寻经奏闻"。因为,第一,远在至德二载崔涣的"推覆清雪"不当是几年后才"奏闻",更不应该行文为"寻经奏闻"。第二,即使是至德二载只是崔涣"推覆清雪"的"寻经奏闻",朝廷即已判长流,不当只是"奏闻";既已判流放,说明朝廷是下了批复的。而且,宋若思向朝廷上表,几年前崔涣"推覆清雪"不"推覆清雪""奏闻"不"奏闻"干他何事?与他这次上表有啥相干?所以,表既然是"前后……寻经奏闻"这样的措辞行文,就意味着"前后……推覆清雪"是同一期间在时间上相差无几的前后两人(两次)的行为。其所以有"前后""推覆清雪",盖因崔涣至德元年(756)十一月奉诏巡抚江南,至寻阳,得知李白坐永王事系狱(李白有《系寻阳上崔相涣》诗)。作为巡抚,案察刑狱是其职责之一,因而他有权甄别李白一案,为其"推覆清雪"。但是,一则巡抚并非专司案察刑狱,案察刑狱只是代朝廷巡察安抚的职责之一;二则江南之大,崔涣不可能为李白一案羁留太久;或者,其时已诏为余杭太守江东采访防御使,因而未竟李白一案("臣"宋若思将崔涣和他的"推覆清雪"一起"奏闻"即说明李白一案崔涣未了结),适逢御史中丞宋若思"以吴兵三千赴河南军次寻阳",便将"推覆清雪"未竟的李白一案移之专司弹劾、纠察的御史中丞。因此便有了《为宋中丞自荐表》中的"前后"两次"经宣慰大使及臣推覆清雪"的行文。

再说"臣所管李白"。

宋若思其人,《太平寰宇记》卷105"至德县"载:"唐至德二年,采访使宣城郡太守宋若思奏以此地山水遥远,因置县邑,仍以年号为名,属寻阳郡。"又,《旧唐书·地理志》载:江州至德县,"至德二年九月中丞宋若思奏置"。又,《新唐书·地理志》:"开元二十一年……置十五道采访使。"(按,《旧唐书·地理志》误为"五十道")又,《唐大诏令集》卷100之《置十道采访使敕》末署"开元二十二年二月十九日"。《新唐书·地理志》与《唐大诏令集》于置采访使之时间、道数虽小有差异,但一道一采访使是肯定的。宣州、江州属

江南西道。以此可知，宋若思是以江南西道采访使兼判宣州刺史。而且，不仅李白诗文中凡涉及宋若思者皆称之为"中丞"，诸如《为宋中丞自荐表》《为宋中丞请都金陵表》《为宋中丞祭九江文》《陪宋中丞武昌夜饮怀古》《中丞宋公以吴兵三千赴河南军次寻阳脱余之囚参谋幕府因赠之》等，两《唐书》也称"中丞宋若思"，如果文人诗文可以随意地以原职不以现职称，而正史却是万万不可以的。因此，宋若思不仅是以江南西道采访使兼判宣州刺史（宣城郡太守），而且是以御史中丞领江南西道采访使兼宣州刺史。正因他是御史中丞，所以他可以为李白"推覆清雪""脱余之囚"；因为他是江南西道采访使，所以系寻阳狱的李白是其"所管"，且有权向朝廷推荐。"所管"亦作"所荐"，或"管"或"荐"，并没有实质的不同，能"管"则能"荐"，能"荐"则亦是所"管"者。但是，如果宋若思为李白"推覆清雪"如"新说"所说是在乾元二年或上元二年，则宋若思并不在其位，李白亦非其"所管"。据《新唐书·方镇表》：乾元元年"置浙江西道节度使，兼江宁军使，领升、润、宣、歙、饶、江、苏、常、杭、湖十州，治升州"。又，乾元元年"置洪吉都防御观察处置使，兼莫徭军使，领洪、吉、虔、抚、袁五州，治洪州。置宣、歙、饶观察使，治宣州"。又，《唐会要》卷7"采访处置使"条："乾元元年四月十一日诏曰：'……其采访使置来日久，并诸道黜陟使便宜且停，待后当有处分。'"后注："其年，改为观察处置使。"从这些史料我们可以知道，乾元元年置浙江西道后，宣州已为其所辖，宋若思当已不为宣州刺史；乾元元年四月停采访使后又分置洪吉都防御观察使、宣歙饶观察使，宋若思也不是采访使改为的观察使；如果没有了采访使（观察使）、宣州刺史的身份，只有御史中丞一职，那就只会调回御史台而不会在地方。即使是乾元元年四月停采访使以后，如果宋若思仍在江南西道改任观察使，而其时江州属浙江西道，已不在其治内。这就是说，乾元元年以后的宋若思已经没有可能在江州（寻阳）为李白"推覆清雪"了。因此，《为宋中丞自荐表》之"臣所管李白"云云，必是指宋若思以御史中丞领江南西道采访使兼判宣州刺史任上，也即是至德二载。《为宋中丞自荐表》之作即其时。

如果对《为宋中丞自荐表》的分析解读还不足以说明此表是作于至德二载（757），则不妨再看《为宋中丞请都金陵表》所提供的证明。

《为宋中丞请都金陵表》为李白被宋中丞"推覆清雪""脱余之囚"后所

作,与《为宋中丞自荐表》同时应该是没有疑问的,也没有人提出过怀疑,"新说"也认同。《为宋中丞请都金陵表》云:

> 伏惟陛下钦六圣之光训,拥千载之鸿休。有国之本,群生属望。粤自明两,光岐之阳。……皇朝百五十年,金革不作。逆胡窃号,剥乱中原。……臣伏见金陵旧都,地称天险。龙盘虎踞,开局自然。……去扶风万有一危之近邦,就金陵太山必安之成策。……以征则兵强,以守则国富。横制八极,克复两京,俗畜来苏之欢,人多徯后之望。陛下西以峨嵋为壁垒,东以沧海为沟池,守海陵之仓,猎长洲之苑。虽上林、五柞,复何加焉。上皇居天地运昌之都,储精真一之境。有虞则北闭剑门,南扃瞿塘,蚩尤、共工,五兵莫向。二圣高枕,人何忧哉!飞章问安,往复巴峡,朝发白帝,暮宿江陵,首尾相应,率然之举。

所谓"岐山之阳",即指岐山以南的岐州。《新唐书·地理志》载,凤翔府扶风郡,"本岐州,至德元载更郡曰凤翔,二载复郡故名。……县九:天兴、岐山、扶风、麟游、普润、宝鸡、虢、郿、盩厔"。《新唐书·肃宗纪》载:天宝十五载(756)七月,"即皇帝位于灵武。尊皇帝曰上皇天帝,大赦,改元至德。……二载……二月戊子,次于凤翔"。故《为宋中丞请都金陵表》有"去扶风万有一危之旧邦"等语。所谓"天帝运昌之都,储精真一之境",即指蜀地成都。王琦注云:"左思《蜀都赋》'远则岷山之精,上为井络,天帝运期而会昌'。刘渊林注《河图括地象》曰:'岷山之地,上为井络,帝以会昌,神以建福……'昌,庆也。言天帝于此会庆建福也。……罗苹《路史》注:'《三皇经》云:皇人者,泰帝之所使,在峨眉山。黄帝往受真一五牙之法。'杨谷《授道记》云:'黄帝见天皇真一之经而不决,遂周流四方,谒皇人于峨眉,而问真一之道。其言大率论水火、绛宫、大渊之事云。'"

显然,"光岐之阳""去扶风万有一危之近邦""横制八极,克复两京""西以峨嵋为壁垒""上皇居天帝运昌之都,储精真一之境""飞章问安,往复巴峡,朝发白帝,暮宿江陵,首尾相应,率然之举"数语,皆说明《为宋中丞请都金陵表》作时,肃宗尚在凤翔,两京尚未收复,玄宗尚避乱于蜀地。据

《旧唐书·肃宗纪》，至德二载九月"癸卯，广平王收西京"，冬十月"壬午，广平王入东京"，"癸亥，上自凤翔还京"，"十二月丙午，上皇至自蜀"。则《为宋中丞请都金陵表》作于至德二载（757）无疑，《为宋中丞自荐表》之作当然亦在其时。"新说"（舒文）却不顾《为宋中丞请都金陵表》所涉诸多史实，仅凭"皇朝百五十年"，将此表之作定于上元二年（761），谓："李白寻阳狱获解后，还作有《为宋中丞请都金陵表》，有'皇朝百五十年，金革不作。逆胡窃号，剥（按，舒文作"肃"）乱中原'之句。唐自武德元年（618）立国，至上元二年为144年，犹可粗称150年；若是至德二年，当时仅140年，何得称150年呢？"年数之称，不过是大而言之罢了；或者如詹锳先生《李白全集校注汇释集评》之《古风五十九首（一百四十年）》"题解"所谓"或者太白别有算法"。无论是怎样的算法，数字是虚的，史实才是真的。不应因一句"皇朝百五十年"而无视文中两京尚未收复、玄宗尚在蜀地、肃宗尚在凤翔的史实。

"新说"另一家（吕文）将《为宋中丞自荐表》系于乾元三年（760），更是无端之论，甚至说"表云：'臣伏见前翰林供奉李白五十有七。'从唐人言及的李白生于神龙元年顺序推算，到乾元三年李白刚好五十七岁"。不知是何种推算法，从705年（神龙元年）到760年（乾元三年）怎么会是"刚好五十七岁"呢？可是，在《李太白年谱补正》（506、533页）中，"乾元三年"又变成了上元二年（761），说："李白《为宋中丞自荐表》不作于至德二载而作于上元二年九月之后。"而何以将《为宋中丞自荐表》之作年由乾元三年（上元元年）改移为上元二年，《李太白年谱补正》却同样是不甚了了。

（四）《中丞宋公以吴兵三千赴河南军次寻阳脱余之囚参谋幕府因赠之》等相关诗作系年之辨

"新说"（吕文、舒文）为了使《为宋中丞自荐表》作于乾元三年（760）或上元二年（761）之说成立，还将《中丞宋公以吴兵三千赴河南军次寻阳脱余之囚参谋幕府因赠之》作年移之乾元三年或上元二年，以证明宋若思"脱余之囚"不在至德二载（757），而在他们所设之年。

吕文说，"李白这首诗题中有一个字很有意思：'次'。'次'在这个标题中是作为临时驻扎的意思。如果说这首诗作于至德二年，那时候宋若思还是太守,作为太守,在自己境内驻兵,何需用'次'?再者,诗题中有宋若思'以吴兵三千赴河南'。如果说宋若思'以吴兵三千赴河南'在至德二载八月之前,那么旅程往返,他就很难在九月份赶回宣州来奏置至德县了,如果说是在八月之后,那么与李白坐永王事的处理,在时间上又无法吻合。……这首诗是作于宋若思调离宣州之后,他依然在吴地任职"。又说,从李白《陪宋中丞武昌夜饮怀古》诗所言"寒水""晓霜","我们就看到李白与宋若思交往的时间远远超过于八月之前"。还说,"乾元二年,宋若思将吴兵赴河南则很有可能","宋若思将吴兵三千赴河南,很可能就是为了乾元二年九节度之师溃于滏水这场战事"。

吕文这些认识,颇有不实。

首先要明确的是,如果这时的宋若思仅仅是宣城太守,他"军次"寻阳就不是"在自己境内";如果要说他是"在自己境内驻兵"的话,那是因为他是江南西道采访处置使,寻阳便"在自己境内"。其次,"在自己境内驻兵",怎么就不可以用"次"呢?因为宋若思是率"吴兵""赴河南"途中"军次寻阳",而不是屯兵寻阳,当然是"临时驻扎"("次")了。

既然宋若思是以御史中丞领江南西道采访使兼宣城太守的身份"以吴兵三千赴河南",那么,"至德二年九月中丞宋若思奏置"(《旧唐书·地理志》)江州至德县的奏章就不必一定要在他任太守的宣州拟呈。宋若思的奏章不仅可以在寻阳拟呈,就是江南西道他辖区内的任何州县都是可以拟呈的。恰恰是他如果仅是宣城太守,则是无权奏置非其所辖内的县之设置,《太平寰宇记》说的是"采访使宣城太守宋若思奏",《旧唐书·地理志》说的是"中丞宋若思奏置",说明宋若思奏置至德县并不只是以宣城太守的身份。并且,难道说有规定奏章的拟呈只能是在官员的衙署么?因此,吕文所说的宋若思如果至德二载八月前赴河南,很难在九月回宣城奏置至德县,如果是八月以后,又与坐永王事的处理时间不吻合等说法是不成立的,更不能以此得出"这首诗是作于宋若思调离宣州之后"的结论,因为如前所论,乾元元年(758)置浙江西道以后,宋若思在江州所在的浙江西道无职无位(即使如吕文猜测的那样"依然在吴地任职",也不在浙江西道内),是不可能为李白"脱余之囚"并"参谋幕府"的。因此《中丞宋公以吴兵三千赴河南军次寻阳脱余之囚参谋幕府因赠之》,只能是至德二载所作。

再说，宋若思是率吴兵赴河南途中临时驻扎寻阳时为李白"推覆清雪""脱余之囚"并召李白"参谋幕府"的，其时为御史中丞领江南西道采访使的身份。据王琦注引《元和郡县志》："鄂州江夏郡有武昌县。西至州一百七十里。"宋若思脱李白之囚召之"参谋幕府"后，即向武昌进发"赴河南"，所以李白才有《陪宋中丞武昌夜饮怀古》一诗。从诗题所称之"宋中丞"，便可知其作于宋若思以御史中丞领江南西道采访使兼宣城太守无疑。诗所云"庾公爱秋月，乘兴坐胡床，龙笛吟寒水，天河落晓霜"，这正与结束了李白一案的秋八九月相接，不知吕文何以"就看到李白与宋若思交往的时间远远超过于八月之前"了？如此，也证明了《为宋中丞自荐表》之作是在李白"陪宋中丞武昌夜饮"之前，因为只有了结"奏闻"了李白寻阳狱一案，宋若思才有可能离开寻阳去武昌，也才好召李白入幕随行武昌。

至于"很有可能""很可能"之类猜测，无论有多"很"的可能，都只是"可能"，是不能作为依据的。即便是附会上历史事件，也没有确指性。吕文说，宋若思率兵赴河南，"很可能就是为了乾元二年九节之师溃于滏水"。如此说来，其他的战事，宋若思是不是也"很可能"增兵河南呢？如，至德二载四月"官军大溃"的滻西、清渠之败，"判官韩液、监军孙知古皆为贼所擒，军资器械尽弃之。……司空郭子仪诣阙请自贬"（《通鉴》卷219《唐纪》35）。又如，至德二载四月至十月，长达半年之久的"江淮之保障"睢阳保卫战，"前后大小战凡四百余"，牵动了整个平乱战场，"张镐闻睢阳围急，倍道亟进，檄浙东、浙西、淮南、北海诸节度及谯郡太守闾丘晓，使共救之。晓……不受镐命，比镐至，睢阳城已陷三日。镐召晓，杖杀之"（《通鉴》卷220《唐纪》36）。像这些战事，宋若思是不是也"很可能"增兵？以此可见，无论是以史事附会诗事，还是以诗事附会史事，都是极不可取的，不可能求得诗事（诗、文作年）之实。

更有意思的是，"新说"（吕文）在同一篇文章（《李白〈为宋中丞自荐表〉写作时间考辨》）中，一边说《为宋中丞自荐表》"作于乾元三年"（按，《李白卒年考辨》亦同），一边又说宋若思将吴兵三千赴河南"很可能就是为了乾元二年九节度之师溃于滏水这场战事"（即《中丞宋公以吴兵三千赴河南军次寻阳脱余之囚参谋幕府因赠之》作于乾元二年），似乎《为宋中丞自荐表》中的"推覆清雪"与《中丞宋公以吴兵三千赴河南军次寻阳脱余之囚参谋幕府因赠之》的"脱余之囚"是各在一年的两码事。可是文章却又说"宋若思……出面与李白推覆清雪,并把他请出来辟为参谋"。这样的颠来倒去,使人不知所以。

以史事附会诗事,舒文与吕文是共同的。舒文将《中丞宋公以吴兵三千赴河南军次寻阳脱余之囚参谋幕府因赠之》定在上元二年(761),说:宋若思率兵赴河南,诸史没有明确记录,"我们考证此事就发生在肃宗上元二年",《通鉴》载,上元二年二月,唐肃宗敕令唐军进取东京,"与叛军在洛阳城北邙山展开决战。结果,唐军大败……叛军乘北邙之胜,寇申光十三州。军事形势发生变化需要唐廷增调兵力,重新调整军事部署",宋若思率兵赴河南,即是。

舒文以北邙战事将《中丞宋公以吴兵三千赴河南军次寻阳脱余之囚参谋幕府因赠之》之作定于上元二年,就更说明以史事附会诗事的不可求实。

舒文不但以史事附会诗事,而且还有对诗歌内容的曲解。说:"从李白诗文内容本身看,也透露出若干内证信息。李白《中丞宋公云云》一诗,有'风高初选将,月满欲平胡。杀气横千里,军声动九区。白猿惭剑术,黄石借兵符。戎虏行当剪,鲸鲵立可诛'之句。诗中'戎虏行当剪,鲸鲵立可诛',表明安史之乱虽未结束,但天下形势已然分晓,叛军很快将遭到'行当虏'、'立可诛'的彻底覆灭。这和上元二年总体形势发展趋向十分吻合。……从诗人对形势发展趋向的正确把握和对安史叛军'行当剪'、'立可诛'的准确判断,透露出此诗的写作时间当在上元二年,也表明宋若思此次脱李白之囚就在这年。"

舒文的这番解释,着实颇令人意外。为了明辨是非,我们且将全诗录出:

>独坐清天下,专征出海隅。
>九江皆渡虎,三郡尽还珠。
>组练明秋浦,楼船入郢都。
>风高初选将,月满欲平胡。
>杀气横千里,军声动九区。
>白猿惭剑术,黄石借兵符。
>戎虏行当剪,鲸鲵立可诛。
>自怜非剧孟,何以佐良图?

这首诗，詹锳《李白全集校注汇释集评》引朱谏《李诗选注》：首四句，朱云："言中丞位尊朝班，专席独坐，能致天下之清，使无秽浊之干也。专征伐之大权，按海隅之旧邦。九江三吴悉臻治效，如宋均之在九江而虎北渡河；孟尝之在合浦而去珠复还也。中丞德化之及物者，有如此夫。"中八句，朱云："此言中丞之出征也，由吴至楚则组练明乎秋浦之地，楼船入乎鄱都之区，若雷霆之震惊矣。其操剑者善乎剑术，虽白猿公有所不如；谈兵者深于兵法，乃黄石公之所授受也。兵威盛而兵谋壮，彼蠢尔之胡虏，似亦不足平矣。"末四句，朱云："戎虏之辈行当剪灭，鲸鲵之徒之见诛夷，不劳于余力也。昔者，周亚夫伐吴楚之七国，得剧孟以成功，吾愧非剧孟也，无一得之愚可献于幕府，将何以佐中丞之良谋，而成此戡乱之功乎？"

薛天纬先生《李白诗选》解释得更简明清楚，谓"'九江'二句：赞美宋若思德政。""'组练'六句：赞美宋若思军容军威。""'白猿'二句：赞美宋若思武略。""'戎虏'二句：谓宋若思大军赴河南一定能战胜叛军。""'自怜'二句：以自谦语气表明在宋幕效力的心愿。"全诗除末两句外，皆是在赞美宋若思，哪里是"表明……叛军很快将遭到'行当剪'、'立可诛'的彻底覆灭"？哪里是"诗人对形势发展趋向的正确把握和对安史叛军'行当剪'、'立可诛'的准确判断"？舒文曲解甚矣。

"新说"（吕文）将《为宋中丞自荐表》《中丞宋公以吴兵三千赴河南军次寻阳脱余之囚参谋幕府因赠之》作年后移，也涉及其他相关诗作的系年。《避地司空原言怀》《赠张相镐二首》便是"新说"（吕文）所涉之作。

《避地司空原言怀》一诗，詹锳《李白诗文系年》系于乾元元年（758），谓："《太平寰宇记》：'司空山在舒州太湖县东北一百三十里。'诗云：'雪霁万里月，云开九江春。俟乎太阶平，然后托微身。'当是初春之作。司空山去宿松不远，太白所以避地该处者，盖亦为永王事所累，其后终不免于长流夜郎耳。"吕文申言詹说，谓："这首诗很明显作于初春。至德二年初春李白尚坐永王璘事于狱中。乾元二年初春李白早已离开寻阳到了流放之地。因此，这首诗只能是乾元元年初春所作。"詹《系》、吕文都认为至德二载初春李白尚系狱中，不可能"避地司空原"（只是吕文说得更明确一些），所以系此诗于李白判流夜郎登流途前的乾元元年初春。可是《避地司空原言怀》一诗却告诉我们并非如此，此诗正作于李白脱永王军后入寻阳狱之前的至德二载初春。诗题称"避地司空原",是指李白逃避到司空原这个地方。李白逃避到司空原这个地方干什么呢?诗说"潜光皖水滨""卜筑司空原",原来,李白是要在司空原择地建屋(即"卜筑")"潜光"隐居起来。如果李白欲在司空原"卜筑""潜光"隐居是其流放之前的乾元元年初春,此时就算李白尚未悉被判流放,而李白其时也应该是在等待经崔涣与宋若思"推覆清雪""奏闻"朝廷后的批复吧,以戴罪之身却要"卜筑""潜光"隐居,可能吗?

再说,如果《避地司空原言怀》真是作于流放前的乾元元年初春,则应该与《赠张相镐二首》之作差无几时。《赠张相镐二首》作于至德二载九十月间(说见后文),其时之李白,应正在等待其案经崔涣、宋若思"推覆清雪""奏闻"朝廷后的批复。可是其诗题下却注云"时逃难病在宿松山作"。"避地"与"逃难"是绝然不同的。时间上相差无几,又同在等待"推覆清雪""奏闻"朝廷后的批复期间,而用语却大不相同,就已经足能说明问题了,何况《避地司空原言怀》与《赠张相镐二首》诗之精面貌也迥异。且看《赠张相镐二首》:

(其一)

神器难窃弄,天狼窥紫宸。六龙迁白日,四海暗胡尘。
昊穹降元宰,君子方经纶。澹然养浩气,欻起持大钧。
秀骨象山岳,英谋合鬼神。佐汉解鸿门,生唐为后身。
拥旄秉金钺,伐鼓乘朱轮。虎将如雷霆,总戎向东巡。
诸侯拜马首,猛士骑鲸鳞。泽被鱼鸟悦,令行草木春。
圣智不失时,建功及良辰。丑虏安足纪,可贻帼与巾。
倒泻溟海珠,尽为入幕珍。冯异献赤伏,邓生倏来臻。
庶同昆阳举,再睹汉仪新。昔为管将鲍,中奔吴隔秦。
一生欲报主,百代思荣亲。其事竟不就,哀哉难重陈。
卧病宿松山,苍茫空四邻。风云激壮志,枯槁惊常伦。
闻君自天来,目张气益振。亚夫得剧孟,敌国空无人。
大块方噫气,何辞鼓青蘋。斯言倘不合,归老汉江滨。

（其二）

本家陇西人，先为汉边将。功略盖天地，名飞青云上。
苦战竟不侯，当年颇惆怅。世传崆峒勇，气激金风壮。
英烈遗厥孙，百代神犹王。十五观奇书，作赋凌相如。
龙颜惠殊宠，麟阁凭天居。晚途未云已，蹭蹬遭谗毁。
想像晋末时，奔腾胡尘起。衣冠陷锋镝，戎虏盈朝市。
石勒窥神州，刘聪劫天子。抚剑夜吟啸，雄心日千里。
誓欲斩鲸鲵，澄清洛阳水。六合洒霖雨，万物无凋枯。
我挥一杯水，自笑何区区。因人耻成事，贵欲决良图。
灭虏不言功，飘然陟方壶。惟有安期舄，留之沧海隅。

这两首诗，前一首的前半篇叙安禄山叛乱及张镐肩负平叛重任；后半篇表示欲投张镐麾下建功立业。诗人自比管仲、鲍叔牙等，又以周亚夫之得剧孟，桓温之遇王猛，拟之张镐之于己，以冀己之被张镐委任录用。后一首，乃自传和述志之篇。张镐此行节度河南、都统淮南等道军事，李白视为己之替国出力之良机，故一再赠诗，畅述心迹，抒发平乱救国澄清天下的壮志和功成身退之情。而《避地司空原言怀》却是"卜筑""潜光"隐居，而且还要"倾家事金鼎"，"弄景奔日驭，攀星戏河津。一随王乔去，常年玉天宾"，炼丹修道成仙，常年为玉帝之宾。显然，《避地司空原言怀》与《赠张相镐二首》不作于同一处境，且时间上又相差无几的流放前。

《赠张相镐二首》，王琦《年谱》、詹锳《李白诗文系年》、安旗薛天纬《李白年谱》皆系于至德二载。因为据两《唐书》《通鉴》之载，至德二载八月，以张镐为河南节度、采访等使都督淮南诸军事，十月，为解睢阳之围（见前辨《中丞宋公以吴兵三千赴河南军次寻阳脱余之囚参谋幕府》之系年）军次宿松，李白写下了这两首赠诗以求用。其所以时在宿松，盖因李白系狱寻阳，经崔涣、宋若思先后"推覆清雪""脱余之囚"，又参谋宋若思幕府，随至武昌，但宋若思毕竟是"以吴兵三千赴河南"，而其时李白一案，虽经"推覆清雪""奏闻"朝廷，但朝廷的批文未下达，宋若思不可能让尚是囚犯身份的李白随军赴河南。因而，李白不得不离开宋若思幕府，到宿松去暂住。其所以称"逃难"者，因为永王事系狱，虽经"推覆清雪""奏闻"朝廷，但朝廷批文未达，虽释之囚牢，但尚是囚犯的身份。以囚犯的身份到宿松暂住，能不算是"逃难"么！虽然是"逃难"，但此时的李白，经崔涣、宋若思"推覆清雪"，又被宋若思从监狱放出请到了幕府，满以为自己从璘之事已经脱了干系，朝廷不会再加罪于他，于是平乱救国建功立业之志再度萌生，"风云激壮志"，即使是"逃难"的病中，他也"誓欲斩鲸鲵，澄清洛阳水"，所以他诗赠张镐，希望张镐能如大块之噫气鼓我青蘋（"大块方噫气，何辞鼓青蘋"）而为灭虏"我挥一杯水"。全然不似《避地司空原言怀》那样的情怀。

那么，李白是什么时候"避地司空原"，而"避"的又是什么呢？我们认为，李白避地司空原是在至德二载"雪霁万里月，云开九江春"的初春，"避"的是永王之乱。

据两《唐书》《通鉴》载，至德元年十二月，"永王璘擅引兵东巡，沿江而下，军容甚盛，然犹未露割据之谋"（《通鉴》卷219《唐纪》35），至德二载"正月永王璘陷鄱阳郡"，二月"戊戌（初九日）庶人璘伏诛"（《新唐书·肃宗纪》），至德二载二月，"永王璘兵败，奔于岭外，至大庾岭，为洪州刺史皇甫侁所杀"（《旧唐书·肃宗纪》）。可见永王璘起兵谋反是在至德二载正月。李白入幕永王应该是十一二月永王"沿江东下"经庐山时。其入幕虽然是自愿的，但其目的却是以"绵疾疲薾"之身救之"中原横溃"（《与贾少公书》），怀抱一腔平乱报国之志。入幕之后，他在《在水军宴赠幕府诸侍御》一诗中写道："宁知草间人，腰下有龙泉。浮云在一决，誓欲清幽燕。愿与四座公，静谈金匮篇。齐心戴朝恩，不惜微躯捐。"虽然他在入幕永王之初也写了《永王东巡歌》那样的颂扬之作，但那是在永王"犹未露割据之谋"的时候。以李白入幕永王的目的和怀抱的理想，一旦永王起兵谋反，李白还会追随直到最后永王兵败被杀么！据《新唐书·永王璘传》载，永王从将季广琛"知事不集，谓诸将曰：'与公等从王，岂欲反邪？上皇播迁，道路不通。而诸子无贤于王者，如总江淮锐兵，长驱雍洛，大功可成。今乃不然，使吾等名挂叛逆，如后世何！'众将许诺，遂割臂盟。于是（浑）惟明奔江宁，冯季康奔白沙，广琛以兵六千奔广陵。使（高仙）琦追蹑之，广琛曰：'我德王，故不忍决战，逃命归国耳。'"

从永王之战将若季广琛等尚且如此，何况李白乎！李白离开永王幕府，一定会是在永王起兵攻陷鄱阳郡的至德二年正月或稍前，因为据《新唐书·永王璘传》载，永王见江淮"富且强，遂有窥江左意，以薛镠、李台卿、韦子春、刘巨鳞、蔡駉为谋主"，并无李白，或可认为李白在永王起事之初就已脱离其幕府，《新唐书·李白传》就说是"璘起兵，逃还彭泽"。正是在这个时候，他"避地司空原"，"避"永王之乱。李白一生追求的是"申管晏之谈，谋帝王之术，奋其智能，愿为辅弼，使寰区大定，海县清一，事君之道成，荣亲之义毕"（《代寿山答孟少府移文书》），然而却屡遭失败。这次，入幕永王府，本是要救之"中原横溃"，为"戴朝恩""不惜微躯捐"，岂料非但壮志未酬，反倒大上其当，"虽有匡济心，终为乐祸人"，其内心的哀痛悲伤可想而知。只好抽身而出，"避地司空原""卜筑""潜光"，"事金鼎""保清真"，修道求仙，以为排遣。

以此而论，李白《避地司空原言怀》当然不作于乾元元年的初春，而是作于至德二载的初春。李白坐永王事于狱中，并非如"新说"（吕文）所言是至德二载初春，而是在永王兵败被杀的至德二载二月以后。因为只有永王失败被杀以后，朝廷才有可能追究到李白。所以，李白"避地司空原"与他坐系寻阳狱在时间上并无抵牾。倒是说李白"避地司空原"是乾元元年初春，非但与他《赠张相镐二首》的精神面貌迥异，也与他流放的起始时间相抵——安旗、薛天纬《李白年谱》至德二载："本年十二月戊午（十五）日，朝廷因玄宗回长安，'赐酺五日'。时白已身为罪人，故不得参与此庆祝活动，乃作《流夜郎闻酺不预》诗，则白之判流当在本月或本月以前。"

二、"新说"所据碑、序及杂记材料的真实性讨论

"新说"诸家为成其说，还引了一些序、志、碑及杂记等外证材料。这些材料中，有的真实性、可靠性也还需要探究。

（一）李阳冰《草堂集序》之"神龙之始，逃归于蜀，复指李树而生伯阳"

李阳冰《草堂集序》（以下简称李《序》），是李白生于神龙元年（或神

龙二年）卒于大历元年（或以后）说者最所倚重的材料，是李白生于神龙元年（705）说最原始的依据。但是，这条材料于李白的生年却是有问题的。李白至德二载（757）所写之《为宋中丞自荐表》明确地说其时他年"五十有七"，这与"神龙之始"生，相差甚远，这便是最明显的矛盾。

李《序》最后所言"是时宝应元年十一月乙酉"，虽然是李《序》成之时，却不一定是李白之卒日，但是，如果李白其时尚在世，可为什么此后再也没人对他宝应元年十一月以后有只言片语的记载？不仅说"白未绝笔，吾其再刊"，"其他事迹，存于后序"（魏颢《李翰林集序》）的魏颢再无一字之续，就连在李阳冰之后不久为李白作墓志的李华也未言及。李华其人，《新唐书》本传载其"大历初卒"，闻一多《唐诗大系》考订其卒于大历元年（766）。那么，李华为李白作《故翰林学士李君墓志》（以下简称《墓志》）时，去李白之死最多只有四五年。这个时间距离是很近的，如果李白在李阳冰作《序》时尚在世，其后为他作《墓志》的李华理应在《墓志》中补出李白宝应元年十一月以后的经历，因为墓志本来就是为过世者传其生死履历的。而且，从《墓志》"有子曰伯禽，天然长能，持幼能辩，数梯公之德，必将大其名也已矣"的行文看，李华《墓志》当是受李白之子伯禽所请而为。事实上，墓志碑铭一类，自古以来也多是出自墓主亲属之嘱托，即如李华，《新唐书》本传谓其"不甚著书，惟天下士大夫家传墓版及州县碑颂，时时赍金往请，乃强为应"。那么，如果李白宝应元年以后还在世，而李阳冰《序》又没有叙及（以伯禽作为李白儿子的身份，李阳冰的《序》他不可能不读到），伯禽便不可能不嘱之李华，李华也就没有理由不在《墓志》中叙及。但是，李华的《墓志》对此却无只字。所有这些，都只能说明一个问题，李阳冰为李白编集作序时，李白已不在人世。（按，李华《墓志》，李从军先生《李白卒年辨》指为伪作，非是。辩之详后）

李阳冰为李白编集作序时李白已不在人世，这从李《序》本身也可以寻得一些线索。

其一，从称谓上看，李白称李阳冰为"从叔"。李阳冰是高辈，李白是低辈，他的《献从叔当涂宰阳冰》是他赠人之作中极少用"献"字的一首，在这首诗中自称"小子"（"小子别金陵，来时白下亭"），这符合双方的辈分，也是对李阳冰身份、时望、政声的尊崇。《献从叔当涂宰阳冰》这首诗，王琦注引

《宣和书谱》：阳冰"善词章，留心小篆迨三十年，作《刊定说文》三十卷以纪其学。人指以为仓颉后身"，"议者论有唐三百年以篆称者，唯阳冰独步"；在这首诗中，李白称颂李阳冰之宰当涂，"惠泽及飞走，农夫尽归耕"，"雅颂播吴越，还如太阶平"。时望、政声如此，所以李白"献"诗自称"小子"。而李阳冰，在《序》中始终称李白为"公"，这就有失高辈的身份了，这也是违"礼"的，但却符合古今以死者为大、以死者为尊的传统习俗。

其二，李阳冰将李白文集定名为《草堂集》，说明其时已完成了对李白文集的编修。李阳冰在《序》中称李白"草稿万卷，手集未修。枕上授简，俾余为序"。"万卷"虽是夸大之词，但从乐史的《李翰林别集序》、宋敏求的《李太白文集后序》可知，李阳冰编成的《草堂集》也有十卷约四百余篇（按，乐史《李翰林别集序》谓"李翰林歌诗，李阳冰纂为《草堂集》十卷"，宋敏求《李太白文集后序》称"唐李阳冰序《草堂集》十卷……咸平中，乐史别得歌诗十卷，凡七百七十六篇"。以此估计《草堂集》收诗四百余篇）。如果考虑到李阳冰在编修中捡择删削（因为李《序》说"当时著述，十丧其九，今所存者，皆得之他人"，编修时便需要捡择删削）以及文集在以后流传中的散佚等因素（按，《旧唐书·李白传》谓"有文集二十卷，行于时"，宋人陈振孙《直斋书录解题》也说"唐志有《草堂集》二十卷者，李阳冰所录也"，而乐史《李翰林别集序》称"李翰林歌诗，李阳冰纂为《草堂集》十卷"，则《草堂集》至宋代乐史编《李翰林集》时散佚颇多矣），以编成之后这样一个数量的"草稿"，要编修成集，恐非一时之功；而且，李《序》于李白"不读非圣之书，耻为郑、卫之作，故其言多似天仙之辞。凡所著述，言多讽兴。自三代已来，风骚之后，驰驱屈、宋，鞭挞扬、马，千载独步，唯公一人。故王公趋风，列岳结轨，群贤翕习，如鸟归凤。卢黄门云：陈拾遗横制颓波，天下质文翕然一变，至今朝诗体，尚有陈梁宫掖之风。至公大变，扫地并尽；今古文集，遏而不行，唯公文章，横被六合，可谓力敌造化欤"的评价，非率尔之言敷衍之辞，确是知者之论。如此，则非对李白赋予的"草稿万卷"潜心研读不可。如果李白宝应元年十一月时尚在世且在病中"又疾亟"，李阳冰恐无暇为李白编修其集，更不容潜心研读，何况其词颇似对李白的盖棺之论。

其三，虽然李《序》所说的"宝应元年十一月乙酉"是作序的时间，并不一定是李白的死日，但序称其时"公又疾亟"，说明李白其时已经病危，将不久于人世了。所谓"疾亟"，即疾急、疾危也，乃临终之兆。言"疾亟"（或病亟、疾革、病革）者，多是病危将卒。如《礼记·檀弓下》，"卫有太史曰柳庄，寝疾。公曰：若疾革，虽当祭必告"（按，郑玄注："革，急也"）；《新唐书》，"（宝应）元年建巳月（四月），肃宗寝疾……四月丁卯……肃宗疾革……是夕，肃宗崩"；《新五代史·前蜀世家·王建》载，（建）"思择人未得而疾亟，乃以宦者宋光嗣为枢密使判六军，而建卒"。宋叶适《赵孺人墓铭》，"以是病革，索浴洗，换新衣"。可见"疾亟"与死只是数日而已。李阳冰之谓"公又疾亟"，不止一次地"疾亟"，当是李白不久于人世的时候了。李白于"疾亟"之时"枕上授简，俾余为序"，显然是在向李阳冰托付后事了。

其四，李阳冰在《序》中说，"自中原有事，公避地八年"，从安史之乱的天宝十四载（755）到李阳冰《序》成的宝应元年（762），正好是李白漂流江南一带的八年。李阳冰是把这个年限说断了的。试想，倘若李白其时尚在世，焉知其后还要"避地"多少年，那么李阳冰又怎么可能去说断呢？李白往依李阳冰，其时虽然是"群凤怜客鸟，差池相哀鸣"，但却已经是"赠微所费广，斗水浇长鲸"（《献从叔当涂宰阳冰》）了，而李阳冰却还要将"避地八年"说断了，岂不等于是在赶李白走么？而且当着一个"又疾亟"之人这么说，就更不合情也不合理。顺着这个思维，"自中原有事，公避地八年"，这当中其实含着一个以后不会避地于此了的意思，也就是说，李白其时已经不在世了。

如前所述，李华的《墓志》，去李白最多不过四五年，历时未久，亲属不会误嘱，李华不会误记。因此，李华《墓志》称李白"年六十有二，不偶，赋《临终歌》而卒"应该是完全可信的。但如前之证，李阳冰为李白编集作序的宝应元年李白已经不在世，从神龙元年（705）到宝应元年（762），只有五十六岁，这就可见李阳冰《序》所谓"神龙之始，逃归于蜀，复指李树而生伯阳"的"神龙"显然是错误的。不过，这个错误的造成不在李阳冰。因为这与李白至德二载所作的《为宋中丞自荐表》自叙的其时年"五十有七"不相吻合，李阳冰编集作序是显然能够察觉的，而是后来或文字漶漫，或传抄，或刊刻造成的。李阳冰的《序》，李华应当是读到过的。即使不能读之他处，伯禽请他为父作墓志时也会提供。正因为李阳冰对李白之生平经历叙之甚详，所以李华无需重言，以至《墓志》甚为简短。这就是说，李华完全信从了李阳冰的《序》，也就是说李阳冰之所叙，与伯禽嘱托李华作墓志时所述是一致的。可是，从宝应元年（762）逆数至神龙元年（705），只有五十六年，李华却断然地称（也是李白之子伯禽所嘱）李白享年"六十有二"，可见李华读到的《草堂集序》并非"神龙"，否则，对如此明显也是很严重的错，他不会置之不理。

范传正作于元和十二年（817）的《唐左拾遗翰林学士李公新墓碑并序》（以下简称范《碑》）也称"神龙初，潜还广汉"，则是对李《序》已误成"神龙"的因袭。不过，从范《碑》的行文看，范传正对此也不是没有疑虑。且看范《碑》的行文：

> 公名白，字太白，其先陇西成纪人。……神龙初，潜还广汉，因侨为郡人。
>
> 父客，以逋其邑，遂以客为名，高卧云林，不求禄仕。公之生也，先府君指天枝以复姓，先夫人梦长庚而告祥，名之与字，咸取所象。

范传正在写到"神龙初，潜还广汉"之后，并没有像李《序》那样紧接着写李白的出生，而是叙完"父客……"之后才说"公之生也……"。显然，范传正回避了李白是不是神龙元年出生的这个问题。这种回避，正表明了他对李白生于神龙元年的疑虑。

至于"神龙"是否即如王琦所怀疑的"岂神龙之年号乃神功之讹"（王琦注《李太白全集》附录《年谱》），因属无据之言，存疑而已。后世虽有论说，如裴斐先生《李白出生碎叶兼及其籍贯问题》（《江汉论坛》1984年第1期）、《李白出生地辨》（《人民日报》海外版1987年12月12日）、《"神龙之年号乃神功之讹"补正》（《中国李白研究》1991年集）等文，但终因无直接证据，难以让人信服。虽然如此，但"神龙"为漶漫或传抄或刊刻之误，而且误成于李华《墓志》之后到范《碑》之前却是可以肯定的。

以此而论，李《序》之谓"神龙之始，逃归于蜀，复指李树而生伯阳"之"神龙"不可用以定李白生年并以此推断其卒年。

（二）裴敬《翰林学士李公墓碑》之郭、李互救

郭子仪、李白之互救，最早为裴敬《翰林学士李公墓碑》所载，谓李白"尝有知鉴，客并州，识郭汾阳于行伍间，为免其刑责而奖重之。后汾阳以功成官爵，请赎翰林，上许之，因免诛，其报也"。乐史《李翰林别集序》也说"白尝有知鉴，客并州，识汾阳王郭子仪于行伍间，为脱其刑责而奖重之。及翰林坐永王之事，汾阳功成，请以官爵赎翰林，上许之，因而免诛"（按，乐史此序说"有三事，近方得之"，其中便有此事。或者乐史正是袭之裴敬）。后来此事被宋祁编入《新唐书·李白传》："安禄山反，转侧宿松、匡庐间，永王璘辟为僚佐。璘起兵，逃还彭泽；璘败，当诛。初，白游并州，见郭子仪，奇之。子仪尝犯法，白为救免。至是子仪请解官以赎，有诏长流夜郎。"郭、李互救，三家一词，有同"三人成虎"，故后世颇有认其真者，如"新说"（吕文、舒文），一个说"作为肃宗股肱，国家栋梁，即将被委以进攻长安这样重任的郭子仪主动出面请求解官为李白赎罪，故而李白的死罪得以幸免，被改判加役流，长流夜郎"（吕文），一个说"此次系狱由'当诛'之极刑改为免死，在朝中全仗名将郭子仪'请解官以赎'竭力相保……郭子仪以征讨安史叛军领兵统帅的赫赫地位鼎力相救，也才得以解脱李白死刑，但仍没办法阻止唐肃宗对李白'长流夜郎'的重判"（舒文）。

李白救免郭子仪一事，詹锳先生在《李白诗文系年》中详稽郭子仪仕历等，认为"太白解救汾阳王之说，纯属伪托"。后来，裴斐先生在《李白的传奇与史实》（《文学遗产》1993年第3期）中亦有申说。李白救免郭子仪一事属子虚乌有，且与后来李白坐永王事"免诛"无关，此不再议。至于李白是否为郭子仪所救，詹锳先生谓"至汾阳以官赎翰林，确否虽不可必，然其决非'报德'明矣"。裴斐先生亦只说道："如确有其事，一位功高德劭之中兴名将为自己赎罪，李白晚年自述生平之诗文中竟只字不提，岂不怪哉！"虽然如此，但似还可以详加申说。

其一，李白至德二载系寻阳狱，但据两《唐书》之载，至德二载前后，郭子仪率师平乱一直在河北、河东、关内诸郡，战事频繁，与寻阳途程也甚遥远，既不可能见到李白，也无得到李白系狱消息的可能。以郭子仪其时的身份地位（《新唐书·肃宗纪》至德二载"四月戊寅，郭子仪为关内、河东副元帅"，闰

八月"广平郡王俶为天下兵马元帅，子仪副之"），即使寻阳地方官府有对李白下狱的奏报，因非其所管，亦不可能有所闻见，何况其官职并不在朝堂，而是在战场，则更无可能闻见。李白系狱既不得闻于郭子仪，当然就不会有子仪救援的事。

其二，按裴敬、乐史的说法，郭子仪是"以官爵赎"李白，但据《旧唐书·郭子仪传》，郭之有爵位是上元三年即宝应元年（762）二月：上元三年二月"遂用子仪为朔方、河中、北庭、潞、仪、泽、沁等州节度行营兼兴平、定国副元帅，充本管观察处置使，进封汾阳郡王，出镇绛州"，其于至德二载（757）李白系狱寻阳相去已是五年。可见李白并无郭子仪"以官爵赎"之救。而至德二载，郭子仪虽"进位司空，充关内、河东副元帅"，但旋即战败，"诣阙请罪，乞降官资。乃降为左仆射"（《旧唐书·郭子仪传》）。这种情况，恐怕再不可能去"请以官爵赎翰林"，而且，司空、副元帅也不是爵位（"官爵"）。

其三，永王李璘受玄宗之命领江南诸道行营节度使，拥兵囤粮聚财，被肃宗朝视为谋反遭到镇压，李白"璘起兵，逃还彭泽"。李白从璘虽无谋反之意，亦无谋反之实，却有谋反之名。按大唐律令，危社稷者为谋反罪，属死刑。《通典》卷165载："诸谋反及大逆者，皆斩。"对自己所负之罪，李白当然是清楚的，他深知此次下狱乃是性命攸关。因此，在狱中，他急急忙忙四处求救，有《狱中上崔相涣》"应念覆盆下，雪泣拜天光"，又有《系寻阳上崔相涣三首》（其一）"邯郸四十万，同时陷长平。能回造化笔，或冀一人生"，还有《上崔相百忧草》"覆盆倘举，应照寒灰"。他还投诗魏郎中，"如其听卑，脱我牢狴"（《万愤词投魏郎中》），也诗谒高适，"我无燕霜感，玉石俱烧焚"（《送张秀才谒高中丞》），诉其遭罹祸之况，意在企求援救。甚至就连赴崔相公（崔涣）幕的史司马也寄予希望，"珍禽在罗网，微命苦犹丝。愿托周周羽，相衔汉水湄"（《送史司马赴崔相公幕》）。李白四处求救，却并没有求到时居高位的郭子仪。这说明了什么？说明李白、郭子仪既无交往，更无交情，说明李白获罪下狱不为郭子仪所知，说明救李白于牢狱的不可能是郭子仪。

既如此，郭子仪解救李白，亦如李白解救郭子仪，"纯属伪托"。

李白后来以死罪改判流放，就中缘由难以考察，是否有伸援手者（如他在狱中投诗求救的那些人），或是崔涣、宋若思"推覆清雪"的"奏闻"，或者是宋若思的表章（即《为宋中丞自荐表》），起到了一些影响和作用，虽无可考，但却可以肯定地说，与郭子仪毫不相干。

郭、李互救，其所以被裴敬写入《翰林学士李公墓碑》，盖自中唐以来，传奇小说颇为兴盛，"中晚期唐人传奇中，有一类近乎野史杂记，内容多述名人异物奇闻轶事"（郭预衡《中国古代文学史长编·隋唐五代卷》），《国史补》《酉阳杂俎》《松窗杂录》等皆此之类。人们，尤其是文人，出于对李白的喜爱、仰慕和赞赏，以及对社会的针砭，李白的传奇故事得以产生于文人笔下（或产生于民间而经文人加工整理），如《国史补》《酉阳杂俎》《松窗杂录》中皆记李白醉使高力士脱靴一事。这个故事的流传，我们曾这样认识："李白待诏翰林，终至被逐，本是因为宫中权贵的谗毁，不能没有高力士的中伤，李白令其脱靴，戏弄于金銮殿上王公大臣之前，大为李白抱屈者一抒胸中不平，又使李白狂傲不羁的性格充分表现，岂不快意！……文人对宦官历来鄙夷，对宦官弄权更为痛恨，中晚唐之际宦官专权尤剧，有李白这样一位声震朝野的大诗人把显赫一时的宫廷权贵的代表人物高力士那样一个大宦官当着皇帝老儿的面戏弄一番，为天下人泄愤，岂不痛快！"（《中国李白研究》1994年集《唐五代时人论李白述评》）以此认识推测李、郭互救，人们赞赏李白不仅异于常人，不仅有诗才文才，而且颇有识见，有知人之能的"知鉴"。看裴《碑》，"先生得天地之秀气耶？不然何异于常人耶？或曰太白之精下降，故字太白，故贺监号为谪仙，不其然乎！故为诗格高旨远……又尝有知鉴，客并州"的行文，正是如此。兼之李白犯谋逆罪而又终免死刑，何人有此能力？于是便附会出一个功高德劭其官爵足以抵死罪的郭子仪来。为了使故事来龙去脉的合情合理，又演绎出了先有李白脱郭刑责，后有郭之报恩李白脱其死刑的故事来。而且，看裴《碑》对此事"其报也"的感慨，未必没有对世风士风的喟叹和对传统报应观的肯定。若如此，裴敬将传闻入李白碑文以彰显李白，用心却颇良苦，事虽不实，亦无不可。而且，碑文本来就是述死者事迹功业德行的，于功于德有所夸饰，亦非过情越理。然而，乐史将其纳入《李翰林别集序》已是以谬传谬，后之修《新唐书》不审其真伪而编入"正史"，却更是失误。而且，更有甚者，由此又编出李白两次下狱之事。在《新唐书·李白传》编纂者看来，《为宋中丞自荐表》既然说是"前后经宣慰

大使崔涣及臣推复清雪"，当然就有"前后"两次坐牢；两次坐牢就有"前后"两次"推覆清雪"；"崔涣及臣推覆雪"后又"脱余之囚参谋幕府"，这似乎应该是"后"一次；裴敬《翰林学士李公墓碑》和乐史《李翰林别集序》所载郭子仪"以官爵赎翰林"就应该是"前"一次了。这看起来好像很合理，但殊不知却是对裴《碑》、乐《序》李、郭互救故事的误采和对《为宋中丞自荐表》之"前后经宣慰大使崔涣及臣推覆清雪"等的误读而致错（"前后"云云，已辩之，在前"《为宋中丞自荐表》系年之辨"）。

李白是不是两次系狱，这本是一个旧话题，宋人曾巩、清人王琦早有辩说。曾巩《李太白文集后序》云："永王璘节度东南，白时卧庐山，璘迫致之。璘等兵败丹阳，白奔亡至宿松，坐系寻阳狱。宣抚大使崔涣与御史中丞宋若思验治白，以为罪薄宜贳。而若思军赴河南，遂释白囚，使谋其军事。上书肃宗，荐白才可用，不报。是时白年五十有七矣。乾元元年，终以污璘事长流夜郎。……而新书又称白流夜郎还寻阳，坐事下狱，宋若思释之者，皆不合于白之自叙，盖史误也。"王琦注《李太白全集》附录《年谱》谓："琦按，太白所作《为宋中丞自荐表》云：'前后经宣慰大使崔涣及臣推覆清雪，寻经奏闻。'是寻阳下狱而宋若思释之，正坐永王事也。《新唐书》以一事分为二事，殊谬。"曾、王对《为宋中丞自荐表》的理解均极正确，所辨极是，只是未尽其详，致使后世学人或者不以此辨为然，仍以《新唐书》为是，或者忽视此辨，莫明《新唐书》之误。今且附言于辨郭子仪"以官爵赎翰林"之后（前文"《为宋中丞自荐表》系年之辨"辨之甚详）。

（三）唐李士训《记异》：大历初李白受授《古文孝经》

郭忠恕《汗简》卷7《略叙目录》引唐李士训《记异》："大历初，予带经钼瓜于灞水之上，得石函，中有绢素《古文孝经》，一部二十二章，壹仟捌佰柒拾贰言。初传与李太白，白授当涂令李阳冰，阳冰尽通其法，上皇太子焉。"这条材料，"新说"（舒文）非常看重，也依据这条材料定李白卒于大历元年（766）。说是"笔者新近发现的史料"，"这是一条非常珍贵的史料，其记载明确告诉我们，李白'大历初'尚从李士训处得新出土的'绢素《古文孝经》'，并将之传与李阳冰。由此可知，李白的卒年最早也应在大历元年"。

这条"史料"虽然是"笔者新近发现的",但其本身并不"新",王琦注《李太白全集》附录"外记"中就已收录,只是他录自宋人朱长文所撰《墨池编》,其文为"李士训《纪异》曰:霸上耕得石函绢素《古文孝经》,初传李白受李阳冰,尽通其法,皆三十二章,今本亦如之"。王琦归入"法书"一类,可见它并不具有"史料"价值。

　　就算它是史料,衡量其珍贵与否,并不只在于他的唯一性,也并不在于收录这条材料的《汗简》"系今存唐、宋最早的字形工具书之一,所录古文字形都是五代和北宋时期可见的古文字资料,相当一部分出自战国古文",因为它毕竟只是"字形工具书",收录的也只是"古文字资料",而更在于《记异》和《记异》所记这条材料的真实性、可靠性。《记异》一书,因其失传而不得窥其全貌,但从《太平广记》卷461所收之"高嶷""天后"两则,似可探得《记异》所记之"异"为何。"高嶷"记渤海太守高嶷死而复苏,"悟白衣人乃是家中老瞎麻鸡";"天后"记唐文明年间"天下诸州,进雄鸡变为雌者甚多"。其出处皆谓"出记异"。两则皆荒诞不经之事,可见《记异》所记之极不可信。

　　《记异》所记大历初李白传《古文孝经》与李阳冰,其真实性也是大有疑问。李《序》云:"阳冰试弦歌于当涂,心非所好,公退不弃我,乘扁舟而相顾。临当挂冠,公又疾亟,草稿万卷……俾余为序。……时宝应元年十一月乙酉也。"据《宣和书谱》所载:"唐李阳冰,字少温,赵郡人,官至将作少监。"既然李阳冰后来官至"将作少监",则此时的"挂冠"即是秩满离任。宝应元年(762),李阳冰就秩满将离任,只是因为李白"又疾亟",才暂时未离当涂,岂会直到四年以后的大历元年(766)还在当涂令任上?何况唐时制度,官秩满后,皆于冬时赴京候选,李阳冰就更不可能久待在当涂令任上了。于此可见,《记异》所记李白大历初受《古文孝经》再传与李阳冰之事不实。这恐怕正是王琦于此条材料录而不用,仅置之"外记"又归入"法书"一类的原因所在吧。

　　再说,据《三辅黄图》六《杂录》载:"关中八水皆出入上林苑。霸水出蓝田谷,西北入渭。"李白自天宝十四载避乱江南一带直到老病身死,足迹再未及关中,如何能在"灞水"(或"霸上")受李士训《古文孝经》?就假设是李士训南下授《古文孝经》与李白,但是既然已经南下了,何不直接授予李阳冰,因为李阳冰可是当时声名很高的书法家、古文字学家。《宣和书谱》说李阳冰"留

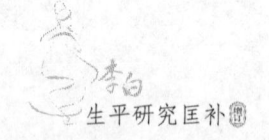

心小篆迨三十年，初见李斯"峄山碑"与仲尼延陵季子字，遂得其法，乃能变化开合，自名一家。推原字学，作《书法论》以别其点画。又尝立说，谓于天地山川，得其方员流峙之形；于日月星辰，得其经纬昭回之度。近取诸身，远取万类，幽至鬼神情状，细至于喜怒之舒惨，莫不毕载。……作《刊定说文》三十卷以纪其学。人指以为苍颉后身"。如此李阳冰，李士训将具有法书、古文字学价值的《古文孝经》直接授予岂非正得其人！何必还借李白之手？李白并非古文字行家，李士训有何必要将"古文字资料"性质的《古文孝经》传给李白？而且李白是否授予李阳冰，李士训并未亲见（如果是亲见，他也应该直接授予李阳冰），他是何由得知"白授当涂令李阳冰"？当然也就更无由得知"阳冰尽通其法，上皇太子"了。

再退一步说，即使《记异》不谬，则李白"大历初"在世就不止于大历元年（766）了。试想，李士训于关中灞水得《古文孝经》传与李白，李白再授阳冰，如此辗转，即便是只计途中，也要有一个时间过程。据《新唐书·代宗纪》载，永泰二年"十一月甲子，大赦，改元"。这就是说，大历元年实际只有一个多月的时间。在如此短的时间内不可能完成李士训—李白—李阳冰这样一个受授过程。因此，李士训所说的"大历初"就"初"到大历二年（767）了。但是，这样一来，与李白的享年岂不相矛盾？如此，又怎能说"李士训《记异》言李白'大历初'（766）尚在人世的事实，与有关李白生平的其他史料，诸如……李华《李翰林墓志铭》所载十分吻合"？而且，如果李白的享年突破了李华所说的"六十有二"，而"初"的时间界限又极模糊，就像舒文（《李白卒年诸说平议》）自己所说的那样，"就通常习惯而言，其年号之言'初'者，其范围往往具有一定的伸缩性，既可是改元当年，也可是次年或更后。……大历也有十四年，李士训的'大历初'也可能'初'至元年以后"，则李白的卒年岂不就没有了时间底线？我们如此一说，旨在揭出李士训《记异》及以《记异》为基础依据推出的李白卒于大历元年的不实。

《记异》所记李白大历初受授《古文孝经》显然是不可信的，但是它却很迷惑人，因为是《记异》作者所亲历，既亲自发现《古文孝经》于地下石函，又亲授予李白。虽然如此，但诸多的不实，却让我们大可认为是李士训的杜撰。或许正是李士训读到了韩愈《科斗书后记》之"贞元中，愈事董丞相幕府于汴州，识开封令服之。服之者，阳冰子，授余其家科斗《孝经》"，加之之前《孝经》无来处，而其时李阳冰已不在世，科斗文《孝经》之来路便无人可知，大概李士训对李阳冰和李阳冰与李白的关系有些了解，于是便编造出了这么一个《古文孝经》出于他的故事，以自神其说夸衒于世。有了李白、李阳冰当时诗坛、书坛的两大明星，似乎就更能让人相信。可是殊不知却因弄不清李阳冰离任当涂令的时间和李白的卒年而露了马脚，又以不知之事（李白授阳冰，阳冰上皇太子）为知，露出了编造的痕迹。

李白大历初受授《古文孝经》，明明只是一个虚妄的故事，而今之"新说"（舒文）论者，非但不识其虚妄，却反而无视或歪曲理解李白自己在《为宋中丞自荐表》《为宋中丞请都金陵表》中提供的年代线索，不顾及两文中涉及的史实而将《为宋中丞自荐表》作年后推，以强合于大历初李白尚在世的《记异》所记，这就颇有点"宁信度，勿信足"之嫌了。

三、李白卒于宝应元年

"新说"所持以为李白卒于广德元年（763）或广德二年（764）或大历元年（766）或大历二年（767）或永泰元年（765）之论的依据是不确实的，因而李白卒年的结论也是错误的，其所谓旧说之不可圆通处，其实都完全契合。这说明李白卒于宝应元年是可靠的。

李白生于长安元年（701）卒于宝应元年（762），是王琦《年谱》以李白至德二载（757）所作《为宋中丞自荐表》之谓"年五十有七"与《墓志》之谓"年六十有二，不偶，赋《临终歌》而卒"合推之所得。但是，"新说"诸家为了维持其说，对这一"旧说"的否定却是大费周章。或者以《为宋中丞自荐表》为伪，或者将其系年挪后；或者以李华《墓志》为伪，或者认为有"严重的夺误或溢漫"。《为宋中丞自荐表》是否为伪，他人已辩之，其系年，前文已做详细探讨，此皆无需再论。而李华《墓志》，"新说"（李文）辨之为伪，却也并无确据，而且颇有失察之处。

"新说"（李文）辨李华《墓志》为伪者理由有四：其一，《墓志》"终唐之世，乃至北宋前期，均不见文献记载，古本李白集中，也未附此文"，"《文苑英华》所收李华为他人作的碑铭共有十余篇之多，却唯独没有《故翰林学士李君墓志》","《文苑英华》范《碑》等下注曰:'附见李白集。'又可知碑文是从当时古本李白集选入的。从而说明古本李白集子也没有所谓李华的这篇碑文","今本李白集中所谓李华墓志不仅不见于唐人记载,甚至就连北宋乐史的《李翰林别集序》和曾巩的《李太白文集后序》中也均未提及","又未被收入类书,也未被其他文献所提及,从而说明这个墓志绝非李华手笔,而是宋以后人之所为"。其二,"此碑文曰:'……青山北址,有唐高士李白之墓……'据新旧《唐书》本传记载:李华……大历初年卒。但是'唐高士李白之墓'在大历之前并不在青山北址,而是在龙山东麓,只是到元和十二年正月二十三日才由龙山东麓迁往青山北址的。这由范传正《唐左拾遗翰林学士李公新墓碑》可证:'……殡于龙山东麓,地近而非本意。……因当涂令诸葛纵会计在州,得谕其事。……便道还县,躬相地形,卜新宅于青山之阳,以元和十二年正月二十三日迁神于此。'……李华已去世五十年了,又怎么可能作'呜呼,姑熟东南,青山北址,有唐高士李白之墓'的碑文呢?"其三,"范碑既为'新墓碑',那么,未迁入青山前,龙山旧墓定然有旧碑,这个旧碑却是指刘全白的",但"在刘全白立碑之前,原龙山旧墓无碑","这也就是说,所谓的李华碑铭,实际上也是不存在的"。其四,"碑铭短得可怜","竟然连李白的家世和待诏翰林的经历也只字不提,而李华的其他碑铭……无论是内容还是风格,都与今本李白集所附李华碑文……文风殊异"。

"新说"(李文)这四条理由,第一条乃失察于李白集古本之载。

据宋人陈振孙《直斋书录解题》卷16云:"乐史序文称《李翰林集》十卷,别收歌诗十卷,因校勘为二十卷,又于馆中得赋、序、表、书、赞、颂等亦为十卷,号曰别集。然则三十卷者,乐史所定也。家所藏本,不知何处本,前二十卷为诗,后十卷为杂著,首载阳冰、史及魏颢、曾巩四序,李华、刘全白、范传正、裴敬碑志,卷末又载新史本传,而《姑孰十咏》《笑矣》《悲来》《草书》三歌行,亦附焉。复著东坡辨证之语。其本最为完善。别有蜀刻大小二本,卷数亦同,而首卷专载碑、序,余二十三卷歌诗,而杂著止六卷。有宋敏求后序……如其言,然则蜀本即宋本也耶?末又有元丰中毛渐题,云'以宋公编类之勤,曾公考次之详,而晏公又能镂板以传于世',乃晏知止刻于苏州者。然则蜀本盖传苏本,而苏本不复有矣。"赵希弁《郡斋读书志·读书附志》卷下云:《李翰林文集》，"《读书志》云二十卷。希弁所藏三十卷。以常山宋敏求、南丰曾巩序考之，则三十卷为是。然第一卷乃李阳冰、魏颢、乐史三人所作序，李华、刘全白、范传正、裴敬四人所作志与碑。第二卷以后乃白诗文"。这两段文字说明，较之乐史所编李白集三十卷"最为完善"的陈振孙"家所藏本"和赵希弁"所藏三十卷"，已经收录了李华的《墓志》。何谓"古本李白集中，也未附此文"？陈振孙《直斋书录解题》还说明，蜀刻李白集本，乃宋敏求编类，曾巩考次，晏知止镂板的苏本之传本。今传蜀本《李太白文集》（巴蜀书社于1986年影印），李华《墓志》有载，这就更可见"古本李白集，也未附此文"，其言之不实甚矣。

《文苑英华》虽然收录了唐代大量诗文，但毕竟只是选本，文章选与不选是选编者的识见，而且《文苑英华》所录李华的文章并非李华的全集，不能认为《文苑英华》不存，《墓志》就不是李华的。

说乐史的《李翰林别集序》和曾巩的《李太白文集后序》不曾提及李华的《墓志》，就更不是《墓志》为伪的理由了。因为不论是《李翰林别集序》还是《李太白文集后序》，都旨在叙文集编修的大概，而于作者的身世生平，也只在乎重要事件，所以并不需要涉及所有的碑文等。如果说《李翰林别集序》《李太白文集后序》不曾提到的就不存在，是伪作，那么《李翰林别集序》《李太白文集后序》只提到李《序》和范传正的墓志，曾巩甚至连乐史的《李翰林别集序》都没提到，我们是不是就可以以此认为刘全白、裴敬的碑文和魏颢的《李翰林集序》以及乐史的《李翰林别集序》都是假的呢？

"新说"（李文）的第二条理由，也是失察所致。李白的墓地，李华所说的"龙山东麓，青山北址"，其实就是指的"龙山东麓"的旧墓。据"范碑"说，李白"志在青山，遗言宅兆，顷属多故，殡于龙山东麓……因当涂令诸葛纵会计在州，得谕其事，纵……躬相地形，卜新宅于青山之阳"。这就是说，李白墓地在范传正迁神之前一直是在龙山东麓。"青山北址"与"青山之阳"完全不同方位，不是同一个地方。李华说"龙山东麓"而连及"青山北址"，不过是因为龙山与青山都在当涂东南，"龙山在县东南十二里"（《元和郡县志》），"青山在太平府城东南三十里"（《江南通志》），龙山与青山东西相连，"龙山东麓"就在青山偏北的方位上。

"新说"（李文）的三、四条理由，不过是揣测之词。

新碑旧碑之论。范《碑》谓："传正……廉问宣、池，按图得公之坟在当涂属邑……访公之子孙……乃获孙女二人……问其所以……因云：'先祖志在青山，遗言宅兆，顷属多故，殡于龙山东麓，地近而非本意。坟高三尺，日益摧圮……'闻之悯然，遂将其请，因当涂令诸葛纵会计在州，得谕其事。纵……便道还县，躬相地形，卜新宅于青山之阳。以元和十二年正月二十三日迁神于此。……今作新墓铭。"很显然，范《碑》所说的"新墓铭"是指为"迁神于此（青山）"的"新墓"所作的碑"铭"，并非对旧碑而言"新"，与旧碑并不相关。至于旧碑之有无，范传正既没提到李华作《墓志》的碑，也没有提到刘全白作《记》的碣（碑）。刘全白说他"及此投吊，荒坟将毁"（《唐故翰林学士李君碣记》），范传正说"按图得公之坟墓"，"日益摧圮"。以这种情况来看，不独李华作《墓志》的碑很可能是毁而不存，就是刘全白"表墓式坟，乃题贞石"的碣（碑）也已不在了。这样，我们便不能断定"在刘全白立碑之前，原龙山旧墓无碑"，并据此推断李华的《墓志》是伪作。另外，也还有另一种情况，就是写了墓志是不是就一定刻立了墓碑呢？比如裴敬的《翰林学士李公墓碑》就说他"问其墓左人毕元宥，实备洒扫，留绵帛，具酒馔祭公。……嘻！享名甚高，后世何薄！……此为祭文，写授元宥"。祭文就是这篇碑文，裴敬显然是将此文交付毕元宥的，而碑立与未立，裴敬的这篇碑文流传后世到底是因碑还是因毕元宥所收之文，这通碑谁见过，这些皆不见于典籍。同样，李华的《墓志》是不是也有可能会是这种情况呢？所以，我们认为"新说"（李文）以李华的《墓志》为伪，只不过是一种揣测而已。

至于文章长短、风格，则更不是辨别真伪的理由和证据了。我们既不能要一个作家的同类文章只能是一样风格，也不能只是同样长短。或长或短，或详或略，各行其宜，所谓"山不在高，有仙则名；水不在深，有龙则灵"，文章又岂在长短！并且，我们在前文探讨李《序》"神龙"之误时已曾论及，"李阳冰的《序》，李华应当是读到过的。即使不能读之它处，而伯禽请他为父作墓志时也会提供。正因为李阳冰对李白之生平经历叙之甚详，所以李华无需重言，以至《墓志》甚为简短"。再说，据《旧唐书·李华传》，"禄山陷京师，玄宗出幸，华匿从不及，陷贼，伪署为凤阁舍人。收城后，三司类例减等从轻贬官，遂废于家"。李白也是"附逆"。虽然两人所附对象不同，但身份却大致相当，而且也同是侥幸免死、晚年遭难。李华"大历初卒"（《新唐书》本传）为李白作《墓志》更在其前。其时之李华，被迫接受伪职的耻辱和死中得生的伤痛未泯。以这样的心境为同为"附逆"遭难的李白作墓志，似乎也难以言说，不好长言，好在有李阳冰之《序》叙之甚详，论之甚确，于是便以"呜呼""呜呼哀哉"连声长叹大抱同情而已。因而，如果以长短、风格论是辩非，则是非难定。"新说"（李文）指李华《墓志》为伪，非审慎之论。

"新说"（阎文）还认为，"李华《墓志》即使不伪，亦必然有严重的夺误或漶漫。李华倘为李白撰《墓志》，关于李白家世和生平遭际，固有难道其详的困难及忌讳之处，但绝不至于一语未及，完全违背了唐人及唐人以前人撰写墓志的通例"。此说与李文之"短"说相同，虽然不似李文那样轻言其伪，但亦旨在否定李华所记李白之"年六十有二"。李华《墓志》称李白"年六十有二，不偶，赋《临终歌》而卒"。前文我们在探讨李《序》之"神龙之始，逃归于蜀，复指李树而生伯阳"时，已详论及李阳冰作序的"宝应元年十一月乙酉"李白已不在人世。"年六十有二……而卒"，与此正相合。以李白至德二载（757）所作《为宋中丞自荐表》之"五十有七"为起点前推，长安元年（701）是其生年，后推六十二年，其卒年正好与李阳冰作序其时李白已不在世的宝应元年（762）相吻合，这岂是"夺误或漶漫"所能得者？所以，李华《墓志》之记李白"年六十有二……而卒"毫无疑问，无可怀疑。"新说"（阎文）以《墓志》"其中'有子曰伯禽，天然长能持，幼能辩'数语，语意含混不清"，而"据此推之，《墓志》所说的'年六十有二不偶'的'二'，岂不也值得大大的怀疑"的揣测是不准确的。何况"有子曰伯禽"数语，语意并非含混不清。如果读为"有子曰伯禽，天然长能，持幼能辩，数梯公之德，必将大其名也已矣"，则语意便非常清楚：李白子名伯禽，天资聪明颇有才能，在幼年时就能言善辩，若多承李白之德，将来必成大名。[1]

考察李白的卒年，刘全白的《唐故翰林学士李君碣记》（以下简称刘

---

[1] 此解详见拙文《李白子嗣小考》（《绵阳师范专学报》1986年第2期）、《唐人之李白序志碑传辨读》（《绵阳师范学院学报》2012年第1期，中国人民大学复印报刊资料《中国古代、近代文学研究》2012年第8期转载）。

《碣》)和范《碑》还是很重要的依据。刘《碣》云"代宗登极，广拔淹瘁，时君亦拜拾遗，闻命之后，君亦逝矣"，范《碑》亦云"代宗之初，搜罗俊逸，拜公左拾遗。制下于彤庭，礼降于玄壤，生不及禄，殁而称官"。《新唐书·李白传》也说"代宗立，以左拾遗召，而白已卒"。李白在"代宗登极""代宗之初""代宗立"时被拜为左拾遗当实有其事。那么，李白被拜为左拾遗在何时呢？考《旧唐书·代宗纪》："宝应元年五月……故庶人皇后王氏，故庶人太子瑛、鄂王瑶、光王琚并宜复封号，棣王琰、永王璘并与昭雪。"又，《代宗即位赦》云："自宝应元年五月十九日昧爽已前，大辟罪已下，已发觉未发觉，已结正未结正，系囚见徒常赦所不免者，罪无轻重，咸赦除之。……其四月十五日已后，诸色流贬者与量移近处……故庶人皇后王氏，故庶人太子瑛、鄂王瑶、光王琚并宜复封，棣王琰、永王璘及应禄山诖误反状人等并与昭雪。……其有明于政理，博综典坟，文可经邦，谋能制胜及孝悌力田，诸州刺史并宜搜扬闻荐，投匦者不须勘以停处姓名，务招直言，以副朕意。"(《唐大诏令集》卷2)从文中所涉及的时日可以看出，赦文应是宝应元年（762）五月颁布的。此时永王璘的谋逆罪既被昭雪，李白的所谓"附逆"的被昭雪应属当然，何况从赦文可以看出这次赦免的范围很宽，赦文又明令"诸州刺史并宜搜扬闻荐"其"明于政理，博综典坟，文可经邦，谋能制胜及孝悌力田"者，"务招直言"。因之，李白在"代宗登极""代宗之初"被拜为左拾遗，当在赦文颁布永王璘昭雪后不久，除去"闻命"所需的时间，诏书之达当涂最晚也不得晚于宝应元年岁终，而"闻命之后君亦逝矣"，可见李白在"疾亟"李阳冰为其文集作序的宝应元年十一月乙酉之前（或其后不久）便以62岁之寿与世长辞了。"新说"（阎文）以为李白被拜为左拾遗即《新唐书·代宗纪》之载"广德二年正月丙午，诏举堪御史、谏官、刺史、县令者"，并特别强调"谏官"，似乎觉得诏举谏官正与李白被拜为左拾遗合。但是，《代宗即位赦》之谓"明于政理，博综典坟，文可经邦，谋能制胜""直言"者，难道不能包括谏官之才么？李白因永王获罪，因此永王被昭雪是李白被拜为左拾遗的前提。永王被昭雪在代宗登极的次月，而李白被拜为左拾遗何以直至"诏举堪御史、谏官、刺史、县令者"的广德二年，而不在永王被昭雪并明令"搜扬闻荐"人才的当时？况且刘《碣》、范《碑》都说李白拜为左拾遗在"代宗登极""代宗之初"，如果是在广德二年，代宗即位已三年两易年号,岂可言"代宗登极""代宗之初""代宗立"!即便是广德元年,代宗即位两年已两易年号,也不宜言之为"登极""之初""立"。更不用说代宗即位已四五年四易年号(宝应、广德、永泰、大历)的永泰元年(765)大历元年(766)了!按"新说"(舒文)自己的说法,"就通常习惯而言,某一年号之言'初'者,其范围往往具有一定的伸缩性,既可是改元当年,也可是次年或稍后。但这种'初'伸缩范围,是以该年号本身的时间容量和跨度为转移的,某些年号时间很长……'初'的范围可稍宽而延及次年或稍后"。对"初"的这个认识当然是正确的。既然如此,"代宗之初"李白官拜左拾遗怎么能"初"到即位数年数易年号的年头呢?如果说"代宗之初"的"初"还可能"有一定的伸缩性",那么代宗"登极"、代宗"立",还能怎么伸缩呢?"登极""立"就是指即位的当时或近时,不可能作其他理解。刘《碣》明言"代宗登极,广拔淹瘁",那就是代宗即位当时颁布《即位赦》(四月即位,五月颁布),诏令诸州刺史的"搜扬闻荐"其"明于政理"者。"闻命之后,君亦逝矣",范传正慨然叹惋"生不及禄,殁而称官"!李白之卒,必不出宝应元年。

"新说"以李白不卒于宝应元年,而在以后,因而也就不能不涉及李白广德年间及以后的诗作问题。最先提出李白不卒于宝应元年的是李从军先生的《李白卒年辨》,定李白卒于广德二年(764),其举证之作为《九日龙山饮》《游谢氏山亭》《草书歌行》。其后阎琦、舒大刚二先生所举之作也主要是这几篇。这几篇,如前文所探讨,均不具有作于广德元、二年的确定性和唯一性,也就不能用来证明李白宝应元年以后还在世。而舒大刚先生为了说明李白广德年间有诗作,在《再论李白生卒年问题》中有一大段对萧士赟《补注李太白集序例》曲解性的议论。其云:"人们在辨别伪作、剔除赝品时……有意无意间将真正李白的作品误作赝品删汰了!元代萧士赟的态度就是明证,其《补(舒文此处脱一'注'字)李太白集序例》:'一日,得巴陵李梓甫家藏、左绵所刊、舂陵杨君齐贤子见注本,读之,惜其博而不能约,至取广德以后事及宋儒记录诗词为祖,甚而并杜注内伪作苏坡笺事已经益守郭知达删去者,亦引用焉。因取其本类此者为之节文,择其善者存之。注所未尽,以予所知附其后,混为一注。'……萧士赟继齐贤后对李诗作注,主要以杨注为基础,删节补充,特别是将杨所引'广德以后事'尽行汰除,并将他认为可疑的'移附卷末'。反之,杨氏既然要引

'广德以后事'来注李白诗，说明他还看到过李白诗中尚存在含有广德以后史事的诗篇。萧氏却将它们尽行删去了！……王琦《跋》称：'南丰曾氏（巩）序，谓太白诗存者千有一篇，杂著六十五篇。今萧本只九百八十八篇……'咸不及所云之数。萧氏……不仅对杨注所引'广德以后事'大加删削，而且径直删去集中作'宝应以后语'的诗文，竟多达13篇。这样一来，不仅明确含有广德以后事实的诗文被'节文'了，而且注家用广德以后事来印证李白诗文背景（甚至本事）的内容也概从'驳正'了。正是带着这种错误的成见，经此改编，就使现今可见的《李白集》基本上吻合于'宝应元年说'了。"（按，舒文此段议论，大抵同于李从军之说，只是舒文更详，故引）

这一番论说，为了要使人相信李白集中确有广德年间的诗文，只是被萧士赟删去了，故而对萧《序》大加曲解。萧《序》明明说的是杨齐贤"注本……至取广德以后事……为祖"，就是说注文引用了广德以后的史事，可是在"新说"（舒文）却变成了"看到过李白诗中尚存在含有广德以后史事的诗篇"。"注文"变成了"诗篇"。注家作注征引史事，并不等于诗文中就一定存在注家所征引史事的内容，即如《闻李太尉大举秦兵百万出征东南懦夫请缨冀申一割之用半道病还留别金陵崔侍御十九韵》一诗，"出征东南"，有的说是指上元二年李光弼出镇临淮进军徐州抗击安史叛军，有的说是指宝应元年出征骚扰江淮的袁晁之乱。这能被认为"注文"是"诗篇"，是诗篇含有的史事么？又如像《中丞宋公以吴兵三千赴河南军次寻阳脱余之囚参谋幕府因赠之》一诗，"新说"（舒文）征引《通鉴》上元二年安史叛军乘北邙之胜寇申光等十三州。军事形势发生变化，朝廷需要增调兵力，宋若思率兵"赴河南"。可是同是"新说"的另一家（吕文），却征引《新唐书·肃宗纪》乾元二年三月九节度之师溃于滏水。因增兵，"宋若思将吴兵三千赴河南"。这能被认为"注文"是"诗篇"，是诗篇含有的史事么？萧《序》明明说的是对杨注"博而不约……"的注文"为之节文""择其善者而存之"，可是在"新说"（舒文）那里却一下子变成了"含有广德以后史事的诗文被'节文'了"，并进而作了随意的猜测性发挥，说萧氏"不仅对杨注所引'广德以后事'大加删削，而且径直删去集中作'宝应以后语'的诗文，竟多达13篇"。萧氏《分类补注李太白诗》少收录的诗，清人王琦早有辩说，其《李太白全集·跋》云："南丰曾氏序谓太白诗之存者千有篇，杂著六十五篇。今萧本诗只九百八十八篇，缪本只九百九十八篇，咸不及曾氏所云之数。赋与文六十六篇，较旧文又多其一，疑非曾氏所考次原本矣。意者，曾氏并数魏万、崔宗之、崔成甫三诗于内，故云千有一篇。其《送倩公归汉东序》已冠于小诗之首，序中不应重见，而后人误增入之欤？"王氏将萧氏未收之九首（篇名见下文詹锳先生所列）置之卷30"诗文拾遗"。詹锳先生在《〈李白集〉版本源流考》中辨识得更为清楚："经过曾巩考次的本子，到了苏州太守晏处善的手里，交给毛渐去校正刊刻……这个刻本，世称苏本，也叫晏处善本。……宋蜀本《李太白文集》共收诗九百九十八篇，加上魏万、崔宗之、崔成甫唱和诗各一首，正好是千有一篇。此本收杂文六十六篇，其中《送倩公归汉东序》与诗集中《送倩公归汉东诗序》重出，可能是刻板时误入，除去重复，正好是六十五篇。……《分类补注李太白诗》的分类和宋蜀刻晏处善本是一样的，只是编排分卷的方式不同。……萧本在收录诗的篇数方面和咸淳本较为接近，比宋蜀本少了《杂言用投丹阳知己兼奉宣慰判官》《南陵五松山别荀七》《观鱼潭》《自广平乘醉走六十里至邯郸登城楼览古书怀》《月夜金陵怀古》《金陵新亭》《庭前晚开花》《宣城长史弟昭赠余琴溪中双舞鹤诗以见志》《暖酒》等九首诗，并删去《倩公归汉东序》诗并序。"詹锳先生之版本源流考表明，萧氏不收录《杂言用投丹阳知己兼奉宣慰判官》等九首诗是本之于咸淳本，而并非任情"径直删去"。并且，也没有任何材料表明萧氏未收之诗乃广德间之作。即使是力主李白卒于广德年间的安旗先生，在其《李白全集编年注释》《李白全集编年笺注》"广德元年"所系之十二首（按，所系之诗，并未提出作于广德元年的确凿依据），亦未及萧氏所未收录之诗。萧氏何来将"含有广德以后史事的诗篇""尽行删去"？萧氏何来"径直删去集中作'宝应以后语'的诗文竟多达13篇"？再说，我们有什么理由可以认定杨齐贤"取广德以后事"注李白诗就一定是正确的，而其他注家（如萧士赟）的注就不正确？

"新说"大费周章地找了几首所谓李白广德元年的诗来证明李白广德元年尚在世，然而，这几首诗却并不确实，毫无证明力。而这还只是找寻广德元年的诗作，如果更要找出以后直至大历元二年三四年间的诗作，恐怕更是徒劳了。"新说"又苦心地欲从萧《序》中求得李白广德年间有诗作的只言片语，但却又只能是曲解。既无广德年间的诗作，萧《序》中亦不可得，这只能说明李白已经不在世了。

"新说"（主要是"卒于宝应元、二年"论者）为了成其说，既指李华《墓志》为伪，却又肯定魏颢的《李翰林集序》和曾巩的《李太白文集后序》，并用以作为李白宝应年间在世的重要依据。

《李翰林集序》云："经乱后，白章句荡尽，上元末，颢于绛偶然得之。沉吟累年，一字不下。今日怀旧，援笔成序……白未绝笔，吾其再刊。""新说"（李从军文）认为："至少两年方可称累年。而上元二年后是宝应元年（762），宝应元年后是广德元年（763），上元二年后沉吟累年方援笔成序，那末，序文写成无论如何不得早于广德元年。而魏《序》后面又说：'白未绝笔，吾其再刊。'原来魏颢序文写成之时李白还未去世，魏颢还等着再刊李白的新作，这不是明明白白地告诉我们李白广德年间还活在世间吗？"（康文、舒文说类此）但"新说"对"累年"的理解是偏狭的。正如张昕、陈建平所辩，"'沉吟累年'的解释，是有歧义的。'累'有'积'义，设如此句改成'沉吟积年'，恐怕不可能只理解为'至少两年'，而可以控制在一年以内了"（《唐代文学论丛》总第八期《〈李白卒年辨〉存疑》）。此其一。其二，古人纪年，通常并不以周年（今人纪年也大抵如此），如曹植《黄初六年令》云："及到雍……于今复三年矣。"曹植黄初四年七月以后徙封雍丘，若以周年计，至黄初六年仅得两年，而却说"于今复三年矣"，显然包括了黄初四年。又如薛道衡《人日思归》："入春才七日，离家已二年。""七日"也算一年。可见通常纪年，跨年即算两年。颢于上元末（761）得李白诗文，到宝应元年（762）末已跨两年，是可称"累年"的。其时李白未卒或已卒而尚未闻于颢，故曰"白未绝笔，吾其再刊"。

再退一步说，即使魏颢此序确如"新说"所说作于上元二年"沉吟累年"的广德元年以后，也不足以为李白当时在世之证。因为《序》还说："解携明年，四海大盗，宗室有潭者，白陷焉，谪居夜郎。罪不至此，屡经昭洗，朝廷忍白久为长沙、汨罗之傧？路远不存，否极则泰，白宜自宽。"魏颢作序时，连李白遇赦都不知道，可见魏颢与李白上元以后不通音信，对李白之卒也就无由得知。

因此，"新说"据魏颢《序》指李白"广德年间活在世间"是不可靠的。

《李太白文集后序》称"其族人阳冰为当涂令，白过之，以病卒，年六十有四"。"新说"（李从军文）认为"曾巩在李白诗集编年的研究上，花了很大的功夫。因此他所说的李白终年六十四岁，是经过详细考证后得出的结论"。但是，曾巩"六十有四"的这个说法，在他的这篇《后序》中就能使人认识到是有误的。《后序》云："天宝十四载，安禄山反。明年，明皇在蜀，永王璘节度东南。时白卧庐山，璘迫致之。璘兵败丹阳，白奔亡至宿松，坐系寻阳狱。宣抚大使崔涣与御史中丞宋若思验治白，以为罪薄宜贳，而若思赴河南，遂释白囚，使谋军事，上书肃宗，荐白才可用，不报。是时白年五十有七矣。乾元元年，终以污璘事长流夜郎，遂泛洞庭，上峡江，至巫山，以赦得释，憩岳阳、江夏。久之，复如寻阳，过金陵，徘徊于历阳、宣城二郡。其族人阳冰为当涂令，白过之，以病卒，年六十有四，是时宝应元年也。"曾巩对李白晚年经历之叙述，也没有什么发明，仍是以《为宋中丞自荐表》之"年五十有七"为支点，以宝应元年为卒年。如此，则何来李白之卒"年六十有四"？可见这"六十有四"有误。（阎文）谓"四"必有讹误。是也。但却绝非如"新说"（李从军文）之讹误为"其族人阳冰为当涂令，白过之，是时宝应元年。以病卒，年六十有四"。试想，倘曾巩于李白依阳冰十分郑重地记下了"是时宝应元年"，而于李白之卒这样的大事反不书年月日，如此行文，恐非"唐宋八大家"手笔；而且讹误得如此颠来倒去。故"新说"不过是附会李白卒于广德二年之论。

前文对李白卒年"新说"所涉材料进行了考察，尤其是对确定李白卒年至为重要的《闻李太尉大举秦兵百万出征东南懦夫请缨冀申一割之用半道病还留别金陵崔侍御十九韵》《为宋中丞自荐表》、李华《墓志》的探讨。认为《闻李太尉大举秦兵百万出征东南懦夫请缨冀申一割之用半道病还留别金陵崔侍御十九韵》系于上元二年（761）确实，《为宋中丞自荐表》作于至德二载可靠，李华《墓志》不伪，再辅之以李《序》、刘《碣》、范《碑》等唐人文献，则足可证李白卒于宝应元年（762）无疑。

四、李白生卒年研究之分析

对一个作家生卒年的研究，无疑是作家研究中的重要内容，尤其是对古代作家的研究。正因如此，李白的生卒年问题才成为当世李白研究中一个极受关注的热点，出现了许多"新说"。毫无疑问，这种"如切如磋，如琢如磨"的争鸣局面，于李白生卒年研究的深入是大有裨益的。但是，如果对一个问题的研究陷入了一种莫衷一是的境地，尤其是像生卒年这类具有唯一性结论的问题，却也并非学者们希望看到的。为了使李白生卒年研究的结论更合符事实，我们认为有必要对"新说"中存在的问题作一些梳理。

（一）"新说"存在的问题

李白生卒年的五种"新说"，大致可以生于长安元年卒于广德元年、二年为一类，以生于神龙元年卒于永泰元年、大历元年、大历二年为一类。

第一类的特点在于：其一，以长安元年为生年，即在事实上肯定了清人王琦依据李白至德二载所作《为宋中丞自荐表》之谓"年五十有七"对李白生年的推断。其二，对李阳冰《草堂集序》"时宝应元年十一月乙酉"作出了是李阳冰作序之时而非李白卒时的新解释，后来的卒于永泰、大历诸说都是以此为突破口而展开的。其三，系《留别金陵崔侍御十九首》于宝应元年秋，从而将李白卒年后推。其四，对李华《墓志》直接或间接地给予否定。

第二类的特点在于：其一，在李白生年的认定上，林贞爱先生谓之生于神龙二年，不过是猜测之辞。其二，接受李白享年"六十有二"之说，即李华《墓志》不伪。其三，回避对认定李白卒年有极大依据性的《留别金陵崔侍御十九韵》的系年。其四，对认定李白生卒年极具价值的《为宋中丞自荐表》各执其说，或者指为伪作，或者否定其作于至德二载（757）而将其后移，或者对作年避而不提。

两类"新说"，诸家虽有所发明，但也存在一些重要问题。

其一，擅疑古籍。

古籍不是不可以或不能怀疑，问题在于怀疑得是否有真凭实据。李从军先生指李华《墓志》为伪作，就缺乏确凿的证据。其论一出，即受到学术界的关注。最先质疑的是张昕、陈建平先生。其后，林贞爱、吕华明、王辉斌、舒大刚诸先生亦参与讨论，皆以为李从军先生所持之论不足信。我们认为李从军先生指李华《墓志》为伪的理由都是失察和揣测之言（详见前文）。

李从军先生指李华的《墓志》为伪作，却又肯定曾巩李白享年"六十有四"之说，则又犯了实证性研究中"舍近求远"之忌。对一个作家生平的研究，其所依据的材料,自然是离那个作家年代愈近者愈真实可靠。李华与李白是同时之人,其离世稍晚于李白,李华于李白享年之说当然比曾巩之说真实可靠。何况曾巩叙李白晚年行踪,也并无甚发明,也是以宝应元年为其卒年,则其"年六十有四"之说就更不可信了。

同样,林贞爱先生《李白身世及生卒年代新考》也是擅疑古籍,源陵、王辉斌等对此逐一进行辨驳,认为林先生所申之理由"无一能够立足"。

李从军先生因为要使李白享年突破六十二岁,而李华《墓志》明言"六十有二",无可逾越,于是指《墓志》为伪。林贞爱先生因为要使李白的生卒年合于他所设的神龙二年(756)却又与《为宋中丞自荐表》相抵牾,因此干脆用郭沫若先生的现成说法——伪作。毫无疑问,这都是轻率之举。

其二,随意系年《为宋中丞自荐表》。

这是对待《为宋中丞自荐表》的另一种态度。

作品的系年,其结论本应是唯一的,可是《为宋中丞自荐表》之系年,"新说"诸家却轻信《新唐书》之李白两次下狱的误记(说见前文,并见《五代宋时李白序志之载事辨》)而各有其说。这些论点其实都不过是论者为自己所设定的李白生卒年而设。尤其是吕华明先生,甚至以错算而合于表所说的"年五十有七",说"李白生于神龙元年(705)顺序推算,到乾元三年(760)李白刚好五十七岁"。还更随意的是,同一篇文章(《李白〈为宋中丞自荐表〉写作时间考辨》),前面说《为宋中丞自荐表》作于乾元三年(即上元元年),后面却将《中丞宋公以吴兵三千赴河南军次寻阳脱余之囚参谋幕府因赠之》之作系于上元二年,在《李太白年谱补正》中,《为宋中丞自荐表》作年又变成了上元二年,而李白的卒年却由永泰元年变成了"永泰元年以后",反映出相当的随意性。

在《为宋中丞自荐表》系年上的随意性,在舒大刚先生探讨李白生卒年问题的四篇文章中也有比较明显的反映。《再论李白生卒年问题》说"《自荐表》不作于至德二年,而应作于宝应元年","根据李华《铭》所说:'有唐高士李白……年六十有二不偶,赋《临终歌》而卒。'李白的卒年最早也应在大历初年(766左右),上溯62年,其生年则为神龙初年(705左右)";但是,在并没有提供新证据,只是在对《中丞宋公以吴兵三千赴河南军次寻阳脱余之囚参谋幕府因赠之》进行史实附会和曲解诗句,以及仅以"皇朝一百五十年"却不顾文中两

京尚未收复的诸多史实的前提下,将《为宋中丞请都金陵表》指为上元二年作(按,此系年也是随意性),遂在《李白生卒年诸说评议》《李白生卒年诸说平议》中将《为宋中丞自荐表》作年移到上元二年,并把"卒年最早也应在大历初年(766左右)""生年则为神龙初年(705年左右)"的概指变为"生于神龙元年""卒就应是大历元年,即公元766年"的确指。

其三,误系《留别金陵崔侍御十九韵》一诗作年。

此诗,李从军、阎琦两家均系之宝应元年(762)秋,此说将李白到当涂的时间后推一年,则李白当然便不卒于宝应元年。对此系年,除张昕、陈建平、王辉斌力辩其作于上元二年而非宝应元年秋外,我们亦曾在《李白卒于宝应元年解说》(《李白学刊》第二辑)、《李白〈留别金陵崔侍御十九韵〉系年再辩》(《中国李白研究》1991年集)、《李白生平研究匡补》(巴蜀书社2000年版)中对有关史料详加排比,对该诗文本进行仔细的分析解读,辨证"新说"系年之误,提出"上元二年五月李光弼受命出镇临淮,途中因史朝义进略申光等十三州,围宋州,战况紧急,李光弼'遂疾趋入徐州',使田神功解宋州之围,李白正于此间'闻李太尉大举秦兵百万出征东南'的'云骑绕彭城'时投效,则《留别金陵崔侍御十九韵》自当作于上元二年(761)"。此说曾为詹锳先生所肯定,他在其所主编的《李白全集校注汇释集评》"前言"中说:"《李白〈留别金陵崔待御〉再辩》一文,辩李光弼出镇临淮一事,《资治通鉴》所纪与两《唐书·李光弼传》有出入,应以两《唐书》为准。其结论谓:'……《十九韵》自当作于上元二年。'杨栩生的考证是可信的。"

至于阎琦先生后来在《再论李白不卒于宝应元年》一文中所说的"就李光弼'大举秦兵百万出征东南'的史实而言,就只是指李光弼征剿袁晁的那一次军事行动,而李白的从军行为便只能发生在宝应元年八月那一次",则既与相关史事相悖,亦与《留别金陵崔侍御十九韵》内容不合(见前文)。

其四,推衍出的结论是建立在并不坚实的证据的基础上的。

舒大刚先生信唐李士训《记异》记其大历初得《古文孝经》"传与李白,白授当涂令李阳冰"一事,于是将李白《为宋中丞自荐表》系年移之上元二年(先移之宝应元年),以表中之谓"年五十有七"合于李《序》"神龙之始,逃归于蜀",再以李华《墓志》之谓"六十有二"合于"大历初"(大历元年),以证成其李白生于神龙元年（705），卒于大历元年（766）之说。然而，如我们前文所论，《记异》极不可靠，其所记李白受授《古文孝经》事，不过是李士训自神其说的编造之辞，以此为依据推衍出的李白生于神龙元年卒于大历元年的结论，也就是不牢靠的。

其五，偏用史料。

这指的是在论证某一事时，证据本有多种，但论者却只举某一种。如对《留别金陵崔侍十九韵》系年的研究，诗中所涉史事，可以举证的本有《旧唐书》《新唐书》《资治通鉴》等，但是论者却只依《资治通鉴》，而几乎不及两《唐书》（无论李从军、阎琦还是安旗，皆是如此）。这样，就缺少了对史料去粗取精、去伪存真的比较筛选，则可能形成偏颇的认识，致使结论的可信度不高，或者错误。

偏用史料的另一种情形，是以某一条材料立论，其他的都要服从于这一立论的材料。如舒大刚先生研究李白生卒年的四篇文章，皆以李士训《记异》之李白大历初受授《古文孝经》这条材料立论，于是所涉及的作品系年、辨析也都尽可能往李白卒于大历初的观点上靠，以至于将《为宋中丞自荐表》作年从宝应元年变到上元二年，李白之卒由不定式的"大历初（766左右）"变为确定式的大历元年。舒先生这样做的目的，是要他所得出的结论与《记异》那条材料相合，而对材料本身的真实性和可靠性不加考察，从而不得不以不短的篇幅去证实"引录李士训《记异》的郭忠恕《汗简》却是一部严肃可信的学术著作"和出土《古文孝经》的存在（《李白卒年史料新证》）。

（二）对李白生卒年研究中所涉材料的排比

诸多"新说"，涉及众多的材料，使李白的生卒年问题显得颇为纷繁复杂。但是，如果我们对所涉及的材料作一番避虚就实和去伪存真的排比、清理，问题或可能变得简单而明显了。

如前文所论，曾巩《李太白文集后序》之谓李白享年"六十有四"实属讹误，不能作为李白广德元年、二年去世之证；《新唐书·李白传》误记李白两度下狱，不能证成《为宋中丞自荐表》作于上元二年（761）或乾元三年（760），且不能以此证成李白卒于大历元年或永泰元年；《留别金陵崔侍御十九韵》实作

于上元二年（761）秋，"新说"误系于宝应元年（762）秋，以证明李白不卒于宝应元年，是不能成立的，而《授李光弼副知行营事制》《加李光弼实封仍与一子官三品制》亦不能证明"李白的从军行为便只能发生在宝应元年八月那一次"；魏颢在李白流放之后与李白不通音讯，既不知李白获赦，又岂能知李白之卒？故魏氏所谓"白未绝笔，吾其再刊"，不能证明李白广德年间尚在世；而唐李士训《记异》记其大历初得《古文孝经》"传与李白，白授当涂令李阳冰"一事，更属奇闻异事之谈，不足为李白卒于大历元年（766）之据。

除以上数端应予排除外，诸家"新说"中笔者前文未曾辩及的尚有数端，亦可排除。辩之如下：

其一，刘全白《唐故翰林学士李君碣记》谓"代宗登极，广拔淹瘁，时君亦拜左拾遗，闻命之后，君亦逝矣"，范《碑》也说"拜公左拾遗。制下于彤庭，礼降于玄壤，生不及禄，殁而称官"，《新唐书·李白传》亦有类似记载，说"代宗立，以左拾遗召，而白已卒，年六十余"。唐代宗登极之初曾以左拾遗召李白，而诏书到达时李白已不在人世，这当是实有其事。只是"代宗初"，"初"到何年，不能确定。"初"得太模糊，时间不具确指性，亦非李白卒年的确凿证据。

其二，杜甫《寄李白十二白二十韵》，"新说"（阎琦《再论李白不卒于宝应元年》）将其"作为李白不卒于宝应元年的一个例证来看待"，谓"病起暮江滨"，是杜甫听到"李白病发之后经复苏已经'病起'的消息"，其实也非确切之论。"病起暮江滨"，既可如阎文那样理解，亦可理解为发病于江滨。全诗历叙李白生平，正如王嗣奭《杜臆》所说，"此诗分明为李白作传，其生平履历备矣"（仇兆鳌《杜诗详注》引），从被逐出宫飘泊泗水，到流放夜郎，直到晚年"病起暮江滨"，连遭厄运。通看全诗，将"病起暮江滨"理解为发病于江滨似乎更合理些。既如此，则杜甫此诗亦不可用以证李白之卒年。

其三，"新说"诸家列举的所谓李白宝应元年以后的诗作，都不过是论者在得出了李白卒于广德元年、二年结论后的附会之说，作品既无明确的纪年（或纪年痕迹），而论者亦无确凿的举证，亦不足为宝应元年以后李白尚在世之证。

其四，李白诗文中的"十五观奇书""十五好剑术""十五游神仙"等"十五"皆为虚指，不足以用作考察李白生年之据。李白"十五"之谓，不过是本之于《论语》。《论语·为政》："子曰：吾十有五而志于学。"，所以阮籍说自己"昔年十四五，志尚好诗书"（《咏怀》其十五），鲍照夸自己"十五讽诗书，篇翰靡不通"（《拟古诗八首》其二），杜甫也说他"往者十四五，出游翰墨场"（《壮游》，称赞李校书"十五富文史"（《送李校书二十六韵》）。

其五，李阳冰《草堂集序》亦宜排除。前文已论"神龙"为漶漫或传抄、刊刻所误，且该误成于李华《墓志》之后到范《碑》之前，但"神龙"是否即如王琦所怀疑的"岂神龙之年号乃神功之讹"，因属无据之言，存疑而已。虽然它离李白卒年最近，但毕竟出自他人之手，较之李白的《为宋中丞自荐表》，也总归是外证。既然该文与《为宋中丞自荐表》所叙不吻合，则宜弃之不用。

通过排比清理，剔除了这些枝蔓材料，我们就更清楚能够确定李白生卒年的材料之所在。《为宋中丞自荐表》、李华《墓志》，才是确定李白生卒年的关键材料，而李阳冰的《序》尚在其次。如此，则李白生于长安元年（701），卒于宝应元年（762）应是准确无误的。

这样看来，问题的讨论似乎又回到了原点——王琦正是这样考订李白生卒年的。但是，这一大循环的研究讨论，不同结论的砥砺，却使我们对李白的生卒年的认识有了更坚实的基础。

（三）李白生卒年"新说"在其生平中的验证

李白生卒年问题的研究，如果孤立地对待，因为对文献理解、把握和运用的原因，就会出现各执一端的多种说法。但是，如果我们把各家的结论置于李白生平的大平面中去做一番排比，则可以验证结论的正确与否。

如此，我们且将生于神龙元年、二年，卒于大历元年、二年或永泰元年之说置于李白生平的大平面中去排比。

《上安州裴长史书》是李白文集中自述其三十岁以前经历最详尽的一篇文章。其云："白……少长江汉，五岁诵六甲，十岁观百家，轩辕以来，颇得闻矣。常横经籍书，制作不倦，迄于今三十春矣。以为士生则桑弧蓬矢，射乎四方，故知大丈夫必有四方之志。乃仗剑去国，辞亲远游，南穷苍梧，东涉溟海。见乡人相如大夸云梦之事，云楚有七泽，遂来观焉。而许相公家见招，妻

以孙女，便憩迹于此，至移三霜焉。曩昔东游维扬，不逾一年，散金三十余万，有落魄公子，悉皆济之。……又昔与蜀中友人吴指南同游于楚，指南死于洞庭之上，白禫服恸哭，若丧天伦，炎月伏尸，泣尽而继之以血。……又昔与逸人东严子隐于岷山之阳，白巢居数年，不迹城市……又前礼部尚书苏公出为益州长史，白于路中投刺。"

若以神龙元年（705）为李白生年，则此书为三十岁（"三十春"）即开元二十二年（734）所作。而作书时距定居安陆已"移三霜"，则定居安陆在开元十九年（731）或二十年（732）；此前"东游维扬不逾年"，则游扬州一带在开元十八年（730）或十九年（731）；再前，"炎月"哭吴指南之死于洞庭，则是开元十七年（729）或十八年；再前，与东严子隐于岷山之阳数年；再前，苏颋罢为益州长史，李白"于路中投刺"。然而这样却出现了问题，并由此现出了其他矛盾。

其一，出峡的时间问题。从"仗剑去国，辞亲远游"后紧接"南穷苍梧，东涉溟海"（即"游于楚""东游维扬"），及叙"炎月伏尸"与"隐于岷山之阳"相连的行文看，其出峡当是"炎月伏尸"的当年或前一年，即开元十七八年或开元十六年（728）。李白的《大鹏赋序》称："余昔于江陵见天台司马子微，谓余有仙风道骨，可与神游八极之表，因著《大鹏遇希有鸟赋》以自广。……悔其少作，未穷宏达之旨，中年弃之"。这就是说李白在江陵见到司马子微（承祯）是在他"中年"之前的青年，也即是他"仗剑去国，辞亲远游"的出峡时。但是，据《旧唐书·司马承祯传》载（见前文引），司马承祯自开元十五年被召进京后居于王屋山，直至死也没离开过。因此，李白不可能在开元十七八年或十六年在江陵见到司马承祯。也即是说，李白"仗剑去国、辞亲远游"之出峡不是开元十七八年或十六年。

其二，"隐于岷山之阳"和"于路中投刺"苏颋的问题。出蜀之前，李白与东严子"隐于岷山之阳"，"巢居数年，不迹城市"，而此前曾"于路中投刺"苏颋。据《旧唐书·玄宗纪》《新唐书·苏颋传》载，苏颋于开元八年"罢知政事"，"俄检校益州大都督长史，按察节度剑南诸州"，抵蜀在开元九年二三月间（说见上篇）。从开元九年到开元十七八年或十六年，其间达七八年或八九年的时间，虽然"巢居数年"之"数年"没有实指，但无论如何也不可能达"数年"之久。

其三，首次入京及出京后的游历。《上安州裴长史书》说要"西入秦海，一观国风"，并颇自信地说"何王公大人之门不可以弹长剑乎"，说明李白只是准备到京城长安去，还并没成行。但是以李白《送梁公昌从信安王北征》诗，证之于高适《信安王幕府》诗序所云的"开元二十年"，李白开元二十年必在京城。依据《忆旧游寄谯郡元参军》诗和《秋日于太原南栅饯阳曲王赞公贾少公石艾尹少府应举赴上都序》所提供的线索，李白游并州（太原）是开元二十三年五月，此前的"一溪初入千花明"的随州（汉东）之游当在开元二十二年春，再前的洛阳"一醉累月"应是开元二十一年。可是，从前文按李白生于神龙元年推其《上安州裴长史书》自叙生平得知，开元二十一年、二十二年，李白尚在安陆，"至移三霜焉"，并未远出家门。

将李白生于神龙元年置于其生平经历的大平面中进行粗略排比而凸显的这些矛盾（以生于神龙二年时间顺推，矛盾亦然），足以表明神龙元年（或神龙二年）为李白生年是不正确的。但如果以长安元年（701）为李白生年，则不会有这些矛盾。李白上书裴长史，谓"迄于今三十春矣"，则其上书之时为开元十八年（730），定居安陆"至移三霜焉"，则是开元十六年，而出峡则是开元十三年（詹锳《李白诗文系年》证知开元十四年正月司马承祯已在衡山，李白见之于江陵应在十四年正月前，故以开元十三年为李白出峡之年。前文我们已证知李白出峡在开元十三年三月）；开元九年春二三月"于路中投刺"苏颋，虽大受夸奖，但却谓尚需"广之以学"，故而与逸人东严子隐于岷山之阳，直至出峡前的四年（开元九、十、十一、十二年）是"巢居数年，不迹城市"的"数年"；开元十八年上书裴长史，称要"西入秦海，一观国风"，遂于次年春间由安陆启程进京，故有开元二十年在京城所作的《送梁公昌从信安王北征》；出京后开元二十一年在洛阳与元参军相遇，"一醉累月"，次年偕游随州（汉东），还山寻故巢后，又于开元十三年"五月相呼渡太行"，直至次年游晋祠（以上详见本著上篇）。

以神龙元年、二年为李白生年所出现的矛盾，在这里皆不成问题，一一吻合。这说明李白生于长安元年是经得起检验的，是正确的。

当然，生于长安元年，卒于广德元二年一说，在宝应元年以前不会排比出问题，但是，广德元年以后（包括卒于大历元年、二年，永泰元年），如前所论，既无任何文字记载，亦无诗文可确证，是无据之论，则无需再作排比。

生卒年的确定，是作家（历史人物）研究中的大事，更何况是李白的生卒年呢？以此，我们对李白生卒年研究中的问题作了一番梳理，实冀其有助于李白生卒年的研究和确定。

附 篇

李白杂考散论

李白子嗣小考

李白有几子,殊无定说,今略考其大概。
魏颢《李翰林集序》(以下简称《序》),云:

> 白始娶于许,生一男一女,曰明月奴,女既嫁而卒。又合于刘,刘
> 诀。次合于鲁一妇人,生子曰颇黎。……颢平生自负,人或为狂,白相
> 见泯合,有赠之作,谓余尔后必著大名于天下,无忘老夫与明月奴。

按,詹锳《李白诗文系年》(以下简称詹《系》)(76页)云:"《湖北通志·流寓传》谓夫人许氏'生一男一女,曰明月奴,女既嫁而卒'。以为魏颢序'曰'字上脱一'男'字,不为无见。"《李太白全集》(中华书局1977年版)录李华《故翰林学士李君墓志》)(以下简称《墓志》)云:

> 有子曰伯禽、天然,长能持,幼能辨,数梯公之德,必将大其名也
> 已矣。

按,詹《系》146页录此《墓志》为"有子曰伯禽、天然,长能持,幼能辨",并云"玩其语意当似如此断句,长指伯禽,幼指天然。若谓天然非人名而连下读,似不甚妥"。《李白集校注》作"有子曰伯禽,天然长能持,幼能辩"。
刘全白《唐故翰林学士李君碣记》(以下简称《碣》)云:

君名白,广汉人。……流离辗轲,竟无所成名。有子名伯禽。

范传正《唐左拾遗翰林学士李公新墓碑并序》(以下简称《碑》)云:

公名白,字太白,其先陇西成纪人。绝嗣之家,难求谱谍。公之孙女搜于箱篋中,得公之亡子伯禽手疏十数行,纸坏字缺,不能详备。……乃获孙女二人……问其所以,则曰:父伯禽以贞元八年不禄而卒。

根据上录唐之魏颢《序》、李华《墓志》、刘全白《碣》、范传正《碑》,白子之名有天然、明月奴、颇黎、伯禽。但四名是否四子则又当别论,且以白诗证之。

李白诗中言及子女者凡十四见,即《南陵别儿童入京》《答友人赠乌纱帽》《送杨燕之东鲁》《寄东鲁二稚子》《送萧三十一之鲁中兼问稚子伯禽》《赠武十七谔并序》《题嵩山逸人与元丹丘山居并序》《将进酒》《酬中都小吏携斗酒双鱼于逆旅见赠》《忆旧游寄谯郡元参军》《门有车马客行》《万愤词投魏郎中》《上崔相百忧章》《游谢氏山亭》。

《南陵别儿童入京》云:"呼童烹鸡酌白酒,儿女嬉笑牵人衣。"此诗作于天宝元年白奉诏之时有定论,其时"牵人衣"之儿女不过三五岁。《答友人赠乌纱帽》云:"山人不照镜,稚子道相宜。"詹《系》谓:"诗云'领得乌纱帽,全胜白接䍦。'疑是已得玄宗征诏后作。"按,詹《系》所疑极是,则此诗当与《南陵别儿童入京》为同时之作。据魏《序》所云:"白始娶于许,生一女一男,(男)曰明月奴。"则此"儿女""稚子"乃许氏所出,"稚子"乃明月奴。

《送杨燕之东鲁》云:"一辞金华殿,蹭蹬长江边。二子鲁门东,别来已经年。"《寄东鲁二稚子》云:"此树我所种,别来向三年。……娇女字平阳,折花倚桃边。……小儿名伯禽,与姊亦齐肩。"《送萧三十一之鲁中兼问稚子伯禽》云:"我家寄在沙丘傍,三年不归空断肠。君行既识伯禽子,应驾小车骑白羊。"《赠武十七谔并序》云:"门人武谔……闻中原作难,西来访余。余爱子伯禽在鲁,许将冒胡兵以致之。"此四篇,前三篇,皆太白去鲁之后南游所作,后一篇"闻中原作难,西来访余"乃成于安史之乱初,即天宝十四载。假如《送杨燕之东鲁》"二子"包括"次合于鲁一妇人"所生之"颇黎",而据《寄东鲁二稚子》,平阳其时亦在鲁,理应称"三子"(女亦是子,所谓女子是也);《寄东鲁二稚子》言"小儿名伯禽,与姊亦齐肩",伯禽齐姊平阳之肩,则年龄相去不远。两诗相参,"二子""稚子",皆指伯禽、平阳,伯禽非"鲁一妇人"所生。伯禽其时有多大了呢?《送萧三十一之鲁中兼问稚子伯禽》说"君行既识伯禽子,应驾小车骑白羊"。"应驾小车骑白羊",用《世说新语·容止》刘孝标注引《(卫)玠别传》"玠在群伍之中,实有异人之望。龆龀时,乘白羊于洛阳市上,咸曰:'谁家璧人?'于是家门州党号为璧人"事。李白虽在夸称自己的儿子为"璧人",但却于中亦可知伯禽在其父离家时大约八九岁(按,据《韩诗外传》"男八月生齿,八岁而超齿",即八岁换牙齿),加上"三年不归",李白嘱托萧三十一去看顾的伯禽大概是十一二岁。于此可见,伯禽非所谓"鲁一妇人"所生之"颇黎",乃许氏所生"牵人衣"之儿女所长成。伯禽则明月奴是也。因或谓伯禽即是颇黎(如郭沫若先生《李白与杜甫》说"所谓'生子曰颇黎',其实就是伯禽"),此一并辨之。

《题嵩山逸人元丹丘山居》只言"拙妻好乘鸾,娇女爱飞鹤",而不及儿子,姑置不论。

《将进酒》云:"五花马,千金裘,呼儿将出换美酒,与尔同销万古愁。"《忆旧游寄谯郡元参军》云:"呼儿长跪缄此辞,寄君千里遥相忆。"《酬中都小吏携斗酒双鱼于逆旅见赠》云:"呼儿拂几霜刃挥,红肥花落白雪霏。"《门有车马客行》云:"呼儿扫中堂,坐客论悲辛。"四诗皆谓"呼儿",与称"儿女""稚子""爱子""子"不同,或以为可呼唤之儿即侍儿。或即是。但即或不是指侍儿,而是其子,此"儿"也并非"次合于鲁一妇人"所生"颇黎"。因为此"儿"不仅能封缄信札,还能够"将出"五花马、千金裘,也还能够"扫中堂",甚而至于"拂几霜刃挥",当不是小小年纪可以做得到的。而且,假如"呼儿"之"儿"即是李白之子的话,则从《酬中都小吏携斗酒双鱼于逆旅见赠》可知李白其时无家,故与其"子"寓居于客舍。按魏颢的说法,倘李白其时是"又合于刘"之前的无家状态,则根本谈不上"次合于鲁一妇人,生子曰颇黎",如果其时的无家状态是与"刘诀"后"次合于鲁一妇人"之前,则也不会有"鲁一妇人"所生之子"颇黎"。因此,如果"呼儿"之"儿"是指李白之子,则也是指的伯禽。但是,比较李白以"儿女""稚子""爱子""子"之称,以及李白诗中凡提及自己"儿女""稚子""爱子""子"者,皆无呼来唤去之使的行文,"呼儿"之"儿"还是指侍儿比较合理,犹《南陵别儿童入京》之"呼童烹鸡酌白酒,儿女嬉笑牵人衣"之"呼童",其有别于"儿女"是显然的。

《万愤词投魏郎中》云:"穆陵关北愁爱子,豫章天南隔老妻。"穆陵关,王琦注云:"穆陵关有二处,而太白所称者则齐地之穆陵关也。"此诗作于至德二载(757)白为永王事所累被囚以后,诗所云"如其听卑,脱我牢狴。倘辨美玉,君收白珪"即是明证。穆陵关在齐地,则白所愁之"爱子"亦应在齐。若按魏《序》所云白"次合于鲁一妇人,生子曰颇黎",则白在鲁中有二子,一曰伯禽(明月奴),一曰颇黎。白所愁之"爱子"者谁?愚以为白所愁之"爱子"必伯禽无疑,这从李白对儿子的称法可以辨得。上举白诗称"稚子"有《寄东鲁二稚子》《送萧三十一之鲁中兼问稚子伯禽》二篇,约作于天宝八九年(按,詹《系》系于天宝九年,安旗、薛天纬《李白年谱》系于天宝八年),则天宝元年犹自"牵人衣"的伯禽此时不过十一二岁,故白称"稚子",而五六年以后,伯禽已十七八岁,不宜以"稚子"称,故白对门人武谔则称"吾爱子伯禽"。《万愤词投魏郎中》亦称"爱子",是"爱子"即伯禽可知矣。盖白至德二载(757)坐系寻阳狱,距天宝十四载(755)又两年,子伯禽已近弱冠之年,则更宜称"爱子"。若此诗所称"爱子"是颇黎则宜如前诸篇之称"稚子",因"鲁一妇人"所出,较伯禽更小。

《上崔相百忧章》诗云:"星离一门,草掷二孩。"据其诗意,既称"一门"星离,则"二孩"应包括了李白的全部儿女。按前文对《送杨燕之东鲁》"二子"如果包括"颇黎"则应称"三子"之论,这首之"二孩"也应称"三孩",而李白却称的是"二孩",并且是"一门"只有"二孩","二孩"是其全部儿女。则"二孩"如同《寄东鲁二稚子》中之"二稚子",说得极明白,即伯禽与平阳。可见李白其实并无"鲁一妇人"所生之"颇黎"。

《游谢氏山亭》诗云:

> 沧老卧江海，再欢天地清。
> 病闲久寂寞，岁物徒芬荣。
> 借君西池游，聊以散我情。
> 扫雪松下去，扪萝石道行。
> 谢公池塘上，春草飒已生。
> 花枝拂人来，山鸟向我鸣。
> 田家有美酒，落日与之倾。
> 醉罢弄归月，遥欣稚子迎。

此诗，王琦以为"谢氏"是指谢朓，注云："因谢氏山亭，故用灵运'池塘生春草'之句作映带。"王氏于"谢氏山亭"无注，却在《谢公亭》一诗下注云："《海录碎事》：谢公亭，在宣州，太守谢玄晖置。范云为零陵内史，谢送别于此，故有《新亭送别》诗。《方舆胜览》：谢公亭，在宣城县北二里。《名胜志》：谢公亭，在江南宁国府宣城县北郭外，齐太守谢朓送别处。"度王氏之意，"谢氏山亭"即谢公亭。李从军先生《李白卒年辨》（《吉林大学社会科学学报》1983年第5期）则认为"谢氏山亭"是指谢公宅，说："陆游《入蜀记》载：'青山南有谢玄晖故宅基。……庵前有小池，曰谢公池。'"王氏以为《游谢氏山亭》中的"谢氏山亭"即谢公亭，李氏以为即谢公宅。两说均似不甚妥。谢公亭在宣城县北，谢公宅在当涂东青山南，与诗称"西池"不合，且宅与亭自是有别，不当等同。再者，"借君西池游"则可见诗人游的是谢氏山亭之西池，而"君"之所指只能是题中的"谢氏"。诗接下来写"谢公池塘上，春草飒已生"，则可见这"西池"便是"谢公池塘"，"君"便是"谢公"。谢灵运有《登池上楼》诗云"池塘生春草，园柳变鸣禽"。因而这"谢氏""君""谢公"便是指谢灵运了。这样，诗歌内容与题合，前后畅通。若说"君"是指谢朓，而"谢公池塘上，春草飒已生"是将谢灵运"池塘生春草"句作为映带，则令人感到诗人是张冠李戴，误以"池塘生春草"为谢朓诗，诗歌前后也不衔接，语意含混不清，小谢大谢混杂不清。如此看来恐非"映带"之说可以解通。笔者以为，《游谢氏山亭》之亭，既不是王氏所认为的"谢公亭"，也不是李氏所指

的"谢公宅",而是谢灵运《登池上楼》一诗纪游的旧迹。据《太平寰宇记》载:"谢公池在温州西北二里,积谷东山,'池塘生春草'即此处。"池当温州西北,与诗称"西池"也正合。如是,《游谢氏山亭》一诗当作于温州,其时为初春,于"扫雪松下去""岁物徒芬荣"可知。又,诗云"沦老卧江海,再欢天地清",可知诗人已是垂暮老病。所谓"再欢天地清",当是指平刘展之乱。考白集有《流夜郎半道承恩放还兼欣克复之美书怀示息秀才》一诗,诗云:"遥欣克复美,光武安可同?天子巡剑阁,储皇守扶风。扬袂正北辰,开襟揽群雄。……左扫因右拂,旋收洛阳宫。回舆入咸京,席卷六合通。叱咤开帝业,手成天地功。大驾还长安,两日忽再中。"至德二载两京克复,诗人"遥欣克复美",谓"席卷六合通",此为一欢天地清;上元元年(760)十一月,扬州长史刘展反,次年正月,李藏用平刘展(见《通鉴》卷222),李白《饯李副使藏用移军广陵序》云:"我副使李公,勇冠三军,众无一旅,横倚天之剑。……一扫瓦解,洗清全吴。可谓万里长城横断楚塞。""一扫瓦解,洗清全吴",李白大加赞誉,此为"再欢天地清。"如是,则可知《游谢氏山亭》一诗当是上元二年(761)初春作于温州。但考李白暮年行踪,李白流途遇赦后只辗转于金陵、当涂、宣城一带,并无温州之行。因而笔者怀疑此诗非李白之作。李白之诗,诗人生前身后多有散佚,集者广为搜罗(见李阳冰《草堂集序》、魏《序》、宋敏求《李翰林文集后序》),难免错讹混入他人之作。不过,即使《游谢氏山亭》不如笔者所疑,其诗之谓"遥欣稚子迎"也只是用陶渊明《归去来兮辞》中"童仆欢迎,稚子侯门"的意思。

  综上所考,李白实只伯禽一子,既无"颇黎"更无"天然"。"天然"之说,笔者以为实中华书局标点之误。正确的标点似应为"有子曰伯禽,天然长能,持幼能辩,数梯公之德,必将大其名也已矣"。其意为:李白子名伯禽,天资聪颖颇有才能,在幼年时就能言善辩,若多承李白之德,将来必成大名。《李白集校注》标为"有子曰伯禽,天然长能持,幼能辩"似亦不可解。至于"颇黎"之说,恐也是魏氏误记。"颇黎"之名既不见于李白篇中,也不见于他人笔下。刘全白幼年以诗见知于李白晚年(见刘《碣》、郁贤皓《李白丛考》),李白死后二十九年(德宗贞元六年)撰《唐故翰林学士李君碣记》,只及于伯禽;与李白有"通家之旧"的范传正穷访太白之后"凡三四年,乃获孙女二人……问其所以，则曰：父伯禽以贞元八年不禄而卒"，也只及于伯禽（见范《碑》）。如此看来，魏氏所记令人生疑。

（原载《绵阳师专学报》1986年第2期）

唐人之李白序志碑传辨读

李阳冰《草堂集序》（以下简称李《序》）、魏颢《李翰林集序》（以下简称魏《序》）、李华《故翰林学士李君墓志》（以下简称《墓志》）、刘全白《唐故翰林学士李君碣记》（以下简称刘《碣》）、范传正《唐左拾遗翰林学士李公新墓碑并序》（以下简称范《碑》），是有关李白的最早的文献资料，为历来的李白研究者所重。但是，也因为历时久远，或者漶漫，或者传抄、刊刻的夺误、错讹，使其材料本身或材料之间出现了个别矛盾（也有后世解读和句读之误），给李白生平方面的研究造成了一定的困惑。今且提出几个疑点做些探讨。

一、李《序》"神龙之始，逃归于蜀，复指李树而生伯阳"之"神龙"

李《序》叙李白之家"神龙之始，逃归于蜀，复指李树而生伯阳"，这是李白生于神龙元年（705）说的最原始的依据。但是，这个《序》却是有矛盾的。李白至德二载（757）所写的《为宋中丞自荐表》说其时他"五十有七"，而《序》却说他"神龙之始"生，相差甚远，这便是最明显的矛盾。

李《序》最后所言"时宝应元年十一月乙酉"，诚然是李阳冰作《序》之时，而不是李白去世之日，但是，如果李白其时尚在世，可为什么此后再也没人对他宝应元年十一月以后有只言片语的记叙？不仅"白未绝笔，吾其再刊"，"其他事迹存于后序"的魏《序》再无一字之续，就连在李阳冰之后不久为李白作墓志的李华也未言及。李华其人，《新唐书》本传载其"大历初卒"，闻一多《唐诗大系》考订其卒于大历元年（766），则李华为李白作《墓志》时，去李白之死不过四五年。这个时间距离是很近的，如果李白在李阳冰作《序》时尚在世，其后为他作《墓志》的李华理应在《墓志》中补出李白宝应元年以后的经历，因为墓志本来就是为过世者传其生死履历的。而且，从《墓志》"有子曰伯禽，天然长能，持幼能辩，数梯公之德，必将大其名也已矣"的行文看，李

华《墓志》当是受李白之子伯禽所请而为。事实上，墓志碑铭一类，自古以来也多是出自墓主亲属之托，即如李华，《新唐书》本传谓其"不甚著书，惟天下士大夫家传墓版及州县碑颂，时时赍金往请，乃强为应"。那么，如果李白宝应元年以后还在世，而李阳冰《序》又没有叙及（以伯禽作为李白儿子的身份，李阳冰的《序》他不可能不读），伯禽便不可能不嘱之李华，李华也就没有理由不在《墓志》中叙及。但是，李华《墓志》中却并无只字。所有这些，都只能说明一个问题，李阳冰为李白编集作序时，李白已不在人世。

李阳冰为李白编集作序时，李白已不在人世，这从李《序》本身也可以寻得一些线索。

其一，从称谓上看，李白称李阳冰为"从叔"，李阳冰是长辈，李白是晚辈，他的《献从叔当涂宰阳冰》是其赠人之作中极少用"献"字的一首。在诗中李白自称"小子"，这符合双方的辈分，也是对李阳冰身份、时望、政声[1]的尊崇；而李阳冰在《序》中却始终称李白为"公"，这就有失长辈的身份了，这也是违"礼"，但却符合以死者为大、以死者为尊的传统。

其二，李阳冰在《序》中称李白"草稿万卷，手集未修。枕上授简，俾余为序"。"万卷"虽是夸大之辞，但从乐史的《李翰林别集序》、宋敏求的《李太白文集后序》可知，李阳冰编成的《草堂集》也有十卷约四百首。[2]以这样一个数量的"草稿"，要编修成集，恐非一时之功；而且，李《序》于李白"不读非圣之书，耻为郑卫之作，故其言多似天仙之辞。凡所著述，言多讽兴。自三代已来，风骚之后，驰驱屈宋，鞭挞扬马，千载独步，唯公一人。故王公趋风，列岳结轨；群贤翕习，如鸟归凤。卢黄门云：陈拾遗横制颓波，天下质文翕然一变，至今朝诗体，尚有梁陈宫掖之风。至公大变，扫地并尽；今古文集，遏而不行。唯公文章，横被六合，可谓力敌造化欤"的评价，非率尔之言敷衍之辞，的确是

---

[1] 李白《献从叔当涂宰阳冰》王琦注引《宣和书谱》：阳冰"善词章，留心小篆迨三十年，作《刊定说文》三十卷以纪其学。人指以为苍颉后身"，"议者论有唐三百年以篆称者，唯阳冰独步"。李白诗称颂阳冰之宰当涂，"惠泽及飞走，农夫尽归耕"，"雅颂播吴越，还如太阶平"。此即阳冰之时望、政声。

[2] 乐史《李翰林别集序》谓"李翰林歌诗，李阳冰纂为《草堂集》十卷，又别收歌诗十卷，与《草堂集》互有得失，因校勘排为二十卷"，宋敏求《李太白文集后序》称"唐李阳冰序《草堂集》十卷……咸平中，乐史别得歌诗十卷，合为《李翰林集》二十卷，凡七百七十六篇"。故知《草堂集》收诗约四百首。

知者之论。如此，则非对李白付于的近四百篇诗稿潜心研读不可。如果李白宝应元年十一月其时尚在世且在病中，李阳冰恐既无暇为李白编修其集，更不容潜心研读，何况其词颇似对李白的盖棺之论。

其三，李阳冰在《序》中说，"自中原有事，公避地八年"——从安史之乱的天宝十四载（755）到李阳冰作序的宝应元年（762），正是李白漂流江南一带的八年。李阳冰是把这个年限说断了的。试想，倘若李白其时尚在世，焉知其后还会"避地"多少年，那么又怎么可以去说断呢？李白往依阳冰，其时虽然是"群凤怜客鸟，差池相哀鸣"，但却已经是"赠微所费广，斗水浇长鲸"（《献从叔当涂宰阳冰》）了，而李阳冰还将"避地八年"说断了，岂不等于是在赶李白走么？而且当着一个"疾亟"之人这么说，就更不合情，也不合礼数了。

如前所述，李华作《墓志》时李白去世不久，亲属不会误嘱，李华不会误记。因此，李华《墓志》称李白享年"六十有二"应该是完全可信的。但李阳冰为李白编集作《序》的宝应元年李白已不在世，从神龙元年到宝应元年，只有五十六岁，这就可见李阳冰序所谓"神龙之始，逃归于蜀，复指李树而生伯阳"的"神龙"显然是错误的。但是，这个错误并不在李阳冰，因为这与李白至德二载所作的《为宋中丞自荐表》自叙的其时年"五十有七"不相吻合，李阳冰编集作序是显然能够察觉的，而是后来或文字漶漫，或传抄，或刊刻造成的。李阳冰的序，李华应当是读到过的。即使不能读之他处，伯禽嘱其为父作墓志时也会提供。正因为李阳冰对李白之生平经历叙之甚详，所以李华无需重言，以至《墓志》甚为简短。这就是说，李华完全信从了李阳冰的《序》，也就是说李阳冰之所叙，与伯禽嘱托李华作墓志时所述是一致的。可是，从宝应元年逆数到神龙元年，只有五十六年，李华却断然地称（也应是李白之子伯禽所嘱）李白享年"六十有二"，可见李华读到的《草堂集序》并非"神龙"，否则，对如此明显也是很重要的错误，他不会置之不理。

范传正作于元和十二年（817）的《碑》也称"神龙初潜还广汉"，则是对李《序》已误成"神龙"的因袭。不过，从范《碑》的行文看，范传正对此也不是没有疑虑的。范传正在写到"神龙初潜还广汉"之后，并没有像李《序》那样接着写李白的出生，而是叙完家世后才说到"公之生也，先府君指天枝以复姓"。显然，范传正回避了李白是不是神龙元年出生的这个问题，正表明他对李白生于神龙元年的疑虑。

至于"神龙"是否即如王琦所怀疑的"岂神龙之年号乃神功之讹",因属无据之言,存疑而已。后世虽有论说,终因举证不确,难以信从。虽然如此,但"神龙"为漶漫或传抄或刊刻之误,而且误成于李华《墓志》,却是可以肯定的。

二、魏《序》李白之子"明月奴""颇黎"

魏《序》叙及李白家室子女时说道:"白始娶于许,生一女一男,曰明月奴,女既嫁而卒。又合于刘,刘诀。次合于鲁一妇人,生子曰颇黎。终娶于宋。"这段文字,错讹或误记是肯定的,王琦谓"太白《窜夜郎留别宗十六璟》诗有'君家全盛日,台鼎何陆离。斩鳌翼娲皇……三人凤凰池','令姊忝齐眉'等语,是其终娶者乃宗楚客之家也。而此云'宋',盖是'宗'字之讹耳。若刘,若鲁妇,则无所考。太白后只一子伯禽,则未知其明月奴与,其颇黎与?"魏《序》之错讹或误记,正如郭沫若先生《李白与杜甫》所言,"魏颢自号为王屋山人,他是李白的崇拜者,在天宝十三年,曾经从王屋山(在山西阳城县西南)到东鲁访问李白,不遇,便南下追寻,他本人游遍了浙江,归途在扬州才同李白见了面。故他对李白家室的叙述,有的是根据李白的口授,有的是出于他的推测",但是,其错讹或误记是否如郭沫若先生所说"既言许氏'生一女一男',而接着却只标出一个'明月奴'的名字。'明月奴'很显然地是女孩子的小名,不像男孩子的名字。因此,'一男'二字是后人加上去的。刊本或作'二男',更谬。除去'一男'二字,即'白始娶于许,生一女,曰明月奴',文字便毫无问题了","所谓生子曰颇黎,其实就是伯禽,伯与颇,音相近。禽字由黎的音推测,应该本作'离'。伯黎即颇黎,被后人误为了伯禽。'伯禽'本是西周初年周公旦的长子鲁公的名号,李白何至以古人的名字来名自己的幼儿?然而伯离一千多年来已误为'伯禽',我们也只好将错就错了",却需要再做探讨。

郭沫若先生认为"'明月奴'很明显地是女孩子的小名,不像男孩子的名字",其实并不尽然。"奴",并不专指女性。且不说奴隶、奴仆男女皆有,即便是自称(谦称)亦多有男性,如《韩擒虎话本》:"皇帝宣问:'阿奴无德,滥处为君。"又，计有功《唐诗纪事·昭宗》："何处是英雄，迎奴归故宫。"因之，以"奴"为名，就并不只是女孩子可以，男孩子亦有之，最现成的例子是刘裕。据《宋书·武帝本纪》，"高祖武皇帝讳裕，字德舆，小名寄奴"。元代有名"观音奴"的诗人，据王德毅《元人传记资料索引》称，其人泰定四年（1327）举进士，曾任南台御史，显然是男性。因此，"明月奴"可以是男孩子的名字，而且从"生一女一男"后紧接"明月奴"的行文看，"明月奴"也正是男孩子。因为在古时碑传中，或恐是出于重男轻女的尊卑意识，于女孩多不书名。如韩愈《柳子厚墓志铭》："子厚有子男二人，长曰周六，始四岁，季曰周七，子厚卒乃生，女二人皆幼。"其遗腹子亦书名，而"皆幼"的二女显然大过遗腹子，却不书名。又，白居易《有唐善人墓碑》："唐有善人曰李公……有二女五男，曰讷、朴、恪、恁、硕。"不书女子名，且其行文亦如魏《序》"生一女一男，曰明月奴"。又，杜牧《东川节度使检校右仆射兼御史大夫赠司徒周公墓志铭》："夫人义兴蒋氏，先公某年终。生二男一女，长曰宽饶，崇文校书，次曰咸喜，京兆参军，皆孝谨有文学。女嫁起居舍人薛蒙。"不书女子名，其行文亦类魏《序》。

如此看来，魏《序》之谓"白始娶于许，生一女一男，曰明月奴"，其误并不如郭沫若先生所说，而是误在李白之子名为"明月奴"上。检阅《李太白文集》及除魏《序》而外的唐时李白序志碑传，李白只有一子名伯禽（见《李白子嗣小考》），而且从李白《寄东鲁二稚子》一诗之"小儿名伯禽，与姊亦齐肩"看，伯禽与其姐年龄相差无几，应是许氏所生。因而魏氏所谓"次合于鲁一妇人，生子曰颇黎"，亦是误记，李白并无"颇黎"之子。郭沫若先生认为"所谓生子曰颇黎，其实就是伯离"是对的（只是应是许氏所生，不是"鲁一妇人"所生），但却又认为"伯与颇，音相近。禽字由黎字的音推测，应该本作'离'。伯离即颇黎，被后人误为了伯禽。'伯禽'本是西周初年周公旦的长子鲁公的名号，李白何至以古人的名字来名自己的幼儿？然而伯离一千多年来已误为'伯禽'，我们也只好将错就错了"，却是有失准确了。如前所述，检阅李白之作，道及其子名者皆为伯禽，而并无"伯离"或"颇黎"者。郭沫若先生的说法，就是说连李白自己说的都不可信，不正确了。再说，如果是"被后人误为了伯禽"，则后世编修李白集者，是必要将李白集中所有的"伯禽"改为"伯离"。

恐怕从李阳冰到乐史、宋敏求、曾巩他们不会这么干，而经自己的手眼"将错就错"。至于说"李白何至以古人的名字来名自己的幼儿"，或者正是因为伯禽是周公旦的长子的名号，李白才要拿来当自己儿子的名字，以自比周公。其实，古人为儿子取名号，只是如《礼记》所说："不以日月，不以国，不以隐疾，大夫、士子之名，不敢与世子同名"，并不避讳古人前贤。如周幽王时有太史名伯阳，而老子却以"伯阳"为字，而且据唐张守节《史记正义》引《朱韬玉札》及《神仙传》云，"老子，楚国苦县濑乡曲仁里人，姓李，名耳，字伯阳，一名重耳，外字聃"。"重耳"可是春秋五霸之一的晋文公之名。还有伯夷，据《吕氏春秋》说是颛顼之师，谓"帝颛顼师伯夷父"，而舜的臣子却以之为名。商孤竹君之子亦名伯夷，即司马迁《史记·伯夷列传》所说的不食周粟饿死首阳山的伯夷。

李白终其一生只有一子名伯禽，为许氏夫人所生，魏《序》误其名为"明月奴"，且又误出一个"鲁一妇人"所生的"颇黎"。

三、刘《碣》范《碑》李白官左拾遗其时

刘《碣》谓李白"代宗登极，广拔淹瘁，时君亦拜拾遗。闻命之后，君亦逝矣"。范《碑》称"代宗之初，搜罗俊逸，拜公左拾遗。制下于彤庭，礼降于玄壤，生不及禄，殁而称官"。乍一看，刘全白似乎在说李白官左拾遗时还活着，因为是"闻命之后，君亦逝矣"。而范传正却显然是说"拜公左拾遗"时是"殁而称官"，已经死去了，与刘全白所说相矛盾。也正因为刘全白所说容易让人认为李白官拜拾遗时尚在世，兼之代宗即位后，于广德元年（763）、广德二年（764）、永泰元年（765）、大历元年（766）都曾下诏荐举人才，因而学者对李白卒年产生了许多想法和推测，或谓卒于广德元年，或谓卒于广德二年，或谓卒于永泰元年，或谓卒于大历元年，或谓卒于大历二年，因而辨别刘全白、范传正两家之谓李白拜官是生前还是死后，对辨别李白的卒年便有了相当的重要性。

仔细辨读，其实刘全白与范传正说的是一样的——拜官之时李白已经去世了。我们且从刘《碣》和范《碑》行文结构、叙事顺序上看，两文是一致的，都是从"少任侠"（"少以侠自任"）到"天宝初"待诏翰林，再到晚年"遂以疾终"（"晚岁渡牛渚矶……竟卒于此"），最后才是"代宗登极，广拔淹

瘁，时君亦拜拾遗，闻命之后，君亦逝矣"（"代宗之初，搜罗俊逸，拜公左拾遗。制下于彤庭，礼降于玄壤，生不及禄，殁而称官"）。而且从行文的用语看，最后叙及的李白拜官，并不是补叙，而是在按时间顺序而叙。这就表明，刘全白说的李白拜官拾遗，其实也是在其去世之后，只是后世误读了刘《碣》的措辞。刘《碣》说"闻命之后，君亦逝矣"，关键是对"君亦逝矣"的"亦"的理解。如果将"亦"理解成与前句"时君亦拜拾遗"的"亦"一样为副词"也"，或理解为语助词，则与其行文之叙事顺序相悖，文章结构颠倒。而如果作副词"却"或"已"解，则不会有这样的矛盾，意思也更明白。"亦"在古汉语中作"却""已"用是常见的。如《国语·晋语九》："智伯曰：'室美夫！'对曰：'美则美矣，抑臣亦有惧也。'"又，《新序·节士》："杵臼曰：'立孤与死，孰难？'婴曰：'立孤亦难耳！'"这是"亦"都作"却"解。在古汉语中，"亦"作"已"用也常见。如《诗·邶风·泉水》："毖彼泉水，亦流于淇。"孔颖达疏："亦，已也。"又，杜甫《独立》诗："草露亦多湿，蛛丝仍未收。"仇兆鳌《杜诗详注》谓"鸷鸟方恣行搏击，白鸥可轻易往来乎，危之也。且夜露已经沾惹，而蛛丝犹张密网，重伤之也"。

如此看来，无论是将"亦"作"却"还是作"已"解，刘全白所谓李白官拜拾遗，"闻命之后，君亦逝矣"，说的正是李白得官时已经死了，范传正和刘全白说的是一样的。从文章的行文结构、叙述顺序，以及所叙主要事件来看，或范传正正是本之于刘全白，但丰富了事件的具体内容，而且也正是基于对"亦"的理解，才将李白拜官明确为在死后——"生不及禄，殁而称官"。也只有这样理解刘《碣》"闻命之后，君亦逝矣"的"亦"，才能疏通范《碑》与刘《碣》之间的矛盾。而且，从李白生卒年来看，这些年尽管有许多新说（尤其是卒年），但终究无法逾越的是李白至德二载（757）所作的《为宋中丞自荐表》自称"年五十有七"，以及李华"年六十有二，不偶，赋《临终歌》而卒"的记载，即李白生于长安元年（701），卒于宝应元年（762）。这也反过来证明了这样理解刘全白的"闻命之后，君亦逝矣"才是正确的。

四、句读之误

（一）"有子曰伯禽天然长能持幼能辩数梯公之德必将大其名也已矣"（李华《墓志》）

这段文字，略有三种标读：

其一，中华书局1977年9月版《李太白全集》作："有子曰伯禽、天然，长能持，幼能辩，数梯公之德，必将大其名也已矣。"此种标读，为詹锳的《李白诗文系年》《李白全集校注汇释集评》及李子龙主编的《李白与马鞍山·历代碑序赋记辑注》、金涛声朱文彩主编的《李白研究资料汇编》（唐宋之部）等所从。

其二，世界书局旧版《李太白全集》（上海书店1988年6月影印本）作："有子曰伯禽，天然长能持。幼能辩。数梯公之德。必将大其名也已矣。"此种标读，为瞿蜕园朱金城《李白全集校注》、安旗《李白全集编年注释》及郁贤皓主编的《李白大辞典》等所从。

其三，郭沫若先生在《李白与杜甫》中作："有子曰伯禽，天然，长能持（侍），幼能辩（贬），数梯公之德，必将大其名。"

第三种标读，郭沫若先生说："'天然'以下八字似有夺误，意不甚了了。如照字面解释，似言其性情不矜持，对于长者能奉侍，对于幼者能自损，即'老吾老以及人之老，幼吾幼以及人之幼'之意。"郭沫若先生如此标读和换字解释显然是不合理的。因为标读的不准确，所以认为"似有夺误，意不甚了了"，于是便无根据地换字勉强作释，其实却大非原意。

第二种标读，"天然长能持"亦是莫名其妙，不知所云。

第一种标读，詹锳《李白诗文系年》谓："玩其语意，似当如此断句，长指伯禽，幼指天然。若谓天然非人名而连下读，似不甚妥。"如此标读和理解，虽然语意尚通，但李白有名"天然"之子却是闻所未闻。李白有《上崔相百忧章》诗，宋蜀刻本《李太白文集》于题下有"时在寻阳狱"的注文，王琦注云："太白《为宋中丞自荐表》云：避地庐山，遇永王东巡胁行，中道奔走，却至彭泽……此诗及《万愤词》，皆作于是时。"此诗作于至德二载（757），其时李白已五十七岁。诗写道："星离一门，草掷二孩。"既称"一门""星离"，则

"二孩"应包括了李白的全部儿女。这"二孩",即其《送杨燕之东鲁》中的"二子鲁门东,别来已经年"的"二子",亦即《寄东鲁二稚子》诗所说的"娇女字平阳,折花倚桃边","小儿名伯禽,与姊亦齐肩"的平阳、伯禽这一双儿女。李白子伯禽之名,多见于李白诗中,如《送萧三十一之鲁中兼向稚子伯禽》之"伯禽",诗中还有"君行既识伯禽子,应驾小车骑白羊"。又有《赠武十七谔并序》,其序称"余爱子伯禽在鲁"。于此可见,李白一生只育有"二孩",女名平阳,子名伯禽,并无名"天然"之子。因此将李华《墓志》中的"有子曰伯禽天然长能持幼能辩数梯公之德必将大其名也已矣"标读为"有子曰伯禽、天然,长能持,幼能辩……"也是错误的。

既然李白只有伯禽一子,并无名"天然"之子,则"有子曰伯禽、天然"的标读就是错的;既然没有两个儿子,因此也就没有"长""幼"可言,因而"长能持,幼能辩"的标读也是错的。有鉴于此,正确的标读也就明显了——"有子曰伯禽,天然长能,持幼能辩,数梯公之德,必将大其名也已矣。"所谓梯者,本楼梯、阶梯也,此处用作动词,犹梯接、继承。整句谓:李白有子名伯禽,天资聪明,颇有才能,在幼年时就能言善辩,若多承李白之德,将来必成大名。这样,文意就通顺明白了。

(二)"君名白……流离辗轲竟无所成名有子名伯禽偶游至此遂以疾终因葬于此"(刘《碣》)

这段文字略有两种标读:

其一,中华书局1977年9月版《李太白全集》作:"君名白……流离辗轲,竟无所成名。有子名伯禽。偶游至此,遂以疾终,因葬于此。"此种标读为李子龙主编的《李白与马鞍山·历代碑序赋记辑注》、金涛声朱文彩主编的《李白研究资料汇编》(唐宋之部)等所从。

其二,瞿蜕园朱金城《李白全集校注》作:"君名白……流离辗轲,竟无所成名。有子名伯禽,偶游至此,遂以疾终,因葬于此。"此种标读,为安旗《李白全集编年注释》,郁贤皓《李白大辞典》、詹锳《李白全集校注汇释集评》等所从。

第二种标读,不正确是显然的。《唐故翰林学士李君碣记》之"记"的主体是"李君"(李白),其所叙皆李白之事。即是说"流离辗轲,竟无所成

名"的是李白,"有子名伯禽"的是李白,"偶游至此"的也是李白,"遂以疾终,因葬于此"的还是李白。而标为"有子名伯禽,偶游至此,遂以疾终,因葬于此",则"偶游至此""遂以疾终""因葬于此"都成了伯禽的事。这样将"记"的主体改变,本是"记""李君"(李白),却成了"记"伯禽了。虽然在对"主体"(李白)的"记"中不是完全不能插入他"记",但是,伯禽是否"偶游至此",是否"以疾终",是否"葬于此"?"此"指的当然是李阳冰《草堂集序》中所说的"阳冰试弦歌于当涂,心非所好,公遐不弃我,乘扁舟而相顾"的"当涂",也是李华《墓志》所谓的"姑熟东南,青山北址"之(当涂)"青山"。就范《碑》记访得李白孙女二人及李白孙女之所述"父伯禽,以贞元八年不禄而卒"看,李白之子伯禽并不是"偶游至此",从伯禽之女嫁于当涂,即可证明伯禽是迁家于当涂,也不能确认伯禽是否"以疾终",以及是否也如其父葬于青山。而且,范传正之记李白孙女所述其父伯禽"贞元八年不禄而卒",而刘《碣》作于"贞元六年四月七日",假若"偶游至此,遂以疾终"是指伯禽的话,伯禽贞元六年以前就去世了,与其女之述岂不矛盾?范《碑》作于元和十二年(817)正月二十三"迁神于此"时,而访得李白之孙女还应在此之前,其距伯禽之死尚不足二十年,岂有作为子女者在不足二十年时便忘记了父亲之死年的?再说,刘《碣》本是记"李君"(李白)的,有什么必要要将伯禽"偶游至此"记一通呢?

因此,刘《碣》"有子名伯禽"以后之"记",应仍是记"李君"(李白)的事,而其标读应为"君名白……流离辗轲,竟无所成名,有子名伯禽。偶游至此,遂以疾终,因葬于此"。

第一种标读,虽然较之第二种标读要准确得多,但既依然容易产生歧义,且于"记"李白之中单单插入一句前不粘后不连的"有子名伯禽"来,显得文不通意不顺,而在"有子名伯禽"处作句号,则隐含着李白不仅"流离辗轲,竟无所成名",而且儿子也只有一个——何其不幸的意思。这样,不仅文通意顺,而且情感亦贯通其中。以此而论,第一种标读也不可取。

(原载《绵阳师范学院学报》2012年第1期,中国人民大学复印报刊资料《中国古代近代文学研究》2012年第8期转载)

五代及宋时李白序志之载事辨

李白生平事迹，多载于唐五代宋时的序志碑传，是今世研究李白最为重要的文献资料。但因历时久远，或者漶漫、刊刻、因袭之误，或者记事不准确，有碍于李白生平的研究。笔者曾对唐人序志碑传有关李白生平事迹记载做过辨读（《唐人之李白序志碑传辨读》），而对五代和宋人有关李白生平事迹记载的序志尚未涉及，今择其颇有疑虑且较为重要的事件予以辨说（按，今人有论及者，倘无必要，亦不再言说；有的问题，虽已见诸笔者其他文章，但只是涉及，未能细究，今且集中于专题辨说）。

（一）《旧唐书·李白传》：白"尝沉醉殿上，引足令高力士脱靴，由是斥去"。乐史《李翰林别集序》："会高力士终以脱靴之为深耻，异日……高力士曰：'以飞燕指妃子，贱之甚矣。'太真妃颇深然之。上尝三欲命李白官，卒为宫中所捍而止。"《新唐书·李白传》："白尝侍帝，醉使高力士脱靴。力士素贵，耻之，摘其诗以激杨贵妃。帝欲官白，妃辄沮止。"

《旧唐书》《李翰林别集序》《新唐书》之载涉及李白两件事件，一是命高力士脱靴，二是供奉翰林期间何以未授官而被逐出了宫。

李白命高力士脱靴一事，虽然自中唐以来颇为流传，但实际上确系子虚乌有。于此，今人论说者颇多，如裴斐（《文学遗产》1993年第3期《李白的传说与史实》）、郁贤皓（《中国李白研究》1992—1993年集《〈旧唐书·李白传〉订误》）诸家。笔者亦曾说，"脱靴之事查无实据……唐五代以后，脱靴一事不仅盛为流传，且为诗文所激赏，除了人们对李白的喜爱崇拜仰慕，不能说没有比较浓厚的时代政治色彩"（《唐五代时人论李白述评》）。因而高力士脱靴一事此不再论。

既然脱靴之事不存在，李白也就不会因此而被"斥去"。"上尝三欲命李白官，卒为宫中所捍而止"，"帝欲官白，妃辄沮止"，此虽沿袭唐人李濬（或作韦濬）《松窗杂录》之说，但毕竟是"小说家言，自古虚实相半"（永瑢《四库全书简明目录》），难以从信，不足为据。但李白究竟是因何而未授以官且又被逐出宫的呢？且看与李白生前深有交谊的李阳冰、魏颢的说法。

李阳冰《草堂集序》:"丑正同列,害能成谤,格言不入,帝用疏之,公乃浪迹纵酒,以自昏秽,咏歌之际,屡称东山……天子知其不可留,乃赐金归之。"魏颢《李翰林集序》:"许中书舍人,以张垍谗,逐,游海岱间。"除李、魏而外,去李白不远的刘全白于贞元六年(790)写成的《唐故翰林学士李君碣记》亦谓:"上重之,欲以纶诰之任委之,同列者所谤,诏令归山。"

李、魏、刘皆言李白遭谗受毁(不必一定只是张垍)未授予官而被赶出了朝廷。这与李白的自叙是相吻合的。李白诗称"青蝇易相点,《白雪》难同调"(《翰林言怀呈集贤诸学士》),"君王虽爱蛾眉好,无奈宫中妒杀人"(《玉壶吟》)。以"惧谗"为题的"二桃杀三士,讵假剑如霜?众女妒蛾眉,双花竞春芳。魏姝信郑袖,掩袂对君王。一惑巧言子,朱颜成死伤",写其因妒遭谗毁已经感到很严重了,而《鞠歌行》所写的"楚国青蝇何太多,连城白璧遭谗毁。荆山长号泣血人,忠臣死为刖足鬼",已经是身处险境了。因此,他只好效严子陵那样"长揖万乘君,还归富春山"(《古风》其十二)。这就是李白未得官被逐之由。五代及宋人修史作序为李白立传,既不采与李白最近的李、魏、刘之说,亦不察李白诗文之自叙,而独将唐人"小说家言"采入序志,不仅颇为失误,而且也是对李白狂傲精神在一定程度上的消解。

(二)乐史《李翰林别集序》:"白尝有知鉴,客并州,识汾阳王郭子仪于行伍间,为脱其刑责而奖重之。及翰林坐永王之事,汾阳功成,请以官爵赎翰林,上许之,因而免诛。翰林之知人如此,汾阳之报德如彼。"《新唐书·李白传》:"安禄山反,转侧宿松匡庐间,永王璘辟为府佐。璘起兵,逃还彭泽。璘败,当诛。初,白游并州见郭子仪,奇之。子仪尝犯法,白为救免。至是,子仪请解官以赎,有诏长流夜郎。"

李白救免郭子仪一事,詹锳先生在《李白诗文系年》中详稽郭子仪仕历,认为"太白解救汾阳王之说,纯属伪托"。后来,裴斐先生的《李白的传奇与史实》亦有申说。李白救免郭子仪一事属子虚乌有无疑,此不再议。至于李白是否为郭子仪所救,詹锳先生谓"至汾阳以官赎翰林,确否虽不可必,然其决非'报德'明矣。"裴斐先生亦只说到"如确有其事,一位功高德劭之中兴名将为自己赎罪,李白晚年自述生平之诗文中竟只字不提,岂不怪哉!"虽然如此,窃以为尚可申说。

其一，李白至德二载系寻阳狱，但据《旧唐书》《新唐书》之载，至德二载前后，郭子仪率师平乱一直在河北、河东、关内诸郡，战事频繁，且与寻阳途程也甚遥远，既不可能见到李白，也不可能得到李白系狱的消息。以郭子仪其时身份地位（按，《新唐书·肃宗纪》至德二载"四月戊寅，郭子仪为关内、河东副元帅"，闰八月"丁卯、广平郡王俶为天下兵马元帅，子仪副之"），即使寻阳地方官府有对李白下狱向朝廷的奏报，因非其所管，亦不可能有所闻见，何况郭子仪官其位并不在朝堂，而是在战场，则更不可能闻见。李白系狱既不得闻于郭子仪，当然就不会有子仪救援一事。

其二，按乐史的说法（也是唐人裴敬《翰林学士李公墓碑》的说法），郭子仪是"请以官爵赎翰林"。据《旧唐书·郭子仪传》，郭之有爵位是上元三年即宝应元年（762）二月：上元三年二月"遂用郭子仪为朔方、河中、北庭、潞、仪、泽、沁等州节度行营兼兴平、定国副元帅，充本管观察处置使，进封汾阳郡王，出镇绛州"。其于至德二载（757）李白系狱寻阳相去已是五年。可见李白无郭子仪"以官爵赎"之救。而至德二载，郭子仪虽"进位司空，充关内、河东副元帅"，但旋即战败，"诣阙请罪，乞降官资。乃降为左仆射"。这种情况，恐怕再不可能去"请以官爵赎翰林"。而且，司空、副元帅也不是爵位（"官爵"）。

其三，永王李璘受玄宗之命领江南诸道行营节度使，拥兵囤粮聚财，被肃宗视为谋反遭到镇压，李白乱中得逃。李白从璘虽无谋反之意，亦无谋反之实，却有谋反之名。按大唐律令，危社稷者为谋反罪，属于死刑。《通典》卷165载："诸谋反及大逆者，皆斩。"对自己所负之罪，李白当然是清楚的，他深知此次下狱乃是性命之忧。因此，在狱中，他四处求救，有《狱中上崔相涣》"应念覆盆下，雪泣拜天光"；又有《系寻阳狱上崔相涣三首》（其一）"邯郸四十万，同时陷长平。能回造化笔，或冀一人生"；还有《上崔相百忧章》"覆盆倘举，应照寒灰"。他还投诗魏郎中，"如其听卑，脱我牢狴"（《万愤词投魏郎中》），也诗谒高适，"我无燕霜感，玉石俱烧焚"（《送张秀才谒高中丞》），诉其罹祸之况，意在企求援救。甚至就连赴崔相公（崔涣）幕的史司马也寄予希望："珍禽在罗网，微命苦犹丝。愿托周周羽，相衔汉水湄"（《送史司马赴崔相公幕》）。李白虽四处求救，却唯独没有求时居高位的郭子仪。这说明了什么？说明李白、郭子仪并无交往，说明李白获罪下狱不为郭子仪所知，救李白于牢狱的也不可能是郭子仪。

其四，救李白于寻阳狱的是崔涣和宋若思。这在李白诗文中写得很明白。《为宋中丞自荐表》称"前后经宣慰大使崔涣及臣推覆清雪，寻经奏闻"；《中丞宋公以吴兵三千赴河南军次寻阳脱余之囚参谋幕府因赠之》的诗题更能说明问题，宋若思不仅"脱余之囚"，而且还让李白"参谋幕府"。

综上所述，郭子仪解救李白之说，亦如李白解救郭子仪，"纯属伪托"。

李白后来以死罪改判流放，就中原由难以考察，是否有人伸援手（如他在狱中投诗求救的那些人），或者是宋若思的表章（即《为宋中丞自荐表》）起到了一定的影响作用，虽无可考，但因为李白获罪下狱并不为郭子仪所闻见，且郭也不在李白所求之列，李、郭之间并无交往，因而，此事也与郭子仪无涉。

李、郭互救之说，最早出自唐人裴敬于会昌三年（843）作的《翰林学士李公墓碑》，说李白："尝有知鉴，客并州，识郭子仪于行伍间，为免其刑责而奖重之。后汾阳以功成官爵请赎翰林，上许之，因免诛，其报也。"盖自中唐以来，传奇小说颇为兴盛，"中晚期唐人传奇中，有一类近乎野史杂记，内容多述名人异物奇闻轶事"（郭预衡《中国古代文学史长编·隋唐五代卷》），《唐国史补》《酉阳杂俎》《松窗杂录》等皆此之类。出于人们尤其是文人对李白的喜爱仰慕和赞赏，以及对社会的针砭，李白的传奇故事得以产生于文人笔下（或产生于民间而文人收录于笔下），如《唐国史补》《酉阳杂俎》《松窗杂录》中皆记李白醉酒使高力士脱靴一事。以笔者对高力士脱靴的流传的认识（见《唐五代时人论李白述评》）而推测李、郭互救的故事，人们赞赏李白不仅异于常人，不仅有诗才文才，而且颇有识见，有知人之能的"知鉴"。看裴《碑》"先生得天地之秀气耶？不然何异于常之人耶？或曰太白之精下降，故字太白，故贺监号为谪仙，不其然乎！故为诗格高旨远……又尝有知鉴，客并州"的行文，正是如此。兼之李白犯谋逆死罪而又终免死刑，何人有此能力？于是便附会出一个功高德劭其官爵足以抵死罪的郭子仪来。为了使故事来龙去脉的合情合理，又演绎出了先有李白脱郭刑责，后有郭之报李白脱其死刑的故事来。而且，看裴《碑》对此事"其报也"的感慨，未必没有对世风士风的喟叹和对传统报应观的肯定？若如此，裴敬将传闻入李白碑文以彰显李白，用心却颇良苦，事虽不实，亦无不可。而且，碑文本来就是记死者事迹功业德行的，于功于德有所夸饰，亦非过情越理。然而，乐史踵之裴敬纳入《李翰林别集序》已是以谬传谬，后之修《新唐书》者不审其真伪而编入"正史"却更是失误，今之学人以此为据考订李白卒年，则是受"正史"之骗了。

（三）《新唐书·李白传》："安禄山反，转侧宿松匡庐间，永王璘辟为府僚佐。璘起兵，逃还彭泽，璘败当诛。……至是，子仪请解官以赎，有诏长流夜郎。会赦，还寻阳，坐事下狱。时宋若思将吴兵三千赴河南，道寻阳，释囚，辟为参谋。"

《新唐书》之载李白两次下狱，早已有人辨其非。曾巩《李太白文集后序》谓，"永王璘节度东南，白时卧庐山，璘迫致之。璘军败丹阳，白奔亡至宿松，坐系寻阳狱。宣抚大使崔涣与御史中丞宋若思验治白，以为罪薄宜贳。而若思军赴河南，遂释白囚，使谋其军事，上书肃宗，荐白才可用，不报。是时白年五十有七矣。乾元元年终以污璘事长流夜郎"。"而新书又称白流夜郎，还寻阳，坐事下狱，宋若思释之者，皆不合于白之自叙，盖史误也。"王琦《李太白年谱》谓，"琦按：太白所作《为宋中丞自荐表》云：'前后经宣慰大使崔涣及臣推覆清雪，寻经奏闻。'是寻阳下狱而宋若思释之，正坐永王事也。《新唐书》以一事分为二事，殊谬。"曾、王所辨极是正确，只是未能详尽，致使后世学人或者不以此辩为然，仍以《新唐书》为是，或者忽视此辩，无视《新唐书》之误。

之所以会出现《新唐书》将李白系狱一事分为两事的错误，笔者认为是对李白《为宋中丞自荐表》有关系狱陈述的误读。《为宋中丞自荐表》所谓"属逆胡暴乱，避地庐山，遇永王东巡胁行，中道奔走，却至彭泽，具已陈首。前后经宣慰大使崔涣及臣推覆清雪，寻经奏闻"之"前后"，很容易被误解为两次"推覆清雪"。既然是两次"推覆清雪"，当然就是两次坐牢了。但是，仔细考察这段文字，却并非如此。

首先，"前后经宣慰大使崔涣及臣推覆清雪"之"前后"，虽然是指崔涣、宋若思一前一后的两次"推覆清雪"，但却并不是一次在至德二载（757），即"璘起兵""败"的当年（按，《旧唐书·肃宗纪》：至德二载"二月……永王璘兵败"。《新唐书·肃宗纪》：至德二载"二月……庶人璘伏诛"。）和李白流放遇赦还寻阳的上元元年（按，詹锳《李白诗文系年》：乾元二年"白上三峡，至巫山，遇赦得释"，上元元年"春，归至巴陵，复如寻阳"）。《为宋中丞自荐表》虽然是李白所写，但却是替宋中丞代笔，即是说此表在皇帝那里就真被看作是宋若思所为，如果宋若思与崔涣为李白"推覆清雪"的是不同的两案，那么宋若思何必要在自己的表章中扯上与自己并不相干且又是隔了几年的事？宋中丞上荐表是为李白求官，要朝廷对李白"拜一京官"，而在表中却要把两次下狱的事揭出，这岂非多事且将误事！而从李白方面说，如果崔涣、宋若思为他"推覆清雪"的是他的两次下狱，他没有必要把相隔几年且与宋若思无干的事在为宋若思代笔的表章中扯到一起，也不应该再扯上一个已经罢相的崔涣（《旧唐书·崔涣传》：肃宗灵武即位，八月……赍册赴行在。时未复京师，举选路绝，诏涣充江淮宣谕选补使，以收遗逸。惑于听受，为下吏所鬻，滥进者非一，以不称职闻，乃罢知政事）。李白《为宋中丞自荐表》是为自己"特请拜一京官"，而替宋中丞代笔，不仅重提很不光彩的附逆下狱，而且还要扯上一个"以不称职闻"而罢相的崔涣，岂不是为自己求官自设障碍！由此可见，《新唐书》之载李白两次下狱，与李白《为宋中丞自荐表》大不相合，《新唐书》之误是显然的。

其次，从"前后经宣慰大使崔涣及臣推覆清雪，寻经奏闻"的行文看，"寻经奏闻"是说将崔涣与宋若思（"臣"）"前后"对李白的"推覆清雪"上奏了朝廷，并非只是指宋若思"推覆清雪"的"奏闻"，而且是"寻"（立即）奏闻。既然是"前后""寻"经奏闻，则"前"与"后"之间的时间距离不会很远，更不会远到李白遇赦的乾元二年（759）或遇赦还寻阳的上元元年（760），至达三四年之久。如果"寻经奏闻"只是单指宋若思的"推覆清雪"，则行文不当如"前后……寻经奏闻"，因为远在三四年前至德二载崔涣的"推覆清雪"不当是三四年后才"寻"经奏闻。所以《为宋中丞自荐表》既然是"前后……寻经奏闻"这样的行文，就意味着"前后……推覆清雪"的是同一时期时间相去不远的前后两人（两次）的行为。以此可见，李白只有一次系狱，不当如《新唐书》所载。

再说，乾元元年（758）以后的宋若思已经调作它任，其职责权力已不及寻阳一带，假如李白流放赦还后再系寻阳狱，宋若思是无能为力的。宋若思其人，《太平寰宇记》卷105"建德县"下载："唐至德二年，采访使宣城郡太守宋若思奏以此地山水遥远，因置县邑，以遏寇攘，仍以年号为名，属寻阳郡。"

又《旧唐书·地理志》："江州至德"下载："至德二年九月，中丞宋若思奏置。"以此可知，宋若思至德二载（757）"奏置"时是以御史中丞领江南西道采访使（按，据《旧唐书·地理志》，寻阳属江南西道）兼宣城太守。因为他是司弹劾、纠察的御史中丞，所以可以为李白"推覆清雪""脱余之囚"；因为他是江南西道采访使，寻阳是其属地，所以系寻阳狱的李白是其"所管"（《为宋中丞自荐表》称"臣所管李白"云云），且有权向朝廷推荐。但如果他不在其位，寻阳非其属地，他就不可能为李白"推覆清雪"，也不能向朝廷荐举李白。《资治通鉴》卷220《唐纪》36：乾元元年（758）十二月"甲辰，置浙江西道节度使，领苏、润等十州，以升州节度使韦黄裳为之"。又，《唐会要》卷78"采访处置使"条："乾元元年四月十一日诏曰：'……其采访使置来日久，并诸道黜陟使便宜且停，待后当有处分。'"后注："其年，改为观察处置使。"又，独孤及《唐故河南府法曹参军张公墓志》记："乾元元年拜监察御史，中丞郑炅之拥旄济江，辟为从事，转河南府法曹参军。"考之《资治通鉴》卷221《唐纪》37：上元元年（760）十二月，"（刘）展遣其将傅子昂、宗犀攻宣州，宣歙节度使郑炅之弃城走"。又，《资治通鉴》卷221《唐纪》37载：上元元年（760）十一月，"以展为都统淮南、江南西、浙西三道节度使"。又，《资治通鉴》卷222《唐纪》38载：上元二年（761）五月，"复以李光弼为河南副元帅，太尉兼侍中，都统河南、淮南东西、山南东、荆南、江南西、浙江东西八道行营节度"。将这些史料相互参详，可知乾元元年（758）以后，宋若思无论以什么身份，都不可能在江南一带任职。既非御史中丞，则无权为系狱的李白"推覆清雪"；寻阳非其属地，而身系寻阳狱的李白亦非其"所管"，亦无权向朝廷荐举。由此可见，李白并没有如《新唐书》所谓的"会赦，还寻阳，坐事下狱"，宋若思"释囚"之事，其系狱只有至德二载（757）二月永王兵败不久为永王事所累系于寻阳狱一次，《新唐书》确如王琦所说是"以一事分为二事"。

但是，《为宋中丞自荐表》何以要称"前后经宣慰大使崔涣及臣推覆清雪"呢？意者，宰相崔涣至德元载（756）十一月奉诏巡抚江淮（《旧唐书·肃宗纪》：至德元载十一月"诏宰相崔涣巡抚江南，补授官吏"。《新唐书》：至德元载十一月，"崔涣为江南宣慰使"。）次年至寻阳，遇上李白坐永王事系寻阳狱中，作为巡抚，按察刑狱是其职责之一，且又奉诏"补授官吏""收遗逸"，

因而他有权甄别李白一案，为其"推覆清雪。"但是，此案尚未了结，崔涣被罢免（《新唐书·肃宗纪》：至德二载八月"崔涣罢"），适逢江南西道采访使宣城太守御史中丞宋若思"以吴兵三千赴河南军次寻阳"，便将"推覆清雪"未竟的李白一案移之专司弹劾、纠察的御史中丞，因此便有了《为宋中丞自荐表》的"前后"两次"经宣慰大使崔涣及臣推覆清雪"之说。

（四）曾巩《李太白文集后序》："其族人阳冰为当涂令，白过之，以病卒，年六十有四，是时宝应元年也。"

对曾巩李白"年六十有四"之说，王琦曾予批评，谓："按李华《墓志》乃六十二也。以《代宋中丞自荐表》校之，寻阳清雪之日年五十有七，合其即世之岁，当以六十二为是。"王琦此说本来是对的，但今之学界，或谓李阳冰《草堂集序》之"时宝应元年十一月乙酉"并非李白卒年，或以李华《墓志》为伪，或谓《为宋中丞自荐表》不作于至德二载（757），甚或以《为宋中丞自荐表》为伪作，故不以王琦为是，而对李白生卒年生出诸多"新说"，其中不乏以"年六十有四"为据者。

李阳冰《草堂集序》所说的"时宝应元年十一月乙酉"虽然是《序》成之时，不一定是李白终寿之日，但详审此《序》却不难发现其中提供了不少李白在李阳冰集成《序》就之前已经去世了的线索。

其一，李阳冰将李白文集定名为"草堂集"，说明其时已完成了对李白文集的编修。《序》称李白"草稿"万卷，手集未修，枕上授简，俾余为序。"万卷"虽是夸饰之辞，但从乐史《李翰林别集序》、宋敏求《李太白文集后序》可知，李阳冰编成的《草堂集》也有十卷约四百篇。[1]如果考虑到李阳冰在编集中拣择删削（因为李《序》说"当时著述十丧其九，今所存者，皆得之他人"）以及在以后流传中的散佚等因素（按，《旧唐书·李白传》谓"有文集二十卷行于时"，而乐史《李翰林别集序》称"李翰林歌诗，李阳冰纂为《草堂集》十卷"，如果《旧唐书》所说的二十卷就是李阳冰所编之《草堂集》，则《草堂

---

[1] 乐史《李翰林别集序》谓："李翰林歌诗，李阳冰纂为《草堂集》十卷，又别收歌诗十卷，与《草堂集》互有得失，因校勘排为二十卷。"宋敏求《李太白文集后序》称："唐李阳冰序《草堂集》十卷……咸平中，乐史别得歌诗十卷，合为《李翰林集》二十卷，凡七百七十六篇。"故知《草堂集》十卷约四百余篇。

集》至宋代乐史编《李翰林别集》时散佚颇多矣），其"草稿"的数量是相当大的。以这样一个数量的"草稿"，要编修成集，恐非一时之功。而且，李《序》于李白"不读非圣之书，耻为郑卫之作，故其言多似天仙之辞。凡所著述，言多讽兴。自三代已来，风骚之后，驰驱屈宋，鞭挞扬马，千载独步，唯公一人。故王公趋风，列岳结轨，群贤翕习，如鸟归凤。卢黄门云：陈拾遗横制颓波，天下质文翕然一变。至今朝诗体，尚有梁陈宫掖之风，至公大变，扫地并尽。今古文集，遏而不行，唯公文章，横被六合，可谓力敌造化欤"的评价，非率尔之言敷衍之辞，确是知者之论。如此，则非对李白付于的其量相当大的"草稿"潜心研读不可。如果李白宝应元年十一月时尚在世且在重病中，李阳冰恐既无暇为李白编修其集，更不容潜心研读，何况其词颇似对李白的盖棺之论。

其二，从称谓看，李白称李阳冰为"从叔"，李阳冰是长辈，李白是晚辈。封建时代，宗族中的辈分是族人最为看重的，其称谓称呼绝不容混淆。李白的《献从叔当涂宰阳冰》是他赠人之作中极少用"献"字的一首（另一首是《对雪献从兄虞城宰》），在诗中自称"小子"，这符合双方的辈分，也是对李阳冰身份、时望、政声[1]的尊崇；而李阳冰在《序》中却始终称李白为"公"，这就有失辈分了，也是"违礼的"，但却符合以死者为大、以死者为尊的习俗传统。

其三，李《序》说"自中原有事，公避地八年"——从安史之乱的天宝十四载（755）到李阳冰作序的宝应元年（762）正是李白漂流江南一带的八年。李阳冰是把这个年限是说断了的。试想，倘若李白其时尚在世，焉知其后还会"避地"多少年，那么又怎么可以去说断呢？李白往依李阳冰，其时虽然是"群凤怜客鸟，差池相哀鸣"，但却已经是"赠微所费广，斗水浇长鲸"（《献从叔当涂宰阳冰》）了，而李阳冰，还将"避地八年"说断了，岂不等于是在赶李白走么？而且当着一个"疾亟"之人这么说这么写，就更不合情，也不合礼了。

李白的卒年，李阳冰之后的唐人记载都是一致的。刘全白《唐故翰林学士李君碣记》谓"代宗登极，广拔淹瘁，时君亦拜拾遗。闻命之后，君亦逝矣"。范传正《唐左拾遗翰林学士李公新墓碑并序》谓"代宗之初，搜罗俊逸，拜公左拾

---

[1] 李白《献从叔当涂宰阳冰》王琦注引《宣和书谱》：阳冰"善词章，留心小篆迨三十年，作《刊定说文》三十卷以纪其学。人指以为苍颉后身"，"议者论有唐三百年以篆称者，唯阳冰独步"。李白其诗称颂阳冰之宰当涂，"惠泽及飞走，农夫尽归耕"，"雅颂播吴越，还如太阶平"。此即阳冰之时望、政声。

遗。制下于彤庭，礼降于玄壤，生不及禄，殁而称官"。从"代宗登极""代宗之初"的用语可见李白被拜为左拾遗是在代宗即位后很短的时间内。"初者，始也"，自《说文解字》之后，各大辞书皆本此义，释"初"为"始"。代宗即位时有《即位赦》，其文云："自宝应元年五月十九日昧爽已前……罪无轻重，咸赦除之。……其四月十五日已后，诸色流贬者与量移近处……棣王琰、永王璘及应安禄山诖误反状人等，并宜昭雪。……其有明于政理，博综典坟，文可经帮，谋能制胜及孝悌力田，诸州刺史并宜搜扬闻荐"。从文中所涉及的时间可以看出，赦文是宝应元年（762）五月颁布的。其时永王璘的谋逆罪被昭雪，李白的所谓"附逆"被昭雪应属当然，赦文明令诸州刺史"搜扬闻荐""明于政理，博通典坟，文可经邦，谋能制胜及孝悌力田"者，则李白被拜为左拾遗应在赦文颁布后不久，而"闻命之后，君亦逝矣"，"生不及禄，殁而称官"，则李白之卒必不出宝应元年（762）。

前文对《为宋中丞自荐表》"前后经宣慰大使崔涣及臣推覆清雪"的辨读，可知该表作于至德二载（757）无误，其时李白"年五十有七"，则其生年是701年（长安元年），卒于宝应元年，享年六十有二，李华之《故翰林学士李君墓志》所记是准确的，曾巩的"六十有四"肯定是错的。

其三，曾巩在《李太白文集后序》中叙李白晚年行踪，"璘军败丹阳，白奔亡至宿松，坐系寻阳狱……若思军赴河南，遂释白囚……上书肃宗，荐白才可用，不报。是时白年五十有七矣。乾元元年，终以污璘事长流夜郎，遂泛洞庭、上峡江、至巫山，以赦得释，憩岳阳、江夏。久之复如寻阳，过金陵，徘徊于历阳、宣城二郡。其族人阳冰为当涂令，白过之，以病卒，年六十有四，是时宝应元年也"，也没有什么发明，也是以《为宋中丞自荐表》所说的"年五十有七"为支点，宝应元年为其卒年，这也证明"年六十有四"肯定是错的。至于错之所由来，有人说可能是漶漫所至，有人说可能是刊刻之误，也有人说可能是笔误。其实，到底是何原因已经并不重要了，重要的是它确实是错的，不可据以考订李白之生卒年。

（五）《旧唐书·李白传》："竟以饮酒过度，醉死于宣城。"

《旧唐书》此说，本为五代时王定保所编《唐摭言》之载李白乘舟夜游采石醉酒捉月溺死故事的蹈袭。《唐摭言》谓"李白著宫锦袍，游采石江中，傲然自得，旁若无人，因醉入水中捉月而死"（按，今本《唐摭言》无此一则。据王琦注《李太白全集·年谱》引）。而《旧唐书》只是将李白乘船夜游玩月与醉死分开了，说："尝月夜乘舟，自采石达金陵，白衣宫锦袍，于舟中顾瞻笑傲，旁若无人。……永王谋乱，兵败，白坐长流夜郎，后遇赦得还，竟以饮酒过度，醉死于宣城。"《旧唐书》对《唐摭言》的蹈袭是显然的。然而，《唐摭言》不过是对流传下来的唐人"杂事"（永瑢《四库全书简明目录》称《唐摭言》"其一切杂事，亦足见当时士风"）。笔者曾以为醉酒捉月溺死的传说尚有存疑的价值（《唐五代时人论李白述评》），但今仔细揣摩考察，其实并无疑可存。

其一，李白临终之时所托为自己编集作序的李阳冰，无疑是李白之死的亲历者，其《序》谓"阳冰试弦歌于当涂，心非所好，公遐不弃我，乘扁舟而相顾。临当挂冠，公又疾亟"，"又疾亟"，这就是说李白此时是再一次"疾亟"了。联想到前一年（上元二年）李白所作的《闻李太尉大举秦兵百万出征东南懦夫请缨冀申一割之用半道病还留别金陵崔侍御十九韵》之"病"，其时病已经不轻了，否则他不会本是投效李光弼"冀申一割之用"却半道而还，并且还长叹"天夺壮士心，长吁别吴京"，而李《序》称"临当挂冠，公又疾亟"，可见去世前两年的李白一直是疾病缠身。如前文所论，李阳冰编成《草堂集》作序其时李白已经过世了，则李白无疑是因病而死。所以刘全白《唐故翰林学士李君碣记》明白地说是"以疾终"。至于是不是后来皮日休所说的"腐胁疾"（皮日休《七爱诗·李翰林》："竟遭腐胁疾，醉魂归八极。"），无从细考，但总归是"以疾终"。

其二，以李白最后两年疾病缠身而且是不止一次的"疾亟"（"又疾亟"），以这样的病体，不可能像《唐摭言》《旧唐书》所描述的那样"著宫锦袍"月夜乘舟由采石而至金陵，何况是在"严风起前楹……霜落牛渚清"（《献从叔当涂宰阳冰》）的秋冬之交的季节（按《献从叔当涂宰阳冰》王《谱》詹《系》皆系于宝应元年）。

其三，李华《故翰林学士李君墓志》称李白是"赋《临终歌》而卒"。这也是李白"以疾终"的证明。李华虽不似李阳冰那样是李白之死的亲历者，但他是除李阳冰而外离李白去世时间上最近者（按《新唐书·李华传》载其"大历初卒"，闻一多《唐诗大系》考订其卒于大历元年即766年），对李白之死，他是

知道或是听说了的。即便不知道也未听说，但从《墓志》"有子曰伯禽，天然长能，持幼能辩，数梯公之德，必将大其名也已矣"的行文看，李华的《墓志》当是受李白之子伯禽之请而为。事实上，墓志碑铭一类，自古以来也多是出自亲属之所托，即如李华，《新唐书》本传谓其"不甚著书，惟天下士大夫家传墓版及州县碑颂，时时赍金往请，乃强为应"。这就是说，其《墓志》中的"赋《临终歌》而卒"，即使不是李华自己知道的，也可能出自李白之子伯禽之口。李白既然能"赋《临终歌》"，当然就不是醉死的，更不会是醉酒捉月而死。

李白死后除了当涂青山有座坟墓，在采石江边还有座坟。采石江边这座坟，似乎在说明李白的死因——醉酒捉月而死。但是，采石江边的坟，在李白身后相当长一段时间，其实是没有的。李华《墓志》称"姑孰东南，青山北址，有唐高士李白之墓"，贞元六年（790）刘全白所作的《唐故翰林学士李君碣记》称"及此投吊，荒坟将毁""遂表墓式坟"也是对"姑孰东南，青山北址"之坟而言的，元和十二年（817）范传正所作《唐左拾遗翰林学士新墓碑并序》也是将"殡于龙山东麓"的坟"迁神"于"青山之阳"。可见元和十二年以前，并没有采石江边的李白坟。只是到了白居易元和十三年（818）所作的《李白墓》一诗才有了"采石江边李白坟"一说（按，白居易《李白墓》一诗，朱金城先生《采石江边李白坟辨疑——读白居易诗〈李白墓〉札记》，《光明日报》1983年7月19日）认为"这首诗作于元和十三年"。但是，会昌三年（843）裴敬《翰林学士李公墓碑》说他"自浔水草堂南游江左，过公墓下，四过青山，两发涂口，徘徊不忍去"，凭吊的还是"谢公旧井，新墓角落，青山白云，共为萧索"的青山墓。按说，裴敬既然是"四过青山，两发涂口，徘徊不忍去"，对采石江边之墓应该知道或者听说，起码对白居易的诗是知道的，但是，他并不以此为然，可见采石江边李白之墓并非李白真骨所在，可能是时人附会李白月夜乘船醉酒捉月溺水而死而修成的衣冠墓以表悼念。

采石江边李白坟，自白居易之后，文人多有吟咏，晚唐时便有了醉酒捉月的吟咏，如项斯《经李白墓》之"夜郎归未老，醉死此江边"，释贯休《古意》之"宁知江边坟，不是犹醉卧"？到了宋代，则更加敷衍，又将醉酒捉月与骑鲸连起来。如梅尧臣《采石月赠郭功甫》："采石月下闻谪仙，夜披锦袍坐钓船。醉中爱月江底悬，以手弄月身翻然。不应暴落饥蛟涎，便当骑鲸上青天。"郭正祥《采石渡》："骑鲸捉月去不返，空余绿草翰林坟。"李白"骑鲸鱼"一说，究其原，应是杜甫《送孔巢父谢病归游江东兼呈李白》诗末"南寻禹穴见李白，道甫问讯今何如"之前句一作"若逢李白骑鲸鱼"的异文。但是，姑且不论这一异文是否为杜甫手笔，但这里的"骑鲸鱼"却与溺水并无联系。一是"骑鲸鱼"出自扬雄《羽猎赋》之"乃使文身之技……乘巨鳞，骑鲸鱼"，本是夸写汉成帝羽猎时万物为其驱使的排场和气势，与溺水并无关系。二是"骑鲸鱼"在杜甫诗（异文）中如果与溺水有联系，则李白已经死去，杜甫又如何诗"呈"李白，又如何"道甫问讯今何如"？宋人将李白醉酒捉月与骑鲸相联系，演绎成李白浪漫、特异、传奇之死，虽然是对李白的盛誉、崇尚，但却如仇兆鳌《杜诗详注》所说是缘"若逢李白骑鲸鱼"而"附会之耳"（按，仇谓"俗传太白骑鲸鱼，溺死寻阳，皆缘此句而附会之耳"），不过是文人好奇，且各有怀抱，借题发挥，不可以当真，更不应以采石江边有座李白坟而以为李白是醉酒捉月溺水而死。

文献典籍是前人留给后世的极其宝贵的文化遗产。我中华民族以其悠久的历史积累了十分丰富的文献典籍，但也因此而使文献典籍所载良莠杂呈，真伪共存，甚至矛盾相向。因此，我们对典籍材料的使用就必须立于对材料排比筛选以去伪存真的基础上。如其不然，研究者各以所据，就会各执一端，使研究的问题说法各异，莫衷一是，尤其在对历史人物生平事迹的研究上。以此，笔者曾对唐人序志碑传之载李白事的不实之处择其要予以辨析（《唐人之李白序志碑传辨读》），亦曾在《李白生卒年研究中的问题分析》（《李白文化研究》2009年集，〔韩〕《东亚人文学》第十七辑）中专门对李白生卒年研究中各家所涉及的材料进行过避虚就实去伪存真的排比、清理，今又择出五代及宋时序志之载李白事的重要问题进行辨说，未知能否稍助于李白生平的研究。

（原载《绵阳师范学院学报》2016年第6期）

李白居安陆期间事迹辨证

所谓李白"酒隐安陆,蹉跎十年"这段经历,研究者颇多,亦甚精深广博,但亦似有疏阔者,今且予辨证。

一、开元十七年春后上书安州李长史

李白有《上安州李长史书》,其上书时间略有两种认识:一是开元十七年说。詹锳《李白诗文系年》谓,"《上安州裴长史书》云:'前此郡督马公,朝野豪彦,一见尽礼,许为奇才。因谓长史李京之曰:诸人之文,犹山无烟霞,春无草树,李白之文,清雄奔放……句句动人。'顾祖禹《读史方舆纪要》卷5:'史略:景云二年置都督廿四人,寻以权重难制,罢之,惟四大都督如故。开元十七年以潞、益、并、荆、扬为五大都督。又更定上、中、下都督之制。其中都督府凡十五……'按,安州为中都督府之一,则其复置当在是年。马公即为首任都督者也。此李长史必李京之无疑"。又,詹锳《李白全集校注汇释集评》谓,"开元十七年李白在安州因酒醉未回避李长史之乘驾,冒犯了官威,受到李长史的训责。此书是李白向李长史解释误撞乘驾之原由,深表歉意,以期解除误会,并上诗三首,希其赏识鉴拔"。二是开元十五年说。陈建平《李白在安陆十年诗文系年》(朱宗尧主编《李白在安陆》)谓,"《上裴书》称:'见乡人相如大夸云梦之事,云楚有七泽,遂来观焉……便憩迹于此,至移三霜焉。'知李白于开元十八年已在安陆度过了三个秋天,即开元十七、十六、十五三个秋天。到安陆应在开元十五年秋天以前",并查《宝刻丛编·豫州刺史魏叔瑜碑》《旧唐书·刘子玄传》《刑部尚书韦抗神道碑》《册府元龟》卷707等,开元六年、开元九年、开元十年,安州均置都督府,因此认为"开元十七年安州始复为都督府,断此文必作于其时以后者,误","李白《上安州李长史书》云:'远客汝海,近还郧城。''远客'与'憩迹'有矛盾,然则'远客汝海'必在'憩迹'之前,即开元十五年秋前。称'还',则到安陆应更在'远客汝海'之前。且《上安州李长史书》复有'白孤剑谁托,悲歌自怜,迫于恓惶,席不暇暖,寄绝国而何仰,若浮云而无依'语,其时应尚未以安陆为家,即未与许氏成婚。文末:'敢以近所为《春游救苦寺》……幸乞详览。'……三诗称'近所为',应与'近还郧城'时序紧接，否则不得同称'近'"，"此文必作于'憩迹于此，至于三霜焉'的初期，即开元十五年秋"。

笔者认为前一说，囿于顾氏《读史方舆纪要》等，考史未尽，所据未尽稳妥；后一说则因对《上安州李长史书》及《上安州裴长史书》中个别地方的理解有误而结论不准确。

李白开元十八年所作的《上安州裴长史书》谓"许相公家见招，妻以孙女，至移三霜焉"，于"至移三霜"可知此书作于秋冬之际。因为大凡修书投简，未有时令未到而行文已至者，如处六月而言"至移三霜"，则是大悖情理。因此，李白上书裴长史定在秋冬之际。并且，古人纪年，在通常情况下并不以周年，如薛道衡《人日思归》"入春才七日，离家已二年"，"七日"占了一个年头，也算一年。又如，李白生于长安元年（701），卒于宝应元年（762），李华《故翰林学士李君墓志》却说他"年六十有二"，也是不足一年算一年。因此，李白所谓"至移三霜"则应从开元十八年当年算起，即开元十八、十七、十六三年。那么，李白家安陆娶许氏应是开元十六年秋或秋前。从开元十八年径减三年的算法是不合适的。

《上安州李长史书》之"白孤剑谁托，悲歌自怜，迫于栖惶，席不暇暖。寄绝国而何仰，若浮云而无依，南徙莫从，北游失路，远客汝海，近还郧城"云云，首先应该明确的是，这是对他求取政治前途而言的，并非指无家室，"尚未以安陆为家"；而"远客汝海，近还郧城"的"远""近"，也并不是时间概念，而是空间概念，即是路程的远近。书称"还郧城"，以郧城为"还"，说明李白已经以安陆为家了，即是说李白已婚许氏。如果不是这样，李白依然是"客"的身份，是"寄"，不得称"还"。如此，再比照《上安州裴长史书》对其出蜀后的叙述，"乃仗剑去国，辞亲远游，南穷苍梧，东涉溟海。见乡人相如大夸云梦之事，云楚有七泽，遂来观焉，而许相公家见招，妻以孙女……曩昔东游维扬，不逾一年……又昔与蜀中友人吴指南同游于楚……便之金陵"，可见李白婚许氏家安陆前只有"南游"，并无"汝海"等"北游"，则"北游"应在婚后。兼之《上安州李长史书》称"敢以近所为《春游救苦寺》……幸乞详览"，则可知李白上书安州李长史不当在与许氏成婚的当年（因为婚许氏在秋或秋之前），而应在次年春之后不久（"近"），即开元十七年春或春后不久。

二、开元十九年自安陆首次入京

李白开元年间有过一次进京,经稗山先生《李白两入长安辨》(《中华文史论丛》第二辑)首倡,郭沫若(《李白与杜甫》)、郁贤皓(《李白丛考》)等再加考证,认定此次进京在开元十八年春夏之交。但是,详加考察,此说依然微有差误。

李白有《送梁公昌从信安王北征》诗,是为送梁昌"入幕推英选"随信安王出征所作。信安王幕府之建,据高适《信安王幕府》诗序所记是开元二十年,序云:"开元二十年,国家有事林胡,诏礼部尚书信安王总戎大举,时考功郎中王公、司勋郎中刘公、主客郎中魏公、侍御史李公咸在幕府。""国家有事林胡"(按,林胡指奚、契丹等族),《旧唐书》《新唐书》均有记载。《旧唐书·玄宗记》:"(开元)二十年春正月乙卯,以礼部尚书信安王祎率兵讨契丹。……三月,信安王祎与幽州长史赵含章大破奚、契丹于幽州之北山。"《新唐书·玄宗记》:"(开元)二十年春正月乙卯,信安郡王祎为河东、河北道行军副元帅,以伐奚、契丹。……三月己巳,信安郡王祎及奚、契丹战于蓟州,败之。"(按,《旧唐书》《新唐书》于信安王之名分别作"祎""祎",但从史事王号可知是同一人)。信安王既以礼部尚书受命"总戎大举",率师北征,则幕府之建当在京城;而且,高适诗序所列幕府诸公虽无梁昌,但幕府诸公皆郎中或侍御史等京官,则不仅可见信安王幕府之建在京城,而且也可见梁昌也应该是以京官身份入幕。李白既送梁昌"入幕推英选"从信安王北征,则开元二十年正月李白已在京城。

根据李白《幽歌行上新平长史兄粲》一诗,李白第一次入京抵长安的时间应是"荷花初红柳条碧"的夏间。诗云:

幽谷稍稍振庭柯,泾水浩浩扬湍波。
哀鸿酸嘶暮声急,愁云苍惨寒气多。
忆昨去家此为客,荷花初红柳条碧。
中宵出饮三百杯,明朝归揖二千石。
宁知流寓变光辉,胡霜萧飒绕客衣。

寒灰寂寞凭谁暖，落叶飘扬何处归？
吾兄行乐穷瞳旭，满堂有美颜如玉。
赵女长歌入彩云，燕姬醉舞娇红烛。
狐裘兽炭酌流霞，壮士悲吟宁见嗟。
前荣后枯相翻覆，何惜余光及棣华？

这首诗，乃是一首干谒之作，"何惜余光及棣华"，可见所求并不在于衣暖食丰歌舞当前，而在于"兄以荣覆弟"（按，《诗·小雅·常棣》："常棣之华，鄂不铧铧"。郑笺："承花者鄂，'不'当作柎。柎，鄂足也。鄂足得华之光明，则铧铧然盛兴者，谕弟以敬事兄，兄以荣覆弟，恩义之显亦铧铧然。"）正如詹锳先生所说，"冀粲之推荐也"（《李白诗文系年》）。

这首诗，应是李白首次入京游于邠、坊之作。因为，李白天宝元年进京，乃是应唐玄宗之诏，但终被"放逐"；既是被皇帝"放还"，李白应该明白，自己再作"干谒"之举是徒劳的，谁还敢将皇帝的"逐臣"再推荐或接纳入幕？李白当然也就不会再行干谒之事了。既然如此，那么这首诗所写的"忆昨去家此为客"时的"荷花初红柳条碧"就应是李白第一次入抵京城游于邠、坊一带的初夏时节。或以为"荷花初红柳条碧"是指李白离家的时间，"李白在'荷花初红柳条碧'的夏季六月'去家'，从南阳（宛）来到长安（京国），然后又到邠州、坊州（西北）"（郁贤皓《李白丛考》）。这样理解"忆昨去家此为客"是不对的。因为"忆昨去家此为客，荷花初红柳条碧。……宁知流寓变光辉，胡霜萧飒绕客衣"的"流寓"都是指的李白自己的关内（包括长安、邠、坊）"为客"，而不是指他从"去家"开始直到关内（包括长安、邠、坊）"为客"。李白离家之前《上安州裴长史书》说要"西入秦海，一观国风……何王公大人之门不可以弹长剑乎"，说明他对长安之行是满怀信心的。那么，从离家到长安之前，李白不会有"宁知流寓变光辉"这种凄苦的感慨感伤。谁知到长安后，几经波折，时光流逝，而自己仍同落叶般飘零，毫无着落，所以说是"宁知流寓变光辉，胡霜萧飒绕客衣"。"变光辉"，正是从"荷花初红柳条碧"变到了"胡霜萧飒绕客衣"。当然，也是"前荣后枯相翻覆"的"变光辉"。再从诗歌内容的衔接上看，"中宵出饮三百杯，明朝归揖二千石"，显然都是"忆"的内容，而且也明

显地是"忆"的初入关内"此为客"时"弹长剑"于王公大人之门的情形,而不是"去家"的情形。如果独独"荷花初红柳条碧"是指"去家"的时间,诗歌就显得语无伦次了。"忆昨去家此为客"之"忆"是"忆"的"此为客",这样才与诗歌后面的叙述连贯一致,也即是说,"荷花初红柳条碧"是指"此为客"的时间,而不是"去家"的时间。

因此,李白第一次入抵京城的时间是"荷花初红柳条碧"的夏间。

如前所论,李白《送梁公昌从信安王北征》诗证知李白开元二十年正月已在京城,那么,李白"荷花初红柳条碧"时入抵京城的夏间当然不在开元二十年,而应该在开元二十年之前。

再如前所论,《上安州裴长史书》是李白开元十八年秋冬之际所作,其时尚在安陆,"荷花初红柳条碧"入抵京城的夏间当然也不在开元十八年。

因此,李白首次入京的时间只能是开元十九年,其时为"荷花红柳条碧"的夏间。

三、开元二十一年"浮黄河去京阙"

李白第一次入京后离开京城的时间,主张开元十八年入京者一般都认为是开元二十年,其主要依据是李白在《以诗代书答元丹丘》诗中所说的"离居在咸阳,三见秦草绿",而"李白从开元十八年夏秋间入京,到开元二十年正好三年"(郁贤皓《李白丛考》)。其实这个认识也有不足之处,因为"三见秦草绿"在《以诗代书答元丹丘》一诗中并没有明确的计算时间的起点,所以"三见"也就无法确定是哪三年。更何况,李白这首诗还可以有其他的理解,如杨明先生《读李白小识》(《李白学刊》第一辑)就认为"此三句当是元丹丘来信中语,元自述索居长安已经春风三度"。这样,"三见秦草绿"就更不能作为李白第一次入京在京城度过的时间了。

李白第一次入京何时离去,在没有直接证据确认的情况下,根据他的诗作所提供的线索推论应该是比较合理和可靠的。

检阅排比李白反映离京路线的诗作,李白离开长安时既行陆路又行水路,而且不同方向。《别韦少府》诗云:"西出苍龙门,南登白鹿原。欲寻商山皓,犹恋汉皇恩。"又,《答杜秀才五松山见赠》诗云:"昔献长杨赋,天开云雨欢。

当时待诏承明里,皆道扬雄才可观。……角巾东出商山道,采秀行歌咏芝草。"这是陆路离开长安。而《梁园吟》却说"我浮黄河去京阙,挂席欲进波连山……访古始及平台间"。从陆路离京显然是李白天宝元年应诏进京供奉翰林而又被逐的离京,而从水路离京是不是就一定是第一次入京后又离去的路线呢?这就要看《梁园吟》究竟作于何时。

　　《梁园吟》一诗,虽然如王琦所论有"及时行乐"之旨,但值得注意的是篇终"东山高卧时起来,欲济苍生未应晚"。这正是李白的非常自信,犹《行路难》(其一)所高唱的"长风破浪会有时,直挂云帆济沧海"的抱负。这种思想、精神状态,与他受诏入京而又被逐的天宝三年出京后的思想、精神状态大不相同。第一次入京的李白,是抱着"西入秦海,一观国风","何王公大人之门不可以弹长剑乎"(《上安州裴长史书》)的希望,虽然终于是"寒灰寂寞凭谁暖,落叶飘扬何处归"(《豳歌行上新平长史兄粲》),但却也不过是吟着"我有吴越曲,无人知此音"(《赠薛校书》),"青云当自致,何必求知音"(《冬夜醉宿龙门觉起言志》)而已,尚未完全失望,青云之志尚存。及至游梁园,访古平台,友朋聚会,"连呼五百行六博,分曹赌酒酣驰辉"而行乐,将信陵、梁王、枚乘、司马相如均皆否定(即诗之谓"昔人豪贵信陵君,今人耕种信陵坟","梁王宫阙今安在,枚马先归不相待"),唯独不能忘怀"东山高卧时起来,欲济苍生未应晚"的理想抱负(信陵、梁王、枚、马,或功业有成,但均非济苍生者,李白之否定,也正在于此),仍然是充满着致身青云的自信。李白第二次入京,是应玄宗之诏而去的,不像前一次是自己找去的。殊不知,"仰天大笑出门去,我辈岂是蓬蒿人"(《南陵别儿童入京》)的李白,入朝之后,玄宗却以文学侍臣待之,且又遭谗受毁,备受排挤,为权贵所不容,很快又被"赐金放还","体体面面"却又灰溜溜地被逐出,思想上受到了巨创。这叫李白如何不恨、如何不愤!失望与愤怒充塞于胸,于是李白愤然受道箓成为一个正式的道教徒,独与天地精神往来,其实施抱负之信心,一时间已甚颓然,所谓"北阙青云不可期,东山白首还归去"(《忆旧游寄谯郡元参军》)正好反对着"东山高卧时起来,欲济苍生未应晚"。发而为诗则是"别君去兮何时还,且放白鹿青崖间,须行即骑访名山。安能摧眉折腰事权贵,使我不得开心颜"(《梦游天姥吟留别》)、"抽刀断水水更流,举杯消愁愁更愁。人生在世不称意,明

朝散发弄扁舟"(《宣州谢朓楼饯别校书叔云》)、"严陵高揖汉天子,何必长剑拄颐事玉阶","少年早欲五湖去,见此弥将钟鼎疏"(《答王十二寒夜独酌有怀》),而且动辄就要"访名山""弄扁舟""五湖去",宣布归隐与统治者决裂,不像《梁园吟》《行路难》等诗那样"莫学夷齐事高洁""有耳莫洗颍川水,有口莫食首阳蕨",对伯夷叔齐隐而不出的否定。

再说,诗歌称"访古始及平台间"(按,"平台",梁孝王所筑,遗址在今河南虞城县),由"始"可见其为初游。

因此,《梁园吟》应是李白第一次求仕长安无果,出京后游梁园"访古平台"时所作,其时是"五月不热疑清秋"的仲夏。

这个"五月"是何年?根据李白《忆旧游寄谯郡元参军》一诗所提供的线索,可以做进一步的考察。如前文所引,诗歌先叙与元参军洛阳相遇,次偕游随州,再叙太原之行同游晋祠,最后是诗人在京城与元参军又一度相逢。

李白有《秋日于太原南栅饯阳曲王赞公贾少公石艾尹少公应举赴上都序》,《序》谓"今年春皇帝有事千亩,湛恩八埏,大搜群才,以缉邦政"。王琦于《李太白年谱》开元二十三年下系此文,并谓:"《旧唐书》'开元二十三年正月己亥,亲耕籍田……',此文所云'今年春皇帝有事千亩',正其事也。"这就是说,李白与元参军"五月相呼渡太行"是开元二十三年。既然如此,则《梁园吟》之"我浮黄河去京阙"的"五月不热疑清秋"当然就不是二十三年,而应该在此之前。

按照《忆旧游寄谯郡元参军》的叙述顺序,"五月相呼渡太行"之前是游随州,其时是"一溪初入千花明"的春天。但"五月相呼渡太行"与"一溪初入千花明"并不同在开元二十三年,因为诗歌说得很明白,游随州之后,李白与元参军又再度分手,"分飞楚关山水遥,余既还山寻故巢,君亦归家渡渭桥"。因此,李白"一溪初入千花明"的游随州应是开元二十二年。

前文从李白的《送梁公昌从信安王北征》已知李白开元二十正月已在京城,其"我浮黄河去京阙"的"五月"是否即在此年呢?如果是,则李白第一次入京已近尾声。这时的李白,投赠干谒,游邠、坊,隐终南,穷尽其力,"弹长剑"非但没有敲开王公大人之门,自己反落得"翳翳昏垫苦,沉沉忧恨催。清秋何以慰,白酒盈吾杯","弹剑谢公子,无鱼良可哀"(《玉真公主别馆苦雨赠卫尉张卿》），"而我竟何为？寒苦坐相仍。长风入短袂，内手如怀冰……摧残槛中虎，羁绁鞲上鹰"（《赠新平少年》），"寒灰寂寞凭谁暖，落叶飘扬何处归"（《豳歌行上新平长史兄粲》）的穷愁潦倒，而《送梁公昌从信安王北征》却表现得英气勃勃，气概非常。诗云：

>入幕推英选，捐书事远戎。
>高谈百战术，郁作万夫雄。
>起舞莲花剑，行歌明月宫。
>将飞天地阵，兵出塞垣通。
>祖席留丹景，征麾拂彩虹。
>旋应献凯入，麟阁伫深功。

诗尽管是送梁昌而勉之，但诗人的意气却在。倘李白其时已如上举数诗所状之穷愁潦倒，悲苦无路，见别人之"入幕推英选"，自己却无此际遇，正应该有无限感慨，岂能写得"起舞莲花剑，行歌明月宫"的英姿和"将飞天地阵，兵出塞垣通""征麾拂彩虹"的气势。

揆诸情理，《送梁公昌从信安王北征》必不是李白第一次入京将要离去以前那个时候所作，也即是说，李白"我浮黄河去京阙"不是送梁昌入信安王幕府（开元二十年正月）之后的五月。

李白开元二十三年与元参军"五月相呼渡太行"同在太原游晋祠直到次年春后，开元二十二年"一溪初入千花明"的春天已与元参军同游随州，于此可以推知，李白第一次入京的离去，即"我浮黄河去京阙"只能是在开元二十一年（733）春后，五月"访古始及平台间"。

四、第一次入京离去后的行踪

李白开元二十一年春后"浮黄河去京阙"，五月游梁园，不久便取道洛阳，适逢元参军，"就中与君心莫逆""忆昔洛阳董糟丘，为余天津桥南造酒楼，黄金白璧买歌笑，一醉累月轻王侯"正其时。在洛阳盘桓"累月"，其间游龙门等地，作《冬夜醉宿龙门觉起言志》和《冬日于龙门送从弟京兆参军令问之淮南觐

省序》等。

《冬夜醉宿龙门觉起言志》诗云："傅说板筑臣，李斯鹰犬人。欻起匡社稷，宁复长艰辛。而我胡为者，叹息龙门下。富贵未可期，殷忧向谁写。去去泪满襟，举声《梁甫吟》。青云当自致，何必求知音。"李白又有《留别王司马嵩》诗，其云："余亦南阳子，时为《梁甫吟》……愿一佐明主，功成还旧林。西来何所为，孤剑托知音。"此诗显系李白开元入京将去之语。以此比照《冬夜醉宿龙门觉起言志》，其"青云当自致，何必求知音"，正谓"西来""孤剑托知音""无成"，大失所望，愤而言不托知音，当自致青云。于此可知李白开元二十一年求仕无成出京后在洛阳"一醉累月"间有龙门之游。而由《冬日于龙门送从弟京兆参军令问之淮南觐省序》又可知其时为冬十二月，即《序》之所云"紫云仙季，有英风焉。""岁十二月拜省于淮南"。

《忆旧游寄谯郡元参军》之叙与元参军旧游，李白在洛阳"一醉累月"间游龙门等地后即与元参军在"一溪初入千花明"的春天"相随迢迢访仙城"，似乎是春天才到的随州。其实并非如此。如果将《忆旧游寄谯郡元参军》《题随州紫阳先生壁》《冬夜于随州紫阳先生餐霞楼送烟子元演隐仙城山序》相互参读，则可知李白偕元参军游随州也是在开元二十一年冬。《忆旧游寄谯郡元参军》之"相随迢迢访仙城"应是初游随州的语气，并且说"初入"，则更说明是初次游随州。《题随州紫阳先生壁》诗云"神农好长生，风俗久已成。复闻紫阳客，早署丹台名"，"松雪窗外晓，池水阶下明"。《史记正义》引《括地志》云："厉山在随州随县北百里，山东有石穴，曰神农生于厉乡。"诗说"神农好长生，风俗久已成。复闻紫阳客，早署丹台名"，当然是初识"紫阳客"（胡紫阳），其时是"松雪窗外晓"的冬季。

《冬夜于随州紫阳先生餐霞楼送烟子元演隐仙城山序》云："吾与霞子元丹、烟子元演……历行天下，周求名山，入神农之故乡，得胡公之精术……延我数子，高谈混元。"序之所云，正是李白的初入神农之乡（随州），初识胡公（胡紫阳）初受其教，其时为"冬夜"。

《忆旧游寄谯郡元参军》是初游随州，其时于餐霞楼"紫阳之真人，邀我吹玉笙"；《题随州紫阳先生壁》亦是初识"紫阳客"，其时为"松雪窗外晓"；《冬夜于随州紫阳先生餐霞楼送烟子元演隐仙城山序》亦是与胡公（胡紫阳）初识时，其时为"冬夜"。这就是说，李白在开元二十一年冬十二月于龙门（洛阳）送从弟李令问后，旋与元参军（演）一行到了随州。《题随州紫阳先生壁》《冬夜于随州紫阳先生餐霞楼送烟子元演隐仙城山序》系年之他说[1]皆不可靠。

李白与元演等自开元二十一年冬十二月"相随迢迢访仙城"直至次年"一溪初入千花明"的春天。之后，大约于春夏之交与元演等分手"还山寻故巢"。不久，又于夏间自安陆出游襄阳，上书韩朝宗，企求援引荐举，《与韩荆州书》作于此时。其后不久又回到安陆，于秋时送孟赞府还都，有《秋夜于安府送孟赞府兄还都序》。此《序》，詹锳先生《李白诗文系年》《李白全集校注汇释集评》及安旗先生《李白全集编年注释》皆系之于开元十七年，安旗先生还说"孟赞府，名字不详，即《代寿山答孟少府移文书》之孟少府"。其实，此《序》中的孟赞府并非《代寿山答孟少府移文书》中的孟少府，《序》之作也不在开元十七年。

《序》中，李白与孟赞府既"亲承光辉，恩甚华萼"，情同兄弟，而分手之时又是"惊魂动骨，戛瑟落涕"。可是，《书》的感情却并非如此。《书》写道："昨于山人李白处奉见吾子移文，责仆以多奇，叱仆以特秀，而盛谈三山五岳之美，谓仆小山，无名无德而称焉。观乎斯言，何太谬之甚也？吾子岂不闻乎？无名为天地之始，有名为万物之母。假令登封禋祀，曷足以大道讥耶？……孟子孟子，无见深责耶？"绎其文意，孟少府似在责难李白隐于寿山，而李白之答，言语间却颇为不屑。可见并非如《序》言"恩甚华萼"。而于孟少府一方责之深（"无见深责耶"），也可见与李白并非友情深者。再说，如果李白与孟少府真是至交，又何必将他拉来作代寿山"移文"的对象！因此，李白于安府（安陆）所送的孟赞府并非代寿山移文的孟少府。之所以将此《序》系于开元十七年，或者正是囿于孟赞府与孟少府为同一人，以为开元十五年李白代寿山答孟少府移文书，两年后，当时为少府（县尉）的孟某已改任赞府（县丞），于是似乎合于情理了。其实不然。《序》称"自以弱植，早饮香名"，就是说作序之时李白已并非"弱植"了。假如《序》作于开元十七年，其时李白二十九岁，比

---

[1] 詹锳《李白诗文系年》系于开元二十七年，陈建平《李白在安陆十年诗文系年》系于开元十五年，安旗《李白全集编年注释》系于开元二十年，詹锳《李白全集校注汇释集评》谓作于开元二十三年前后。

开元十七年增了两岁，是不是就不是"弱植"了呢？按《礼记·曲礼》所说，男子"三十曰壮"，则二十九岁也仍然是"弱植"。因此，《序》之作，最早也应该是李白三十岁以后。即便"弱植"不指三十岁以前，但是从"弱植""早饮香名"看，此《序》之作也应该在《代寿山答孟少府移文书》之作多年以后，而不是在两年以后。

考察此《序》的作年，还不能不着眼于其行文。

李白此《序》，在行文上有一个奇特的现象，就是一篇不足两百字的短文，居然有数句与《与韩荆州书》相同或雷同，如"虽长不过七尺，而心雄万夫"（《序》）——"虽长不满七尺，而心雄万夫"（《书》）；"扬眉吐诺，激昂青云者"（《序》）——"扬眉吐气，激昂青云耶"（《书》）；"若告之急难"（《序》）——"倘急难有用"（《书》）。而《序》之"饰危冠，佩长剑"，又正是李白自状其拜见韩荆州时的气概。《忆襄阳旧游赠济阴马少府巨》诗云"高冠佩雄剑，长揖韩荆州"。似此，可以认为《秋夜于安府送孟赞府兄还都序》与《与韩荆州书》是先后之作。意者，李白与韩荆州书后，旋归安陆，适逢好友孟赞府"还都"，酒酣耳热，情意酣畅之际，提笔作序以送，竟情不自禁地将近时得意之作腾挪而出。此一作为，于李白不时有之，罗忼烈先生在《两小山斋论文集·话李白》中列举颇多。

以此而论，李白送孟赞府还都当是开元二十二年夏间出游襄阳投书韩荆州后，还安陆不久时事。

以上便是李白开元二十一年出京后的行踪。要之，李白开元二十一年春后"浮黄河去京阙"，五月"访古平台"游梁园，旋至洛阳，"一醉累月"间游龙门等地，于冬十二月与元参军"相随迢迢访仙城"游随州，盘桓结交胡紫阳等，度过了"一溪初入千花明"的春天，于春夏之际"还山寻故巢"返安陆，又于夏间出游襄阳，投书韩朝宗，不果，再返安陆，开元二十三年即受元参军（演）之邀，五月"渡太行"游并州（太原），"行来北凉（京）岁月深"，直至第二年"杨花似雪"的春天再返安陆。

（原载《绵阳师范学院学报》2015年第3期）

李白《宣州谢朓楼饯别校书叔云》诗题辨识

唐人为李白编集者有三家，最早的是魏颢，其《李翰林集序》云："（李白）尽出其文，命颢为集。……经乱离，白章句荡尽。上元末，颢于绛偶然得之，沉吟累年，一字不下。今日怀旧，援笔成序。首以赠颢作、颢酬白诗，不忘故人也；次以《大鹏赋》、古乐府诸篇，积薪而录；文有差互者，两举之。"这就说明，李白诗文在魏颢编《李翰林集》时就出现了异文。临终前，李白又托李阳冰为他编集，是为《草堂集》。《草堂集序》云："临当挂冠，公又疾亟，草稿万卷，手集未修，枕上授简，俾余为序。……自中原有事，公避地八年，当时著述，十丧其九，今所存者，皆得之他人焉。时宝应元年十一月乙酉也。"唐元和年间范传正也为李白编过集，其于元和十二年（817）所写的《唐左拾遗翰林学士李公新墓碑并序》云："（李白）文集二十卷，或得之于时之文士，或得之于宗族。"从魏颢到李阳冰再到范传正，其集所本显然渊源各异，因此也导致了李白诗文更多异文的出现。这在李白诗歌中的一个重要现象就是两个诗题并存，如《宣州谢朓楼饯别校书叔云》并存《陪侍御叔华登楼歌》即是此例。李白《宣州谢朓楼饯别校书叔云》这个诗题，詹锳先生《李白诗文系年》云："此诗《文苑英华》题作《陪侍御叔华登楼歌》，当以一作为是。"后来又在《李白〈宣州谢朓楼饯别校书叔云〉应是〈陪侍御叔华登楼歌〉》（《文学评论》，1983年第2期，下简称《应是》）中详加考释，为瞿蜕园朱金城《李白全集校注》、安旗薛天纬《李白年谱》、安旗《李白全集编年注释》等所接受，也有文学史本径以《陪侍御叔华登楼歌》为题者，如郭预衡主编的《中国古代文学史》（上海古籍出版社1998年版）、袁行霈等主编的《中国文学史》（高等教育出版社1999年版）等。然而笔者认为，这个问题还有再进一步讨论的必要，故不揣浅陋，以"李白《宣州谢朓楼饯别校书叔云》诗题辨识"为题，对这个诗题的本来面目进行考察，求识者教正。

《文苑英华》以"陪侍郎叔华登楼歌"为题（按，巴蜀书社1986年宋蜀刻本影印版《李太白文集》"郎"作"御"。"御"是"郎"非。据《旧唐书·李华传》，李华做过侍御史，而未作过侍郎），以"集作宣州谢朓楼饯别校书叔云"为注。所谓"集作"，中华书局在《文苑英华》（1966年版）的

"出版说明"中说:"《文苑英华》中还有不少'集作某'、'某史作某'的小注,这个'集'和'某史'当然是宋本。"李白文集在宋代的编纂、刊刻,据乐史《李翰林别集序》、宋敏求《李太白文集后序》、曾巩《李太白文集后序》、毛渐《李太白文集跋》,始于乐史(咸平元年,即998年),继之宋敏求(治平元年—熙宁元年,即1064—1068年),终于曾巩,刻于晏处善(元丰元年,即1078年)。《文苑英华》之编,据《文苑英华·纂修文苑英华事始·国朝会要》(中华书局1966年版)始于太平兴国七年(982),成于雍熙三年十二月(987年1月)。其后有过多次校勘。一是宋真宗景德四年和祥符初年的两次校勘。据徐松依《永乐大典》辑出的《宋会要辑稿》第五十五册《勘书》条载:"(景德)四年八月,诏三馆秘阁直馆校理分校《文苑英华》、李善《文选》,摹印颁行。《文苑英华》以前所编次未精,遂令文臣择古贤文章,重加编录,芟繁补阙,换易之,卷数如旧。又令……校之。"一是在宋孝宗朝。周必大《文苑英华跋》云:"臣事孝宗皇帝,间闻圣谕欲刻江钿《文海》,臣奏其去取差谬,不足观。帝乃诏馆职裒集《皇朝文鉴》,臣因及《英华》,虽秘阁有本,然舛误不可读。俄闻传旨取入,遂经乙览。时御前置校正书籍一二十员。"但因"校正书籍"者皆"稍通文墨者","往往妄加涂注"(《文苑英华跋》),以致周必大在"退老丘园"后又与彭叔夏等再作一次校勘(彭叔夏《文苑英华辨证序》),才于嘉泰元年(1201)春至四年(1204)秋雕刻刊行。这次校勘的结果是"详注逐篇之下"(《文苑英华跋》),"分别用小字夹注或篇末黑地大字的形式一一标明"(中华书局1966年版《文苑英华》"出版说明")。《文苑英华》校勘注中有"文粹作某"这样的文字(按,"文粹"即《唐文粹》,初名《文粹》,南宋时重刻始加"唐"字)。《文粹》成书于宋祥符四年(1011),而《文苑英华》在真宗朝的校勘是景德四年(1007)和祥符一、二年(1008、1009),这次校勘当然不会出现"文粹作某"的文字,而孝宗朝(1163—1189)的校勘又是"往往妄加涂注",因此,《文苑英华》校勘注中的"集作某""文粹作某"等,则应是周必大"详注逐篇之下"的校勘结果。其"集"则当是在乐史《李翰林集》二十卷和《李翰林别集》十卷的基础上经宋敏求增补而成,再经曾巩"考其先后而次第之"由晏处善授之毛渐元丰元年(1078)镂版的《李太白文集》。在这个文集中,《宣州谢朓楼饯别校书叔云》题下注"一作陪侍御叔华登楼歌",这虽不能考知源自何本,但此题至少历经宋敏求、曾巩、晏处善、毛渐等人之手眼而并不曾被改移,可见在这些人看来这个题目是合理的。《文苑英华》以"陪侍郎叔华登楼歌"为题,而将"宣州谢朓楼饯别校书叔云"为"一作"之注,虽然肯定有所本,但所本是否得当、取舍是否合理,这和编纂者的识见极有关系。周必大《文苑英华跋》说:"《英华》虽秘阁有本,然舛误不可读。俄闻传旨取入,遂经乙览。时御前置校正书籍一二十员,皆书生稍习文墨者,月给餐钱,满数岁补进武校尉。既得此为课程,往往妄加涂注,缮写装饰,付之秘阁,后世遂将为定本。臣过计有三不可:国初文集,虽写本然雠校颇精,后来浅学,改易浸失本指,今乃尽以印本易旧书,是非相乱,一也。"中华书局影印本在《文苑英华》"出版说明"中说得更清楚,"封建社会里官修书籍常常粗制滥造,部头越大,错误越多。《英华》的编修人,像扈蒙、宋白、吕蒙正、杨砺、苏易简等等,大多是词章之士而非渊博的学者,这样复杂而细密的工作,本来不一定是他们的专长,加上草率马虎,分工而不合作,编纂途中又有人员的调动,这就造成了这部书数以千计的学术性和技术性错误"。李白《宣州谢朓楼饯别校书叔云》,《文苑英华》径以"陪侍郎叔华登楼歌"为题,或恐正是其误之一。

《宣州谢朓楼饯别校书叔云》这一题目有三个要素:"谢朓楼""饯别"和饯别的对象"校书叔云"。这三个要素,在诗中都是有相对应的书写的。"弃我去者昨日之日不可留,乱我心者今日之日多烦忧",诗歌一开篇虽然是一腔愤懑,大抒其人生感慨,但却其实又很巧妙地落到了"饯别"的题意上。因为他这番话是对着李云说的,说"昨日"是想留而留不住"不可留",这就意味着诗人"昨日"与李云的情谊是值得留恋的;而"今日"是"饯别"李云的日子,又是"多烦忧","多烦忧"正是饯别李云的心情。这正如吴熊和等之《唐宋诗词探胜》所说,"两句似与题目无涉,其实是借诗人此日之不称意,而暗点往昔情谊之可眷恋"。李白的很多饯别、送人之作,都是既抒愤又道别情,如《对雪奉饯任城六父秩满归京》一诗,开篇并不直接落在"饯"上,而是写"龙虎谢鞭策,鹓鸾不司晨,君看海上鹤,何似笼中鹑"?"言鞭策所以御牛马,而龙虎不用者,以龙虎不受制于人,而鞭策无所施也。鸡所以司晨,而鹓鸾不司晨,鸡惟有

一德之灵，而鹓鸾瑞世之物，岂司晨者可比耶？海上之鹤昂然迥出于风尘，固非笼中之鹑，悬命于庖厨者可比也。龙虎也，鹓鸾也，鹤也，喻君子之狷介而孤高者，非势利所能羁縻也。白之赠季父而泛言贤人君子之自重如此。"（詹锳《李白全集校注汇释集评》引朱注）但这些都从"君看"中令我们感到是诗人在饯别任城六父时特意表达的一番景仰之情，所以后面写道"季父有英风，白眉超常伦"。又如《送鲁郡刘长史迁弘农长史》，诗本是送鲁郡刘长史调任弘农长史，但诗歌开篇却以"鲁国一杯水，难容横海鳞。仲尼且不敬，况乃寻常人。白玉换斗粟，黄金买尺薪。闭门木叶下，始觉秋非春"，大叙其"在鲁地备受冷落之自况"（同前，詹引朱注）。虽然如此，却也融入了诗人送刘长史之迁弘农之情，正朱谏所谓"此长史所以有弘农之迁也"（同前，詹引朱注）。所以诗歌接下来写道，"闻君向西迁，地即鼎湖邻。宝镜匣苍藓，丹经埋素尘。轩后上天时，攀龙遗小臣"，如此，刘长史迁于弘农后将大有作为，"及此留惠爱，庶几风化淳"。还有《送蔡山人》"我本不弃世，世人自弃我"，《送赵判官赴黔府中丞叔幕》"廓落青云心，交结黄金尽。富贵翻相忘，令人忽自哂。蹭蹬鬓毛斑，盛时难再还。巨源咄石生，何事马蹄间。绿萝长不厌，却欲还东山"等诗的开篇，皆如同《宣州谢朓楼饯别校书叔云》之"弃我去者昨日之日不可留，乱我心者今日之日多烦忧"的发端。

《宣州谢朓楼饯别校书叔云》接着写道，"长风万里送秋雁，对此可以酣高楼"。承接诗歌开头暗点"饯别"的题意，以"长风万里送秋雁"一句即席所见之景，"送"连同"对此可以酣高楼"，将高楼饯别的题意明白揭出。然后以"蓬莱文章建安骨"之"蓬莱"这一汉时"学者称东观为老氏藏室，道家蓬莱山"（范晔《后汉书·窦章传》）点出李云校书郎的身份，夸李云的文章有"建安风骨"，以"中间小谢又清发"既自比为"小谢"（谢朓），又点出饯别之地"谢朓楼"，再以"俱怀逸兴壮思飞"之"俱"双贯主客，用"逸兴壮思飞"写其"饯别""酣高楼"酒兴之狂。诗歌至此将"谢朓楼饯别校书"的题目点尽，内容和题目完全相合。诗歌内容与题目相应，这符合"于题目不轻下一字，亦不轻漏一字"的"唐人作诗"作风（仇兆鳌《杜诗详注附编·诸家论杜·吴齐贤论杜》）。但是，如果诗歌题目是"陪侍御叔华登楼歌"，则诗题中的"侍御"（或"侍郎"）在诗中无着，而诗题中的"楼"与诗中所揭示的"谢朓楼"也并非一回事。"谢朓楼"是有特定地点（宣州）和特定意义的名楼，而"楼"则是一个普通地点的普通楼，没有特定的意义。李白诗中题目标明谢朓楼的还有一首《秋登宣城谢朓北楼》，最后两句"谁念北楼上，临风怀谢公"，将题中"谢朓北楼"点得明明白白。而同样，饯送之地并非特殊之所，在题目中既不标出，诗中亦不写出，如《饯校书叔云》"少年费白日，歌笑矜朱颜。不知忽已老，喜见春风还。惜别且为欢，徘徊桃李间。看花饮美酒，听鸟临晴山。向晚竹林寂，无人空闭关"便是。如此说来，"陪侍御叔华登楼歌"则应该是"陪侍御叔华登宣州谢朓楼歌"才与诗文相合，但事实并非如此，可见诗歌不当以"陪侍御叔华登楼歌"为题。

如果诗是以"陪侍御叔华登楼歌"为题，则题目与内容也还另有矛盾。诗歌在"对此可以酣高楼"进入"登楼"的题意之后，接着便是"蓬莱文章建安骨，中间小谢又清发"。这两句，论者认为是"李白与李华登上谢朓楼，在酒酣耳热之际，细论汉魏六朝名家诗文"（詹锳《应是》）。但这样，因为没有出现"酣"的"陪"与被"陪"的人，因而与"酣高楼"之"酣"既不相接，也与"俱怀逸兴壮思飞，欲上青天览明月"的酒"酣"兴发又不相连，而且"俱"也没有了着落。而如果把"蓬莱文章建安骨"理解为是李白对李华的称许（下句是李白自比"小谢"），这虽有了"酣"的"陪"与被"陪"的双方，但却于李华文章风格的实际情形不合。《旧唐书·李华传》谓"华文体温丽，少宏杰之气"，李华之文"温丽""少宏杰之气"，显然与两汉文章、建安风骨相去甚远，李白不可能以"蓬莱文章建安骨"为誉。

"蓬莱文章建安骨"之"蓬莱"，《文苑英华》作"蔡氏"。所谓"蔡氏文章"，是指东汉末年碑版文字名家蔡邕的文章。论者认为"《文苑英华》的编者所以选用'蔡氏'二字，就是因为它表达的意思更明确，与李华的身份切合"（詹锳《应是》），以此证明《文苑英华》以"陪侍御叔华登楼歌"为题的正确性。其实，李华虽长于碑铭，但却并不闻名于李白之时。据《新唐书·李华传》载，"天宝十一载迁监察御史……为权幸见疾，徙右补阙。……玄宗入蜀，百官解窜，华母在邺，欲间行辇母以逃，为盗所得，伪署凤阁舍人。贼平，贬杭州司户参军……遂屏居江南。上元中以左补阙司封员外郎召之……称疾不拜。李岘领选江南，表置幕府，擢检校吏部员外郎，苦风痹，去官，客隐山阳。……晚事浮

图法。不甚著书，惟天下士大夫家传墓版及州县碑颂，时时赍金往请，乃强为应"。《全唐文》存录李华文102篇，其中碑铭23篇，虽较之赋、颂、书、序、记、论、赞、传、诔、吊祭等类文体数量都多，但可以考知的是作于天宝十二载至十五载间有两篇，作于至德二载（九十月两京收复，即"贼平"）贬官杭州到宝应元、二年隐居山阳以后（按，《旧唐书·李岘传》："代宗即位，征岘为荆南节度、江陵尹，知淮南选补使。"可知李华"苦风痹，去官，客隐山阳"在宝应元年、二年）的有18篇，其中有13篇作于宝应元年以后。[1]这说明，李华天宝以前尚未以擅碑铭闻于世，《新唐书》本传所谓"天下士大夫家传墓版及州县碑颂，时时赍金往请，乃强为应"，已经是至德二载贬官杭州以后的事了，而宝应

---

[1]《韩国公张仁愿庙碑铭并序》谓"天宝季岁，华奉使朔方，展敬祠下，式瞻风采"，则此碑铭作于天宝十四、五载以后。《元鲁山墓碣铭并序》谓"维唐天宝十二载九月二十七日，鲁山令河南元公终于陆浑草堂"，则此碣铭当作于天宝十二载九月以后。《杭州余姚县龙泉寺故大律师碑》谓"天宝十三年春，忽洒饰道场……二月八日，恬然化灭"，《故左溪大师碑》谓"天宝十三载九月十六日就灭"。据《旧唐书·李华传》（见正文引），则此两碑文当是李华贬杭州、屏居江南期间所作。《润州鹤林寺故径山大师碑铭》谓"天宝十一载十一月十一日中夜坐灭"，"弟子尝闻道于径山，犹乐正子春之于夫子也"。《新唐书·李华传》谓华"晚事浮屠法"，此碑铭当是李华贬杭州、屏居江南期间或"晚事浮屠法"的晚年所作。《台州乾元国清寺碑》谓"乾元之初，元恶扫除"，"因改曰乾元国清寺"，《东都圣善寺无畏三藏碑》谓"乾元之岁，再造天维"，则此两碑文作于乾元元年以后。《淮南节度使尚书左仆射崔公颂德碑铭》谓"崔公相元宗""辅肃宗""事今上"，则此碑铭作于宝应元年代宗即位后。《故翰林学士李君墓志铭》，墓主为李白。李白卒于宝应元年，则此墓志铭之作当在其后。《荆州南泉大云寺故兰若和尚碑》，据《新唐书·李华传》（见正文引）、《旧唐书·李岘传》（见正文引），此碑文当是代宗即位后征李岘为荆南节度使（按，据《旧唐书·方镇表》，荆南节度使治荆州），李华入其幕在荆州时所作。《唐丞相太尉房公德铭》称"太尉房公"且谓"薨殂阆中"，《扬州龙兴寺经律院和尚碑》称"太尉房琯"，则此两碑铭之作当在广德元年房琯死而追赠太尉之后。《旧唐书·房琯传》："广德元年八月四日卒于阆中僧舍，时年六十七，赠太尉。"《衢州龙兴寺故律师体公碑》谓"广德元年十二月焚于州西某原"，《扬州司马李公墓志铭》谓"迈历而终，享年六十六，广德二年六月十三日也"。则此两碑铭当作于广德元年、二年以后。《润州天乡寺故大德云禅师碑》谓"永泰二年某月日涅槃"，《唐丞相故太保赠太师韩国公苗公墓志铭》谓"永泰元年四月戊子，唐旧相太保韩国公薨"，则此两碑铭当作于永泰元年、二年以后。《著作郎赠秘书少监权君墓表》谓"大历元年四月某日不幸逝于丹徒"，《唐赠太子少师崔公神道碑》谓"肃宗以赵国赐崔公，今上以少师赠先公""四年某月日，龟筮叶吉"，《太子少师崔公墓志铭》谓"大历八年，龟筮从吉"，《杭州开元寺新塔碑》谓"广德三年三月西塔坏……修而复之……三年事毕"，此四文皆作于大历间。以上李华之墓志碑铭，作于至德二载贬官以后的18篇，其中13篇作于宝应元年以后。

元年以后的13篇又不得闻于李白,因而李白不可能以"蔡氏文章"比之李华的文章,何况还更有李华不可当的"建安风骨"之誉。于此可见,《文苑英华》以"蓬莱"为"蔡氏",实属编纂之误,当然也不得以此证明诗歌题目是"陪侍御叔华登楼歌"。

至于论者所说"李云的诗文,《全唐诗》《全唐文》一首一篇都没有收","李白对别人的诗文从来没有做过这样高的评价(按,指'建安风骨'),决不会这样吹捧一个无名之辈,而把自己比作谢朓也不近情理","如果说李白把'小谢'来自比,'中间'二字又如何解释呢?"(詹锳《应是》)则更不是"宣州谢朓楼饯别校书叔云"应是"陪侍御叔华登楼歌"的依据了。且不说诗文中的过誉于人是不是古人的一种在今人看来颇庸俗的风气,单就李白而言,其诗文中过誉的现象却颇不少,如"清水出芙蓉,天然去雕饰"(《经乱离后天恩流夜郎忆旧游书怀赠江夏韦太守良宰》)。这两句颇为后世称道,被认为是代表了李白文学思想、创作观的诗,便是对时任江夏太守的韦良宰诗"荆山作"的称誉,说"览君荆山作,江鲍堪动色。清水出芙蓉,天然去雕饰"。可是韦良宰之名,既不见于《全唐诗》,亦不见于《全唐文》。又有被夸为"落笔生绮绣""能文变风俗"(《赠从孙义兴宰铭》)的李铭,亦是《全唐文》《全唐诗》中无名者。还有被誉为"能为《高唐赋》""常闻《绿水曲》"(《赠溧阳宋少府陟》)的宋陟、"双珠出海底,俱是连城珍。明月两特达,余辉照傍人。英声振名都,高价动殊邻"(《赠崔司户文昆季》)的崔文兄弟、"东平刘公干,南国秀余芳""吐言贵珠玉,落笔回风霜"(《赠刘都使》)的都使刘某、"书秃千兔毫,诗载两牛腰"(《醉后赠王历阳》)的历阳令王某,都是无名于《全唐文》《全唐诗》者。

李白对谢朓素来推崇,正王士禛所说"一生低首谢宣城"(《戏仿元遗山论诗绝句》其三)。其"月下沉吟久不归,古来相接眼中稀。解道澄江净如练,令人长忆谢玄晖"(《金陵城西楼月下吟》)、"我吟谢朓诗上语,朔风飒飒吹飞雨"(《酬殷明佐见赠五云裘歌》)、"明发新林浦,空吟谢朓诗"(《新林浦阻风寄友人》)、"诗传谢朓清"(《送储邕之武昌》)、"古今一相接"(《谢公亭》)、"玄晖难再得"(《秋夜板桥浦泛月独酌怀谢朓》)、"谁念北楼上,临风怀谢公"(《秋登谢朓北楼》)等,皆是其推崇之语、景仰

之情。谢朓之作,《南齐书·谢朓传》谓其"文章清丽",这正是李白所说的"清""清发"。而李白之诗,虽然以豪放飘逸为其主要特征,但亦有"清水出芙蓉,天然去雕饰"的另一面,这就是杜甫所称许的"清新"(《春日忆李白》)、"李侯有佳句,往往似阴铿"(《与李白十二同寻范十隐居》)。阴铿之诗,陈祚明评之为"声调既亮,无齐梁晦涩之习,而雕句抽思,务极新隽;寻常景物,亦必摇曳出之,务使穷态极妍,不肯直率。此种清思,更能运以亮笔,一洗《玉台》之陋,顿开沈、宋之风"(《采菽堂古诗选》卷29)。"新隽""清思""亮笔",正是今之文学史家所称之词句"清丽"(郭预衡《中国古代文学史长编·秦汉魏晋南北朝卷》)。这与谢朓诗风是一致的。李白既推崇谢朓,又有谢朓"清丽"的诗风,因而以"小谢"自比,既是合情的,也是合理的。自比不等于就是,因而"中间小谢又清发"之"中间",很自然地应该是指从汉魏到唐朝之间"小谢"所在的六朝。

既然《宣州谢朓楼饯别校书叔云》不是《陪侍御叔华登楼歌》,则其系年亦当别论。从诗中所表露的愤慨情绪看,当是李白天宝三载被唐玄宗"赐金放还"逐出朝廷后所作无疑。天宝元年,唐玄宗一纸诏书召李白进京,李白以为实现理想抱负的机会到了,不仅"仰天大笑出门去",而且说"我辈岂是蓬蒿人"(《南陵别儿童入京》)。可是李白不曾想到,唐玄宗让他待诏翰林,只是把他作为一个文学侍从,不仅不委以实职,反而遭受到权幸者的排挤打击,"无奈宫中妒杀人"(《玉壶吟》),终至被逐,使其理想破灭,抱负不得实现。这就是李白的"人生在世不称意"。这一打击,使李白思想上受到了重创,虽然他并不甘心失败,但更大的却是失望、痛苦、愤慨充塞于胸,因而出京以后,多以山水寄情,醉酒狂歌,蔑视权贵,笑傲王侯,不肯与统治者合作是这一时期李白诗歌创作中表现出的主要精神,正如《梦游天姥吟留别》所写的那样,"别君去兮何时还,且放白鹿青崖间,须行即骑访名山。安能摧眉折腰事权贵,使我不得开心颜",宣告与统治者的决裂,追求自由洒脱的生活。也是《答王十二寒夜独酌有怀》所写的"少年早欲五湖去,见此弥将钟鼎疏"。这与《宣州谢朓楼饯别校书叔云》中的"人生在世不称意,明朝散发弄扁舟"的精神是一致的。《梦游天姥吟留别》一诗,《李白诗文系年》《李白年谱》《李白全集编年注释》均系于天宝五载(746)秋。《答王十二寒夜独酌有怀》,王琦《李太白年谱》系于天宝八载，谓："是年六月，陇右节度使哥舒翰攻吐蕃石堡城，拔之。白有《答王十二寒夜独酌有怀》，诗云'君不能学哥舒，横行青海夜带刀，西屠石堡取紫袍'，又云'君不见李北海，英风豪气今何在？君不见裴尚书，土坟三尺蒿棘居'，知为是时以后之作。"《李白全集编年注释》谓"王说是。此篇既写时事，则作时宜在其事发生未久时"，其说甚是。《答王十二寒夜独酌有怀》既说"少年早欲五湖去"，则《宣州谢朓楼饯别校书叔云》之谓"人生在世不称意，明朝散发弄扁舟"似应更在其前，大约应在《梦游天姥吟留别》之"且放白鹿青崖间，须行即骑访名山。安能摧眉折腰事权贵，使我不得开心颜"宣告别权贵之后不久的南游吴越之初。盖李白被逐之后，一腔愤慨充塞，块磊难平，既借诗大抒其人生感慨，又借饯别李云的酒兴诗情，一泄胸中之恨，再度宣告要与统治者决裂，追求自由洒脱的生活——"明朝散发弄扁舟"。

李白被逐之后的南游吴越，诸年谱所载均始于天宝五载秋迄于天宝九载秋。诸谱虽无载于李白此间的宣城之行，亦无它据可证，但李白数度往来于吴越，屡居金陵，对曾作过宣城太守的谢朓又十分景仰，或有宣州之行，应在情理之中。以此而论，《宣州谢朓楼饯别校书叔云》一诗，估计应该是南游吴越之初，即天宝五载秋后到天宝六载期间所作。

李白另有一首《饯校书叔云》，不仅明言"不知忽已老"，其情感亦大别于《宣州谢朓楼饯别校书叔云》；从季节时令上看，一是"长风万里送秋雁"的秋天，一是"喜见春风还"的春天；从命题上看，大凡有特定意义的名地名胜，在诗题中李白都是明确标出的，而《饯校书叔云》则不然，可见只是在一个一般地方的饯别。因此，两诗显然是两时两地之作。诗题中所称之"校书"，或是旧时官职，李白用作时称。此种现象，不独李白，古今之人都有此习。《饯校书叔云》诗，其感情虽不似《宣州谢朓楼饯别校书叔云》那么激荡，但却也别有情味。严羽评道：首四句"今昔无限情态，尽此四句"，末四句"结意最幽，收尽许多情境。极矜束，极宽宥，既雅且异，饯送诗斯为第一"（转引自金涛声、朱文彩《李白资料汇编》唐宋之部）。明人认为，"任意写去，然亦自干净，情境亦恰好"（詹锳《李白全集校注汇释集评》引严评本明人批）。《唐宋诗醇》则以"落落有风致"称。因此，我们不能以这首诗写得不似《宣州谢朓楼饯别校书叔云》那样感情激荡，就认为"李白和李云的关系不深，诗的感情平淡"（詹锳

《应是》）。以前人之识见，恰恰相反。

明确了《宣州谢朓楼饯别校书叔云》和《饯校书叔云》两诗并非一时一地之作，明确了《饯校书叔云》的情感表现，则既不会有"恐一人不当春秋，两度饯别"而疑《宣州谢朓楼饯别校书叔云》诗题非是（瞿蜕园、朱金城《李白全集校注》），亦不会因怀疑《饯校书叔云》一诗的感情并以此否认《宣州谢朓楼饯别校书叔云》是为李云作饯，将诗题从《文苑英华》作《陪侍御叔华登楼歌》。

（原载《李白文化研究》2008年集）

《文苑英华》之录李白诗文所本寻踪

《文苑英华》是宋太祖雍熙三年成书的一部官修诗文总集，保存了许多唐前及唐时的诗文资料，其中有些作家的作品已经散佚，因此这部书有着作为校勘、辑佚、考订等重要依据的学术价值。《文苑英华》收录李白作品（诗243首，文16篇）259篇，这在宋代李白全集尚未编成之前当是一个不小的数量。因为《文苑英华》成书早于乐史、宋敏求、曾巩等几十年，故这对于我们研究李白是很宝贵的原始资料。然而，其所源自却至今不曾探及。从乐史的《李翰林集序》、宋敏求的《李太白文集后序》来看，其所本显然与乐史、宋敏求、曾巩所编各是一途，那么《文苑英华》之收录李白诗文所本于何呢？今且试以肤浅之见，寻绎其踪。

中华书局在《文苑英华》（1966年版）的"出版说明"中说："《文苑英华》中还有不少'集作某'、'某史作某'的小注，这个'集'和'某史'当然是宋本，这样的小注正是以宋本校宋本的校勘记。"李白文集在宋代的编纂始于乐史（咸平元年，即公元998年），继之宋敏求（治平元年—熙宁元年，即公元1064—1068年），终于曾巩，刻于晏处善（元丰元年，即公元1078年）。《文苑英华》之编，始于太平兴国七年（982），成于雍熙三年十二月，即公元987年1月（《文苑英华·纂修文苑英华事始》）。其后经过多次校勘。一是宋真宗景德四年（1007）和大中祥符一二年（1008—1009）的两次校勘。据徐松依《永乐大典》辑出的《宋会要辑稿》第五十五册"勘书"条载："（景德）四年八月，诏三馆秘阁直馆校理分校《文苑英华》、李善《文选》，摹印颁行。《文苑英华》以前所编次未精，遂令文臣择古贤文章，重加编录，芟繁补阙，换易之，卷数如旧。又令……校之。"一是在宋孝宗朝,周必大谓:"臣事孝宗皇帝,间闻圣谕欲刻江钿《文海》,臣奏其去取差谬,不足观。帝乃召馆职衷集《皇朝文鉴》,臣因及《英华》,虽秘阁有本,然舛误不可读。俄闻传旨取入,遂经乙览。时于御前置校正书籍一二十员。"但因"校正书籍"者皆"稍通文墨者","往往妄加涂注"(《文苑英华跋》),以致周必大在"退老丘园"(彭叔夏《文苑英华辨证序》),后又与彭叔夏、胡柯等再作一次校勘,才于嘉泰元年(1201)春至四年(1204)秋雕刻刊行(《文苑英华跋》)。这次校勘的结果是"详注逐篇之下"(同前),"分别用小字夹注或篇末黑地大字的形式一一标明"(中华书局《文苑英华》出版说明),并成彭叔夏《文苑英华辩证》十卷(《文苑英华辩证序》)。《文苑英华》校勘注中有"文粹作某"这样的文字(按,"文粹"即《唐文粹》,初名《文粹》,南宋时重刻始加"唐"字)。《文粹》成书于宋大中祥符四年(1011),而《文苑英华》在真宗朝的校勘是景德四年(1007)和大中祥符一二年(1008—1009),这两次校勘当然不会出现"文粹作某"的文字;而孝宗朝(1163—1189)的校勘又是"往往妄加涂注"。因此,《文苑英华》校勘注中的"集作某","文粹作某"等,则应是周必大、彭叔夏、胡柯等"详注逐篇之下"的校勘结果,其"集"则当是在乐史《李翰林集》二十卷和《李翰林别集》十卷基础上经宋敏求增补而成,再经曾巩"考其先后而次第之",由晏处善授之毛渐元丰元年(1078)镂版的《李太白文集》。《文苑英华》之李白诗文的校勘注中有数处"集作某"这样的文字,这说明《文苑英华》与《李太白文集》所本各是一途。

《李太白文集》之所本,乐史《李翰林别集序》和宋敏求《李太白文集后序》说得非常明白,乐史说:"李翰林歌诗,李阳冰纂为《草堂集》十卷,史又别收歌诗十卷,与《草堂集》互有得失,因校勘排为二十卷,号曰《李翰林集》。今于三馆中得李白赋、序、表、赞、书、颂等,亦排为十卷,号曰《李翰林别集》。"宋敏求说:"唐李阳冰序李白《草堂集》十卷,云:'当时著述,十丧其九。'咸平中,乐史别得白歌诗十卷,合为《李翰林集》二十卷,凡七百七十六篇,史又纂杂著为别集十卷。治平元年,得王文献公溥家藏白诗集上中二帙,凡广一百四篇,惜遗其下帙。熙宁元年,得唐魏万所纂白诗集二卷,凡广四十四篇,因裒唐类诗诸编泊刻石所传别集所载者,又得七十七篇,无虑千

篇……凡赋、书、碑、颂、记、赞、文六十五篇,合为三十卷。"于此可知,《李太白文集》的编纂,一是源于包括唐人魏颢所编《李翰林集》、李阳冰所编《草堂集》等朝廷馆藏,二是对私家收藏和世间流传诗文的收集整理,三是对唐类诗等所载的收集。《文苑英华》乃奉皇帝诏命编修的典籍,周必大《文苑英华跋》称"太宗皇帝丁时太平,以文化成天下,既得诸国图籍,聚名士于朝,诏修三大书曰《太平御览》《册府元龟》《文苑英华》,各一千卷",其编修者不可能像后来《李太白文集》的编修者那样广采博收,何况卷帙浩繁,也不可能从容于世间的收集,而只可能采自现成的朝廷馆藏文集,即"既得诸国图籍"。

李白文集,在宋代《文苑英华》及乐史《李翰林集》《李翰林别集》修成前,并无编修者,而在唐代也仅三家,一是李白"枕上授简,俾余为序"(李阳冰《草堂集序》)的李阳冰《草堂集》,一是李白"尽出其文,命颢为集……白未绝笔,吾其再刊"(魏颢《李翰林集序》)的魏颢(颢名万,后更名颢)《李翰林集》,再就是元和年间范传正"或得之于时之文士,或得之于宗族,编辑断简,以行于代"的"文集二十卷"(范传正《唐左拾遗翰林学士李公新墓碑并序》)。魏颢所编的《李翰林集》、李阳冰所编的《草堂集》为乐史、宋敏求等编纂整理的《李太白文集》所采用,《文苑英华》所录李白诗文与此又别是一途,而唐人之后到《文苑英华》之前,李白文集又无其他编修本,因此可以认为《文苑英华》收录李白诗文所采用的正是范传正所编的"文集二十卷"。

在《文苑英华》的收文中,涉及李白生平经历、思想及创作评价等有关传记性的文章最早的是刘全白贞元六年(790)所作的《唐故李翰林学士李君碣记》,稍后是范传正元和年间所作的《唐左拾遗翰林学士李公新墓碑并序》。刘《碣》颇简略,范《碑》周详,既叙其家世生平经历等,又及于身后,并叙文集之编修,谓"文集二十卷,或得之于时之文士,或得之于宗族,编辑断简,以行于代",其体制与魏颢《李翰林集序》、李阳冰《草堂集序》颇同,相当于文集之序,于范传正所编的李白"文集二十卷"而言,其实就是一篇序。《文苑英华》收录唐人文集、诗集之序七十八篇(文集52篇,诗集26篇),几乎囊括了唐人诗、文集序的全部,连并不甚知名的孔季诩、杨极、周朴、颜茂圣等人文集、诗集的序(《孔补阙集序》《杨骑曹集序》《周朴诗集序》《颜上人集序》)都被录入,但却没有魏颢的《李翰林集序》和李阳冰的《草堂集序》。即使是以"文以人传"而论，李阳冰的《草堂集序》也不应该被弃而不录，因为李阳冰在唐代也是声名颇著者，《宣和书谱》称"官至将作少监，善词章，留心小篆迨三十年，又尝立说……作刊定说文三十卷以纪其事，人指以为苍颉后身。方时颜真卿以书名世，真卿碑必得阳冰题额，欲以擅联璧之美。……论有唐三百年以篆称者，唯阳冰独步"（王琦注《李太白全集》引）。而《文苑英华》却收录了像林嵩这样并不甚知名者为并不甚知名者周朴的诗集所作的序（即《周朴诗集序》）。应该说，李阳冰的《草堂集序》无论以何种收文标准都是不容遗弃的。更何况，李阳冰、魏颢与李白关系非同一般。李阳冰《草堂集序》说："阳冰试弦歌于当涂，心非所好，公遐不弃我，乘扁舟而相顾。临当挂冠，公又疾亟。草稿万卷，手集未修，枕上授简，俾余为序。"而魏颢与李白则是"自嵩宋沿吴相访数千里"，"东浮汴河水，访我三千里"（李白《送王屋山人魏万还王屋》诗并序），"相见泯合"（魏颢《李翰林集序》），"一长复一少，相看如兄弟"（魏颢《金陵酬翰林谪仙子》）的关系，因而李白以编集重托，"尽出其文，命颢为集"（魏颢《李翰林集序》）。可见李阳冰、魏颢是李白最亲密、最信任者。唯其如此，其《草堂集序》《李翰林集序》所记才最为真实可靠，最有价值，也就更没有理由被《文苑英华》弃而不录。

《文苑英华》不收录《草堂集序》《李翰林集序》这一现象，一方面说明《文苑英华》所录李白诗文不本于李阳冰《草堂集》与魏颢的《李翰林集》，但似亦可作为《文苑英华》所录李白诗文本之于范传正之编李白"文集二十卷"的反证。

清人王琦注《李太白全集》"诗文拾遗"中收有《文苑英华》之载《初月》《雨后望月》《对雨》《晓晴》《望夫石》《冬日归旧山》《邹衍谷》《入清溪行山中》《日出东南隅行》《代佳人寄翁参枢先辈》《送客归吴》《送友生游峡中》《送袁明府任长江》《送史司马赴崔相公幕》《战城南》《胡无人行》《鞠歌行》诗十七首，并注引《沧浪诗话》："《文苑英华》有太白《代寄翁参枢先辈》七言律一首，乃晚唐之下者。又有五言律三首，其一《送客归吴》，其二《送友生游峡中》，其三《送袁明府任长江》，集本皆无之，其家数正在大历、贞元间，亦非太白之作。又有五言《雨后望月》一首、《对雨》一首、《望夫石》一首、《冬日归旧山》一首，皆晚唐之语。"严羽之说言而无据，固不足信。但这十七首，却既可

证明《文苑英华》之录李白诗文与乐史、宋敏求等编纂的《李太白文集》所本别是一途,且亦符合范传正所编李白文集"或得之于时之文士,或得之于宗族"其来源较复杂的情况,以至于十七首中,有蜀中青少年时所作(或习作)如《冬日归旧山》《对雨》《雨后望月》等,甚至可能是真赝掺杂。此可为《文苑英华》收录李白诗文本之于范传正编李白"文集二十卷"之一旁证。

唐李阳冰、魏颢、范传正三家之编李白集,宋人乐史、宋敏求等编纂《李太白文集》只采用李、魏两家,而不曾涉及范传正之编李白"文集二十卷",这就是说范传正之编李太白文集已不行于乐史之编《李翰林集》《李翰林别集》其时。值得注意的是,乐史、宋敏求等编成《李太白文集》后,李阳冰所编《草堂集》、魏颢所编《李翰林集》也不行于世。《文苑英华》之于范传正之编李白"文集二十卷",是否也同于此呢?虽无证据表明,但却不能不令人大生疑窦。此或可为《文苑英华》李白诗文本之于范本的又一旁证。《文苑英华》先于乐史、宋敏求等之编《李太白文集》而成书,但据周必大《文苑英华跋》之谓《文苑英华》士大夫家绝无而仅有,"卷帙浩繁,人力难及,其不行于世则宜","虽秘阁有本"云云,可见《文苑英华》编成之后并未行于世,而只是藏之秘阁,直到南宋宁宗时周必大、彭叔夏、胡柯等校勘后才于嘉泰元年至四年雕刻刊行。乐史、宋敏求等编《李太白文集》无缘见到《文苑英华》,故而范本李白文集终未被收入《李太白文集》,而《初月》等十七首为《文苑英华》之所有,为《李太白文集》之无,也正缘于此。

但是,《文苑英华》之收录李白诗文何以不本于李阳冰的《草堂集》和魏颢的《李翰林集》,而却要以范传正所编《李白文集》二十卷为本呢?我们以为,《文苑英华》编成其时,当属赵宋王朝立国未久,仅得二十余年,如果算上其时南唐的割据,赵宋王朝真正意义上的统一还不到十年。五代十国的战乱,无可避免地要使一些文献典籍受到破坏,因而赵宋朝廷对唐时馆藏文献典籍不可能像和平接收那样完整。而立国之初,战乱止息未久,朝廷尚无暇或来不及对文献典籍完全的收集、清理、收藏,这就可能造成部分文献典籍一时的缺失。或许《文苑英华》编纂之时,李阳冰所编《草堂集》、魏颢所编《李翰林集》尚未收集到或清理出,故而无法为编修者所本。再过了十一二年,赵宋朝廷对典籍文献的收集整理有了增进,于是乐史编《李白文集》时(998)有了李阳冰所编之《草堂集》十卷。又过了将近七十年，宋敏求治平元年（1064）、熙宁元年（1068）增补乐史所编《李白文集》时又有了魏颢所编之《李翰林集》。从《草堂集》《李翰林集》先后为乐史、宋敏求收入《李白文集》的情况看，宋朝廷经五代十国的分裂战乱后对文献典籍的收集、清理等确实有一个时间过程，这或许就是《文苑英华》之收录李白诗文不本于《草堂集》《李翰林集》而本于范本的原因（亦是《文苑英华》不将《草堂集序》和《李翰林集序》编入其中的原因）。

周必大《文苑英华跋》谓《文苑英华》"修书官于柳宗元、白居易、权德舆、李商隐、顾云、罗隐辈或全卷收入"，虽未说到李白之诗文是否在全卷收入之列，但按李白在唐时宋代的声名地位而论，其诗文即使不被"全卷收入"，也不应落下很多，然《文苑英华》却只录了259篇。虽然古人编集，其卷数于字数、版面并无定数，但259篇与范传正所编的"文集二十卷"还是相去甚远，这是怎么回事呢？今检阅《唐文粹》所录，李白之诗文尚有《古风十一首》等50篇为《文苑英华》所无。《唐文粹》是宋真宗朝姚铉就《文苑英华》"铨择十一"而成。既然如此，而《唐文粹》所有又为《文苑英华》之所无却是为何呢？《文苑英华》在景德四年（1007）经过一次大的校勘和修整，"景德四年八月，诏三馆秘阁直馆校理《文苑英华》、李善《文选》摹印颁行。《文苑英华》以前所编次未精，遂令文臣择古贤文章，重加编录，芟繁补阙，换易之"。而且此后大中祥符初年《文苑英华》亦仍在校勘中（见前引《宋会要辑稿》）。虽然《唐文粹》成书于宋大中祥符四年（1011），但要"铨择"《文苑英华》一千卷成一百卷，恐非短时之功可毕，其成于大中祥符四年，但却未必就始于大中祥符四年。如此，《唐文粹》编选之时，《文苑英华》"重加编录"、校勘当未毕功，即是说《唐文粹》所依据的《文苑英华》是尚未经景德四年和大中祥符初年"重加编录"、校勘的原始本，故而《唐文粹》中有的，《文苑英华》反倒无。那么，《文苑英华》收录李白诗文259篇，再加上《唐文粹》多出《文苑英华》的50篇，大抵应是初成时《文苑英华》收录李白诗文的大概。如果再考虑到《唐文粹》仅是《文苑英华》所录量的十之一二，那么未经"重加编录"的《文苑英华》收录李白诗文的量还应该更大些。这样，与范传正所编之李白文集二十卷便相差不多。

当然，《文苑英华》收录李白诗文之本于范传正所编李白"文集二十卷"并

无直接的证明，但如果有确凿的证据可依，也就无须我辈做如此探寻了。

王琦在宋敏求《李太白文集后序》注中说："论太白诗集之繁富，又归功于宋，然其紊杂亦实由于宋。盖李阳冰之所序草堂诗集十卷，出自李白之手授，乃其真实而无疑者也。次则魏万所纂太白诗集二卷，亦当不甚谬误。乐史所得之十卷，真赝便不可辨。若其他以讹传讹，尤难考订。使宋当日先后集次之时，以阳冰所序者为正，乐史所得者为续，杂采于诸家之二百五十五篇附于后，而明题其右自某篇以下四十四首得自魏万所纂，自某篇以下一百四首得之王文献家所藏，自某篇以下若干首得之唐类诗，自某篇以下得之某地石刻，自某篇以下若干首得之别集，使后之览者信其所可信而疑其所可疑，不致有鱼目混珠、碔砆乱玉之恨，岂不甚善。乃见不及此，而分析诸诗，以类相从，遂尔真伪杂陈，渭泾不辨，功虽勤也，过亦在焉，不重可惜乎！"所论极是，批评得极有见地。探寻《文苑英华》收录李白诗文之所本，虽于补宋人之失相去甚远，但于"信其所可信而疑其所可疑"似亦非全为无用之为。

（原载《中国李白研究》2009年集）

《文苑英华》之李白诗题目异文辨读

《文苑英华》是我国文学史上继《文选》之后的又一部官修诗文总集，保存了许多唐前及唐时的诗文资料。于李白，《文苑英华》收录了本于范传正所编"文集二十卷"（说见《〈文苑英华〉之录李白诗文所本寻踪》）中的二百六十余篇，因其成书早于乐史、宋敏求、曾巩等几十年[1]，而范传正所编的李白文集

---

[1] 《文苑英华》成书于雍熙三年（986）。中华书局（1966年版）《文苑英华·纂修文苑英华事始》录《国朝会要》："太平兴国七年九月，命翰林学士承旨李昉……阅前代文集，撮其精要，以类分之为千卷。雍熙三年十二月书成，号曰《文苑英华》。"李太白文集的编纂始于咸平元年，即公元998年（乐史《李翰林别集序》称"咸平元年三月三日序"），继之治平元年至熙宁元年（1064—1068）增修成三十卷（宋敏求《李太白文集后序》谓"治平元年得王文献公溥家藏百诗上中二帙……熙宁元年得唐魏万所撰白诗集二卷……合为三十卷"），终于曾巩（曾巩序谓"李白集三十卷……知制诰常山宋敏求字次道所广也。……余得其书，乃考其先后而次第之"），元丰三年（1080）刻于晏处善（毛渐《李太白文集跋》称"临川晏公知止字处善，出李翰林诗以授渐……元丰三年夏四月，信安毛渐校正谨题"）。

二十卷又失传，故《文苑英华》于研究李白是很宝贵的资料。但由于范传正所编李白文集"或得之于时之文士，或得之于宗族"（范传正《唐左拾遗翰林学士李公新墓碑并序》），来源甚杂，以致有诸多异文。今且就诗歌题目之异文择其要者加以辨析。

《对酒》（"花前一壶酒"）一作《月下独酌》，《对酒》（"天若不爱酒"）一作《月夜独酌》

《月下独酌》（"花前一壶酒"）一首，《文苑英华》卷152题下注云："此诗见一百九十五卷。"195卷，此诗题作《对酒》，题下注"一作月下独酌"。诗后校勘记（即宋孝宗朝周必大、彭叔夏等人的校勘）谓"此诗一百五十二卷重出，今已削去，注异同为一作"。是周必大、彭叔夏等认定此诗当题作"对酒"。

清人吴齐贤《论杜》云："读诗之法，当先看其题目。唐人作诗，于题目不轻下一字，亦不轻漏一字。"这其实揭示了诗歌题目和内容的关系。以此而论，"花前一壶酒"这首诗，"独酌无相亲"是明言"独酌"，"举杯邀明月"正是题中的"月下"二字，两句将"月下独酌"的题目点尽。而后则将月人格化，对"独酌"大加发挥："举杯邀明月，对影成三人。月既不解饮，影徒随我身。暂伴月将影，行乐须及春。我歌月徘徊，我舞影零乱。醒时同交欢，醉后各分散。永结无情游，相期邈云汉"——由独而不独，由不独而独，再由独而不独，愈突出其独，孤独到了邀月与影还不算，甚至于以后的岁月，也找不到共饮之人，所以只能与月光身影永远结游，并相约在那邈远的上天仙境再见——写极了孤独孤苦。而诗中所写的这一切，都与"对酒"不相吻合。所以此诗的题目应是"月下独酌"，而不是"对酒"。

《对酒》（"天若不爱酒"）一首，《文苑英华》卷195与"花前一壶酒"一首同题，列第二首，题下注"一作月夜独酌"。诗云："天若不爱酒，酒星不在天。地若不爱酒，地应无酒泉。天地既爱酒，爱酒不愧天。已闻清比圣，复道浊如贤。圣贤既已饮，何必求神仙？三杯通大道，一斗合自然。但得醉中趣，勿为醒者传。"李白诗中，以"对酒"为题的共六首：《对酒》（葡萄酒，金叵罗）、《对酒》（劝君莫拒杯）、《对酒行》《对酒题屈突明府厅》《对酒忆贺

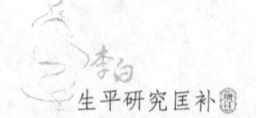

监二首》。或者以劝酒为辞，如《对酒》（劝君莫拒杯），以世事无常，劝人何不及时饮酒行乐，"君若不饮酒，昔人安在哉"。或者是以求仙的虚妄劝人饮酒，如《对酒行》，"对酒不肯饮，含情欲谁待"。或者是写饮酒之乐，如《对酒》（葡萄酒），"玳瑁筵中怀里醉，芙蓉帐底奈君何"。或者是对酒醉酒思人怀人，如《对酒忆贺监二首》，追忆当年与贺知章诗酒相知，今再举杯，昔时狂客已为松下之尘，对酒怅然。忆金龟换酒处，不胜今昔，一腔怀念之情激而成泪，"金龟换酒处，却忆泪沾巾"，深伤痛悼。《对酒题屈突明府厅》则是劝屈突明府效陶渊明辞官归去而欲与之共醉共舞，"山翁今已醉，舞袖为君开"。而《文苑英华》卷195收录的除李白诗而外的其他18首《对酒》大抵不出这些内容，只是李白的感慨更加深沉，也更为旷达。李白这首《文苑英华》题作"对酒"（"天若不爱酒"）的诗，其内容与传统的和李白其他对酒诗内容相合，与"对酒"的题意吻合，既无"月夜"，也无"独酌"。后世编修李白文集者将此诗编入《月下独酌四首》，或恐不妥。

《将进酒》一作《惜空酒》

《将进酒》一诗，《文苑英华》卷195题下注"一作惜空酒"，卷336于《惜空樽酒》题下注"一作将进酒。见一百九十二卷"（按，应是一百九十五卷，刊刻之误）。敦煌唐写本《唐诗选》残卷题作"惜樽空"。"惜樽空"与"惜空樽酒""惜空酒"并无实质的差别。《惜空樽酒》（《惜空酒》《惜樽空》），唐前人之作无流传者，《文苑英华》归入"歌行·酒"一类。从字面看，"惜空樽酒"（"惜空酒""惜樽空"）应是叹息杯空杯中无酒，也即是希望杯中酒常满的意思。《将进酒》，《文苑英华》归入"乐府"。《将进酒》乐府古辞有"将进酒，乘大白。辩佳哉，诗审搏。放故歌，心所作。同阴气，诗悉索。使禹良工，观者苦"一篇，南朝时有昭明太子"洛阳轻薄子，长安游侠儿，宣城溢渠碗，中山浮羽卮"一首，都是写饮酒之乐的劝酒之辞（按，前一首可参看逯钦立先生辑校《先秦汉魏南北朝诗》注释），与"惜空樽酒"字面的意思大体相类。而李白的《将进酒》，虽然也是铺写饮酒之乐的劝酒之辞，但其劝酒却劝得十分强烈，既是"莫使金樽空对月"，又是"将进酒，杯莫停。"将者，且也。且饮酒，就是只管饮酒，啥都不要管。这就是非饮不可，没有理由不饮。为什么要这样"将进酒"？"钟鼓馔玉不足贵"，"古来圣贤皆寂寞，唯有饮者留其名"，以至于要"五花马，千金裘，呼儿将出换美酒，与尔同销万古愁"，愁深愁重愁长，非饮不可！愤激之情正像诗歌开篇所写的如"黄河之水天上来"般波涛汹涌。袁行霈曾说，李白的乐府诗，"用古题写己怀，因旧题乐府蕴含的主题和曲名本事，在某一点引发了作者的感触和联想，用它来书写自己的情怀"（《中国文学史》，中国高等教育出版社1999年版）。正是因"将进酒"的触发，李白将借酒消愁写得激情澎湃，有如大海奔流。因此，此诗如果以"惜空樽酒"（"惜空酒""惜樽空"）为题显然是不恰当的，何况诗中点明了"将进酒"。

今之论者有认为此诗当以"惜樽空"为题才是，因为一是"敦煌手写本'唐人选唐诗'所载《惜樽空》乃李白传世名篇《将进酒》原始版本"，"尽管敦煌本'唐人选唐诗'与殷璠《河岳英灵集》之成编年代相近（都成书于天宝末年），但毕竟我们今天见到的《河岳英灵集》至早已是宋刻本，它在刊刻过程中可能经过了宋人的改动"，"应该说敦煌本'唐人选唐诗'更接近诗作原貌"，"应以敦煌手写本《唐人选唐诗》所载该诗为准"；二是《惜樽空》"这个题目与诗歌内容有着直接联系，诗中有'莫使金樽空对月'，'主人何为言少钱，径须沽取对君酌'句，很显然，酒兴半酣时，主人却因费用不足而提出罢饮，这让兴致正浓的李白极为惋惜，石激则鸣，人激则灵，正是这一激，刹那间诗人那久积于胸的愤懑与狂傲才火山般喷发出来：'君不见黄河之水天上来……与尔同销万古愁！'可以说，这首惊心动魄的诗篇完全是由'樽空'引起的"（赵海菱《李白〈将进酒〉新考》，《社会科学辑刊》2012年第2期）。

论者所论，虽不无道理，但似亦有可探讨者。

首先，敦煌手写本《唐人选唐诗》与《河岳英灵集》之成编孰先孰后谁是原始版本，颇难断定。敦煌手写本《唐人选唐诗》编入丘为诗六首。丘为，《新唐书·艺文志》谓"卒年九十六"，傅璇琮先生主编的《唐才子传校笺》据《新唐书·艺文志》所载，合勘《唐会要》，订其卒年为贞元十三年或十四年（798），那么，丘为之生则应是长安二年或长安三年（703）。而丘为的这六首诗，虽然不能考其作年，但却亦无法排除有天宝十二载以后之作，尤其是像《辛四卧病舟中群公招登慈和寺》"云外翩翩飞鸟尽，令人宛自动归吟"这样已动归隐念头的诗和《答韩大》"登孤舟，望远水，殷勤留语劝求仕。畴昔主司

曾见知,琳琅丛中拔一枝。且得免输天子课,何能屈腰乡里儿……官斑(班)眼(服)色不相当,拂衣还作捕鱼郎"已去官而人劝其求仕之诗,显然已非其早年所作,这就更不能确定敦煌手写本《唐人选唐诗》的编成是在天宝十二载(753)《河岳英灵集》编成之前。也即是说,《唐人选唐诗》所载《惜樽空》是不是李白《将进酒》的原始版本,也是不能确定的。何况这个敦煌手写本《唐人选唐诗》的《惜樽空》,从语言的角度说,也不能说是原貌,如"岑夫子,丹丘生,与君歌一曲,请君为我倾","倾",倾什么?前面是"与君歌一曲",接着却是"请君为我倾",很显然,不仅语意不接,而且还是一个不完整的句子。又如"古来贤圣皆死尽",这实在是一句无用的大实话。因为"古来"不仅"贤圣"(按,《河岳英灵集》作"圣贤"。"圣贤"亦较"贤圣"更合语言习惯)"皆死尽"了,所有的人都是死尽了的。这样写来有什么用?而"寂寞"则另有深意。它突出的是人生不得意不遇于时的有志难伸,既为"古来圣贤"的"寂寞"鸣不平,更为自己的"寂寞"大抒愤慨。如果是"皆死尽",则少了对自己"寂寞"的愤慨。有此两端恐怕就不能说敦煌手写本《唐人选唐诗》的这首诗是"原貌"了。而且,《惜樽空》这个题目也是编写者加上去的,因为正如《李白〈将进酒〉新考》作者所说,敦煌石窟手抄的法藏本、英藏本,这首诗并没有题目,只是被罗振玉影印收入《鸣沙石佚书》题为《唐人选唐诗》(即《唐写本唐人选唐诗》)时才有《惜樽空》这个题目。《唐写本唐人选唐诗》中的《惜樽空》,修正了法藏本、英藏本的许多错误,所以说《惜樽空》这个题目是法藏本、英藏本之后的编写者(或抄写者)加上去的。这就更无法说《惜樽空》是李白诗的原貌。

再说,诗中的"主人何为言少钱",不过是诗人诗中的设言,哪里真的是"主人却因费用不足而提议罢饮"。元丹丘作为主人,既在设宴,恐怕不至于"费用不足",也不会和不应该在席中提出罢饮,李白也不应该因此一"激",以至"激"出"久积于胸的愤懑与狂傲",那李白岂不是成了对主人(也是至交好友)元丹丘"费用不足"的发泄了。哪里有这样的道理!李白再狂傲,也不会和不必对朋友如此吧?因此说《惜樽空》"这个题目与诗歌内容有着直接联系"是牵强的。

既然唐写本《唐人选唐诗》有可能编成于天宝十二年以后,法藏本、英藏本

《唐人选唐诗》并没有《惜樽空》这个题目，这个题目是后来的编写者（或抄写者）加上的，《惜樽空》与诗歌也并没有直接联系，加之法藏本、英藏本李白的这首诗又有诸多错误（如《李白〈将进酒〉新考》一文所举），就连罗振玉影印的题作《唐人选唐诗》的也有语病，因而可以说，《河岳英灵集》的可信度显然高过了手写本《唐人选唐诗》。而《将进酒》这个题目，如前所论，与诗歌有着直接的联系，又能统率全篇，因此《将进酒》这个题目是可靠的。何况除罗振玉影印的敦煌本《唐人选唐诗》而外，唐人所编李白文集都以《将进酒》为题，乐史所编《李太白文集》采用李阳冰之《草堂集》和魏颢所编李白文集，《文苑英华》所录李白诗文取自范传正所编李白文集，也说明了《将进酒》这个题目的合理性。

《秋浦与同生（集作周刚）宴清溪玉镜潭》

《文苑英华》卷166《秋浦与同生宴清溪玉镜潭》，"同生"下注"集作周刚"。

同生，指同父所生的兄弟或同年出生的人。但不管是指同父所生的兄弟还是指同年出生的人，"同生"放在这个题目中都是不稳妥的。因为诗歌内容并不涉及"同生"不"同生"，倒是诗中有"兴与谢公合，文因周子论"两句可见"同"是"周"之误，"同生"即是诗中的"周子"，只是宴李白与李白论文的这位"周子"是否即名"刚"者却不可知，诗中并无印证。因而题作"周刚"也不妥。咸淳本《李翰林集》题为"秋浦与周生宴青溪玉镜潭"。作"周生"是比较妥帖的，与诗中的"周子"相一致，不必一定要是"周刚"。

此诗题目，宋蜀本《李太白文集》作"与周刚青溪玉镜潭宴别"，较咸淳本《李翰林集》和《文苑英华》又多出"宴别"的"别"来。诗歌写道"清夜方归来，酣歌出平原，别后经此地，为余谢兰荪"，看来这"别"字在题目中是不可少的。

因此，这首诗完整的题目应该是综合《文苑英华》之"秋浦与同生宴清溪玉镜潭"，咸淳本《李翰林集》之"秋浦与周生宴青溪玉镜潭"，宋蜀本《李太白文集》之"与周刚青溪玉镜潭宴别"，作《秋浦与周生青溪玉镜潭宴别》。"青溪"或"清溪"都无关紧要。周必大《文忠集》卷169《泛舟游山录》谓"清溪

水正碧色,下浅滩数里,至玉镜潭",可见"青溪"即是"清溪"。

《金陵阻风雪书怀寄杨江宁》作《新林浦阻风寄友人》

此诗,《文苑英华》两出,卷156题作"新林浦阻风寄友人",卷291题作"金陵阻风雪书怀寄杨江宁"。虽作两题,其实是同一首诗。除后者较前者多出"使索金陵书,又叨贤宰知,弦歌止过客,惠化闻京师"四句,其余只小有差异,如"徘徊益相思"作"洄沿颇淹迟","圆景"作"团景","绿池"作"渌池","昨日北湖梅,开花已满枝"作"昨日北湖花,初开未满枝","今朝东门柳,夹道拂青丝"作"今看白门柳,夹道垂青丝","明发新林浦"作"明发板桥浦"。以此,后之编李白集者将《金陵阻风雪书怀寄杨江宁》删去,存《新林浦阻风寄友人》一首(宋蜀本、今通行的王琦本即是如此)。但是,如此取舍却未必尽妥。

《新林浦阻风寄友人》云:"潮水定可信,天风难与期。清晨西北转,薄暮东南吹。以此难挂席,徘徊益相思。海月破圆景,菰蒋生绿池。昨日北湖梅,开花已满枝。今朝东门柳,夹道拂青丝。岁物忽如此,我来复几时。纷纷江上雪,草草客中悲。明发新林浦,空吟谢朓诗。"题目中的"新林浦""阻风"都有,但却没有"寄",也没有"友人",又多出题目中没有的"雪"。这与唐人作诗"于题目不轻下一字,亦不轻漏一字"的习惯不合。

《金陵阻风雪书怀寄杨江宁》,前五句与前诗同,加上"纷纷江上雪,"便是题中的"阻风雪",而"徘徊益相思"作"洄沿颇淹迟",则更突出强调了"阻",因"阻"才有"寄"。"使索金陵书,又叨贤宰知"这便是"寄","宰"便是江宁令"杨江宁"。"弦歌止过客,惠化闻京师"是宰之贤。"海月破团景,菰蒋生渌池。昨日北湖花,初开未满枝。今看白门柳,夹道垂青丝。""明发板桥浦,空吟谢朓诗"便是"书怀"。北湖、白门,其地皆在金陵。北湖即玄武湖,《太平御览》卷66:"徐爰《释问》曰:玄武湖本桑泊,晋元帝太兴元年创为湖。"白门,胡三省注《资治通鉴》卷144《齐纪》:"白门,建康城西也。西方色白,故以为称。"于此,"金陵阻风雪书怀寄杨江宁"全在诗中,诗于题目不漏一字。

《新林浦阻风寄友人》与《金陵阻风雪书怀寄杨江宁》相比较,似应取后者而舍前者。

《东武吟》《还山留别金门知己》《出金门后书怀留别翰林诸公》

《东武吟》见于《文苑英华》卷201，《出金门后书怀留别翰林诸公》见于《文苑英华》卷286。两首诗，除个别文字有异，诗句、内容是一致的，实为一诗两题。今传《李太白全集》（王琦注本）也是一诗两题并存，只是一作《东武吟》，一作《还山留别金门知己》。《还山留别金门知已》题下注云："一本作《出金门后书怀留别翰林诸公》"。王琦于《还山留别金门知己》诗末注云："此篇即五卷之《东武吟》也，字句互有同异。"

《东武吟》，《乐府诗集·相和歌辞·楚调曲》载此诗，并云："《古今乐录》曰：'王僧虔《技录》有《东武吟行》，今不歌。'《乐府解题》曰：'鲍照云"主人且勿喧"，沈约云"天德深且旷"，伤时移事异，荣华徂谢也。'左思《齐都赋》注云：'《东武》《太山》，皆齐之土风，弦歌讴吟之曲名也。'《通典》曰：'汉有东武郡，今高密、诸城县是也。'"以此可知，《东武吟》是有一定内容和一定地域的"伤时移事异，荣华徂谢"的"齐之土风"。李白借"东武吟"的乐府旧题，抒写的也正是"伤时移事异，荣华徂谢"的情怀、感慨，正如詹锳先生《李白全集校注汇释集评》所说，李白"仍倚鲍照、沈约本题'伤时移事异，荣华徂谢'之意，抒其被放去朝之情"，而且还要在诗中明言"闲作东武吟"，以突出其用意。以此看来，《东武吟》这个题目是符合李白本意的。但是，李白为什么要用"齐之土风"的《东武吟》以"伤时移事异，荣华徂谢"呢？这应该与他被逐出京后的去向有关。自黄锡珪《李太白年谱》以来的诸年谱、年表，皆以为李白应诏入京前已移家东鲁，而去朝后之"还山"也正是还东鲁，所以他以"齐之土风"《东武吟》"伤时移事异，荣华徂谢"，"抒其被放逐去朝之情"，就像他将离开东鲁"留别东鲁诸公"而以"梦游天姥"为题一样。这也说明了《东武吟》这个题目是符合李白本意的。

但是，通览李白这首诗，也有《东武吟》这个乐府旧题不能完全包容的内容。首先，鲍照《代东武吟》、沈约《东武吟行》写得都比较概括，不在一时一事，尤其是沈约，仅仅写"天德深且旷，人世贱而浮。东枝才拂景，西壑已停辀。逝辞金门宠，去饮玉池流。霄辔一永矣，俗累从此休"。而李白却借《东武

吟》大加发挥,将待诏金门和被逐金门书写得具体而形象,以尽情挥洒"被放去朝"的不满之情。再者,鲍照、沈约的诗,都没有"伤时移事异,荣华徂谢"倾诉的具体对象,而李白的诗却明明白白地写道"曲尽情未终,以此谢知己",是有具体的倾诉对象的。

既然李白这首诗有这两方面是《东武吟》这个乐府旧题的内容不曾有的,尤其是具体的倾诉对象这一点,旧题乐府、李白的乐府诗,大多没有具体的倾诉对象,即使有倾诉对象,也多是托借或模糊的概念性的,如"君不见"的"君","公无渡河苦渡之"的"公","美人如花隔云端"的"美人"等。因此,或许可以说李白的这首诗单单以《东武吟》为题似乎也并不完全稳妥,倒与《出金门后书怀留别翰林诸公》的"出金门后书怀留别"相合。只是题中留别的对象是"翰林诸公",而诗中是"知己"。"知己"是个体或是极小数量的人,"诸公"是群体。虽然"诸公"中也有可能和可以有"知己",但诗歌中还写道"一朝去金马,飘落成飞蓬,宾友日疏散,玉樽亦已空","宾友"中并不能排除"翰林诸公",于是"宾友日疏散"就成信口之辞。恐怕李白不会不把握好分寸,犯如此之忌。而这首诗的另一题目《还山留别金门知己》却与此不悖。"闲作东武吟,曲尽情未终。书此谢知己,吾寻黄绮翁","还山"("吾寻黄绮翁")、"书怀"("作东武吟""情未终")、"留别"("谢")、"知己"全有了。

既然《东武吟》一题不能包括诗的全部内容,但却符合李白的本意;《出金门后书怀留别翰林诸公》一题与诗不完全相合;而《还山留别金门知己》又能容《东武吟》这一乐府旧题所未有,且题与诗又完全相应,因此,可以认为,《东武吟还山留别金门知己》才是李白这首诗完整的题目。这种结构形式的题目,在李白诗中并不少见,诸如《白云歌送刘十六归山》《西岳云台歌送丹丘子》《鸣皋歌奉饯从翁清归五崖山居》《峨眉山月歌送蜀僧晏入京》《梦游天姥吟留别》等皆是。其"白云歌""西岳云台歌""鸣皋歌""峨眉山月歌""梦游天姥吟"虽然都不是乐府旧题,但都是"借其山借其地"挥洒胸臆。"东武吟",李白也正是借题发挥,其实质是一致的。但是,为什么会出现这样一诗两题甚至三题的现象呢?这或许是李白诗在流传过程中形成的。在流传过程中,因《东武吟》是乐府旧题,又便于记,于是将"东武吟"截开,久而久之便分为两题。又或者与后世李白诗的编修者有关。李白诗的编排,乐府诗是单独的一类,兼之流传中已分为两题,于是两采之,既编入"乐府"一类,又编入"古近体诗"(或"歌诗·别")一类。而《出金门后书怀留别翰林诸公》,则可能是流传过程中的妄加妄改。当然,这些都只是一种揣测。不过这并不重要,重要的是题目与诗的完整性和一致性,就像清人吴齐贤所说的"唐人作诗,于题目不轻下一字,亦不轻漏一字"那样,题中有的诗中则无不有,诗中有的,题中也应无所遗漏,《东武吟还山留别金门知己》可当此。

《陪侍郎叔华登楼歌》集作《宣州谢朓楼饯别校书叔云》

《文苑英华》卷343李白《陪侍郎叔华登楼歌》题下注"集作宣州谢朓楼饯别校书叔云"。此诗,詹锳先生《李白诗文系年》说:"宣州谢朓楼饯别校书叔云(一作陪侍郎叔华登楼歌),此诗《文苑英华》题作陪侍郎叔华登楼歌,当以一作为是。"后又以《李白〈宣州谢朓楼饯别校书叔云〉应是〈陪侍郎叔华登楼歌〉》(《文学评论》1983年第2期)专文辩释。此说为瞿蜕园朱金城《李白集校注》、安旗薛天纬《李白年谱》、安旗《李白全集编年注释》等所接受,也有文学史本径以"陪侍郎叔华登楼歌"为题者,如郭预衡主编的《中国古代文学史》、袁行霈主编的《中国文学史》。对此,我们曾撰文辩及,认为仍当以"宣州谢朓楼饯别校书叔云"为题(《李白〈宣州谢朓楼饯别校书叔云〉题目辨识》)。今因专题探讨《文苑英华》之李白诗题目异文,故且陈其大略。

《宣州谢朓楼饯别校书叔云》有三个要素:"谢朓楼""饯别"和饯别的对象"校书叔云"。这三个要素在诗中都有相对应的。"弃我去者昨日之日不可留,乱我心者今日之日多烦忧",诗歌一开篇虽然是一腔愤懑,大抒其人生感慨,但其实又很巧妙地落到了"饯别"的题意上。因为他的这番话是对着李云说的,说"昨日"是想留而留不住,"不可留",这就意味着诗人"昨日"与李云的情谊是值得留恋的;而"今日"是"饯别"李云的日子,又是"多烦忧","多烦忧"是饯别李云的心情。这正如《唐宋诗词探胜》所说,"两句似与题目无涉,其实是借诗人此日之不称意,而暗点往昔情谊之可眷恋"。李白的许多饯别、送人之作,都是既抒愤又道别情,如《对雪奉饯任城六父秩满归京》《送鲁郡刘长史迁弘农长史》《送蔡山人》《送赵判官赴黔府中丞叔

幕》等，皆如同《宣州谢朓楼饯别校书叔云》之"弃我去者不可留，乱我心者多烦忧"的发端（详见《李白〈宣州谢朓楼饯别校书叔云〉诗题辨识》）。

《宣州谢朓楼饯别校书叔云》接着写道，"长风万里送秋雁，对此可以酣高楼"。承接诗歌开头暗点"饯别"的题意，以"长风万里送秋雁"一句即席所见之景，"送"连同"对此可以酣高楼"，将高楼饯别的题意明白揭出。然后以"蓬莱文章建安骨"之蓬莱这一汉时"学者称为老氏藏室，道家蓬莱山"（范晔《后汉书·窦章传》）点出李云校书郎的身份，夸李云的文章有"建安风骨"，以"中间小谢又清发"既自比为"小谢"（谢朓），又点出饯别之地"谢朓楼"，再以"俱怀逸兴壮思飞"之"俱"双贯主客，用"逸兴壮思飞"写其"饯别""酣高楼"酒兴之狂。诗歌至此将"谢朓楼饯别校书"的题目点尽，内容和题目完全相合。诗歌内容与题目相应，这符合"于题目不轻下一字，亦不轻漏一字"的"唐人作诗"作风。

但是，如果诗歌题目是"陪侍御叔华登楼歌"，则诗题中的"侍御"（或侍郎）在诗中无着，而诗题中的"楼"与诗中所揭示的"谢朓楼"也并非一回事。"谢朓楼"是有特定地点（宣州）和特定意义的名楼，而"楼"则是一个普通的楼，没有特定的意义。李白诗中题目标明"谢朓楼"的还有一首《秋登宣州谢朓北楼》，最后两句"谁念北楼上，临风怀谢公"，将题中"谢朓北楼"点得明明白白。而同样，若饯送之地并非特殊之所，在题目中既不标出，诗中亦不写出，如《饯校书叔云》"少年费白日，歌笑矜朱颜。不知忽已老，喜见春风还。惜别且为欢，徘徊桃李间。看花饮美酒，听鸟临青山。向晚竹林寂，无人空闭关"便是。如此说来，"陪侍御叔华登楼歌"则应该是"陪侍御叔华登宣州谢朓楼歌"才与诗文相合，但事实并非如此，可见诗歌不当以"陪侍御叔华登楼歌"为题。

以上是笔者对《文苑英华》中李白诗歌题目异文的粗浅辨析。一孔之见，倘能为李白文集的整理、研究提供一点参考，则幸莫大焉。

（原载《中国李白研究》2014年集）

李白秦中行吟叙论

说到李白的秦中行,则不能不涉及其晋京长安的问题,这在20世纪80年代是李白研究的一大热点。

对李白的晋京,研究者已探及四次,但是,目前可信的只有两次。这是学术界的共识,并且已经进入文学史教材,如郭预衡主编的《中国古代文学史》(上海古籍出版社1988年版)。只是在第一次入京具体时间的认识上略有差异。稗山先生《李白两入长安辨》[《中华文史论丛》(第二辑)1962年版]把李白第一次入京的时间定在开元二十六年夏至开元二十八年春之间。郭沫若先生《李白与杜甫》(人民文学出版社1971年版)认为李白是开元十八年春夏之交经由南阳赴长安,开元十九年五月离京泛舟黄河东下。郁贤皓先生在《李白初入长安事迹探索》(《南京师范学院学报》1978年第4期)中进而考证,认为"李白从开元十八年夏秋间入京,到开元二十年正好三年"。郁先生的这一认定,为安旗、薛天纬《李白年谱》(齐鲁书社1982年版)和郭预衡主编的高等院校文科教材《中国文学史》所从,代表了学术界的基本认同。但是,我们却认为李白第一次入京的时间是开元十九年"荷花初红柳条碧"的夏间至开元二十一年五月。其理由如下:其一,李白有《送梁公昌从信安王北征》诗,根据高适《信安王幕府》诗序、《旧唐书·玄宗纪》《册府元龟》等,知信安王李祎北征契丹在开元二十年正月,李白其时已在京城。《送梁公昌从信安王北征》诗写得意气风发,应不是求仕无着将离去的气象。据李白《梁园吟》可知其"我浮黄河去京阙"是在"五月不热疑清秋"时,而根据对《忆旧游寄谯郡元参军》诗的所叙时间考察,开元二十二年春天李白与元参军同在随州,开元二十三年又与元参军"五月相呼渡太行"同在太原游晋祠。所以,李白出京的时间只能是开元二十一年五月。其二,根据李白作于开元十八年的《上安州裴长史书》,其第一次入京最早当在开元十八年秋冬或以后,而他《豳歌行上新平长史兄粲》写道"忆昨去家此为客,荷花初红柳条碧",可见李白"此"(秦中,包括长安)为客的时间是"荷花初红柳条碧"的夏间。但《上安州裴长史书》"至移三霜焉"的表述,知其"荷花初红柳条碧"的"此为客"不可能是开元十八年的夏间,而开元二十年春正月李白已在京城送梁昌从信安王北征,因此"荷花初红柳条碧"只能是开元十九年。

这就是李白入京的时间。我们对李白第一次出入京时间的认定，在《李白首次入京时间之考索》(《南京师大学报》1985年第2期)和《李白居安陆期间事迹辨证》(《绵阳师范学院学报》2015年第3期)中有详细考察，这里只是行文至此略陈梗概。

一、李白第一次入京的秦中之行

李白第一次入京，于安陆始途，经南阳，在南阳有过短时间的逗留，其诗之谓"游子东南来，自宛适京国"(《酬坊州王司马与阎正字对雪见赠》)，其间拜谒诸葛庐是必然的，尔后作《梁甫吟》，且在诗文中多及"梁甫吟""武侯"，并以"南阳子""诸葛"自况，皆出于此，亦始于此。

李白开元十九年"荷花初红柳条碧"的夏间抵秦入京之后，在京城有过比较长一段时间的干谒、结交甚至浪迹市井的生活。"弹剑作歌奏苦声，曳裾王门不称情"(《行路难》其二)，"我欲攀龙见明主……阊阖九门不可通，以额叩关阍者怒"(《梁甫吟》)，"晚途值子玉，华发同衰荣。托意在经济，结交为弟兄"(《读诸葛武侯传书怀赠长安崔少府叔封昆季》)，"李侯忽来仪，把袂苦不早。清论既抵掌，玄谈又绝倒"(崔宗之《赠李十二》)，"风流少年时，京洛事游遨。腰间延陵剑，玉带明珠袍。我昔斗鸡徒，连延五陵豪。邀遮相组织，呵吓来煎熬"(《叙旧赠江阳宰陆调》)，"羞逐长安社中儿，赤鸡白雉赌梨栗"(《行路难》其二)，"经过燕太子，结托并州儿"(《少年行二首》其一)，"笑入胡姬酒肆中"(同前，其二)，"夜入琼楼卧"(《少年子》)等等皆是。干谒是为了求仕，结交官宦衙门甚至浪迹市井以涨声名高身价，也是为了求仕。但是这一些手段、方法都未能奏效，"大道如青天，我独不得出"(《行路难》其二)，于是企图走"终南捷径"。次年秋隐于终南山，有《玉真公主别馆苦雨赠卫尉张卿二首》，写的正是"秋坐金张馆"。或以为李白隐终南山是其首次入京的当年。[1]其实李白不可能在当年就隐居终南山，因为正如他《上安州裴长史书》中所说的"西入秦海，一观国风""何王公大人之门不

---

[1] 郁贤皓《李白初入长安事迹探索》(《南京师范学院学报》1978年第4期)，安旗、薛天纬《李白年谱》(齐鲁书社1982年版)，安旗、阎琦《李白诗集导读》(巴蜀书社1998年版)。

可以弹长剑乎",到京城长安是求仕博取功名的,李白此前在京城并无名声,如果一到京城便去隐居起来,只会更是寂寂无闻,不会引起朝廷、官府的注意,达不到目的。只有在京城有了一定的知名度,再去隐居,才可能有收获。另外,从他及与他交游者的诗中也可以见出入京当年的秋天他并不在终南山,如《答长安崔少府叔封游终南山翠微寺太宗皇帝金沙泉见寄》,诗中所写崔少府所历之"地古寒云深""践苔朝霜滑",显然是秋冬时节,从《读诸葛武侯传书怀赠长安崔少府叔封昆季》之"余亦草间人,颇怀拯物情。晚途值子玉,华发同衰荣。托意在经济,结交为兄弟"可知李白与崔少府结交是在他第一次入京的当年,则开元十九年,李白不在终南山"秋坐金张馆"。而李白与崔宗之的酬赠诗则更能说明问题。崔宗之《赠李十二》说"凉秋八九月,白露空园亭……李侯忽来仪,把袂苦不早",李白的酬诗《酬崔五郎中》是"朔云横高天,万里起秋色"。郎中之职,据《旧唐书·职官志》乃尚书都省官员,则崔、李赠酬时李在京城无疑,而"把袂苦不早"恨相见之晚,其"李侯忽来仪"也就不会是李白进京之后直到次年秋天才见崔宗之,因而李、崔相见当是李白入京的当年(开元十九年),其时为"凉秋八九月"。于此可见李白《玉真公主别馆苦雨赠卫尉张卿二首》不作于李白进京的当年,而是次年(开元二十年),也即是李白隐终南山是其入京的次年(开元二十年)秋天。

詹锳先生《李白全集校注汇释集评》(1306~1308页)引《金石续编》卷8录天宝二载蔡玮撰《玉真公主朝谒谯郡真源宫受道王屋山仙人台灵坛祥应记》之"公主以天宝之前岁(按,即开元二十九年)孟夏月,佩参灵之印,混疑(按当为凝)始之心,临目存真,斯焉攸处。若然者七日,而所居精室卿云覆之,有二青衣玉童自云来拜,因而动承指使,常在左右也",谓"由此可知,开元二十九年夏以前,终南山宗圣观内并无玉真公主别馆","玉真公主于开元二十九年夏始在宗圣观立别馆,知此诗只能作于本年秋或以后某年秋。太白天宝元年入京,可能未被立即召见,在京逗留期间,结识张垍,请其援引"。但是,李白天宝元年是应诏入京的,没有必要去终南山隐居;即便是唐玄宗没有立即召见,但李白应该明白,既是应诏入京,召见是迟早的事,不必再去隐居或请求援引;诗中所写之"苦",也不可能是应诏入京时的景况;而假如是应诏入京,他也不会以"丹徒布衣"自比;并且,詹锳先生所引《金石续编》之录蔡玮文"所居精室卿

云覆之"云云,并不能说明开元二十九年以前玉真公主没有"所居精室",而且其文也只是记"灵坛祥应",此前玉真公主在"所居精室"并无"祥应"之事如"卿云覆之,有二青衣玉童自云来拜"等等,自然也就不在"记"中了。

《玉真公主别馆苦雨赠卫尉张卿二首》谓"弹剑谢公子,无鱼良可哀",可见李白在玉真公主别馆只是寓居。李白寓居玉真公主别馆,原本是欲拜见玉真公主,但从他《玉真仙人词》所写玉真公主"弄电不辍手,行云本无踪"看,可能并未如愿,于是后来便移往终南山松龙隐居。其后有《春归终南山松龙旧隐》一诗,可知在终南山隐居是松龙其地。

隐居当然是走"终南捷径",但是隐居也没有奏效,而且隐居的清苦寂寞如《玉真公主别馆苦雨赠卫尉张卿二首》所描绘"翳翳昏垫苦,沉沉忧恨催,清秋何以慰,白酒盈吾杯""饥从漂母食,闲缀羽陵简。园家逢秋蔬,藜藿不满眼。蟏蛸结思幽,蟋蟀伤褊浅。厨灶无青烟,刀机生绿藓",对青年的李白来说,也是难耐的。于是,李白当年(开元二十年)暮秋便出游邠、坊、岐,想得到地方官员的援引或地方衙门的接纳。先到邠州,可能是出于邠州长史李粲是其族兄的考虑。《豳歌行上新平长史兄粲》所写"胡霜萧飒绕客衣"正是其游邠州的季节,而说"何惜余光及棣华",明显是希望李粲能伸援手。

《豳歌行上新平长史兄粲》,以及《登新平楼》《赠新平少年》,或以为题中"新平"乃天宝元年邠州之更为新平郡而系之天宝年间。但是,正如王琦注《上安州裴长史书》之"广汉"所说,"太白,巴西郡人,唐之巴西郡,即汉之广汉郡,取旧名以代时称,唐人多有此习"。因而以"新平"称邠州,不足为系此诗于天宝年间之据。以《豳歌行上新平长史兄粲》所写"寒灰寂寞凭谁暖,落叶飘扬何处归"的凄凉和"何惜余光及棣华"的企盼,以及《赠新平少年》中韩信的"一遭龙颜君,啸咤从此兴"与"而我竟何为,寒苦坐相仍,长风入短袂,内手如怀冰,故友不相恤,新交宁见矜,摧残槛中虎,羁绁韝上鹰,何时腾风云,搏击伸所能"不遭龙颜遭际对比的悲壮之吟,非第一次入长安莫属。至于李从军先生《李白考异录·关于〈李白三入长安质疑〉的质疑》所说的"诗的前两句:'前荣后枯相翻覆,何惜余光及棣华'是李白自咏待诏翰林的'前荣'和现在流落的'后枯'",以此作为李白三入长安的作品,乃是对诗作的误解。《豳歌行上新平长史兄粲》并没有待诏翰林的影子,只写道"忆昨去家此为客,荷花初红柳条碧,中宵出饮三百杯,明朝归揖二千石",但这并不是待诏翰林的生活。待诏翰林的李白是"王公大人借颜色,金章紫绶来相趋"(《驾去温泉宫后赠杨山人》)、"谒帝称觞登御筵"(《玉壶吟》)、"入侍瑶池宴,出陪玉辇行"(《秋夜独坐怀故山》)、"五侯七贵同杯酒"(《流夜郎赠辛判官》),远不止"中宵出饮三百杯,明朝归揖二千石"。这"中宵出饮三百杯,明朝归揖二千石",就是"此为客"(即第一次秦中之行求仕长安)之初的情形,就是"前荣";"寒灰寂寞凭谁暖,落叶飘扬何处归"的"后枯",也只能是指"此为客"这一次后来"变光辉"的情形。而武承权先生《李白弱冠自蜀入京洛求仕漫游考析》(《中国李白研究》2012年集)将《豳歌行上新平长史兄粲》系于开元十三年以前作为李白开元九年入京的主要证据之一,乃因既泥于"豳州""邠州""新平"地名更改之称,也疏于对李白《上安州裴长史书》倒叙生平之年份先后的排比,同时也未能详察苏颋对李白赞赏的限度。从《上安州裴长史书》"曩昔东游维扬,不逾一年……又昔与蜀中友人吴指南同游于楚……又昔与逸人东严子隐于岷山之阳……又前礼部尚书苏公出为益州长史,白于路中投刺"的行文,可以明显见得李白是投刺苏颋在前,隐于岷山之阳在后;而苏颋之谓"此子天才英丽,下笔不休,虽风力未成,且见专车之骨,若广之以学,可以相如比肩",说的是"风力未成",尚须"广之以学",还未能比肩相如。李白尚是这样的自身条件,又是"燕许大手笔"之一的苏公如此评价,他不应该也不会急急忙忙跑到京城去求仕。只是在他受到苏颋激励,"与东严子隐于岷山之阳,白巢居数年,不迹城市"的隐读之后,风力已成,学之已广,才以为"士生则桑弧蓬矢,射乎四方,故知大丈夫必有四方之志,乃仗剑去国,辞亲远游"。武文不察于此,所以才有"20岁李白才学已经得到当朝闻名的'燕许大手笔'之一苏公的赏识,又得到海内名家李邕的赞许……那么蜀中谁还能再当李白的老师,在岷山隐居数年进行传授教学?……所以笔者认为隐居在前,会见苏公在后才是合情合理的。正是开元八年朝中两名高官在蜀中接连不断地赞美李白之才,这样激发了其求仕的欲望,所以李白自蜀入京洛的时间宜在第二年的开元九年"的认识。这个认识是失当的。

在邠州,李白企求援引或接纳不成,这年(开元二十年)冬便游向坊州。在坊州,希望坊州王司马和曾经做过太子正字的阎某"假我青云翼",表示"风水

如见资，投竿佐皇极"（《酬坊州王司马与阎正字对雪见赠》），但也无所成。于是次年（开元二十一年）春便返程终南山。在返程途中取道岐州，访古凤台，作《凤台曲》《凤凰曲》，而后游姜太公垂钓遇文王的磻溪，以《梁甫吟》大抒了一番自己的不遇之情。

《梁甫吟》一诗，或以为是李白供奉翰林被逐后之作。[1]其实，这首诗之作年，正如瞿蜕园、朱金城《李白集校注》（上海古籍出版社1980年版218页）所言："此诗以太公、郦生为喻，皆是未遇时之口吻。若已被召入京，即使遭谗被放，亦与未遇者不同。'我欲攀龙见明主……以额叩关阍者怒'，疾权相之蔽贤也。"亦如安旗先生进而之论："瞿、朱所言是也。此期所作诸诗……均有鲜明特点，即虽悲不遇，然犹寄希望于将来，故每于慷慨欷歔之际，尚有自慰自解自励之辞。……本篇亦有此特点，既则曰：'大贤虎变愚不测，当年颇似寻常人。'再则曰：'狂客落魄尚如此，何况壮士当群雄。'终则曰：'张公两龙剑，神物合有时。风云感会起屠钓，大人岘屼当安之。'所以如此，盖时代使然。开元之世，政治毕竟尚属清明，白亦正值盛年，入长安虽受挫折，然仅以为时机未至，犹冀风云感会，大展宏图。故每于诗中作此等语。天宝年间诸作不复如此。"（《李白全集编年注释》）此论甚是。但将此诗系于出京行洛阳时的开元十九年，似未为尽善。安旗先生似乎回避了"八十西来钓渭滨"这一"来"字，这一"来"字，虽然写的是太公吕尚"八十西来"，但却也表明李白其时的立足点在太公垂钓的渭滨，否则着这一"来"字便没有道理。李白的乐府，如《李诗通》所言"连类引义，尤多讽兴"，最擅"触类圆览"。因亲临太公垂钓处，有感于太公、文王之遇而大抒自己颠沛流寓、历经辛酸苦楚不遇时的慷慨不平之气。假如他是出京离开秦地后直到洛阳才大抒这种感慨，则"连类引义""触类圆览"之"类"便不在其时了，也即是说他的感慨抒发没有了触发点。他临渭滨不抒，为什么要离去之后直到洛阳才抒呢？而且，立足点在洛阳，也就不成其"西来钓渭滨"了。

李白在岐州磻溪短暂游览后，即回到终南山松龙旧隐处，其《春归终南山松

---

[1] 王运熙、杨明《关于李白〈蜀道难〉〈将进酒〉〈梁甫吟〉〈远别离〉的写作年代》（《李白研究论丛》1987年），詹锳《李白〈梁甫吟〉解》（《李白学刊》第二辑），葛景春《李白思想艺术探骊》（中州古籍出版社1991年版）。

龙旧隐》即记其事。但是不久便又下终南山，《下终南山过斛斯山人宿置酒》之"苍苍横翠薇""绿竹""青萝"景象，与春归终南山时令前后相接，亦与其后取道华州《春日游罗敷潭》之"春"吻合。而后在京城短暂逗留盘桓。但是此时的李白去意已决，其《赠薛校书》"我有吴越曲，无人知此音。姑苏成蔓草，麋鹿空悲吟。未夸观涛作，空郁钓鳌心。举手谢东海，虚行归旧林"即是这种心境。

《赠薛校书》一诗，或以为天宝二三载作[1]，或恐有误。"我有吴越曲，无人知此音""未夸观涛作，空郁钓鳌心"，可见当时李白还不曾受诏。若是受诏，则不当谓"无人知此音"。李白第一次求仕长安的秦中之行，在京城在地方遍行干谒求援引，却毫无结果，这才是"无知音"。他天宝元年应诏入侍翰林，虽被放还，但却毕竟有翰林供奉的名头，毕竟有"长安宫阙九天上，此地曾经为近臣"（《单父东楼秋夜送族弟沈之秦》）"君王赐颜色，声价凌烟虹"（《还山留别金门知己》）的风光，算不得是"虚行"。第一次求仕京城的秦中之行才真是"虚行"。

出京之后，李白取道华州。在华州是否曾登华山，因无诗作传世，不得而知。但《西岳云台歌送丹丘子》写华山"三峰却立如欲摧，翠崖丹谷高掌开"的气象，应是有过亲临。以安史之乱时所写"西岳莲花山"（《古风五十九首》其十九）虽"托之游仙"（陈沆《诗比兴笺》），却也表明他曾有过华山之登。但天宝三载李白是从商山大道离京的，商山去华州路不甚遥远，而方向却不同。那么，如果李白有华山之登，就可能是第一次入京离去取道华州时。但在华州只有《春游罗敷潭》（按，王琦注："王阮亭曰：罗敷谷水在华州。"）、《赠华州王司士》两首。

华州之后，李白便"挂席"黄河离开秦地游梁园而去。《梁园吟》之"我浮黄河去京阙，挂席欲进波连山""平头奴子摇大扇，五月不热疑清秋"正记其事。

以上便是李白第一次求仕长安的秦中之行三年：开元十九年于"荷花初红柳条碧"时抵秦入京，曳裾王门、浪迹市井；次年寓居玉真公主别馆，继而隐居

---

[1] 詹锳《李白诗文系年》系之天宝三载，安旗《李白全集编年注释》编之天宝二载。

终南山之松龙，于秋冬之际出游邠、坊；开元二十一年春返程终南山途中游岐州太公钓隐之渭滨，而后归终南山旧隐地松龙，不久便下终南经长安取道华州"挂席"黄河，结束了他第一次入京的秦中之行。

二、李白应诏入京的秦中之行

李白应诏晋京，是他的第二次秦中之行。李白应诏晋京，王琦考订为天宝元年（742）。不过正如詹锳先生所说，"王氏系白入京事于天宝元年实无确据"，因系于天宝二载（《李白诗文系年》）。李白自己说"天宝初，五府交辟，不求闻达，亦由子真谷口，名动京师。上皇闻而悦之，召入禁掖"，也只是"天宝初"，未明言"初"之何年，只是学术界皆从王琦之说，就连詹锳先生也在《李白全集校注汇释集评》"前言"中改为"天宝元年……他入京之后，得到唐玄宗的接见，作了翰林学士"。

李白《南陵别儿童入京》谓"白酒新熟山中归，黄鸡啄黍秋正肥"，可见李白应诏入京是在天宝元年秋天于南陵启程的。"南陵"一地，薛仲邕、王琦、黄锡珪诸年谱及注文等皆未指所属，唯詹锳先生《李白诗文系年》谓"唐属宣州宣城郡"。后复旦大学编《李白诗选》承此说，说南陵"今安徽南陵县"。但葛景春、刘崇德却提出天宝初李白并未寄家宣州南陵，天宝年间他的子女一直没离开过东鲁（《李白由东鲁入京考》，《河北大学学报》1983年第1期）。詹锳先生亦修正原说，谓此诗与《酬张卿夜宿南陵见赠》之南陵俱不在宣州，而在东鲁（《谈李白〈南陵别儿童入京〉》，《文史知识》1987年第12期）。安旗先生亦谓"南陵，曲阜地名"，"曲阜县西南有陵城村，人称南陵"（《李白全集编年注释》《李太白别传》）。笔者认为，无论东鲁有无"南陵"其地，但有一个现象却是值得注意的，那就是李白被放还山"别知己"时吟唱的是有一定内容和一定地域的"伤时移事，荣华徂谢"的"齐之士风"的《东武吟》，而且出京之后是直奔齐鲁而去，直到天宝五载秋才可能有宣州之行（见前《李白〈宣州谢朓楼饯别校书叔云〉诗题辨识》）。这样，李白"仰天大笑出门去"之后离家至少有五年的时间。长达五年之久，李白不管家，也不看望自己的儿女，这是颇不合情理的。李白对自己的一双儿女是极爱的——"二子鲁门东，别来已经年。因君此中去，不觉泪如泉"（《送杨燕之东鲁》），"我家寄东鲁，谁种龟阴田……娇女字平阳,折花倚桃边。折花不见我,泪下如流泉。小儿名伯禽,与姊亦齐肩。双行桃树下,抚背复谁怜?念此失次第,肝肠日忧煎"(《寄东鲁二稚子》),"我家寄在沙丘旁,三年不归空断肠。君行既识伯禽子,应驾小车骑白羊"(《送萧三十一之鲁中兼问稚子伯禽》)。既然这样,李白怎么可能会出京后直奔齐鲁而竟五六年不探家不看望自己的儿女呢?这一现象,应该可以说明李白应诏入京前就已经移家东鲁了。或者正是因为这一现象的不可圆通,才有论者对《南陵别儿童入京》及应诏入京前的一段生活另作考证而推断:"其在妻亡后,离开安陆,先安家南陵,并于开元二十六年秋准备离家赴京。此事未果,又于北上活动中,得鲁中友人之邀,再携家至东鲁。居鲁二年才受诏入京。其居南陵约一年余。因题目并没有奉诏之意,且诗意表明他对于入京后前景并不乐观,以苏秦落魄而自况,故本诗应与天宝元载奉诏入京事无关"(查屏球《李白与五松山关系三考》,《中国李白研究》2014年集)。说《南陵别儿童入京》与奉诏入京事无关,似有点强为之说。如果说诗中用有苏秦事,那可能就是"游说万乘",但"游说万乘苦不早"是恨自己不在更早的时候游说皇帝而被皇帝召见,说的是现在被召见了。这与苏秦的落魄并无关系。而朱买臣也是因为受到了汉武帝的赏识被用为会稽太守。这都是在说自己现在也正是如此,受到了皇帝的赏识,皇帝要召见了。所以他才有"仰天大笑"的狂喜,也才敢说"我辈岂是蓬蒿人"的狂话。观他第一次欲入京求仕,虽然自以为怀抱利器,但毕竟是自己去求,所以只敢说"何王公大人之门不可以弹长剑乎?"要"西入秦海,一观国风",不敢出"我辈岂是蓬蒿人"一类的狂言狂语。而现在则不同于上一次了,所以才底气十足。因此,说《南陵别儿童入京》一诗与奉诏入京事无关,似乎不太说得过去。

李白"著鞭跨马"赶到京城后,唐玄宗让他做了翰林供奉(即翰林学士)。不久,拜见了当时的大名士"四明狂客"太子宾客贺知章。或以为李白抵京后受到唐玄宗的召见是因为贺知章"言于玄宗""复荐之于朝"(安旗、薛天纬《李白年谱》)。其实,李白不必有贺知章的"言"与"荐"。因为李白的这次晋京完全不同于上一次,他应该是得到了玄宗的诏书或是朝廷文书的,他进京之后只需有关方面奏请唐玄宗召见。贺知章"言于玄宗""复荐之于朝"不必有,而李白以《蜀道难》见赏于贺公倒实有其事。我们在《〈蜀道难新探〉志疑》(《绵阳师专学报》1982年第1期)中有较详细的考察,其结论是:李白因《蜀道难》

见赏于贺公一事应该是可靠的,《蜀道难》应是李白天宝元年入京不久之成,或者是此前写成,入京之后如《唐摭言》所说"以所业贽谒贺知章"。

李白入朝之初,唐玄宗是非常礼遇的。本来,待诏翰林就是一种特别的礼遇。据《新唐书·百官志》:"玄宗初置翰林待诏……掌四方表疏批答应和文章,既而又以中书务剧,文书多壅滞,乃选文学之士,号翰林供奉,与集贤院学士分掌制诏书敕。开元二十六年又改翰林供奉为学士,别置学士院,专掌内命。凡拜免将相,号令征伐,皆用白麻。其后,选用益重,而礼遇益亲,至号为内相,又以为天子私人。凡充其职者,无定员,自诸曹尚书下至校书郎皆得与选。入院一岁则迁知制诰,未知制诰者不作文书。班次各以其官内,宴则居宰相之下一品之上。"李白天宝元年应诏入京为翰林学士,正处于"选用益重而礼遇益亲"的"专掌内命""号为内相""天子私人"这样既荣耀亦重要且高的地位。不仅如此,唐玄宗还向他"问以国政"(李《序》)"论当世务"(范《碑》)。可见唐玄宗对他的优礼之厚、信任之重。以此,出则随驾,入则侍宴,王侯权贵争相趋奉,"幸陪銮辇出鸿都,身骑飞龙天马驹。王公大人借颜色,金章紫绶来相趋"(《驾去温泉宫后赠杨山人》),"待诏奉明主,抽毫颂清风。……快意且为乐,列筵坐群公"(《效古二首》其一),"入侍瑶池宴,出陪玉辇行"(《秋夜独坐怀故山》),"朝天数换飞龙马,敕赐珊瑚白玉鞭"(《玉壶吟》),"君王赐颜色,声价凌烟虹。乘舆拥翠盖,扈从金城东。宝马丽绝景,锦衣入新丰"(《东武吟》),"长安宫阙九天上,此地曾经为近臣"(《单父东楼秋夜送族弟沈之秦》),"昔在长安醉花柳,五侯七贵同杯酒。气岸遥凌豪士前,风流肯落他人后?……文章献纳麒麟殿,歌舞淹留玳瑁筵"(《流夜郎赠辛判官》)。或者正是因为玄宗的宠信和李白的得意,兼之李白嗜酒仗气、恃才傲物的个性,从而为朝中宵小所嫉,遭谗受毁。其诗中多有遭谗受毁之情的抒写——"青蝇易相点,《白雪》难同调。本是疏散人,屡贻褊促诮"(《翰林读书言怀呈集贤诸学士》),"君王虽爱蛾眉好,无奈宫中妒杀人"(《玉壶吟》),"众女妒蛾眉,双花竞春芳。魏姝信郑袖,掩袂对怀王。一惑巧言子,朱颜成死伤"(《惧谗》),"楚国青蝇何太多,连城白璧遭谗毁"(《鞠歌行》)。在谗毁中,李白也日感唐玄宗的疏远:"君子恩已毕,贱妾将何为?"(《古风五十九首》其四十四)"宋玉事楚王,立身本高洁……一感登徒言，恩情遂中绝。"（《感遇》其四）"昔日芙蓉花，今成断根草。"（《妾薄命》）并且深感将大难临头。他以《善哉行》古辞的"来日大难"为题作《来日大难》（按，王琦注："《来日大难》即古辞《善哉行》也，盖摘句以命题耳。"），可见其惶恐畏惧之情。于是乃"浪迹纵酒，以自昏秽"（李《序》），"既而上疏请还山"，唐玄宗也"或虑出入省中，不能不言温室树，恐掇后患，惜而遂之"（范《碑》），于是"赐金归之"（李《序》），算是体体面面地将李白逐出了朝廷。李白本是"仰天大笑出门去"应诏而晋京，却不料是这样的结果，悲愤难抑，挥涕而去："挥泪且复去，恻怆何时平！"（《古风五十九首》其二十二）

李白"请还旧山"大约是在天宝三载正月送贺知章归越之后不久，三月即去朝出京。据《旧唐书·玄宗纪》，天宝三载正月"庚子，遣左右相已下祖别贺知章于长乐坡，上赋诗赠之"。其时，李白有《送贺监归四明应制》《送贺宾客归越》。又有《月下独酌》（其三）："三月咸阳城，千花昼如锦。谁能春独愁，对此径须饮。穷通与修短，造化夙所禀。一樽齐死生，万事固难审。醉后失天地，兀然就孤枕。不知有吾身，此乐最为甚。"观诗中情绪，显系被逐去朝之后所有。

出京之后，李白在秦中有短途的行游。其《初出金门寻王侍御不遇咏壁上鹦鹉》诗写道："落羽辞金殿，孤鸣托绣衣。能言终见弃，还向陇西飞。"又有《别韦少府》诗："西出苍龙门，南登白鹿原。欲寻商山皓，犹恋汉皇恩。"又有《答杜秀才五松山见赠》诗："昔献长杨赋，天开云雨欢。当时待诏承明里，皆道扬雄才可观。……角巾东出商山道，采秀行歌咏芝草。"原来李白出京后本打算"向陇西飞"，但是经咸阳西去登太白峰后却又改变了主意。《登太白峰》写道："西上太白峰，夕阳穷登攀。太白与我语，为我开天关。愿乘泠风去，直出浮云间。举手可近月，前行若无山。一别武功去，何时复更还？""西上太白峰"，表明诗人是从长安而来。"一别武功去"，是别太白山后而南去武功山（按，《水经注·渭水》："太白山在武功县南，去长安二百里……杜彦达曰：太白山南连武功山。"则太白山在武功县与武功山之间，北邻武功县，南连武功山）。《登太白峰》一诗，安旗、詹锳先生以为乃李白第一次入京秦中行之作（《李白全集编年注释》《李白全集校注汇释集评》）。其实，这首诗应该是李白第二次秦中之行出京后西游"向陇西飞"时所作。为明于此，我们不妨将李白的另一首写登太白峰的诗（即《古风五十九首》其五）与《登太白峰》并读。

《古风五十九首》（其五）：

> 太白何苍苍，星辰上森列。
> 去天三百里，邈尔与世绝。
> 中有绿发翁，披云卧松雪。
> 不笑亦不语，冥栖在岩穴。
> 我来逢真人，长跪问宝诀。
> 粲然启玉齿，授以炼药说。
> 铭骨传其语，竦身已电灭。
> 仰望不可及，苍然五情热。
> 吾将营丹砂，永与世人别。

这首诗中所表现的求仙问道超尘出世"永与世人别"的思想，显然是被逐出朝之后的，而与《登太白峰》的"太白与我语，为我开天关。愿乘泠风去，直出浮云间"有着极大的一致性。"太白与我语"之"太白"，既不是山名，也不是星名，而是因"金星之精，坠于终南圭峰之西，因号为太白山"（《录异记》卷七《异石》）联想到了被仙化了的太白仙人，所以"太白"才能"与我语"。诗的意思是说，太白仙人对我说，他要为我打开通天之门；我愿意乘风而去天庭，出浮云而超脱尘世。因此，《登太白峰》应与"太白何苍苍"一首为同时之作。其所以一事两诗，乃因《登太白峰》一诗是写实而发挥联想抒胸中之情，但这毕竟颇受限制；"太白何苍苍"以游仙的形式驰骋想象，将仙（"绿发翁"，即"真人"）写得更具体更形象更具"仙"性，从而把"吾将营丹砂，永与世人别"的心情表现得更突出、更强烈。可以说，"太白何苍苍"一首，是借游仙对《登太白峰》的深度发挥。

李白登太白峰"一别武功去"后，即"南登白鹿原"，过商山四皓墓，出商州道东去（按，其《春陪商州裴使君游石娥溪》之"游子思故乡，明发首东路"正指明了他的去向），结束了他第二次入京的秦中之行。

三、李白两次入京的秦中之行对其创作的影响

李白两次入京的秦中之行,求仕和从政失败的打击一次比一次沉重,对他思想的冲击也一次比一次更强烈,这对他当时及其后的诗歌创作有很大的影响。

第一次以长安为中心的秦中行,他"西入秦海,一观国风",原以为功名可轻取,"何王公大人之门不可以弹长剑乎",极为自信。岂料抵京之后的情形却大非如此,不仅"曳裾王门"干谒不进"不称情",浪迹市井掀不起动静,欲拜见玉真公主而不成,隐居终南山声名不起,就连想求地方官一伸援手"何惜余光及棣华"的希望也成泡影。这时的李白才感到了"世路今太行"(《拟古》其七)求仕的艰辛、人情的凉薄,从而大呼:"行路难!行路难!"

求仕失败了,这对李白来说是一个不小的打击。但是,这也使李白增加了对世事的了解和认识,明白了一个道理:世上无知音——"钟期久已没,世上无知音。"(《月夜听卢子顺弹琴》)"青云当自致,何必求知音!"(《冬夜醉宿龙门觉起言志》)同时也更加激起了他强烈的不甘不屈之情。《拟古》(其七)一首,他明知"世路今太行",但因"人非昆山玉,安得长璀错",因而要及时建功名以传不朽,"身没期不朽,荣名在麟阁"。《长歌行》则警醒自己:"功名不早著,竹帛将何宣?"《梁甫吟》所灌注的不甘不屈精神则更为强烈:"君不见朝歌屠叟辞棘津,八十西来钓渭滨。宁羞白发照清水,逢时吐气思经纶。……君不见高阳酒徒起草中,长揖山东隆准公。……东下齐城七十二,指挥楚汉如旋蓬","张公两龙剑,神物合有时。风云感会起屠钓,大人岘屼当安之"。吕尚之遇于文王,成为显赫一时的辅弼名臣;郦食其之用于刘邦,成为楚汉相争叱咤风云的人物。这对早就有"申管晏之谈,谋帝王之术,愿为辅弼"理想的李白来说,有多强烈的吸引力!而对自己的铩羽来说,又有多强烈的刺激!在这两位历史人物身上,诗人寄寓的是明主终当出现,英才不会埋没,自己定能有所作为,所以大丈夫要安于困厄,以待时机,充溢着满腔的不甘不屈之情。同样,《古风五十九首》(其十六)"宝剑双蛟龙"一篇,他坚信"雌雄终不隔,神物会当逢"。而《行路难》(其一)则将这种感情表现为强烈的自信:"长风破浪会有时,直挂云帆济沧海!"而离开秦地之后的《梁园吟》,既"莫学夷齐事高洁",将耻食周粟隐而不出、不济于世的伯夷、叔齐否定,又将信陵君、梁

王、枚乘、司马相如一笔扫倒，"昔人豪贵信陵君，今人耕种信陵坟"，"梁王宫阙今安在，枚马先归不相待"，他们虽或功业有成，但均非济苍生者，而自己却要济苍生安社稷，坚信"东山高卧时起来，欲济苍生未应晚"。这就是李白精神——不甘不屈积极进取的入世态度！

李白第一次求仕长安失败的秦中之行还有一个重要收获，就是他性格中的傲岸精神，经过了一番挫折，在世事的磨难中得到了一次提升。一个人的性格，可以说是与生俱来的。这种与生俱来的性格，如果没有社会的锻炼，它便没有了社会的意义，不过仅仅是性格而已。就李白而言，早年蜀中的他，一首"大鹏一日同风起，抟摇直上九万里。假令风歇时下来，犹能簸却沧溟水。世人见我恒殊调，闻余大言皆冷笑。宣父犹能畏后生，丈夫未可轻年少"的《上李邕》（按，此从葛景春先生说[1]），居然"敢以敌体之礼自居"，"又非所以谒大官见长者待师儒之礼"（朱谏《李诗辨疑》），对时负书名文名的前辈李邕，虽甚傲岸，却不过是初生牛犊不怕虎的少年气盛。而出蜀之后寓居安陆期间的《代寿山答孟少府移文书》之"近者逸人李白自峨眉而来，尔其天为容，道为貌……将欲倚剑天外，挂弓扶桑，浮四海，横八荒，出宇宙之寥廓，登云天之渺茫……申管晏之谈，谋帝王之术，奋其智能，愿为辅弼，使寰区大定，海县清一。……然后与陶朱、留侯浮五湖，戏沧洲，不足为难矣"和《上安州裴长史书》之"西入秦海，一观国风"，"何王公大人之门不可以弹长剑乎"，虽然傲气十足，但却也不过是恃才而出的纸上理想之论和使性仗气之言。像《南轩松》中的"南轩有孤松，柯叶自绵幂"，也只是自赏的孤高。而在以长安为中心的秦地求仕遭受多方面打击之后，李白对社会的各个方面，包括世事、仕途、人情、官府、权门等有了具体的认识，他的傲然之气之所发之所指向则与此前大不相同了。《梁甫吟》以吕尚之遇于文王的"逢时壮气思经纶"和郦食其之用于刘邦"东下齐城七十二，指挥楚汉如旋蓬"，与"我"的"我欲攀龙见明主，雷公砰訇震天鼓，帝旁投壶多玉女。三时大笑开电光，倏烁晦冥起风雨。阊阖九门不可通，以额叩关阍者怒"相对比，指向的是权奸当道、才路不通、贤者不达于明君的现实，其以剧孟自比"吴楚弄兵无剧孟，亚夫哈尔为徒劳"的傲然之气由此而出。"君不见昔时燕家重郭隗，拥篲折节无嫌猜；剧辛乐毅感恩分，输肝剖胆效英才。昭王白骨萦蔓

---

[1] 葛景春《李白〈上李邕〉写于蜀中》（《社会科学研究》1986年第6期）。

草，谁人更扫黄金台"（《行路难》其二），发思古之幽情，指向的是今无"燕家"之帝王，"行路难，归去来"的傲然之气激荡而出。《梁园吟》将古代的所谓高隐之士伯夷、叔齐以"莫学"加以否定，又将信陵君、梁王、枚乘、司马相如扫倒，眼光何其高傲！而"府县尽为门下客，王侯皆为平交人"（《结客少年行》），直言不讳，傲视的是"府县""王侯"。意味最深的是《襄阳歌》。李白自京中铩羽而归，在襄阳拜谒颇负推贤进能之名的荆州长史韩朝宗，"君侯何惜阶前盈尺之地，不使白扬眉吐气激昂青云耶"？李白已经把话说到了这个份儿上了，可是却仍然遭拒，可见朝廷的求贤不过是装点门面的虚言，以推贤进能见称者，亦只是徒有其名。于是李白以嬉笑戏谑之语，写尽饮酒作乐、任情放浪之态，寓庄于谐，将愤懑之情、傲然之气充溢其间，正所谓"谑浪笑傲，中心是悼"。

显然，求仕失败的秦中之行当时及其后这期间，李白的傲岸已不是蜀中和初寓安陆时的使气任性恃才傲人，而是具有了比较突出的社会性。

可以说，不甘不屈之心傲岸之气，是李白第一次秦中行及其后一个时期诗歌的主要精神。

李白第二次秦中之行，是长安从政的失败。前次是自己要"西入秦海，一观国风"，"何王公大人之门不可以弹长剑乎"的大话已经说出，却又铩羽而归，虽然不甘于失败，但却已经窝了一肚子的火。而这次是唐玄宗请他去，本以为从此可以飞黄腾达大展宏图，所以极为得意地说"仰天大笑出门去，我辈岂是蓬蒿人"，岂料却遭谗受毁为唐玄宗所疏，终至被逐，兼之供奉翰林对统治集团、现实政治了解认识的加深，使他的一腔怒火发而为揭露现实、抨击时弊、傲睨权要、蔑视富贵、抗争命运的愤慨之词。其《鸣皋歌送岑征君》《鲁郡尧祠送窦明府薄华还西京》《梦游天姥吟留别》《将进酒》《答王十二寒夜独酌有怀》《宣州谢朓楼饯别校书叔云》等一系列篇章，将傲岸精神升华为桀骜不驯的抗争精神、不满于现实的叛逆精神，成为他诗歌的主旋律，标志着其诗歌思想和极具个性艺术风格的高度成熟。

我们为李白政治上的失败抱屈，我们更应该为他政治上的失败而成就其"笔落惊风雨，诗成泣鬼神"响遗千古的"诗仙"之名而鼓舞！

（原载《中国李白研究》2015年集）

《游谢氏山亭》是否李白作之疑

李白集中之《游谢氏山亭》,是颇受后世称美的一首诗。严羽称前两句"语情甚别",后四句"尔堪作绝";《唐宋诗醇》称"若非前段,不能忘情,却有春风舞云气象矣。其澄淡处,足兼韦、柳";今人詹福瑞亦认为诗之气脉从容舒缓,风格澄淡,当是李白诗中语情别致的一种。可是,这首诗是否为李白的作品却是大有可疑。笔者曾在《李白子嗣小考》《绵阳师专学报》1986年第2期)提出过疑问,但因其时探讨的主题不在此,故未加细究,今且再申前疑。

一、作年之疑

诗前四句有云:"沦老卧江海,再欢天地清。病闲久寂寞,岁物徒芬荣。""再欢天地清"是确定此诗作年的关键。朱谏认为"再欢天地清"是指"肃宗复两京也"。据两《唐书》载,两京收复是在至德二载(757)九月和十月。这就是说,朱谏可能认为此诗作于至德三载即乾元元年(758)春,"再欢天地清"为收复东京洛阳。但是,乾元元年春,李白尚在流放途中。按,薛仲邕《李翰林年谱》、王琦《李太白年谱》、黄锡珪《李太白年谱》、王伯祥《增订李太白年谱》、安旗薛天纬《李白年谱》等于李白流放起始时间大抵一致,安、薛说得更详尽,谓至德二载"十二月戊午〔十五〕日,朝廷因玄宗回长安,'赐酺五日'。时白已身为罪人,故不得参与此庆祝活动,乃作《流夜郎闻酺不预》诗,则白之流夜郎当在本月或本月以前"。如此,李白应没有"沦老卧江海""病闲久寂寞""卧""久"的可能和"花枝拂人来,山鸟向我鸣"的好情兴,何况还有"田家有美酒,落日与之倾",更不可能有"醉罢弄归月,遥欣稚子迎"的归家。而待到"万里南迁夜郎国,三年归及长风沙"(李白《江上赠窦长史》)之后,两京收复已经过去三年之久,还说"欢""天地清",便已经不是时候了。

安旗先生以"再欢天地清"指广德元年正月史朝义自缢死,安史之乱终结,将此诗作年定于广德元年(763)。

安旗先生是力主李白卒于广德元年的,其坚守的主要依据是李白《闻李太尉大举秦兵百万出征东南懦夫请缨冀申一割之用半道病还留别金陵崔侍御十九韵》

一诗。此诗,安旗先生认为:其一,"检两《唐书》《通鉴》及有关史籍,上元二年并无李光弼乃至唐官军出征东南,或在东南某地与安、史叛军余部史朝义作战之记载,难以与诗题之'李太尉大举秦兵百万出征东南'相合"。其二,"诗云:'半道谢病还,无因东南征。'又兼李白从军之路线而言也。王琦以李光弼出镇临淮为此诗之本事。临淮在今江苏盱眙北,其地虽在长安东南,然临淮唐时属河南道,仍不得谓之出征东南。而白由江南一带往投其军,路线为正北或东北,更不得言'东南征'"。其三,"诗云:'太尉杖旄钺,云骑绕彭城。三军受号令,千里肃雷霆。'彭城即徐州。据《通鉴·唐纪》代宗宝应元年:'建巳月(胡注:建巳月,四月也)',史朝义自围宋州,数月,城中食尽,将陷,刺史李岑不知何为。……李光弼至临淮……遂径趣徐州。'可知李光弼移军徐州(彭城)已在宝应。又据《通鉴·唐纪》同年:'田神功既克刘展,留连扬州未还,太子宾客尚衡与左羽林大将军殷仲卿相攻于兖、郓。闻光弼至(徐州),惮其威名,神功遽还河南,衡、仲卿相继入朝。光弼在徐州,惟军旅之事自决之……由是军中肃然。'可知李光弼整饬军旅之事,亦在宝应。倘依王琦说,白此诗作于上元二年,焉得在诗中预写次年发生之事?"(《李白全集编年注释》《李白全集编年笺注》)按安旗先生之说,既然此诗作于宝应元年(762),则李白不卒于宝应元年,广德元年(763)春正月史朝义自缢,安史之乱终结,李白游谢氏山亭时"再欢天地清"。但是,安旗先生之论似未为稳妥。我们曾就《留别金陵崔侍御十九韵》诗系年的问题对两《唐书》李光弼传、肃宗纪、代宗纪。《通鉴·唐纪》所载李光弼出镇临淮(即诗题之"出征东南")进军徐州作过详细的勘比。两《唐书》之载皆为上元二年(761)五月,时史朝义寇申光等十三州,李光弼赴徐州以镇之。而《通鉴》却载为宝应元年五月。《通鉴》之载有误。《通鉴》载,上元元年(760)十一月,刘展反于扬州,上元二年正月伏诛(两《唐书》载同),田神功克刘展后"留连扬州未还"当始于此时。但是,按《通鉴》之载(《通鉴》卷222《唐纪》38:"李光弼……五月……出镇临淮……遂径趣徐州……先是,田神功既克刘展,留连扬州未还……闻光弼至,惮其威名,神功遽还河南。"),田神功直至宝应元年五月李光弼出镇临淮"径趣徐州"惮其威名才"遽还河南",其"留连扬州未还"竟达一年又四五个月。面讨安史之乱全国举兵之形势,田神功留连扬州按兵不动达如许之久,朝廷竟无任

何措施，实不可思议；据《新唐书·李光弼传》所载，田神功平刘展后仅在扬州留连四五个月（上元二年正月至上元二年五月），朝廷尚且患之（《旧唐书·李光弼传》："田神功平刘展后逗留于扬府……朝廷患之。"），而以《通鉴》所载留连竟达一年又四五个月（上元二年正月至宝应元年五月），朝廷又当患之如何！并且，如《通鉴》所载，上元二年五月，"以李光弼为河南副元帅、太尉兼侍中，都统河南、淮南东西、山南东、荆南、江南西、浙江东西八道行营节度，出镇临淮"，八月"赴河南行营"，其时，田神功早已平刘展，且亦正属李光弼统制范围，田神功惮弼威名"遽还河南"正应该在此时，何以竟要在一年又四五个月后才如此？由此可见《通鉴》所载李光弼出镇临淮与史朝义寇申光等十三州围宋州之战赴徐州以镇之诸事之误。

李光弼上元二年五月出镇临淮进军徐州最直接最有力的证明是颜真卿《唐故开府仪同三司太尉兼侍中河南副元帅都知河南淮南淮西荆南山南东道五节度行营事东都留守上柱国赠太保临淮武穆王李公神道碑铭》。碑文云：（上元）"二年……夏五月十有一日复拜太尉兼侍中，充河南副元帅，都知河南、淮南、淮西、山南东、荆南五道节度行营事，出镇临淮。时史朝义乘邙山之捷围逼申光等十三州，自领精骑围李岑于宋州……遂趋保徐州。"以此可见，《留别金陵崔侍御十九韵》作于上元二年（761）是实，不作于宝应元年（762）。至于"东南征"的问题，就算"临淮属河南道，在中原，仍不得谓之出征东南"，但李光弼是以太尉兼侍中充河南副元帅，都知河南、淮南、淮西、山南东、荆南等节度行营事，已经大出中原而东南，当然应该是"出征东南"；何况，既然是"大举秦兵"而"出征东南"，则"东南"便无疑是相对于秦地而言，与"中原"并不相干，徐州、临淮一线于秦地正是东南方向，李光弼出镇临淮进军徐州当然应该是"出征东南"。并且，李白在诗中大写其"云骑绕彭城"的威武雄壮气势磅礴，也正说明"东南征"者正是彭城（徐州），否则，诗人没有必要在李光弼驻节彭城上大用其笔。而说"东南征"是李白的从军路线，则是对"无因东南征"理解的偏差。从诗歌"闻李太尉大举秦兵百万出征东南"的题目看，"无因东南征"之"东南征"，正是对题目的照应，当然就是李光弼的"出征东南"。李白在"云骑绕彭城"上大肆着墨，也表明"彭城"正是他将去之地，他并非要去"东南征"。即使如安旗先生所说，李光弼的出征是"与袁晁之作战"的"击晁于衢州"，但衢州唐时属江南东道（《旧唐书·地理志》）或淮南东道（《新唐书·地理志》），李白投军李光弼前流寓金陵一带，则衢州于金陵也不是东南方向，李白从军也不能是"东南征"。即以现在的地理意识而论，金陵（南京）与衢州几乎在同一经度，衢州在金陵之南。

既然《留别金陵崔侍御十九韵》作于上元二年（761），而不是宝应元年，李白卒于广德元年（763）便没有了依据（《李白全集编年笺注》1565页谓："此诗之本事及作年，于判定李白逝世前之行踪与享年，至为重要。"），则李白卒于宝应元年不误。那么，李白便不可能在广德元年（763）春正月史朝义自缢安史之乱终结时"再欢天地清"。

我们曾以为"再欢天地清"是指李白《饯李副使移军广陵序》之李藏用平刘展之乱"一扫瓦解，洗清全吴"。因《饯李副使移军广陵序》有"社稷虽定于刘章，封侯未施于李广"，"移军广陵，恭揖后命"等语，则李副使（时为都统淮南、江南、江西节度使李峘之副使）藏用移军广陵当在刘展伏诛的上元二年（761）正月之后不久，故将《游谢氏山亭》系于上元二年春（《李白子嗣小考》，《绵阳师专学报》1986年第2期）。但今仔细推敲，亦甚不妥。诗称"沦老卧江海"，"病闲久寂寞"，显然于所在之地（如果是当涂）非一时的短暂之住。上元二年春，如果李白是先在金陵与饯李副使（按，詹锳《李白诗文系年》《李白全集校注汇释集评》，安旗《李白全集编年注释》《李白全集编年笺注》皆谓李白是在金陵与饯李副使），那就不是"卧江海"的"病闲久寂寞"；如果是居当涂而赴金陵与饯，则以病久之身与饯有没有必要有没有可能？况且，诸家年谱如詹锳《李白诗文系年》、安旗薛天纬《李白年谱》，对李白上元二年春以前在当涂没有留居的反映，詹谓上元元年"春，归至巴陵、江夏，复如寻阳，寓居豫章"，安谓上元元年"春，返洞庭，旋又返江夏"，"秋间到寻阳"，"冬在建昌"，"岁暮当居豫章"。这就是说，李白上元二年春没有在当涂"卧江海""病闲久寂寞"的可能。詹锳先生《李白诗文系年》怀疑《游谢氏山亭》是上元二年"春间寓家豫章时作"。但豫章似未闻有大谢（灵运）小谢（朓）之"谢公亭""西池"类遗迹。詹锳先生在后来的《李白全集校注汇释集评》中注引《李白与当涂》："谢公池，在当涂青山。"并在"备考"中说："马鞍山市当涂县地方志办公室编《李白与当涂》收此诗……谓'本诗作于宝应元年

（七六二）春在当涂病时……'安注从此说……但改系广德元年似可不必，仍照安旗、薛天纬《李白年谱》系于宝应元年为是。"系《游谢氏山亭》于宝应元年春间，虽然与李白上元二年秋间投效李光弼"半道谢病还"而后往依李阳冰直至终老的时间、经历相合，但于"再欢天地清"却仍然无着落。因为如果"再欢天地清"是指李藏用上元二年平刘展，其时间已经过去整整一年，这时候"再欢"，应该说也不是时候了。

两京收复时李白没有"再欢天地清"游谢氏山亭的条件，史朝义自缢安史之乱终结的广德元年正月李白已不在世，上元二年春李白没有在当涂"卧江海""病闲久寂寞"的可能，宝应元年春游榭氏山亭"再欢"一年以前"一扫瓦解，洗清全吴"的"天地清"也已经不是时候了。如此看来，《游谢氏山亭》之作或另有其人。

二、"谢氏山亭""西池"之疑

《游谢氏山亭》一诗，王琦以为"谢氏"是指谢朓，注云："因谢氏山亭，故用灵运'池塘生春草'之句作映带。"王琦于"谢氏山亭"无注，却在《谢公亭》一诗下注云："《海录碎事》：谢公亭，在宣州，太守谢玄晖置。范云为零陵内史，谢送别于此，故有《新亭送别》诗。《方舆胜览》：谢公亭，在宣城县北二里。《名胜志》：谢公亭，在江南宁国府宣城县北郭外，齐太守谢朓送别处。"度王氏之意，"谢氏山亭"即宣州之谢公亭。李从军先生《李白卒年辨》（《吉林大学社会科学学报》1983年第5期）则认为"谢氏山亭"是指谢公宅，说："陆游《入蜀记》载：'青山南有谢玄晖故宅基。……庵前有小池，曰谢公池。'《太平寰宇记》载：'青山在太平州当涂县东三十五里。'"安旗先生《李白全集编年注释》《李白全集编年笺注》亦引陆游《入蜀记》，只是在"谢公池"后续引"又有小亭，亦名谢公亭"。詹锳先生《李白全集校注汇释集评》引同安旗先生。王琦以为"谢氏山亭"即宣城之谢公亭；李从军以为即当涂之谢公宅，"西池"即《入蜀记》之当涂青山谢公池；安、詹两家似认同"西池"即谢公池，但却认为"谢氏山亭"即《入蜀记》之谓"亦名谢公亭"的"小亭"。

诸家之说似皆未为妥帖。一是因为"宅"与"亭"自是有别，不当等同。宅是居家生活之所，亭乃驻足憩息之处。李从军以为谢公宅即谢公亭，不妥。二是因为无论宣城县北的谢公亭，或是当涂青山南的谢公宅、谢公亭，都与诗"借君西池游"之"西池""西"的方位不合。既称"西池"，当然是宣城或当涂（也是诗人"游"的出发地）之西，不可能是以某小地方（宅、亭之类）为方位坐标。即使是以青山、宅、亭为方位坐标，其方位也与"西"不合。据《入蜀记》说"青山南有谢玄晖故宅基"，则其宅当为坐北向南的南北向（这也是古今卜宅、建宅最为讲究的方向，非特殊情况不宜改变）。"由宅后登山，路极险巇。凡三四里……庵前有小池，曰谢公池……又有小亭，亦名谢公亭"，则谢公池在谢公宅、谢公亭之北，而谢公池与谢公亭邻近，就无所谓东西了。再者，从"借君西池游"可见诗人游的是"谢氏山亭"之"谢氏""西池"，则"君"之所指，便只能是题中的"谢氏"。诗接下来是"谢公池塘上，春草飒已生"，则可见"西池"便是"谢公池塘"，"君"便是"谢公"。谢灵运有《登池上楼》诗，诗云："池塘生春草，园柳变鸣禽。"因而这"谢氏""君""谢公"便是谢灵运了。这样，诗歌内容与诗题之"谢氏"合，前后也畅通。若说"君"是指谢朓，而"谢公池塘上，春草飒已生"是将谢灵运"池塘生春草"句作为映带，则令人感到诗人是张冠李戴，误以"池塘生春草"为谢朓诗，诗歌前后也不衔接，语意含混无伦次，"小谢""大谢"混杂不清。李白用谢灵运"池塘生春草"之句，均无此等现象，如"梦得池塘生春草，使我长价登楼诗"（《赠从弟南平太守之遥二首》其一），"吾家白额驹，远别临东道。他日相思一梦君，应得池塘生春草"（《送舍弟》）。如此看来，恐非"映带"之说可以解通。再说，《入蜀记》明言当涂青山之谢公池是一"小池"，小到什么程度呢？据李子龙先生说，"沿着陆游所说的路线，由青山街后登山四里许，有一小池，深可二尺许，长约六尺，宽约四尺，四周石片圈砌，即为谢公池"（《李白与马鞍山·李白诗文遗迹释考》）。如此"小池"，即使考虑到年深日久沙石以填，但既然是"小池"，恐怕也不会大过李子龙先生所见到的规模许多，何况虽有沙石以填，亦应有所凿修。而如此"小池""小亭"如何可"游"？而且像"春草飒已生，花枝拂人来，山鸟向我鸣"这样的景象，恐怕不是"小池"所能有的。诚如李子龙先生所言，"陆游既云谢公池为'小池'，今看约为三平方米，李白何以游池？"何况还要以"病闲久寂寥"之病身行三十五里许登三四里险巇之山，而游的又是这样的"小池""小亭"，似乎既不合情理也没有必要。

根据诗之"借君西池游""谢公池塘上，春草飒已生"，《游谢氏山亭》之"亭"之"西池"，既不是王琦所认为的宣州"谢公亭"，也不是李从军所认为的青山"谢公宅"，也不是安、詹两家所引《入蜀记》的当涂青山之"谢公池""谢公亭"，而应该是谢灵运《登池上楼》一诗纪游的旧迹。据《太平寰宇记》载，谢公池在温州西北二里，积谷东山，"池塘生春草"即此处。池当温州西北，与诗称"西池"也正相合。如是，《游谢氏山亭》当作于温州，其时为初春，于"扫雪松下去""春草飒已生""花枝拂人来"可知。从"沧老卧江海""病闲久寂寞"见出诗人此时已是垂暮老病。但是，稽考李白晚年行踪，李白流途遇赦后只辗转于江夏、豫章、宣城、当涂、金陵一带，并无温州之行（甚至终其一生也不曾行于温州）。

如此这般，游谢氏山亭或当另有其人。

三、诗题之疑

清人吴齐贤《论杜》说："唐人作诗，于题目不轻下一字，亦不轻漏一字。"（此论当然不包括古风、古意、拟古、效古一类相当于"无题"之作）就是说题目中有的，诗中也定然会写到，诗中所写，题目中也一定会有。吴齐贤说"而杜诗尤严"。其实，李白之诗，又何尝不是。李白之诗，无论多长的题目，在诗中都定然会写到。且以前文道及的《闻李太尉大举秦兵百万出征东南懦夫请缨冀申一割之用半道病还留别金陵崔侍御十九韵》为例，并为前文之补充。这首题长（38字）诗也长（19韵190字）。"秦出天下兵，蹴踏燕赵倾。黄河饮马竭，赤羽连天明"——"大举秦兵（百万）"；"太尉杖旄钺，云旗绕彭城。三军受号令，千里肃雷霆。函谷绝飞鸟，武关拥连营。意在斩巨鳌，何论脍长鲸"——"太尉""出征东南"。后面"无因东南征"直点题中之"出征东南"，因为并非亲见，所以是"闻"；"恨无左车略，多愧鲁连生。拂剑照严霜，雕戈鬘胡缨。愿雪会稽耻，将期报恩荣"——"懦夫请缨冀申一割之用"；"半道谢病还，无因东南征。亚夫未见顾，剧孟阻先行"——"半道病还"；"天夺壮士心，长吁别吴京。金陵遇太守，倒屣欣逢迎。……因之出寥廓，挥手谢公卿"——"留别金陵崔侍御"。（按，詹锳《李白全集校注汇释集评》："唐代中期以后以侍郎出为太守者甚多，疑此'崔侍御'或为'崔侍郎'

之误。")再如《张相公出镇荆州寻除太子詹事余时流夜郎行至江夏与张公相去千里公因太府丞王昔使车寄罗衣二事及五月五日赠余诗余答以此诗》。这是李白诗中题目最长的一首(56字),但诗却只有八句(40字):"张衡殊不乐,应有四愁诗。惭君锦绣段,赠我慰相思。鸿鹄复矫翼,凤凰忆故池。荣乐一如此,商山老紫芝。"尽管诗短题长,但诗中题意却尽在。朱谏云:前四句"言张衡处于汉季,殊有不乐之心,乃作《四愁》之诗,以见其意。今詹事之诗,亦忧时之作也,与《四愁》同一律矣。君以罗衣而相寄,即诗所谓美人赠我以锦绣之段也。千里相思,以此相慰,令我惭然,亦将何以为报哉!"后四句"言张公既为方镇,复居内职,极一时之荣乐,功成名遂,可以退矣。且商山紫芝待君不归,亦已老矣,尚可以稍留乎?"(《李诗选注》)由此可见,李白之诗,无论长题长诗、长题短诗,亦皆如吴齐贤之论,"于题目不轻下一字,亦不轻漏一字"。可是《游谢氏山亭》却使人颇感奇怪,题目为"游谢氏山亭",而诗却全是游谢氏"西池"——"借君西池游,聊以散我情。扫雪松下去,扪萝石道行。谢公池塘上,春草飒已生。花枝拂人来,山鸟向我鸣"。这显然是文不对题。李子龙先生认为:"陆游既云谢公池为'小池',今看约为三平方米,李白何以游池?故其原文应从《文苑英华》作'西地'。"若将"西池"改为"西地",问题更多了,不仅和"游谢氏山亭"的题目不合,而且诗歌写池塘春色"谢公池塘上,春草飒已生。花枝拂人来,山鸟向我鸣"也没有了着落。

以此来看,此诗似不像李白所为。

四、"稚子"之疑

"醉罢弄归月,遥欣稚子迎",这是《游谢氏山亭》诗的末两句。"稚子",詹锳先生《李白诗文系年》认为是"天然",说:"李华《故翰林学士李君墓志并序》云:'有子曰伯禽、天然,长能持,幼能辩。'(玩其语意似当如此断句,长指伯禽,幼指天然。……此诗中之稚子,盖即天然也。)瞿蜕园、朱金城先生《李白集校注》注引詹锳先生之说,似认同"稚子盖即天然也"。安旗先生《李白全集编年注释》《李白全集编年笺注》认为詹锳先生之言"可备一说"。郭沫若先生《李白与杜甫》认为"'稚子'无疑是指伯禽,说不定还包含着平阳。做父母的人对于自己的儿女,尽管已经长到二三十岁了,始终是看作

'稚子'的。"李子龙先生也认为"稚子"是指伯禽,说:"据范传正《唐左拾遗翰林学士李公新墓碑并序》,李白二孙女云:'父伯禽以贞元八年不禄而卒。'盖为伯禽在李白暮年来当涂,而后定居。诗中稚子当是伯禽也。"阎琦先生则认为"稚子"是李白的孙子,说:"'醉罢弄归月,遥欣稚子迎。'伯禽是年已二十七岁,这个稚子应当是伯禽的儿子。"(《李白家室述证》,《中华文史论丛》第47辑)

"稚子"指天然、指伯禽、指伯禽的儿子,这三种说法,似乎都不太妥当。

"稚子"指"天然"一说,恐怕是对李华《故翰林学士李君墓志》"有子曰伯禽天然长能持幼能辩数梯公之德必将大其名也已矣"这段文字的标读之误。这段文字,似应读为"有子曰伯禽,天然长能,持幼能辩,数梯公之德,必将大其名也已矣"。所谓梯者,本楼梯、阶梯也,此处用作动词,犹梯接、继承。整句谓:李白有子名伯禽,天资聪明,颇有才能,在幼年时就能言善辩,若多承李白之德,将来必成大名。(详见《李白子嗣小考》,《绵阳师专学报》1986年第2期)若如此,李白则并无"天然"之子,"稚子"当然也就不是"天然"了,何况李白集中绝无一处提到其子"天然"者。

"稚子"是否伯禽呢?如果按阎琦先生的推算,"伯禽是年(按,即宝应元年)已是二十七岁"。二十七岁的男子,早已过了弱冠之年,男子二十岁行加冠礼后便是成年。对一个二十六七岁的成年男子汉称"稚子",似乎有些不当。虽然做父母的人对自己的儿女,尽管已经长到二三十岁,始终是看作孩子,但如果是"看作稚子",就有些不合适了。虽然在父母眼里,孩子是没有年龄大小的,但总不宜把老大的甚至二十几岁的孩子(正常情况下他自己已经有了"稚子")称作"稚子"。"稚子"是孩子,但孩子不等于"稚子","稚子"只能是幼儿、小孩,所以有稚儿、稚幼、稚童等称词。陶渊明《归去来兮辞》中"僮仆欢迎,稚子候门""候门"的形态,不会是很大的孩子,更不会是成年男子;杜甫《江村》中"稚子敲针作钓钩"的玩相,也不会是很大的孩子甚至成年男子。阎琦先生于《李白家室述证》论及李白《题嵩山逸人元丹丘山居》中之"拙妻""娇女"时说:"天宝十载(751)平阳已经二十一岁,称为'娇女'未免措辞失当。"(按,二十一岁的平阳称作"娇女"尚且是"措辞失当",而宝应元年(762),平阳如果还在世的话已经三十多岁了,称作"稚子",当然就更所不宜了。所以郭沫若先生"说不定还包含着平阳"的说法也就难成立了。)同样,将二十六七岁的成年男子汉伯禽称作"稚子",是不是措辞也失当呢?

至于"稚子"是伯禽之子一说,似亦难成立。子、孙之称是有严格界限的,儿子为子,儿子之子为孙。虽然孙也称"孙子",但孙子之"子"是指男性(相应的,女性孙称孙女或女孙),已不同于"稚子"之"子"。如果"遥欣稚子迎""稚子"之"子"是指孙子,那则应该用"稚孙"才对。

以此而论,"遥欣稚子迎"的恐非李白。

《游谢氏山亭》是否为李白所作,虽有所疑,却不敢妄断,且将几点疑问提出,以俟慧眼者。

(原载《绵阳师范学院学报》2017年第10期)

"辞欲壮丽　义归博远"——《大猎赋》与马扬畋赋

司马长卿、扬子云,辞赋之英杰,历代以为文雄,所赋《子虚》《上林》《长杨》《羽猎》诸篇,皆赋中巨笔,文学之士趋之若鹜,瞻之犹恐不及。而向以长卿、子云自夸自许的李白却大不以为然,颇为不满,他的《大猎赋》序说:

> 白以为赋者古诗之流,辞欲壮丽,义归博远。不然,何以光赞盛美,感天动神?而相如、子云竞夸辞赋,历代以为文雄,莫敢诋评。臣谓语其略,窃或褊其用心。《子虚》所言,楚国不过千里,梦泽居其大半,而齐徒吞若八九,三农及禽兽无息肩之地,非诸侯禁淫述职之义也。《上林》云:左苍梧,右西极。考其实地,周衺才经数百。《长杨》夸胡,设网为周阹,放麋鹿其中,以搏攫充乐。《羽猎》于灵台之囿,围经百里而开殿门,当时以为穷壮极丽,迨今观之,何龌龊之甚也!但王者以四海为家,万姓为子,则天下之山林禽兽岂与众庶异之?而臣以为不能以大道匡君,示物周博,平文论苑之小,窃为微臣之不取也。

李白对马、扬《上林》《羽猎》诸赋的批评确实是颇中肯綮的。赋，作为一种文学样式，牢笼两汉，虽然"极声貌以穷文"的夸张、虚构、想象和"拟诸形容"（刘勰《文心雕龙·诠赋》）的描写，以及赋家之心"控引天地，错综古今；忽然如睡，焕然而兴"（《西京杂记》）的艺术构思对文学的发展有着一定贡献，但它因迎合了帝王"遭遇太平，扬其鸿藻"（程廷祥《骚赋论》）"润色鸿业"的需要而勃兴。班固《两都赋》序说：

  昔成康没而颂声寝，王泽竭而诗不作。大汉初定，日不暇给。至于武宣之世，乃崇礼官，考文章，内设金马石渠之署，外兴乐府协律之事，以兴废继绝，润色鸿业。是以众庶悦豫，福应尤盛。白麟、赤雁、芝房、宝鼎之歌荐于郊庙，神雀、五凤、甘露、黄龙之瑞以为年纪。故言语侍从之臣若司马相如……之属，朝夕论思，日月献纳。……或以抒下情而通讽谕，或以宣上德而尽忠孝。雍容揄扬，著于后嗣，抑亦《雅》《颂》之亚也。

因为"颂声寝""诗不作"，武宣之世，"兴"此"废"，"继"此"绝"，"润色鸿业"，歌舞升平，享庙盛世，于是司马相如等辈便"朝夕论思，日月献纳"。"赋"之为"颂"的主要功用，班固说得再明白不过了。即使是"抒下情而通讽谕"，也不过是在大"宣上德而尽忠孝"之后缀之而已。《史记·司马相如列传》载：

  蜀人杨得意为狗监，侍上。上读《子虚赋》而善之，曰："朕独不得与此人同时哉！"
  得意曰："臣邑人司马相如自言为此赋。"上惊，乃召问相如。相如曰："有是。然此乃诸侯之事，未足观也。请为天子游猎赋，赋成而奏之。"……赋奏，天子以为郎。

既然"诸侯之事，未足观也"，那么天子游猎之事则足可观也。很显然，武帝所看重的正是司马相如能为他歌功颂德，颂天子游猎之壮观，相如以此得官。

《天子游猎赋》（即《子虚》《上林》二赋）虽在末尾缀之以讽意，但通体看却是以颂为主。大肆铺张上林苑囿之广大、物产之丰富、珍宝之奇异，犹天子之有天下，无所不包，无所不有；而"乘镂象，六玉虬，拖蜺旌，靡云旗"，"车骑雷起，殷天动地"的校猎，正颂天子之有天下的赫赫声威。于是"置酒乎颢天之台，张乐乎胶葛之宇"，"靡曼美色，若夫青琴宓妃之徒，绝殊离俗，妖冶娴都，靓妆刻饰，便嬛绰约"（《上林赋》）中的荒淫作乐就是当然之事了。这样一来，后面那个硬栽上去的尾巴，其讽谕作用也就微乎其微了。武帝所以恨"独不得与此人同时"，司马相如所以得官！以至于后来相如"奏《大人之颂》，天子大悦，飘飘然有凌云之气，似游天地之间意"（《史记·司马相如列传》）。所以才被批"靡丽之赋，劝百而讽一，犹骋郑、卫之声，曲终而奏雅"（《汉书·司马相如传》）。

扬雄的《羽猎》《长杨》二赋，也是以颂为主。《羽猎赋序》云：

> 孝成帝时羽猎，雄从。以为昔在二帝三王，宫馆台榭、沼池苑囿、林麓薮泽，财足以奉郊庙、御宾客、充庖厨而已。不夺百姓膏腴谷土桑柘之地，女有余布，男有余粟，国家殷富，上下交足。……昔者禹任益虞而上下和、草木茂，成汤好田，而天下用足；文王囿百里民以为小，齐宣王囿四十里民以为大，裕民之与夺民也。

《羽猎赋》开篇又说：

> 或称羲农，岂或帝王之弥文哉？论者云否：各以并时而得宜，奚必同条而共贯？则泰山之封焉，得七十而有二仪。是以创业垂统者俱不见其爽。遐迹五三，孰知其是非？遂作颂曰：丽哉神圣！处于玄宫，富既与地乎侔訾，贵正与天乎比崇。齐桓曾不足使扶毂，楚严未足以为骖乘。狭三王之陋僻，骄高举而大兴。历五帝之寥廓，涉三皇之登闳。建道德以为师，友仁义与之为朋。

前后连贯起来看，很明显，扬雄认为为政为治要各得其宜，不必"同条而共

贯"，而"创业垂统者俱不见其爽"，称赞成帝是"丽哉神圣"，"富既与地乎侔訾，贵正与天乎比崇"，"历五帝之寥廓，涉三皇之登闳。建道德以为师，友仁义与之为朋"，因此成帝羽猎也就并非悖于节俭，而是与二帝三王的置苑囿等"财足以奉郊庙、御宾客、充庖厨而已，不夺百姓膏腴谷土桑柘"同是"创业垂统"之事，是以道德为师，仁义为友。于是赋以大量的笔墨铺张成帝此次游猎猎场之广、仪卫之盛，天子撞钟鸣鼓，"霹雳列缺，吐火施鞭""汹汹旭旭，天动地岋"的赫赫声威，以及"东西南北，驰骋奔欲。……踔夭蟜，娭涧闲，莫莫纷纷，山谷为之风猋，林丛为之生尘"，猎获竟至"创淫轮夷，丘累陵聚"之多。赋最后写道：

> 于兹乎鸿生巨儒……群公常伯、杨朱、墨翟之徒喟然并称曰："崇哉乎德！虽有唐虞、大夏、成周之隆，何以侈兹！"……开禁苑，散公储，创道德之囿，弘仁惠之虞。驰弋乎神明之囿，览观乎群臣之有亡。放雉兔，收罝罘，麋鹿刍荛，与百姓共之。

显然，赋借群公常伯、杨朱、墨翟之口又将成帝这样大规模的羽猎予以肯定，归之于"德"——"崇哉乎德"！而且本来天子游猎之兴未尽，但听了常伯等"鸿生巨儒"一番言论便翻然领悟，要"开禁苑，散公储"，"放雉兔，收罝罘，麋鹿刍荛，与百姓共之"，这就把天子的游猎跟"与民同乐"的圣治之绩联系了起来。既然这样，那么成帝也就像文王那样，"囿百里而民以为小"了。成帝便如文王，游猎岂非天经地义！至于《长杨赋》，其颂更为明白。赋借翰林主人之口，将汉成帝输野兽于长杨苑观胡人搏攫以取其乐，等同高祖、武帝之猎，并且说："客徒爱胡人之获我禽兽，曾不知我已获其王侯。"成帝此举非但不残忍荒唐，反倒是治国有方，圣于高祖、武帝。

由此看来，扬雄秉承赋颂之旨是显然的，正如刘歆《七略》所论，"汉兴，枚乘、司马相如，下及扬子云，竞为侈丽闳衍之词，没其讽谕之义"。亦如班固所论，"雄以为赋者将以风也，必推类而言，极丽靡之辞，闳侈巨衍，竞于使人不能加也，既乃归之于正，然览者已过矣。往时武帝好神仙，相如上《大人赋》，欲以风，帝反缥缥然有陵云之志。由是言之，赋劝而不止，明矣"（《汉书·扬雄传》)。"将以风"却"没其讽","欲以风"却劝不止,所以李白批评相如、子云《上林》《羽猎》诸赋义不"博远","不能以大道匡君"。

不必讳言,李白的《大猎赋》并非没有"颂",但是"颂"并非其主旨,而且问题的关键还在于"义"是否"博远","大道"如何。且看《大猎赋》的最后一部分:

> 俄而君王茫然改容,愀然有失。居安思危,防险戒逸。斯驰骋以狂发,非至理之弘术。……乃命去三面之网,示六合之仁。……于是享猎徒,封劳苦,轩行庖,骑酚酣,韬兵戈,火网罟。然后登九霄之台,宴八纮之圃,开日月之扃,辟生灵之户。……曷若饱人以淡泊之味,醉时以淳和之觞。鼓之以雷霆,舞之以阴阳。虞乎神明,狃于道德。张无外以为罝,斲大朴以为杙。顿天网以掩之,猎贤俊以御极。若此之狩,罔有不克?使天人晏安,草木蕃殖,六宫斥其珠玉,百姓乐于耕织,寝郑卫之声,却靡曼之色,天老掌图,风后御侧。是三阶砥平而皇猷允塞。岂比夫《子虚》《上林》《长杨》《羽猎》,计麋鹿之多少,夸苑囿之大小哉!

倘若李白之"讽"只限于"享猎徒"等等,非但形式上与《上林》《羽猎》等别无二致,在内容上也只是踵马、扬之迹亦步亦趋。然而李白却"讽"中寓"讽",使其"义"顿归"博远","道"亦显其"大"。"斯驰骋以狂发,非至理之弘术",君王以为"至理之弘术"不过是不要"暴殄天物",要"去三面之网,示六合之仁""享猎徒……火网罟"等等,可是李白却认为,与其这样,"曷若……",即是说那样并非"至理之弘术"。而"至理之弘术",则是"饱人以淡泊之味……天老掌图,风后御侧"。李白首先提出的是以淡泊、淳和之德治天下。要以德治天下,则应授贤任能,张无外之天网,"猎贤俊以御极"。如此之大猎,便是此篇"大猎"之旨。"若此之狩,罔有不克"?贤俊御极,则天人晏安,百姓乐业,声色宝玩不充后宫,"是三阶砥平而皇猷允塞"!正是"匡君"之"大道",可谓"博远"矣!正所谓"诗人之赋丽以则,辞人之赋丽以淫"(《汉书·艺文志》)。《大猎赋》,"诗人之赋"也。《上林》《羽猎》

诸赋，较之李白《大猎赋》，马、扬应受其"义"不"博远""不能以大道匡君"之责。

《子虚》《上林》《长杨》《羽猎》诸赋，非但"义"不"博远"，"不能以大道匡君"，在李白看来，辞也不够"壮丽"，"当时以为穷壮极丽，迨今观之，何龌龊之甚也"，"计麋鹿之多少，夸苑囿之大小哉"！《大猎赋》确是"壮丽"之作。李白凭借驰骋想象的浪漫主义手法，以高度的夸张摹写出壮阔的境界：

乃使神兵出于九阙，天仗罗于四野。……千骑飚扫，万乘雷奔。捎扶桑而拂火云兮，括月窟而搜寒门。赫壮观于今古，巢摇荡于乾坤。……君王于是撞鸿钟，发蛮音……游五柞兮瞰三危，挟细柳兮过上林……于是攉倚天之剑，弯落月之弓。昆仑叱兮可倒，宇宙噫兮增雄。河汉为之却流，川岳为之生风。羽毛扬兮九天绛，猎火燃兮千山红。

场面之壮阔，扫天荡野。相如极力夸饰的"左苍梧，右西极，丹水更其南，紫渊径其北"的上林天子游猎之地，不过是"过"之之地。形象之高大，顶天立地；气势之磅礴，倒山却流。真是惊心动魄，完全符合"辞欲壮丽"的精神。

又看打猎：

所以喷血流川，飞毛洒雪。状若乎高天雨兽，上坠于大荒；又似乎积禽为山，下崩于林穴。阳乌沮色于朝日，阴兔丧精于明月。思腾装上猎于太清，所恨穹昊于路绝。

川是血流，雪是毛洒，被猎的野兽像下雨一般坠落，被射死的飞禽像山一样堆积，太阳也为之改容，明月也为之变色。以壮丽之辞，创造了骇人的境界，从而揭示出封建统治阶级的暴虐，他们为满足个人畋猎的享乐，无限度地挥霍人民的物质财富。既是"壮丽"之辞，又归"博远"之义。

"赋者，古诗之流也"，"诗有六义，其二曰赋。赋者，铺也，铺采摛文，体物写志也"（刘勰《文心雕龙·诠赋》）。赋成为一种独立的文学样式之后，铺张夸叙便成为一大突出特征。至相如而子云尤盛,《子虚》《上林》《羽猎》诸赋皆以"铺采摛文"为能事。即如《上林赋》,既写水,又写水中之物;既写山,又写山上之草木;既写苑中景物,又写苑中离宫树林之畅茂,又铺陈树林中所畜兽类之众及离宫之多;既写校猎,又写观猎及计猎者之所获;既而又写置酒张乐之盛。可谓繁缛甚矣。正如刘勰所批评的"繁类以成艳"(《文心雕龙·诠赋》),"诡势瑰声,模山范水,字必鱼贯。所谓诗人丽则而约言,辞人丽淫而繁句也"(《文心雕龙·物色》)。观《上林》《羽猎》诸赋,并非没有"壮丽"之辞,如:

> 乘镂象,六玉虬,拖蜺旌,靡云旗。……车骑雷起,殷天动地。……然后扬节而上浮,凌惊风,历骇飙,乘虚无,与神俱。……不被创刃而死者,他他籍籍,填阬满谷,掩平弥泽。(《上林赋》)

> 于是天子乃以阳晁,始出乎玄宫,撞鸿钟,建九旒,六白虎,载灵舆,蚩尤并毂,蒙公先驱。立历天之旗,曳捎星之旃。霹雳烈缺,吐火施鞭。萃从沈溶,淋漓廓落,戏八镇而开关。……虓虎之陈,从横胶葛,飙拉雷厉……汹汹旭旭,天动地岋。(《羽猎赋》)

比之李白《大猎赋》虽有所不及,但在汉人辞赋中确也可算是"穷壮极丽"了。但是,这些壮丽之辞,却掩于叠床架屋的铺张夸叙之中,犹如沙中之贝。正所谓"繁华损枝,膏腴害骨"(刘勰《文心雕龙·诠赋》)。这样,既"无贵风轨",也"莫益劝戒"(同前),义之不"博远",也为此所累,以至于连扬雄自己也"追悔于雕虫"。

铺张夸叙恢弘扬厉,本是两汉大赋的一大特色一大优势,然而文人有意弄巧,扬才露己,"极丽靡之辞,闳侈巨衍,竟于使人不能加也"(《汉书·扬雄传》)。弄巧成拙,反为所累。李白深知汉赋发展中的这种流弊,因而一方面继承汉赋的铺张夸叙、恢弘扬厉,写其"壮丽"之辞,一方面又摒其弊端,铺张夸叙中剪枝除蔓,"约言"而赋。《大猎赋》一篇,只在"猎"字上做文章,从围猎、打猎铺张夸写,极写其"大"。绝不像《上林赋》诸篇那样铺及山川草木、渊甲池鱼。这样一来，"铲刈秽草，伐去恶木"，则"嘉木立，美竹露，奇石显"（柳宗元《钴鉧潭西小丘记》）。此所以李白敢以《大猎》嗤《上林》《羽猎》诸篇也。

两汉大赋，自张衡、赵壹而后渐趋转变，体制短小而题材扩大，正如刘勰所说，"至于草区禽族，庶品杂类，则触兴致情，因变取会。拟诸形容，则言务纤密；象其物宜，则理贵侧附。斯又小制之区畛，奇巧之机要也"（《文心雕龙·诠赋》）。然至六朝，竞相靡丽骈俪，又成赋之致命伤；由六朝而唐，"陈子昂、太白皆疾梁、陈之艳藻，而思复古道者。然陈子昂以精深复古，太白以豪放复古"，"陈拾遗横制颓波，天下质文翕然一变，至今朝诗体，尚有陈梁宫掖之风，至公（按，指李白）大变"（李阳冰《草堂集序》）。李白自己也说，"将复古道，非我而谁"。所以李白把他的赋冠之以"古"字。所谓复古，实际是要求革新，不过是借用古人的名字，穿着"这种久受崇拜的服装，用这种借来的语言，演出世界历史的新场面"（《马克思恩格斯全集》卷8《路易·波拿巴的雾月十八日》）。李白打着复古的旗帜，在创作实践中不仅竭力扫除浮艳绮靡之风，而且复古又不泥于古，独创新意，自铸伟辞。其古赋八篇，基本上都贯穿着这种精神，而《大猎赋》居其首。不管是辞之"壮丽"，还是义之"博远"，《大猎赋》皆可当之。

（原载《绵阳师专学报》1990年第1期）

《与贾少公书》杂谈

《与贾少公书》云："白绵疾疲薾，去期恬退，才微识浅，无足济时。虽中原横溃，将何以救之？王命崇重，大总元戎，辟书三至，人轻礼重。严期迫切，难以固辞。扶力一行，前观进退。""中原横溃"，显系安禄山反自范阳而陷河南诸郡县；"王命崇重，大总元戎"，即指永王受命于玄宗领岭南、江南等四道节度使，其时永王"辟书三至"征聘李白为幕僚。据《旧唐书·永王传》载，天宝十五载六月玄宗幸蜀至汉中郡，下诏以永王璘为山东南路及岭南、黔中、江南西路四道节度采访处置等使、江陵大都督。永王七月至襄阳，九月至江陵。因有异志，肃宗闻之，诏命归觐于蜀，永王不从命，十二月擅领舟师东下。永王之辟李白，当然不可能是在江陵时，因李白天宝十五载春时送妻往庐山寻女道士李腾空后即辗转于江南一带，后归旧隐居地庐山屏风叠，有《送内寻庐山女道士李腾空》"一往屏风叠，乘鸾著玉鞭"及《赠王判官时余归隐居庐山屏风叠》"大盗割鸿沟，如风扫秋叶。吾非济代人，且隐屏风叠"可证。故永王之辟李白，只能是在永王"领舟师东下"经庐山时。是白此书当作于天宝十五载（756）十二月，其时李白已应永王之辟，但尚未成行，故云"扶力一行，前观进退"。

贾少公，不知何许人也，李白有《秋日于太原南栅饯阳曲王赞公贾少公石艾尹少公应举赴上都序》，其"贾少公"，瞿蜕园、朱金城《李白集校注》谓《与贾少公书》"当即其人"。观《与贾少公书》有"以足下深知""惠子知我"（按，《淮南子·修务训》"惠施死而庄子寝说。言见世莫可为语者也"）等语，白与"贾少公"定非一时泛泛之交，今姑以瞿、朱说为是。只是此时之"贾少公"，恐已非在任之少府了（按，王琦云："唐人通称县尉曰少府，少公即少府也"）。《秋日于太原南栅饯阳曲王赞公贾少公石艾尹少公应举赴上都序》之作在开元二十三年（见王琦《李太白年谱》、詹锳《李白诗文系年》、安旗薛天纬《李白年谱》），《与贾少公书》之作在天宝十五载，相距二十余年，贾某为少府不当如是之久，而李白书称"少府"，则表明贾某无其他头衔，因而可知贾某此时已是山泽中人了。正因如此，这位贾少公才为李白在"绵疾疲薾"之时居然应永王之辟而大感不解，以至"间然"有嫌隙。以此，李白在"扶力一行"之时写下了这封《与贾少公书》。或以为此书作于"诗人入幕后并未受到重用，且为友人误解，情绪低沉，有思归之心时"，"'终无能为'乃感情沮丧时的怨愤之语。诗人要作此断语，必要在永王幕中经历一定的间，并对幕府生活有实际的感受后"（《李白研究》1990年第1期，刘和椿《读李白〈与贾少公书〉札记》）。以一"终"字而作如是说，似嫌偏执。李白说"徒尘忝幕府，终无能为"，不过是自谦之语、自警之辞，对"中原横溃"之局势，恐"徒尘忝幕府，终无能为"——终究不能有甚大作为。何况，李白十二月入永王幕，次年二月初九永王已兵败被杀，李白在永王幕中总共不到三个月时间，哪里还谈得上"在永王幕中经历一定的时间，并对幕府生活有实际的感受"，感到"并未被重用"，"有思归之心"。

书首句言"宿昔惟清胜"，王琦疑其"上似有缺文"。观李白集中诸书

如《上安州裴长史书》《与韩荆州书》《为赵宣城与杨右相书》等，皆有"白""白闻""某启"等款式，唯此书以"宿昔惟清胜"一句突兀而来，与后文颇不相接。王疑颇是，缺文恐是实。虽然如此，但余篇所表现出的太白那一腔至老不衰的报国之志却是昭然可见。

"白绵疾"云云，申明抱病应征之由，盖欲以己之绵薄"救之""中原横溃"，故而在"严期迫切，难以固辞"的情况下，决定"扶力一行"。人生坎坷、仕途偃蹇、政治上累遭打击的李白，晚年隐居庐山本欲恬退自守，但在国难当头"中原横溃"之时，却置"绵疾"不顾而"扶力"应征，用心之诚，追求之诚，舍李白其谁！诗人早年"莫怪无心恋清境，已将书剑许明时"（《别匡山》，一题作《出山》《题大明寺》）、"仗剑去国，辞亲远游"（《上安州裴长史书》）时展示的"欲申管晏之谈，谋帝王之术，奋其智能，愿为辅弼，使寰区大定，海县清一"（《代寿山答孟少府移文书》）的理想，虽一生蹭蹬备受磨难，却至老弥坚，未曾少减。这便是李白精神！

李白对卧林云隐田庐如殷深源、谢安石者，并非不向往，并非不崇拜，如"少年早欲五湖去""明朝散发弄扁舟""白云堪卧君早归""东山高卧时起来""不向东山久，蔷薇几度花""欲报东山客，开关扫白云"，比比也。然而，李白在这封《与贾少公书》中却对"庐岳十载，时人观其起与不起以卜江左兴亡"的殷浩和"高卧东山，苍生属望"的谢安大为鄙薄——"白不树矫抗之迹，耻振玄邈之风，混迹渔商，隐不绝俗，岂徒贩卖云壑，要射虚名？"——何以如此？据《晋书·殷浩传》载："浩识度清远，弱冠有美名……三府辟皆不就。征西将军庾亮引为记室参军，累迁司徒左长史。安西庾翼复请为司马，除侍中、安西军司，并称疾不起，遂屏居墓所几将十年，于时拟之管、葛。王蒙、谢尚犹伺其出处以卜江左兴亡。因相与省之，知浩有确然之志。既反，相谓曰：'深源不起，当如苍生何？'"又，《晋书·谢安传》："及万（安弟谢万）黜废，安始有仕进志，时年已四十余矣。征西大将军桓温请为司马，将发新亭，朝士咸送，中丞高崧戏之曰：'卿累违朝旨，高卧东山，诸人每相与言，安石不肯出，将如苍生何？苍生今亦将如卿何？'安甚有愧色。"原来殷浩、谢安者辈为邀名而隐田庐卧云林却置苍生不顾。而李白，虽也向往山林，崇尚高卧，但在"中原横溃"苍生涂炭、社稷倾危之际，却不辞"绵疾疲薾""扶力一行"，将以救之，苍生社稷常系心中！难怪乎对殷浩、谢安者之行"不树"且"耻"，责其"贩卖云壑，要射虚名"；"方之二子，实有惭德"，语调调侃，意实讥消，对曾经做过少府的贾某来说又有不尽之意！

李白唯恐"徒尘忝幕府，终无能为"，故决心"唯当报国荐贤"以"自免"，"斯言若谬，天实殛之"，语至足见情真。然而，如此诚心却不为人所理解，"深知"如惠子者尚且"间然"，何况他辈！"勾当小事"，不过是幕府"报国荐贤"以"自免"，却反而是"但增悚惕"。世道如何！人情如何！

与贾少公一书，使我们从太白一展怀抱之中窥见了他那颗常系苍生社稷而激烈跳动热血沸腾的心，那也是不被理解一生创伤至老犹增悚惕颤抖伤痛的心。笔墨间激荡着一股英风豪气，却也低回着不被理解的慨叹伤痛的呻吟。唯其如此，才更感人至深。可谓笔酣情真，句句动人。

以上数语，言无定旨，是为"杂谈"。

（原载《李白研究》1990年第2期）

《赵公西候新亭颂》艺术性散论

李白之文，今人综而论之者甚夥，而标举一篇者寡。笔者言，不有一篇，哪有全体！今且以《赵公西候新亭颂》为论。

"诸人之文，犹山无烟霞，春无草树。李白之文，清雄奔放，名章俊语，络绎间起，光明洞彻，句句动人"（李白《上安州裴长史书》），此言并非只是夫子自道，实亦时人之仰叹："古来文章有奔逸气，耸高格，清人心神，惊心动魄，我闻当今有李白。《大鹏赋》《鸿猷文》，嗤长卿，笑子云，班、张所作琐细不入耳，未知卿云得在嗤笑限否？"（任华《杂言寄李白》）李白之文，不独偏重于文学欣赏的辞赋气势磅礴，辞气酣畅，俊迈飘逸，声情并茂，"晋宋以降未有此作"（《李白集校注》转引《陆本李集校准》），即便是偏重于实记性的记、颂一类应用文字，仍可以见出李白行文的一贯风格和他那纵横驰骋挥风洒雨的气象。

且看《赵公西候新亭颂》：

惟十有四载，皇帝以岁之骄阳，秋五不稔，乃慎择明牧，恤南方之凋枯。伊四月孟夏，自淮阴迁我天水赵公，作藩于宛陵，祗明命也。惟公代秉天宪，作保南台。洪柯大本，聿生懿德。宜乎哉！横风霜之秀气，郁王霸之奇略。初以铁冠白笔，佐我燕京。威雄振肃，虏不敢视。而后鸣琴二邦，天下取则；起草三省，朝端有声。天子识面，宰衡动听。殷南山之雷，剖赤县之剧。强项不屈，三州所居大化，咸列碑颂。至于是邦也，酌古以训俗，宣风以布和；平心理人，兵镇唯静，画一千里，时无莠言。

文如其诗，简练晓畅，不假雕饰，开门见山，绝无套语。首将赵公"藩于宛陵（宣城）"之缘由道出，旨在"慎择明牧"，以明赵公乃朝廷之能臣。继而将"明牧"之"明"一气贯下，由"初"而"而后"，而"至于是邦也"，历历写来，实实道出，"敷写似赋，而不入华侈之区"，而赵公善为政能为治，"咸列碑颂"，"时无莠言"，备受百姓拥戴之风范卓然而出。

骈散结合，以诗为文，是李白散文的一大特色。即如"愿君侯惠以大遇，洞开心颜，终乎前恩，再辱英盼。白必能使精诚动天，长虹贯日，直渡易水，不以为寒。若赫然作威，加以大怒，不许门下，逐之长途，白即膝行于前，再拜而去，西入秦海，一观国风，永辞侯君，黄鹄举矣。何王公大人之门不可以弹长剑乎"（《上安州裴长史书》），"我副使李公，勇冠三军，众无一旅。横倚天之剑，挥驻日之戈，吟啸四顾，熊罴雨集。蒙轮扛鼎之士，杖干将而星罗。上可以决云天，下可以绝地维。……一扫瓦解，洗清全吴。可谓万里长城，横断楚塞"（李白《饯李副使藏用移军广陵序》）者，散中有骈，骈散结合，擒纵自如，形成滔滔文势，纵横奔放，如黄河之落天走东海。观此《赵公西候新亭颂》一篇，句法多变，或骈或散，或长或短，参差错落，如珠走玉盘，不越乎法度之外。骈则"横风霜之秀气，郁王霸之奇略"，"疾雷破山，狂飙震壑；炎景烁野，秋霖灌途。马逼侧于谷口，人周章于山顶"，"纳远海之余清，泻莲峰之积翠"，"长史齐公光乂，人伦之师表；司马武公幼成，衣冠之髦彦"，"纵风教之乐地，出人伦之高格"——典雅如六朝骈文犹有过之；散则"惟十有四载，皇帝以岁之骄阳，秋五不稔，乃慎择明牧，恤南方之凋枯。伊四月孟夏，自淮阴迁我天水赵公,作藩于宛陵,祗明命也","总是役也,伊二公之力欤!过客沉吟以称叹,邦人聚舞以相贺。佥曰:'我赵公之亭也!群寮献议,请因谣颂以名之,则必与谢公北亭同不朽矣'"——清铄犹似两汉古文风韵;整饬则"自唐有天下,作牧百数,因循龌龊,罔恢永图。及公来思,大革前弊","赵公之宇,千载有睹。必恭必敬,爱游爱处。瞻而思之,罔敢大语。赵公来翔,有礼有章"——真乃"敬慎如铭"。李白正是融骈、散、整饬于一篇,诵读之,既给人以辞气霈然、笔势酣畅之感,仿佛意到笔随,不假思索,天然而成,如泻水于平地,任其东西南北,却又有行于当行,止于不可不止之妙,又如同"风生玉林,清明萧洒"(李白《冬日于龙门送从弟京兆参军令问之淮南觐省序》)。以此观之,"清雄奔放",诚不虚也。前人评李白之诗"虽千变万化,如珠玉走盘,不越乎法度之外",移于李白之文,不亦宜乎!

注重形象的刻画塑造是李白之文的又一特色,尤其是诗人的自我形象。如"近者逸人李白自峨眉而来,尔其天为容,道为貌,不屈己,不干人,巢由以来,一人而已"(《代寿山答孟少府移文书》),"虽长不满七尺,而心雄万夫……若接之以高宴,纵之以清淡,请日试万言,倚马可待"等,皆以传神之笔,勾勒自我雄姿。《赵公西候新亭颂》一篇,不仅于人物形象的刻画塑造如前所述赵公之风范卓然,而且于宣州之形胜、新亭之壮观形象的描写亦颇具气象。

> 以此郡东堑巨海,西襟长江,咽三吴,扼五岭,辚轩错出,无旬时而息焉。

大笔挥洒,出之以"堑""襟""咽""扼",则宣州之形胜不可有二。

> 若鳌之涌,如鹏斯骞。萦流镜转,涵映池底。纳远海之余清,泻莲峰之积翠。信一方雄胜之郊,五马踟蹰之地也。

新亭之壮观,兼大笔挥洒与精笔细描。大笔挥洒则"如鳌之涌,如鹏斯骞","纳远海之余清",极写新亭气势之雄伟如巨鳌之涌背耸云天,如大鹏之鼓翅远瞻巨海;精笔细描,则"萦流镜转,涵映池底","泻莲峰之积翠",又极写新亭景色之雅致幽静，犹似"素湍绿潭，回清倒影"（郦道元《水经注·江水》）。世人皆称美王勃笔下之滕王阁"层台耸翠，上出重霄；飞阁流丹，下临无地"，雄峙一州，却不道李白笔下兼得比喻夸张之妙，赵公新亭雄伟壮观犹胜滕王阁，而雅致幽静王勃又似稍逊。李白之为文善于刻画形象，于此可见一斑，是此文艺术上的又一成功之笔。

《赵公西候新亭颂》不仅开门见山，不假雕饰，绝无套语，而且终篇之处亦颇具特色。

> 赵公之宇，千载有睹，必恭必敬，爱游爱处。……赵公来翔，有礼有章。煌煌锵锵，如文翁之堂。清风洋洋，永世不忘。

文章开篇之处历历写来，实实道出，赵公善政之风范卓然而出，结尾之处又暗喻赵公之秉政如清风，前呼后应，摇曳生姿，余音余味，确如"清风洋洋"。

"颂惟典懿，辞必清铄，敷写似赋而不入华侈之区，敬慎如铭而异乎规戒之域"（刘勰《文心雕龙·颂赞》），刘彦和之树规立矩，李太白之挥翰洒墨，观此一篇，借用太白本篇之语——"宜乎哉"！

（原载《李白研究》1991年第2期）

李白政治眼界及治世才能之另一面观察

李白是一位具有远大抱负和多方面理想追求的诗人。他每每期为圣贤，想做高士，欲为神仙之寿。他也想做侠客，"少任侠，手刃数人"，之后"仗剑去国，辞亲远游"（《上安州裴长史书》），常作行侠仗义之咏："纵死侠骨香，不惭世上英"（《侠客行》），"燕南壮士吴门豪，筑中置铅鱼隐刀。感君恩重许君命，太山一掷轻鸿毛"（《结袜子》），"儒生不及游侠人，白首下帷复何益"（《行行且游猎篇》）。当然，他更想做大将，"手中电曳倚天剑，直斩长鲸海水开……功成献凯见明主，丹青画像麒麟台"（《司马将军歌》）。在这诸多的理想志向之中，最大的和最主要的、为他长期追求的却只有一个，那就是出将入相："申管晏之谈，谋帝王之术，奋其智能，愿为辅弼。使寰区大定，海县清一"（《代寿山答孟少府移文书》），要"济苍生""安黎元"。这样的理想抱负，在封建知识分子中无疑是高远的，是出类拔萃的。李白为了实现这一远大的理想抱负，也付诸行动，毕生追求，就是在他的垂暮之年，仍以老病之身"过江誓流水，志在清中原"（《南奔书怀》），投效李光弼，因病未果犹自浩叹"天夺壮士心"（《闻李太尉大举秦兵百万出征东南懦夫请缨冀申一割之用半道病还留别金陵崔侍御十九韵》）。然而，李白非但没有如愿以偿，反倒处处碰壁，竟至终不免牢狱之灾、流放之苦。究其原因，除了社会政治这些最重要的原因而外，是否也还有李白个人方面值得考察认识的东西？本文拟就李白的政治眼界、治世才能做另一方面的观察，或可能有助于进一步较客观地评价认识李白其人。

一、开元之世纵横任侠的李白

纵横之学，形成于诸侯纷争、战乱频繁的战国时代。《汉书·艺文志》载："纵横家者流，盖出于行人之官。孔子曰：'诵诗三百，使于四方，不能专对，虽多亦奚以为？'又曰：'使乎！使乎！'言其当权事制宜，受命而不受辞，此其所长也。及邪人为之，则上诈谖而弃其信。"章学诚《文史通义·内篇》则申言之谓："战国者，纵横之世也。纵横之学本之于古者行人之官。观春秋之辞命，列国大夫聘问诸侯，出使专对，盖欲文其言，以达其旨而已。至战国而抵掌揣摩，腾说以取富贵，其辞敷张而扬厉，变其本而加恢奇焉，不可谓非行人辞命之极也。"的确，纵横之学的产生和繁衍自有其特定的时代。战国是封建制度取代奴隶制度的一个大动荡大分化的时期，阶级斗争异常尖锐激烈，各国战争频繁，政局动荡剧烈。在称霸图雄统一天下的侯国纷争兼并之中，一班谋臣策士，凭借他们的三寸如簧之舌，向诸侯贵族进计献策，或纵或横，甚至朝秦暮楚，活跃在当时的政治舞台上，以攫取功名富贵。战国之后，大凡天下离乱，改朝换代之际，往往是纵横之学纵横之时：楚汉相争，陆贾"名为有品辩士"，"《新语书》十二篇，固为当世之辩"（《史记·陆贾列传》）；蒯通"善为长短说，论战国之权变为八十一首"（《史记·田儋列传》）；张良、韩信、卢绾、郦食其之徒，亦曾仗谋略舌辩而行，或"徼一时权变，以诈力成功"（《史记·韩信卢绾列传》）；三国之时，孔明、鲁肃等辈，亦是纵横权变之士；隋唐之际，魏徵"好读书，多所通涉，见天下渐乱，尤属意纵横之说"（《旧唐书·魏徵传》），他曾以谋略干谒李密而不获用，"纵横计不就，慷慨志犹存"（魏徵《述怀》），于是投奔李唐王朝建功立业。正因为纵横之学源于变乱争战的时代，故而被称为"乱世之学"。

与纵横之学同出一辙的是任侠之风。每当乱世，纵横之学纵横驰骋，任侠之风亦兴。战国之时，鲁仲连、虞卿、朱亥、荆轲者，重承诺，尚节气，贱富贵，轻生死，济弱扶倾，合纵抗秦，亦是纵横之一流。与苏秦、张仪一类纵横家不同的是，他们不像苏、张那样危言耸听、挑拨离间、翻云覆雨、急功近利，而是急公好义。汉初，王朝初定，侯国多事，人多缓急，由是有剧孟、郭解之流，"其言必信，其行必果，已诺必诚，不爱其躯，赴士之阨困"（《史记·游侠列传》）的行侠仗义。隋唐之际，亦多薛举、刘武周等"结交豪猾""交通豪侠"（《旧唐书·薛举传》）之徒。

由此可见，纵横之学、任侠之风乃是乱世的特殊产物，假如政局稳定、四海晏如，纵横之学、豪侠之士何处施为？

李白受"乱世之学"纵横家思想的影响是很深的。他"少以侠自任"（范传正《唐左拾遗翰林学士李公新墓碑并记》），"好纵横术"（刘《碣》），曾向"任侠有气，善为纵横学，著书号《长短经》"的赵蕤"从学岁余"（计有功《唐诗纪事》引杨天惠《彰明逸事》）。他说自己"十五好剑术，遍干诸侯"（《与韩荆州书》），"结发未识事，所交尽豪雄……托身白刃里，杀人红尘中"（《赠从兄襄阳少府皓》）。他"仗剑去国"出蜀后，每每以胸怀王霸之略自负，对以纵横之学合纵抗秦取得赫赫功业的苏秦羡慕不已，"洛阳苏季子，剑戟森词锋。六印虽未佩，轩车若飞龙。黄金数百镒，白璧有几双"（《魏郡别苏明府因北游》），"归时倘佩黄金印，莫学苏秦不下机"（《别内赴征》其二）。对荆轲、朱亥等扶弱抗暴、舍生取义、视死如归的豪侠义举更是倾慕之至，多有赞颂："齐有倜傥生，鲁连特高妙。明月出海底，一朝开光耀。却秦振英声，后世仰末照，意轻千金赠，顾向平原笑。吾亦澹荡人，拂衣可同调"（《古风五十九首》其十），"谁道太山高，下却鲁连节；谁云秦军众，摧却鲁连舌。独立天地间，清风洒兰雪"（《别鲁颂》），"袖中赵匕首，买自徐夫人。玉匣闭霜雪，经燕复历秦。其事竟不捷，沦落归沙尘……荆卿一去后，壮士多摧残"(《赠友人三首》其二),"救赵挥金锤,邯郸先震惊。千秋二壮士,烜赫大梁城。纵死侠骨香,不惭世上英"(《侠客行》)。

李白一生也确曾行侠仗义,他"手刃数人""杀人红尘中"之事固不足取,但他"东游维扬,不逾一年,散金三十余万,有落魄公子悉皆济之"(《上安州裴长史书》),丐贷营葬亡友吴指南,确实是"轻财好施""存交重义"的豪侠之举。

"学成文武艺,卖与帝王家",这是历代知识分子胸藏文韬武略的最终目的。但是,李白所处开元天宝之世,既非战国的乱世,也非楚汉相争和三国鼎立的局面,也不是隋唐之际的形势,而是封建帝国空前强大统一繁荣外附内安的时期。"忆昔开元全盛日,小邑犹藏万家室。稻米流脂粟米白,公私仓廪俱丰实。九州道路无豺虎,远行不劳吉日出。齐纨鲁缟车班班,男耕女织不相失。宫中圣人奏云门,天下朋友皆胶漆。百余年间未灾变,叔孙礼乐萧何律"(杜甫《忆昔》)。《旧唐书·玄宗纪》开元二十八年载:"其时频岁丰稔,京师米斛不满二百,天下久安,虽行万里,不持兵刃。"这样的社会,政权巩固,政治稳定,人民无离散之苦,地方无征战之乱,王臣不敢有割据之举,纵横之学向何处去"纵"何处去"横"!即使是欲陈王霸之略,而封建社会在经历了数百年的发展,到了这个时期,其统治之术已十分完备,统治已相当巩固,封建集权已达到相当高的程度。"先除人害而足其衣食,然后教以礼仪而威以刑诛,使知好恶去就","大化四湊,天下安乐"的"王者之术"和"尊君卑臣,权统由一,政不二门,赏罚必信,法令著明,百官修理,威令必行"的"霸者之术"(赵蕤《长短经》卷3),对此时的王朝已经没有多大功效了。虽然偶有像赵蕤那样的王霸之略者被朝廷看中,但那毕竟是十分偶然的。也许李白正是从赵蕤的被征看到了自己的可能。但是他哪里知道,这样的机会,比起战国那样的纷争之世,甚至比起隋末唐初,对士人来说,那实在不知要少多少。偶然性或有之,必然性却无之。何况赵蕤的被征,并非只是因了"长短"之术、王霸之略。五代孙光宪《北梦琐言》说赵蕤"博学钤韬,长于经世",《四川志》载他"注关朗《易传》"。而且,赵蕤著成《长短经》,却"不受交辟","屡征之不就",并没有将《长短经》付诸实践。这一方面固然可以说明他的"有节操",但一方面或许也可以说他自知"长短"之学在其时是派不上多大用场的吧。《北梦琐言》虽

然说他"撰《长短经》十卷,见行于世",但是在唐时表、疏、书、奏、议、论、策一类文章中却无人提到。就是侠士之行,在"虽行万里,不持兵刃"的社会,虽免不了仍然会有救人急难之用,但那已不过是小用罢了,已不足以影响政治,以干功名。由此看来,李白的纵横之学,已不过是屠龙之技,廓落无所用之。"开元无事二十年,五兵不用太白闲"(欧阳修《太白戏圣俞》),欧阳修的这个认识是正确的,可是李白当时却并没有认识到这点。他不管历史的变迁和社会的发展,对唐代社会、对开元天宝之世的政治缺乏必要的和足够的认识,虽然守纵横之旧,抱任侠之残,却不能用纵横学之权变"审时度势""因时制变"(《四库全书总目提要》卷117《长短经》),以为苏秦仗唇舌之利可以佩六国相印,他怀王霸之略也便可以一举而致功名。其天真固然可爱,而其对政治的短见、刻舟求剑却又不能不令人生叹。难怪乎,他虽然"十五好剑术,遍干诸侯;三十成文章,历抵卿相",却不免落得"南徙莫从,北游失路"(《上安州裴长史书》),徒然浩叹"大道如青天,我独不得出"(《行路难》其二),可能也是原因之一吧!

二、供奉翰林的李白

李白终于被征召了,但那并不是因为他的"长短"之学、纵横之术、王霸之略,而是因为他的文采。"公文章,横被六合,可谓力敌造化欤。天宝中,皇祖下诏,征就金马门"(李阳冰《草堂集序》),"以诗著名,召入翰林"(裴敬《翰林学士李公墓碑》),做了翰林学士。李白得到了接近皇帝的机会,按说可以大展其"济苍生""安黎元""拯物""解世纷"的平生抱负,但他提出了什么政治主张,史书上却并无记载,只李阳冰在《草堂集序》中提到"出入翰林中,问以国政,潜草诏诰",而至今流传最多的还是《宫中行乐词》《清平调》一类应制、娱君之作。这一方面固然说明唐玄宗把李白这样的人请入朝,并非真的要他们有所为,真允许他们干政,而只是当做太平盛世的点缀品,用来表示"野无遗贤";另一方面也说明李白在政治上确实也没有什么作为,有的却是对那段生活骄傲快意的流露:"幸陪鸾辇出鸿都,身骑飞龙天马驹。王公大人借颜色,金章紫绶来相趋"(《驾去温泉宫后赠杨山人》),"快意且为乐,列筵坐群公"(《效古二首》其一),"入侍瑶池宴,出陪玉辇行"(《秋夜独坐怀故山》），"揄扬九重万乘主，谑浪赤墀青琐贤。朝天数换飞龙马，敕赐珊瑚白玉鞭"（《玉壶吟》），"君王赐颜色，声价凌烟虹。乘舆拥翠盖，扈从金城东。宝马丽绝景，锦衣入新丰"（《东武吟》），"长安宫阙九天上，此地曾经为近臣"（《单父东楼秋夜送族弟沈之秦》），"昔在长安醉花柳，五侯七贵同杯酒。气岸遥凌豪士前，风流肯落他人后？……文章献纳麒麟殿，歌舞淹留玳瑁筵"（《流夜郎赠辛判官》）。这些，再加上陪侍、娱君、应制一类，竟有近四十首之多。诚然，李白供奉翰林期间确曾遭受谗毁，被打击排挤，但是，应该说，初入朝将近一年的时间内还不曾发生，而且唐玄宗对他还是优礼以待的，这从他的诗中不难看出，从唐玄宗时的翰林制度看得更清楚。据李肇《翰林志》载，翰林学士之职本身无官位品秩，但充任者却是上自尚书下至校书郎者，且凡入翰林院者，都必须应试"五题"（即制、书、答、诗各一首，有的加试赋一首），李白不仅以布衣入翰林院，而且未通过"五题"之试，足见李白应诏之初唐玄宗对他的信任。又据《新唐书·百官志》载，"玄宗初置翰林待诏……既而又以中书务剧，文书多壅滞，乃选文学之士，号翰林供奉，与集贤院学士分掌制诏书敕。开元二十六年又改翰林供奉为学士，别置学士院，专掌内命。凡拜免将相，号令征伐，皆用白麻。其后，选用益重，而礼遇益亲，至号为内相，又以为天子私人。凡充其职者，无定员，自诸曹尚书下至校书郎皆得与选。入院一岁则迁知制诰，未知制诰者不作文书。班次各以其官内，宴则居宰相之下一品之上"。而且，据张国刚先生《唐代的官制》说，"翰林学士出现后，专掌内命，中书制诰之权遂大为削弱。朝廷的诏书被分成内制与外制。翰林学士所撰，仍直接从禁中发出，故称'内制'。外制所拟为一般诏书，但需经过门下，并由符宝郎盖上天子六宝。这样经过了中书门下，方为制敕。而内制所拟则为重要诏书。宪宗以前，内制不仅不由两省，而且不用六宝，亦即无需盖皇帝玺印，这在唐初只能算是'墨敕'，现在却成了最重的诏书"。李白天宝元年应诏入京为翰林学士，正处于"选用益重而礼遇益亲"的专事内诏"号为内相""天子私人"这样既荣耀亦重要且高的"翰林学士"的地位，并且唐玄宗还"问以国政""论当世务"（范《碑》）。以这样的境遇，倘若李白真有一定的政治才干治世才能，其被"恩遇"实现"为辅弼"的愿望应该是有相当大的可能的，或者会被委以相当的官职，至少不会是布衣来布衣去。说唐玄宗没有给李白以施展才能的机会，这并不是公正的说法。如此看来，失望的不仅仅只有李白。其实，李白更多的还是比较满足于那平步青云的地位。入朝之前，李白曾大声疾呼"一朝攀龙去，蛙黾安在哉"（《酬张卿夜宿南陵见赠》），而一旦"攀龙"了又如何呢？蛙黾安在哉？不仍是蛙黾之为吗？于此可见李白之一斑，李白的政治才能不能不令人怀疑。"非廊庙器"（王定保《本事诗》），如果唐玄宗对李白真有过这样的认识，恐怕也并非纯属枉屈之论。李白自己不是也曾有过"愧无横草功，虚负雨露恩"（《书情赠蔡舍人雄》）的检讨么！

三、从永王东巡的李白

李白的再次被征是至德二载（757）入幕永王府。被永王所征，乃是受其纵横家思想影响的结果。正如蔡宽夫《诗话》所说，"其学本出纵横，以气侠自任，当中原扰攘之时，欲藉之以立奇功……欲仰以立事"。"欲藉之以立奇功"，"欲仰以立事"，这并没有什么不好，但问题却出在他对永王东巡这件事的认识上。

永王东巡，其目的是非常清楚的。《旧唐书·永王璘传》：

> （天宝）十五载六月，玄宗幸蜀至汉中郡，下诏以璘为山南东路及岭南、黔中、江南西路四道节度采访等使、江陵郡大都督，余如故。璘七月至襄阳，九月至江陵，召募将士数万人，恣情补署，江淮租赋，山积于江陵，破用巨亿，以薛镠、李台卿、蔡駉为谋主。因有异志，肃宗闻之，诏令归觐于蜀，璘不从命。十二月擅领舟师东下，甲仗五千人趋广陵，以季广琛、浑惟明、高仙琦为将。璘生于宫中，不更人事，其子襄城王偒又勇而有力，驭兵权，为左右眩惑，遂谋狂悖。璘虽有窥江左之心，而未露其事。吴郡采访使李希言乃平牒璘，大署其名，璘遂激怒，牒报曰："寡人上皇天属，皇帝友于，地尊侯王，礼绝寮品，简书往来，应有常仪，今乃平牒抗威，落笔署字，汉仪隳紊，一至于斯！"乃使浑惟明取希言，季广琛趣广陵。

金陵（时为江宁县）其时属江南东道，广陵（扬州）其时属淮南道，皆并非永王统辖范围。永王不仅大肆招兵买马，随意任命官吏，扩充实力，在国难当头的时候数以巨亿地"破用"积于江陵的江淮财赋，而且不受诏命，大张旗鼓地进攻扬州，目的自然是十分明显的。假如李璘得逞，不仅会造成南北分裂的局面，而且更为严重的是平定安史之乱的主战场——北方，因为失去了财赋主要来源的江淮，将会陷于孤立无援甚至腹背受敌的境地，后果将是不堪设想的。

就是这样一个图谋分裂的李璘，李白是抱着什么态度，怎样认识，怎样对待的呢？

"气同万里合，访我来琼都。披云睹青天，扪虱话良图"（《赠韦秘书子春》），这是李白受永王之聘时写给聘使韦子春的诗。由此诗可见李白与韦子春谈得是很投机的。"良图"的具体内容是否包括永王的野心，且不必去猜测，但于李白的个人前途却无论如何是不会少的。正其如此，李白终于动了心，他离别妻子的时候说"归时倘佩黄金印，莫学苏秦不下机"，这正是他入幕永王府的个人动机。正是怀着这样的目的和动机，他才在"绵疾"之时"扶力一行，前观进退"（《与贾少公书》），入了永王幕府。以这样的目的和动机受永王之聘和在入幕之初，应该说也还是具有一定的积极意义的，正如笔者在《〈与贾少公书〉杂谈》中所论及的，"在国难当头，'中原横溃'之时却置'绵疾'不顾而'扶力'应征，用心之诚，追求之诚，舍李白其谁！诗人早年……展示的'申管晏之谈，谋帝王之术，奋其智能，愿为辅弼，使寰区大定，海县清一'的理想，虽一生蹭蹬备受磨难，却至老弥坚，未曾少减。这便是李白的精神"！但是，正因其"欲仰以立事"实现理想之切，而当永王占据金陵、挥师扬州，李白还对永王大加赞颂，《永王东巡歌》就唱得太过分了。且看他的《永王东巡歌》：

永王正月东出师，天子遥分龙虎旗。
楼船一举风波静，江汉翻为雁鹜池。（其一）

《汉书·严助传》：淮南王刘安上书谏武帝伐闽越，"陛下以四海为境，九州为家，八薮为圃，江汉为池"。雁鹜池乃汉梁孝王所凿池苑。李白此诗，虽在赞永王出师东巡，江汉地区得以平静，但却也在用"江汉为池"将永王作为"陛下"一般尊颂之。

> 三川北虏乱如麻，四海南奔似永嘉。
> 但用东山谢安石，为君谈笑静胡沙。（其二）

谢安是东晋名将，曾隐于会稽东山，晋孝武帝太元八年（383），前秦君主苻坚率军南侵，谢安起为大都督，派谢玄等拒敌，破苻坚百万之师于淝水（《晋书·谢安传》）。李白以谢安自比，自然也就把诗中的"君"——永王比做晋孝武帝了。李白对永王寄予了很大的希望。

> 龙盘虎踞帝王州，帝子金陵访古丘。
> 春风试暖昭阳殿，明月还过鳷鹊楼。（其四）

金陵"钟山龙盘，石城虎踞，此帝王之宅"（《太平御览》卷156引晋张勃《吴录》），可据以为帝业。李白对永王的忠悃之心是显然的。而后两句暗示更是明白不过，"昭阳殿"是南朝宫殿，"鳷鹊楼"是南朝宫中楼观。李白正是要永王璘"如东晋故事"[1]。

> 祖龙浮海不成桥，汉武寻阳空射蛟。
> 我王楼舰轻秦汉，却似文皇欲渡辽。（其九）

"文皇"即唐太宗李世民。李白把永王比成唐太宗，而且说永王超过了秦皇汉武，这对永王的赞颂——吹捧，更是无以复加了。所以葛立方在《韵语阳秋》中说："'我王楼舰轻秦汉，却似文皇欲渡辽'，若非赞其谋逆，则必无斯语矣！"

很显然，《永王东巡歌》十一首的中心是盛赞永王占据金陵、屯兵丹阳、直取扬州的东巡，"如东晋故事"，建立一个以"龙盘虎踞帝王州"的金陵为都城

---

[1] 《资治通鉴》卷219《唐纪》35："璘领四道节度使……有薛镠等为之谋主，以为今天下大乱，惟南方完富，璘握四道兵，封疆数千里，宜据金陵，保有江表，如东晋故事。"

的小王朝。这样，李白便可以"仰以立事"如苏秦、谢安者。

如果说李白受聘之时和入幕永王府之初，因为毕竟不像薛镠之流作为"谋主"参赞高级机密，对永王的野心尚无察觉，只是"欲仰以立事"，还可以说是具有一定积极意义的话，而在永王"正月东出师"，越权占据金陵、屯兵丹阳北固山直取扬州反形已著的情况下还大加赞颂、大加怂恿，那却是在助纣为虐了，"仰以立事"则无一毫价值。如果按李白对永王寄予的厚望那样，南北分裂局面是不可避免的，更谈不上安史之乱的平定，于国家于人民将是深重的灾难。

这就是从永王东巡的李白——一个在政治上糊涂之至的李白。

四、作《为宋中丞请都金陵表》的李白

李白的"如东晋故事"的思想，在他的《为宋中丞请都金陵表》中再一次表露出来。作此篇时，永王已兵败身亡，李白因之囚于寻阳狱，旋为宋中丞等所释。如果说李白与永王之乱，还只是因为他急功好名，"欲仰以立事"，一叶障目而附逆贼船的话，而在永王兵败之后却又表请唐肃宗迁都金陵，则表现出了他一贯的政治水平。

金陵，就算如李白在《为宋中丞请都金陵表》中所说，是"地称天险，龙盘虎踞，开肩自然，六代皇居，五福斯在，雄图霸迹，隐轸由存，咽喉控带，萦错如绣，天下衣冠士庶，避地东吴，永嘉南迁，未盛于此"。但是，安史之乱一起，举国上下，尤其是北方人民，表现出了强烈的平叛愿望和决心。就在唐玄宗置国家不顾，置北方大片河山不顾，仓皇西逃之时，"百姓遮路乞留"（《旧唐书·玄宗纪》），留之不及，太子李亨在后宣谕百姓，"众泣而言曰：'逆胡背恩，主上播越，臣等生于圣代，世为唐民，愿戮力一心，为国讨贼，请从太子，收复长安'"（《旧唐书·肃宗纪》）。裴冕、杜鸿渐敦促李亨在灵武建立平叛政权时也说："今寇逆乱常，毒流函谷，主上倦勤，大位移幸。蜀川江山险阻，奏请路绝，宗社神器，须有所归；万姓颙颙，思崇明圣。天意人事，不可固违。伏愿殿下顺其乐推以安社稷。"（同前）事隔大半年之后，已经成为抗击安史乱军统帅的唐肃宗政权，如果再度置国家人民于不顾，南逃金陵，北方主战场将再一次陷入群龙无首的地步，将帅失望，人民失望。这无异于是将北方大片河山拱手相让于叛军，无疑是将北方人民完全自觉地送到安史乱军的铁蹄下蹂躏，重演

北朝十六国纷争的历史悲剧。其后果之严重，比永王以金陵为都城与唐肃宗政权分庭抗礼的分裂局面更甚。

李白请都金陵，完全是出自他对当时形势的错误估计。他在表中说："今自河以北，为胡所凌；自河之南，孤城四垒；大盗蚕食，割为洪沟；宇宙岷屼，昭然可睹。"当然，安禄山、史思明在范阳举兵之初，养精蓄锐的叛军，对唐玄宗的腐朽政权来说，的确是势如破竹。但是，在河北河南的大片土地上，到处都有抗击安史叛军的民众组织，多则上万，少则数千。部分地方官吏、节度使，正在坚守城邑、联络友军，给叛军以重大的创伤。如常山太守颜杲卿、平原太守颜真卿。杲卿一起兵讨安禄山，河北诸郡响应，十七个郡归顺朝廷，安禄山只剩下重兵镇守的六个郡。真卿召募勇士万余，附近诸郡杀叛军守将，纷纷响应，推为盟主，统帅二十余万，大破叛军，攻克魏郡。河东节度使李光弼、朔方节度使郭子仪，在常山、赵郡、嘉山等大破叛军数万之众，收复十余郡（《旧唐书》颜真卿、郭子仪、李光弼等传）。这样同仇敌忾的形势，加以西北广大疆土完好无缺，朔方兵马锐气可用，只要唐王朝采取有效的对策，平定叛乱是具备充分条件的。当时敦促李亨在灵武建立平叛政权的杜鸿渐就说："朔方天下劲兵，灵州用武之处。今回纥请和，吐蕃内附，天下郡邑，人皆坚守，以待制命，其中虽为贼所据，亦望不日收复。殿下整理军戎，长驱一举，则逆胡不足灭也。"（《旧唐书·杜鸿渐传》）唐肃宗平叛方略的策划者李泌对唐肃宗说："今诏李光弼守太原、出井陉，郭子仪取冯翊入河东，则史思明、张忠志不敢离范阳、常山，安守忠、田乾真不敢离长安，是以三地禁其四将也。随安禄山者，独阿史那承庆耳。使子仪勿取华阴，令贼得通关中，则北守范阳，西救长安，奔命数千里，其精卒劲骑不逾年而敝。我常以逸待劳，来避其锋，去蘝其疲，以所征之兵，会扶风与太原朔方军互击之。徐命建宁王为范阳节度大使，北并塞与光弼相犄角以取范阳，贼失巢窟，当死河南诸将手。"（《新唐书·李泌传》）李白的认识和杜鸿渐、李泌的认识，和客观形势，真是十万八千里之差。他只看到了叛军的猖獗，却看不到平叛的力量，对形势的悲观认识导致了请都金陵的逃跑主义。

李白请都金陵，说的是可以"横制八极，克复两京"，而其实策划的却是"西以峨嵋为壁垒，东以沧河为沟池，守海陵之仓，猎长洲之苑"，"有虞则北闭剑阁，南启瞿塘，蚩尤共工五兵莫向，二圣高枕，人何忧哉！飞章问安，往复巴峡，朝发白帝，暮宿江陵，首尾相应，率然之举"。这完全是一条偏安江左苟延岁月的计划，哪里还能够"横制八极，克复两京"！李白坚持的仍然是那个助永王未成的"东晋故事"。

这就是作《为宋中丞请都金陵表》的李白——一个政治眼光短浅治世乏术的李白。有人论李煜，说李煜"做个词人真正好，可怜不幸做君王"，这对李煜来说，真是再中肯莫过的评价了。李白幸好也只是一个诗人。看李白，每常以济世之才自负，大言炎炎，狂傲过人，纵横干禄，隐逸求仕，但以他那样的政治识见和治世才能，倘真的做了官，不知将会如何！《资治通鉴》卷202"开耀元年"载有这样一件事——（唐高宗）"征田游岩为太子洗马，在东宫无所规益。右卫副率蒋俨以书责之曰：'足下负巢、由之俊节，傲唐、虞之圣主，声出区宇，名流海内。主上屈万乘之重，申三顾之荣，遇子以商山之客，待子以不臣之礼，将以辅导储贰，渐染芝兰耳，皇太子春秋鼎盛，圣道未周，仆以不才，犹参庭净，足下受调护之寄，是可言之秋，唯唯而无一谈，悠悠以卒年岁。向使不餐周粟，仆何敢言！禄及亲矣，以何酬塞？想为不达，谨书起予。'游岩竟不能答。"李白如果作了官，要么就像田游岩那样"无所规益""悠悠以卒年岁"，以至被时人奚落。看他待诏翰林的三年，不是没有这种可能。要么糊里糊涂，不辨贤愚忠奸，既误自身，亦几误国家。看他吹捧杨国忠（按，李白《为赵宣城上杨右相书》言："伏惟相公开张徽猷，寅亮天地，入夔龙之室，持造化之权，安石高枕，苍生是仰。"虽是代人之言，却也出自他自己笔下）、从永王东巡，这也不是没有可能的。再不然，就是出像请唐肃宗迁都金陵那样一类馊主意。

让我们还是把李白只作为诗人去对待去认识去研究吧！笔者没有丝毫贬低李白的用心，让他不仅在生前受屈，身后千百年也受屈，笔者只是想使李白更真实一些。

（原载《天府新论》1994年第4期）

唐五代时人论李白述评

对李白及其作品,长期以来,有着各种各样的评论,而唐五代时人于李白研究有奠基之功。唐五代时人对李白的评论、对李白诗文的看法与观点的形成及对其各个方面的广泛评说,皆足以渊被后世。"每一代都利用以前各代遗留下来的材料","一方面在完全改变了的条件下继续从事先辈的活动,另一方面又通过完全改变了的活动来改变旧的条件"(《马克思恩格斯选集》第1卷《德意志意识形态》)。因此,探讨李白研究奠基时期的唐五代人评论中的几个具有代表性的问题,对于当世的李白研究,对于清理李白研究的发展线索和进行整个李白研究史的研究,是颇为必要的。

一、唐五代时人对李白创作艺术的推崇与总结

一曰奇纵,力敌造化的艺术感染力。

唐人论李白,好用一个"奇"字,殷璠称其"为文章,率皆纵逸,至如《蜀道难》等篇,可谓奇之又奇"(《河岳英灵集》),钱起说"笔端降太白,才大语终奇"(《江行无题》)。范传正称其"瑰奇宏廓,拔俗无类"(《唐左拾遗翰林学士李公新墓碑并序》,以下简称范《碑》),白居易谓"李之作,才矣奇矣,人不逮矣"(《与元九书》),元稹也称其"以奇文取称"(《唐故工部员外郎杜君墓系铭并序》,以下简称《杜君墓系铭》)。魏颢、皮日休、释贯休则将这个"奇"字说得更为形象,说是"鬼出神入"(魏颢《李翰林集序》),"言出天地外,思出鬼神表"(皮日休《刘枣强碑》),"口吐天上文"(皮日休《七爱诗·李翰林》),"仰笔驱造化"(释贯休《古意》),均突出一个"奇"字。奇,谓不同凡响,首先就是指那出类拔萃的艺术天才,正是李阳冰所推崇的"其言多似天仙之辞"(《草堂集序》,以下简称李《序》),亦如王仁裕所称的"天才俊逸""天才瞻逸"(《开元天宝遗事》)。奇——天才,它在相当程度上包含着对作家才情及艺术才能的具体认识和评价。即如杜甫说的"李白斗酒诗百篇"(《饮中八仙歌》),"敏捷诗千首"(《不见》)。也即如李白的积极追随者任华说的"或醉中操纸,或兴来走笔,手下忽然片云飞,眼前划见孤峰出"(《杂言寄李白》)。也即如范传正、皮日休说的"辩如悬河,笔

不停缀"（范《碑》），"醉中草乐府，十幅笔一息"（皮日休《七爱诗·李翰林》），都是称赞李白的才情才思之敏捷。但这只是一个方面。另一方面，也是更为重要的方面——杜甫称道李白的诗"笔落惊风雨，诗成泣鬼神"（《梦李白》其二），任华还说"古来文章有奔逸气，耸高格，清人心神，惊人魂魄"（《杂言寄李白》），李阳冰赞其文章"横被六合，可谓力敌造化欤"，皮日休还更称赞其诗"读之则神驰八极，测之则心怀四溟"（《刘枣强碑》）。——唐五代时人以"奇"，以"天才"论李白，除了盛称他的才情才思之敏捷而外，更是对他作品力敌造化的艺术感染力及艺术个性的一种深刻认识。自孔子论"诗可以兴，可以观，可以群，可以怨"（《论语·阳货》）以来，历代论家对文学作品的感染作用皆备极关注，《文心雕龙》《诗品》等皆多论及此，而诗家则更为重视，无不追求一种超人的独特艺术感染力。李白之世，六朝绮丽颓靡之风虽受到遏制，但尚未尽涤，李白自称"将复古道，非我而谁"（孟棨《本事诗》），故"耻为郑卫之作"（李《序》），以天才为奇纵，笔参造化，形成一种不仅是惊风雨泣鬼神，而且是"清人心神，惊人魂魄"，"神驰八极，心怀四溟"的艺术感染力。于是，"梁陈宫掖之风，至公大变，扫地并尽"（李《序》）。从杜甫开始，有唐一代论者，无不倾倒于李白的天才奇纵——才情才思的敏捷、出神入化的艺术感染力、独特的艺术个性，即使是抑李扬杜的元稹、白居易，亦不能不许其"以奇文取称"。"天才""奇纵"，实在是唐五代人对李白的艺术才能、艺术感染力的独一无二的推崇和一致的高度评价总结。

二曰豪逸，奔放浪漫的创作风格。

唐人以豪放飘逸之论李白，实肇自杜甫。杜甫说"白也诗无敌，飘然思不群。清新庾开府，俊逸鲍参军"（《春日忆李白》）。杜甫对李白诗总的认识是"飘然"，析言之则是清新如庾信，俊逸如鲍照。清，就是李白自己所说的"中间小谢又清发"（《宣州谢朓楼饯别校书叔云》）之"清发"，重在指声调，所以李白说"我吟谢朓诗上语，朔风飒飒吹飞雨"（《酬殷明佐见赠五云裘歌》）。新，是指新颖不落俗套。大抵辞气奔放者乃可称为"清新"，故而杜甫既称"清新庾开府"，又称"庾信文章老更成，凌云健笔意纵横"（《戏为六绝句》其二）。俊逸，是指诗歌辞气的俊美潇洒飘逸。"清新""俊逸"称言虽二，其实则一。杜甫之首论李白，正指出了李白豪放而又飘逸的创作风格。杜甫之后，唐五代时人对李白多注目于此。任华说："古来文章有奔逸气，耸高格，清人心神，惊人魂魄，我闻当今有李白。"又谓其作"多不拘常律，振摆超腾，既俊且逸"（《杂言寄李白》）。魏颢称其作"鬼出神入"，范传正谓之"万象奔走于笔端"，裴敬则称其"为诗格高旨远，若在天上物外，神仙会集，云行鹤驾，想见飘然之状"，皮日休嘉之以"磊磊落落，真非世间语"，释齐已盛赞其"竭云涛，刳巨鳌，搜括造化空牢牢。冥心入海海神怖，骊龙不敢为珠主。人间物象不供取，饱饮游神向玄圃。锵金铿玉千余篇，脍吞炙嚼人口传。须知一一丈夫气，不是绮罗儿女言"。不仅如此，唐人还将李白与其他诗人的创作风格加以比较，显出对李白豪放飘逸的更为深刻的认识。宋人计有功《唐诗纪事》载："贞元中人，自序其诗云：碧尝读李长吉集，谓春拆红翠，辟开蛰户，其奇峭者不可攻也。及览李太白词，天与俱高，青且无际，鲲触巨海，澜涛怒翻。则观长吉之篇，若陟嵩之巅视诸阜者耶！"又《海录碎事》谓："唐人以李白为天才绝，白乐天人才绝，李贺鬼才绝。"在唐人眼中，李白豪放飘逸的浪漫风格，不仅是出类拔萃，甚至是无与伦比的。难怪乎，虽力贬李白之不如杜甫的元稹，对李白的"壮浪纵姿，摆去拘束""辞气豪迈而风调清深"（《杜君墓系铭》），也还是承认的。

杜甫谓李白"飘然思不群"，本来是对李白之诗清新如庾开府，俊逸如鲍参军的概括评价，肯定李白奔放而又飘逸的风格，可是五代时人刘昫在《旧唐书》中为李白作传时却接过杜甫的"飘逸"之论做了歪曲的发挥，说李白"少有逸才，志气宏放，飘然有超世之心"。就这"超世之心"四个字，便将李白及其诗歌变成了与社会生活不着边际的飘飘然。此说一出，影响颇为广远，宋人以抑李扬杜为时尚，刘昫之论，竟几为宋人公认。北宋曾巩虽高度评价李白，但其所撰《李白文集后序》却同意刘昫对李白的总评，说："旧史称白有逸才，志气宏放，飘然有超世之心，余以为实录。"谬论流传，王安石、苏轼、苏辙、赵次公等攻讦李白"识见污下，十首九说妇人与酒"（胡仔《渔隐丛话》），"岂济世之人哉"（苏轼《李太白碑阴记》），"华而不实，好事喜名，而不知义理之所在"（苏辙《栾城集》），"白之诗多在于风月草木之间。神仙虚幻之说"（赵次公《杜工部草堂记》），无非是"飘然有超世之心"，缺乏社会内容。然而这实实在在是对李白极大的歪曲，既与杜甫之谓"飘然"大相径庭，也大异于其他唐时之论。

作家的创作风格与作家的气质个性有着密切的关系，即所谓"文以气为主，气之清浊有体，不可力强而致。譬诸音乐，曲度虽均，节奏同检，至于引气不齐，巧拙有素，虽在父兄，不能以移子弟"（曹丕《典论·论文》）。李白有一个很著名的雅号——"谪仙"。天宝初年李白应诏晋京，"太子宾客贺公，于长安紫极宫一见余，呼余为谪仙人"（《对酒忆贺监并序》）。自李白被逐出宫以后，每每以"谪仙人"自称："青莲居士谪仙人，酒肆藏名三十春。湖州司马何须问，金粟如来是后身。"（《答湖州迦叶司马问白是何人》）"世人不识东方朔，大隐金门是谪仙。"（《玉壶吟》）以"谪仙"自号，既符合他"潇湘放逐臣"的遭逢，也是他气质、个性的写照。裴敬说："先生得天地秀气耶？不然，何异于常之人耶！或曰：太白之精下降，故字太白，故贺监号为谪仙，不其然乎！故为诗格高旨远，若在天上物外，神仙会集，云行鹤驾，想见飘然之状，视尘中屑屑米粒，虫睫纷扰，菌蠢羁绊蹀躏之比。"这正道出了李白的气质、个性与他创作风格的一致性。李白还每每以"狂"自视，别人也更是这样看他。在我国文学史中以"狂"称的文人并不少见，魏晋以来，醉酒佯狂被视为"名士风度"，争相效尤；入唐以后，此风未止，尤其是盛唐时期，诗歌浪漫主义的发展使浪漫主义成为颇有影响的一种创作方法，诗人们取法于此，也都喜欢以"狂"自诩或相称许，但是谁也不像李白那样常常被人称道："不见李生久，佯狂真可哀"（杜甫《不见》），是"狂"；"痛饮狂歌空度日，飞扬跋扈为谁雄"（杜甫《赠李白》），是"狂"；"贺老成异物，颠狂谁敢和"（释贯休《古意》），还是"狂"。至于不出"狂"字而画其狂态者，更比比皆是。"谪仙"和"狂"，都很能说明李白傲世独立、放荡不羁的气质和独特性格，这种气质和性格与豪放飘逸的创作风格，在李白的诗歌中达到了高度的统一，有着完美一致性。"谪仙"之号突出一个"逸"字，"狂"则突出了一个"豪"字。"豪"和"逸"是唐人对李白创作风格的一致肯定。后世以奔放浪漫论李白正沿于此，无出唐人机杼，正表明古今论家对李白豪放飘逸浪漫风格认识的一致性。

三曰讽兴，风骚汉魏的传统精神。

唐人论李白，不仅对他的艺术才能、艺术感染力以及豪放飘逸的风格备极推崇，还对他祖风骚、托讽兴、力挽颓风也有深刻的认识。唐代第一个为李白编集作序的李阳冰说："凡所著述，言多讽兴。自三代已来，风骚之后，驰驱屈宋，鞭挞扬马，千载独步，唯公一人。……卢黄门云：陈拾遗横制颓波，天下质文翕然一变，至今朝诗体，尚有梁陈宫掖之风，至公大变，扫地并尽。"对李白继承风骚传统、一扫梁陈绮靡之风的功绩给予了高度的评价。魏颢为李白编集作序，也指出了李白对风骚汉魏传统的继承，说："伏羲造书契后，文章滥觞者《六经》，《六经》糟粕《离骚》，《离骚》糠秕建安七子。七子至白，中有兰芳，情理宛约，词句妍丽。白与古人争长，三字九言，鬼出神入，瞠若乎后耳。"嗣后，曹松《吊李翰林》诗称"山木易高迷故垅，《国风》长在有遗编"，吴融也说太白"骨气高举，不失颂咏讽刺之道"（《禅月集序》）。皮日休不仅说李白"大得建安之体"（《郢州孟亭记》），而且将李白与时人对比，评价和肯定更为具体，他说："诗歌之风荡来久矣。大抵丧于南朝，坏于陈叔宝。然今之业是者，苟不能求古于建安，即江左矣，苟不能求丽于江左，即南朝矣。或过为艳伤丽病者，即南朝之罪人也。吾唐来有业是者，言出天地外，思出鬼神表，读之则神游八极，测之则心怀四溟，磊磊落落，真非世间语者，有李太白。"（《刘枣强碑》）"言出天地外，思出鬼神表"，不正是钟嵘《诗品》所称的那种"言在耳目之内，情寄八荒之表。洋洋乎会于风雅，使人忘其鄙近，自至远大，颇多感慨之词，厥旨渊放，归趋难求"而李白犹有胜之的比兴寄托！

唐人论李白，不仅对其"风""雅"讽兴传统的继承有深刻的认识，对李白受屈原《离骚》浪漫主义的深厚影响亦曾留意。与李白同时的殷璠称其《蜀道难》等篇，"可谓奇之又奇，自《骚》人以还，鲜有此体调"。值得注意的是，殷璠不像后来的李阳冰那样"风""骚"并提，而是只强调《骚》，正是独具眼光。比较《诗经》而言，对李白影响更大的似乎还要数屈原及其《离骚》。"屈平辞赋悬日月"（《江上吟》），李白对屈原极为推崇。屈原"哀怨"的忧患意识、疾恶的批判精神和追求"美政"的理想主义，对李白的思想及其诗作有着开乎先路的作用。而在艺术上，屈原上天入地的大胆想象，"凭心而言，不遵矩度"（鲁迅《汉文学史纲要》）的气势与句法，对李白都有极为明显的影响。李白的许多诗文，如《梦游天姥吟留别》《蜀道难》《梁甫吟》《远别离》《天马歌》等，不仅句法，就是奇幻的意境、神妙的想象、大胆的夸张，同屈原有些作品也很相近。殷璠之论正揭示出李白豪放飘逸浪漫主义的渊薮，确有识见。

"大雅久不作，吾衰竟谁陈？王风委蔓草，战国多荆榛。虎龙相啖食，兵戈逮狂秦。正声何微茫，哀怨起《骚》人。扬马激颓波，开流荡无垠。废兴虽万变，宪章亦已沦。自从建安来，绮丽不足珍。圣代复元古，垂衣贵清真。群才属休明，乘运共跃鳞。文质相炳焕，众星罗秋旻。我志在删述，垂辉映千春。希圣如有立，绝笔于获麟"（《古风五十九首》其一）。这是李白抒写自己文学抱负和主张的诗作。李白表示要立志"删述"，以恢复和继承"大雅""王风"的正声、楚骚"哀怨"的传统为己任。因之，其诗多讽兴寄托之作。《古风五十九首》，或立志，或咏史，或感遇，仿《国风》之比兴，效庄子之寓言，其体则近接建安，远绍《古诗十九首》，其意则直追屈子《离骚》，至于古诗古乐、古近各体，蔑富贵、傲权贵、感时艰、悲丧乱、愤世嫉俗，以讽兴出之者亦不可胜计。应该说，殷璠、李阳冰等辈以风骚汉魏评李白是中肯的，符合实际，不料在中唐之世元白一派诗人却掀起了一股抑李扬杜之风，首讼李杜优劣之案。

二、唐人李杜优劣之论

在唐代诗坛，李白和杜甫双峰并峙，李杜并称。但是在盛唐之世，李白的声名却远非杜甫可比。李白自天宝元年应诏晋京，被贺知章誉为"谪仙人"，"声名从此大"，于是"名动京师"。天宝末年殷璠编选《河岳英灵集》，选李诗而不选杜诗，正说明了李白在盛唐诗坛上的影响。后李阳冰又评之为"千载独步，唯公一人"。杜甫不及李白是显然的，就是在中唐也还有人说"天宝太白殁，六义已消歇"（孟郊《读张碧集》），而不称言杜甫。随着唐代社会政治经济和文学潮流的变化，杜甫的诗名在贞元、元和以后逐渐崛起。贞元、元和年间，唐王朝朝政败坏，政治昏乱，民生凋敝，文学思潮较之盛唐发生了比较大的变化，以针砭时弊为主的现实主义成为诗坛的主要倾向，因此，以反映安史战乱社会现实而负"诗史"之名的杜甫便逐渐显赫，与李白并称。

李杜并称，始于何时，尚难确指，元稹《杜君墓系铭》说"是时山东人李白，亦以奇文取称，时人谓之李杜。"白居易《与元九书》说："诗之豪者，世称李杜。""时人""世人"之谓，虽不可复见，然在元、白之前亦非无迹可寻。杨凭《赠窦牟》诗云："直用天才众却瞋，应欺李杜久为尘。南荒不死中华老，别玉翻同西国人。"窦牟《奉酬杨侍郎十兄见赠之作》诗云："翠羽雕虫日日新，翰林工部欲何神。自悲由瑟无弹处，今作关西门下人。"杨、窦酬唱，皆以李白、杜甫并称。嗣后，韩愈、皇甫湜等诗文中均有将李杜并提之处。但是，随之而来的是中唐诗风文学思潮的转变，论家渐成抑李扬杜之趋势，元稹《杜君墓系铭》首开抑李扬杜之端，云："余观其（李白）壮浪纵恣，摆去拘束，模写物象，及乐府歌诗，诚亦差肩于子美矣；至若铺陈终始，排比声韵，大或千言，次犹数百，辞气豪迈而风调清深，属对律切而脱弃凡近，则李尚不能历其藩翰，况堂奥乎！"《旧唐书·杜甫传》称"元和中词人元稹论李杜之优劣"，于是元稹便成为李杜优劣论的创始人和抑李扬杜的代表。与元稹同时的白居易在《与元九书》中也有一段文字："李之作才矣奇矣，人不逮矣。索其风雅比兴，十无一焉。杜诗最多，可传者千首。至于贯穿今古，觇缕格律，尽工尽善，又过于李。"白居易的声名，在中唐诗坛上比元稹更大，经此一论，推波助澜，抑李扬杜广为影响，致使李杜优劣论聚讼千载。

抑李扬杜的提出，固然与受中唐社会政治经济牵动的诗风文学思潮的变化有密切的联系，但更为重要的则是论者的思想和文学观的倾向。李白的思想，是儒、释、道的融合体，以道为主。因此，其思想性格的本质和特点是任性而行、不受拘束、希图超脱庸俗、向往不平凡。他有强烈的政治抱负，要"申管晏之谈，谋帝王之术，奋其智能，愿为辅弼，使寰区大定，海县清一"（《代寿山答孟少府移文书》），像先秦策士那样以谋略一举而致卿相。李白的思想中虽然有受儒家影响的成分，如"济苍生""安社稷""兼济天下"等等，但他却又看不起儒生，不仅嘲鲁儒，还要嘲大儒圣儒，"我本楚狂人，凤歌笑孔丘"（《庐山谣寄卢侍御虚舟》），对儒家圣人大是不敬。李白的傲岸不仅是不肯摧眉折腰事权贵，甚至对皇帝也是如此，"严陵高揖汉天子，何必长剑拄颐事玉阶"（《答王十二寒夜独酌有怀》），不仅要平交诸侯，也要平交皇帝，而且动辄便是"明朝散发弄扁舟""五湖去"，与统治者决裂，连"高揖"也不屑为。这样的不肯摧眉折腰，在有唐一代可谓独一无二，已经远远超出了儒家的规范。至于"珠玉买歌笑，糟糠养贤才"（《古风五十九首》其十五）之类直指当朝皇帝的抨击则更为大胆，已非一般的"讽谏""怨悱"可比。而杜甫则不然，儒家思想即是他的思想。他出身于一个"奉儒守官"的家庭，他自己也是一个奉儒守职的小官吏。他也不满于现实，也愤慨于统治阶级的昏聩腐败，他忧世伤时鞭挞时弊的诗篇虽然有着强烈的现实主义精神，对统治阶级多有"美刺""讽谏"，但于孔子以来"温柔敦厚""干预教化"的诗教却一般无所逾越。他虽"非无江海志，潇洒送日月"，但终究是"生逢尧舜君，不忍便永诀"（《自京赴奉先县咏怀五百字》），他既不像李白那样天真，也不像李白那样狂傲，终其一生，似乎可以说杜甫是一个奉儒守职、奉儒从事的规矩人，后世说他"作诗千万篇，一一干教化"（李纲《读四家诗选》），"至其出处，每与孔孟合"（赵次公《杜工部草堂记略》）。抑李扬杜的元稹、白居易，他们思想的主导正是儒家思想，而其"合为事而作"的文学观，则秉承的是《诗经》"美刺""讽谏"的现实主义传统，这与杜甫诗歌中表现出的那种精神是完全一致的。而且从杜甫的"即事名篇，无复依傍"到元、白"合为事而作"的新题新事乐府，有一条明显的继承轨迹。因此，元、白的扬杜是必然的。而像李白那样的大言炎炎、狂傲无比"戏万乘若僚友"（苏轼《李太白碑阴记》）的不守法度，在元、白的思想上不被接受，其创作上那种与现实主义不相吻合的驰骋想象、纵横夸张的浪漫主义不被承认也是必然的。

应该说，从元、白的思想倾向和文学观的角度看，抑李扬杜也并非任情高下的无稽之谈。但是，他们对诗歌的理解和评价标准，只是以形式上的"排比声韵""属对律切"和内容上的是否符合风、雅为原则，而他们对《诗经》风、雅的认识，又深受汉儒的影响，仅局限于"干预教化""补察时政，导泄人情"，这就不能不说是一种狭隘的文学批评观了。因此，即使对于屈骚，他们的认识也仅止于"泽畔之吟归于怨思""得风人之什二三"（白居易《与元九书》），"骚人作而怨愤之态繁，然犹去风雅日近，尚相比拟"（元稹《杜君墓系铭》），不无贬辞。在元稹、白居易看来，屈原尚且仅"得风人之什二三"，李白当然更是"十无一焉"了。

元、白以狭隘的文学批评观评价李白与杜甫，至成抑李扬杜，其难乎免于偏颇是无疑的。因此，抑李扬杜论刚一出笼，便遭到韩愈等人的激烈反对，"李杜文章在，光焰万丈长。不知群儿愚，那用故谤伤。蚍蜉撼大树，可笑不自量"（韩愈《调张籍》），以很强的针对性，对抑李扬杜做了有力反驳，认为"高下非可概"（皇甫湜《题浯溪石》），首倡李杜并重。韩愈李杜并重的观点对后世影响很大，中晚唐之际，有"小李杜"之称的李商隐、杜牧便是其最受影响者，

说"李杜操持事略齐,三才万象共端倪"(李商隐《漫成》),"李杜泛浩浩"(杜牧《冬至日寄小侄阿宜》),都是李杜并重。即使是晚唐以继承中唐诗歌现实主义精神著称的皮日休、杜荀鹤等辈,也是并重李杜,甚至似乎还有些偏爱李。皮日休曾在《刘枣强碑》中痛快淋漓地发抒过对李白的景慕,又曾于《七爱诗·李翰林》一首慨叹道:"惜哉千万年,此俊不可得!"杜荀鹤过李白墓时也曾感叹:"青山明月夜,千古一诗人!"(《经谢公青山吊李翰林》)吴融亦极力推崇李白,说:"国朝能为歌诗者不少,独李太白称首。"(《禅月集序》)可见韩愈李杜并重观点影响之深,倒是元、白的抑李扬杜在晚唐几近阒无声息,了无影响。

抑李扬杜喧声最噪的是宋代。宋代深受抑李扬杜影响的几乎全是名重文坛的大家,如王安石、苏轼、苏辙、赵次公等,因此抑李扬杜势成定论。但他们攻讦李白的才识、品质、人格,却非常庸俗。而反对抑李扬杜则肇自北宋徐积,踵之明时杨慎。徐积说:"盖自有诗人以来,我未尝见大泽深山,雪霜冰霰,晨霞夕霏,千变万化,雷轰电掣,花葩玉洁,青天白云,秋江晓月,有如此之人,如此之诗。……乃知公是真英豪,万叠秋山清笔骨。当时杜甫亦能诗,恰如老骥追霜鹘。"(《李太白杂言》)杨慎在其所撰《诗话》《丹铅余录》等著作中论述尤多。这虽是唐人独重李白的沿袭,却也是因抑李扬杜而起。

总之,无论李杜并重、抑李扬杜,或者扬李抑杜,皆唐人李杜优劣之滥觞。聚讼纷纭,直到明代王世贞、胡应麟博词雄辩李杜之不可轩轾,方始稍有平息。王世贞《艺苑卮言》说"五言选体及七言歌行,太白以气为主,以自然为宗,以俊逸高畅为贵;子美以意为景,以独造为宗,以奇拔沉雄为贵。其歌行之妙,咏之使人飘飘欲仙者太白也,使人慷慨激烈唏嘘欲绝者,子美也","五言律、七言歌行,子美神矣;七言律圣矣。五七言绝,太白神矣;七言歌行圣矣,五言次之","太白笔力变化极于歌行,少陵笔力变化极于近体;李变化在调与词,杜变化在意与格"。胡应麟《诗薮》说:"才超一代者李也,体兼一代者杜也。李如星悬日揭,照耀太虚;杜若地负海涵,包罗万汇。李唯超出一代,故高华莫并,色相难求;杜唯兼综一代,故利钝杂呈,巨细咸蓄。李才高调逸而气雄,杜体大思精而格浑。超出唐人而不离唐人者李也,不尽唐调而兼得唐调者杜也。"王、胡两家,对李白、杜甫的不同气质、不同创作方法和不同艺术风格等分析区别，既是对李白、杜甫深入细致研究的结果，也无疑是对长期以来李杜优劣之争各种见解去伪存真的总结，远比前人具体细致深刻，为清以来的评论家所接受，后世持论多秉并重。于此，千载聚讼似才告一段落。

长期的李杜优劣之争，对我国文学发展和两种传统继承的认识，对李杜及其两种创作方法和文学风格流派的深入研究等等，无疑都有着重要意义。但是，似乎也可以这么说：李杜优劣之论竟持续了千余年，这一事实本身就足以表明李白、杜甫在文学史上、在人们心目中的崇高地位。歌德曾经颇为自负地说过，"听众对于席勒和我谁最伟大这个问题争论了二十年。其实，有这么两个老家伙让他们可以争论，他们倒应该感到庆幸"（《歌德谈语录》）。那么，我们居然有这么"两个老家伙"竟让我们争论了一千多年尚未止息，难道不应该更加感到庆幸、感到自豪么？

三、唐人关于李白生平的几种说法

与李白的才能、性格和生前身后声名的浮沉荣辱一样，李白的生平也很富有传奇色彩，引起过人们广泛的兴趣，在唐代就流传过许多富有情趣的传说。

李白的出生——太白金星转世

据李阳冰《草堂集序》："惊姜之夕，长庚入梦，故生而名白，以太白字之。世称太白之精，得之矣。""世称"，说明了这一传说在李白在世时已广为流传。贺知章对李白"既奇其姿"，又对其诗"称叹数四"，故号谪仙。五代王定保《唐摭言》也说贺知章览其诗称叹"公非人世之人，可不是太白星精耶！"与李白同时的任华、魏颢都仰慕李白的才华，为了一睹其风采，竟不辞千里迢迢长途追踪，"中间闻道在长安，及余戾止，君已江东访元丹"（任华《杂言寄李白》）；"万之日不远命驾江东访白，游天台，还广陵，见之"（魏《序》）。为了会李白一面，魏颢竟跑了三千里路（李白《送王屋山人魏万还王屋》："东浮汴河水，访我三千里。"）。魏颢对李白的鲜明印象是"眸子炯然，哆如饿虎，或时束带，风流酝籍"（魏《序》），因为这样的不同于常人，竟然使后世人认为李白是胡人。号称"饮中八仙"之一的李白的好友崔宗之也说过他"双眸光照人"（《赠李十二》）。可见李白是神采奕奕，给人以飘然出世之感。因此

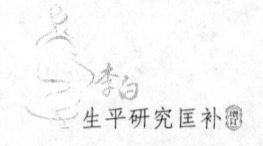

裴敬说:"先生得天地秀气耶?不然何异于常之人耶!或曰:太白之精下降,故字太白,故贺监号为谪仙,不其然乎?"(裴《碑》)

太白金星转世自然是不会有的,唐人也不会相信真有其事,但明明是虚妄的事,在唐代非但无人指其虚妄,反倒广为流传,这就不是一个简单的传说了,它不仅附会着李白的不同于常人,更主要的是可以借以夸大李白出类拔萃的超人才华。

李白的傲岸——醉使高力士脱靴

李白醉使高力士脱靴一事,在中晚唐之际流传颇广,唐人李濬(一作韦濬)的《松窗杂录》记载:李白于沉香亭进《清平调辞》三章,"上自是顾李翰林,尤异于他学士,会高力士终以脱靴为深耻"。其后李肇《唐国史补》亦载:"李白在翰林,多沉饮。玄宗令撰乐词,醉不可待,以水沃之,白稍能动,索笔一挥十数章,文不加点。后对御令力士脱靴,上令小阉排出之。"段成式《酉阳杂俎》的记载更详细,"李白名播海内,因命纳履。白遂展足与高力士,曰:'去。'力士失势,遂为脱之。"晚唐诗僧贯休也相信此事,说:"一朝力士脱靴后,玉上青蝇生一个。"(释贯休《古意》)后来这件事越传越神,竟被刘昫写入正史《旧唐书》,说:"白尝沉醉殿上,引足令高力士脱靴,由是斥去。"脱靴一事自载入正史之后影响更大,几为历代深信不疑。但这件事的可靠性其实是很小的。李阳冰、魏颢是最早为李白编集的两人,而且是受李白的嘱托,一个是"枕上授简",一个是"命颢为集",其集序历叙李白生平,尤详于天宝被召入宫殊荣一节,但都未及脱靴一事。可见李白生前并未对李、魏谈及此事。如果说李白或为李白编集作序的李、魏有什么忌讳,唯一的忌讳便是高力士,但李阳冰受李白"枕上授简"为之编集作序的宝应元年和魏颢"上元末"(761)之后的"沉吟累年""援笔成序",其时高力士已"配流黔中"(《旧唐书·高力士传》),还能有什么忌讳呢?而且此事于李白的诗中也无迹可寻。李白出朝以后,每每忆及待诏翰林时,无不神采飞扬、得意非凡,但于脱靴一事却无只字。以李白得意时高兴"仰天大笑出门去,我辈岂是蓬蒿人"(《南陵别儿童入京》),失意时沮丧,自比为落羽鹦鹉(《初出金门寻王侍御不遇咏壁上鹦鹉》),而且又"但愿长醉不愿醒"的率真豪爽,得意地戏弄权宦的脱靴又怎么不炫耀于人呢?

脱靴之事查无实据，但唐人在诗文中并不拆穿，充其量是避而不提，恐怕在心理上还是接受的。李白待诏翰林，终至被逐，本是因为宫中权贵的谗毁，不能没有高力士的中伤，李白令其脱靴戏弄于金銮殿上王公大臣之前，大为李白抱屈者一抒胸中不平，又使李白狂傲不羁的性格充分表现，岂不快意！不妨听任其流传。而且文人对宦官历来鄙夷，对宦官弄权更为痛恨，中晚唐之际宦官专权尤剧，有李白这样一位声震朝野的大诗人把显赫一时的宫廷权贵的代表人物高力士那样一个大宦官当着皇帝老儿的面戏弄一番，为天下人泄愤，岂不痛快！唐五代以后，脱靴一事不仅盛为流传，且为诗文所盛赞，除了人们对李白的喜爱、崇拜和仰慕，不能说没有比较浓厚的时代政治色彩。

李白的死——醉酒捉月

李白的死，在唐五代时期就流行着两种说法：一种是病死，一种是醉酒捉月溺死。前一说最早见于李阳冰的《草堂集序》，说"公又疾亟"，"枕上授简，俾余为序"。这是说李白病重，大概离死不远。贞元六年（790），刘全白出任池州刺史，经李白墓，撰《唐故翰林学士李君碣记》，说"遂以疾终"，明确提出了因病而死。几十年以后，皮日休在《七爱诗·李翰林》中说得更为具体，"竟遭腐胁疾，醉魂归八极"。病死说在唐及以后都有相当的权威性。但是，几乎在刘全白明确提出病死说的同时，醉酒捉月溺死的说法便已流传。最早可见是韩愈的《题子美坟》诗，说："捉月走入千丈波，忠谏便沉汨罗底。固知天意有所存，三贤所归同一水。"按，"三贤"指屈原、李白、杜甫。韩愈此诗，前人有疑为伪托者，但仇兆鳌于《杜诗详注·附编》辩之甚力，说："其中隽拔之语，又似非后人所托，何耶？韩诗原集外，后人复搜录遗篇，而尚有逸诗。……今韩集皆不载，见洪容斋《随笔》中。或云《题子美坟》诗，亦其散逸人间者。"如此，则捉月溺死之说在贞元、元和年间便已流传。嗣后，项斯会昌四年（844）擢进士第赴丹徒尉作《经李白墓》诗，说："夜郎归未老，醉死此江边。"到五代时，王定保又将此事载入《唐摭言》："李白著宫锦袍，游采石江中，傲然自得，旁若无人，因醉入水中捉月而死。"同时，刘昫编《旧唐书》又纳入正史，说"竟饮酒过度，死于宣城"。因之，醉酒捉月溺死说影响也很大。只是此说终因多出自诗歌和笔记，向被人视为异闻而多不为学者所接受。但以笔者之浅见，此说却有诸般值得注意之处。

其一，关于李白的死，为李白作序志碑传者除李阳冰、刘全白，余者如李华、范传正、裴敬颇含糊其辞。李华说他"赋《临终歌》而卒"，这是含糊其辞。范传正说"盘桓利居竟卒于此"，裴敬说"放浪江南，死宣城"，都是有意回避。范、裴其时，于李阳冰、刘全白之说应是全然知道的，李华即使不知刘说而于李阳冰之序则应是知道的，则含糊其辞或者回避，本身就是对这一说法的怀疑。而且范传正对李白生平的叙述是本之于李白之子伯禽"手疏数行，纸坏字缺，不能详备，约而计之"写成的，即是说，连李白的儿子也回避了李阳冰"疾亟"而死的说法。

其二，韩愈于贞元八年二十五岁时及第，刘全白于贞元六年明确提出以"疾终"，揆诸情理，韩愈作《题子美坟》时应该是知道刘说的，对李阳冰、李华之说不用说更是清楚，但他居然置这些不理，独说李白"捉月走入千丈波"，岂知韩愈其时没有更确凿的证据？李阳冰当然是李白之死最确凿的证人，但他为其作序时李白只是"疾亟"，并未死去，后来李阳冰再无片言，李白究竟是如何死的不得确知，其病死说其实是李阳冰"疾亟"的敷衍。

其三，有人说，"试想李白在'沉醉中所撰文章，亦未尝错误，而与不醉之人相对议论，皆不出太白所见'（《天宝遗事》），即使是真喝醉了，也不会糊涂到入水捉月啊"（常教《关于李白生与死的传闻》，《文献》1986年第1期）。这只是一种猜测之词。醉酒之人未必时时清楚，如《天宝遗事》所说，贺知章醉酒后可以是"骑马似乘船，眼花落井水底眠"，像李白那样"天子呼来不上船，自称臣是酒中仙"（杜甫《饮中八仙歌》）"沉湎至尊之前，啸傲御座之侧，目中不知有开元天子"（王穉登《李翰林分体全集序》）的狂傲，酒醉之后，何事不能为！正像明末杜浚《太白楼歌》所感慨的那样："醉中放诞无不有，捉月岂必全荒唐。"

虽然李白捉月入水之说尚无坚证使人确信，但从以上三点看，似也有存疑的价值。

李白是我国文学史上最负盛名的作家，在文学史上占有极重要的地位并有着极大的影响。因此，最接近他所生活的那个时代的唐五代人对他的论述，不仅是李白研究史中的重要内容，也是我国文学批评史上的重要现象，于研究李白又有较强的真实性、权威性和极大的影响性，所以理应给予很好的总结，以促进今世李白研究的深入发展。本文对唐五代时人论李白给予评论总结，追寻抑李的根源，并辨李白生平传说及其社会意义，虽甚粗略，亦多皮相之论，但区区之意，欲有益于今世之李白研究，乞学界指正。

（原载《中国李白研究》1994年集）

"何时竹林下　更与步兵邻"——阮籍之于李白论略

唐代近三百年间，思想取兼容的态度，以儒为主，包涵百家，儒、释、道思想的交融，可以说正是有唐一代思想的基本特征。兼之唐代经济的繁荣和国力的强大（尤其是盛唐），故而有了有唐人洒脱自由的开放和泱泱大国的恢宏。正因如此，唐人也就十分欣赏和追求魏晋士人的疏狂绝俗、率真豁达、超然飘逸、自在风流的名士风度，以至成为风尚。而李白，却正可以说是唐人这种风尚的代表。他这位"狂士"，"使脱靴殿上""气盖天下"，"开济明豁，包含弘大；陵轹卿相，嘲哂豪杰；笼罩靡前，跆籍贵势；出不休显，贱不忧戚；戏万乘若僚友，视俦列如草芥。雄节迈伦，高气盖世"（苏轼《李太白碑阴记》）。李白的这种风度气概从魏晋名士来。魏晋名士中，李白最喜爱的恐怕莫过于"竹林七贤"了。而作为"竹林七贤"之首的阮籍，李白不仅是推崇，甚至是引为同调。他在《赠闾丘宿松》一诗中称颂道："阮籍为太守，乘驴上东平。剖竹十日间，一朝风化清。偶来拂衣去，谁测主人情？"李白不仅能"测主人情"，而且还企望"何时竹林下，更与步兵邻"（《对雪奉饯任城六父秩满归京》）。至于李白的其他诗作，或咏阮籍事，或翻阮籍诗，更不少见，诸如"却忆蓬池阮公咏，因吟渌水扬洪波"（《梁园吟》），"晋风日已颓，穷途方恸哭"（《古风五十九首》其五十二），"东平与南平，今古两步兵。素心爱美酒，不是顾专城"（《赠从弟南平太守之遥二首》其二），等等。难怪乎世人常以李白绍之阮籍为论，远者有"晋有七贤，唐称八仙，应彼星象，唯公一焉"（范《碑》）之说，近者有"白《古风》凡五十九首……远追嗣宗，近比子昂《感遇》，其间指事深切，言情笃挚，缠绵往复，每多言外之旨，白之流品亦可睹其概焉"（《唐宋诗醇》）、"太白诗纵横驰骋，独《古风》二卷，不矜才，不使气，原本阮公"

(沈德潜《唐诗别裁》)之论。

然则世人何以以阮籍目之李白,李白又何以以阮籍为同调?其间缘由,颇可探寻,以窥李白思想之渊薮。

政治理想的一致,是李白引阮籍为同调的基础。

《晋书·阮籍传》称阮籍"志气宏放","有济世志"。的确,阮籍不仅"十四五"时"志尚爱诗书,被褐怀珠玉,颜闵相与期"(《咏怀》其十五。下引阮籍诗,皆其《咏怀》),而且"少年学击刺,妙伎过曲城。英风截云霓,超世发奇声。挥剑临沙漠,饮马九野坰。旗帜何翩翩,但闻金鼓鸣"(其六十一),"挥袂抚长剑,仰观浮云征"(其二十一),"弯弓挂扶桑,长剑倚天外。泰山成砥砺,黄河为裳带"(其三十八),"危冠切浮云,长剑出天外"(其五十八),"良弓挟乌号,明甲有精光。临难不顾生,身死魂飞扬。岂为全躯士,效命争战场。忠为百世荣,义使令名彰。垂身谢后世,气节故有常"(其三十九)。济世之志、英风豪气,溢于笔端。阮籍的八十二首《咏怀》诗以多种形象构成了一个"有济世志"的意象群。这个意象群中,有"天马出西北"(其四)的天马,有"黄鹄游四海"(其八)的黄鹄,有"云间有玄鹤,抗志扬声哀"(其二十一)的玄鸟,有"愿为云间鸟,千里一哀鸣"(其二十四)的云间鸟,有"鸿鹄相随飞,飞飞适荒裔。双翮临长风,须臾万里逝。朝餐琅玕实,夕宿丹山际。抗身青云中,网罗孰能制"(其四十三)的鸿鹄,有"运天地"(其四十六)的海鸟,有"翔山冈""摩天飞""凌云共游嬉"(其四十七、四十九)的高鸟,有"清朝饮醴泉,日夕栖山冈,高鸣彻九洲,延颈望八荒"(其七十九)的奇鸟凤凰;有"壮士何慷慨,志欲威八荒。驱车远行役,受命念自忘"(其三十九)的壮士,有"元凯康哉美,多士颂隆声"(其四十二)的良辅、英雄,有"朝起瀛洲野,日夕宿明光。再抚四海外,羽翼自飞扬"(其七十二)驾黄骏的奇士;也有"皎若白日光,被服纤罗衣,左右佩双璜"(其十九)的西方佳人和"焕耀何芬葩,玄发照朱颜,睇眄有光华"的"妖冶闲都子"(其二十七);还有"耀西海"的若木、"翳瀛洲"(其二十八)的扶桑和"泽中生"(其四十九)的乔松。所有的这些意象,天马、黄鹄、鸿鹄、玄鹤、云间鸟、高鸟、奇鸟(凤凰)、壮士、良辅、英雄、佳人、妖冶子、若木、扶桑、乔松等,构成了空前而又独特的意象群,既是诗人自我形象的表现,又形象地抒写了诗人想要天马行空，想要振翅奋飞，想要积极进取的"王业须良辅，建功俟英雄"（其四十二）的"济世志"。

阮籍不但有"济世志"，而且还用这套济世的理论勾画了济世蓝图。他在《易通论》中说，黄帝、尧、舜这些先王"以建万国，亲诸侯"，"是以上下和洽，裁成天地之道，辅相天地之宜以左右民"，"子遵其父，臣承其君，临驭统一，大观天下"，"在上而不凌乎下，处卑而不犯乎贵。故道不可逆，德不可拂"。在《通老论》中提出了"圣人明于天人之理，达于自然之分，通于治化之体，审于大慎之训，故君臣垂拱，完大素之朴，百姓熙洽，保性命之和"，"三皇依道，五帝仗德，三王施仁，王霸行义，强国任智，盖优劣之异，厚薄之降"的认识。而《乐论》则说得更其具体，他认为"济世"须先求其"一"，次求其"和"，再须求其"乐"（快乐）。所谓"一"，则是"歌谣者咏先王之德，俯仰者习先王之容，器具者象先王之式，度数者应先王之制。入于心，沦于气，心气和洽，则风俗齐一"，"四海同其观，九州一其节"；"和"则"自然"不"乱"；"大小相君，男女不易其所，君臣不犯其位"，"下不思上之声，君不欲臣之色，上下不争而忠义成"；"乐"则须"乐平其心"，然后"阴阳调和，灾害不生"，"乐而化内"，"移风易俗"，"以礼治其外"，使凡民皆温然驯服，受治归化，于是乎"天地交泰"。这可以说是阮籍"济世"的政治理想、方案。很显然，阮籍所要济成的是黄帝、尧、舜那样的和洽清淳之世。

再看李白。李白有"济代命"（魏《序》），"怀经济之策"（《为宋中丞自荐表》），"以当世之务自负"（刘《碣》），"常欲一鸣惊人，一飞冲天"（范《碑》）。其所要达到的是"将欲倚剑天外，挂弓扶桑，浮四海，横八荒，出乎宇宙之寥廓，登云天之渺茫。……申管晏之谈，谋帝王之术，奋其智能，愿为辅弼，使寰区大定，海县清一"（《代寿山答孟少府移文书》），"钓周猎秦安黎元"（《留别于十一兄逖裴十三游塞垣》），要安邦济世，做管仲、晏婴、吕尚、李斯一样的辅弼之臣。这就是李白的政治理想。那么，李白的"寰区大定，海县清一"究竟是怎样的景象呢？他在《任城县厅壁记》中是这样描述的：

宽猛相济，弦韦适中，一之岁肃而敬之，二之岁惠而安之，三之岁

富而乐之。然后青衿向训,黄发履礼。耒耜就役,农无游手之夫;杼轴和鸣,机罕嚬哦之女。物不知化,陶然自春。权豪鉏纵暴之心,黠吏返淳和之性。行者让于道路,任者并于轻重。扶老携幼,尊尊亲亲,千载百年,再复鲁道。

在《赠徐安宜》《赠范金乡》《赠清漳明府侄聿》等诗中,李白又屡陈这样的政治蓝图:

> 清风动百里,惠化闻京师。
> 浮人若云归,耕种满郊歧。
> 川光净麦陇,日色明桑枝。
> 讼息但长啸,宾来或解颐。
> 青橙拂户牖,碧水流园池。

(《赠徐安宜》)

> 百里鸡犬静,千庐机杼鸣。
> 浮人少荡析,爱客多逢迎。

(《赠范金乡》其二)

> 弦歌咏唐尧,脱落隐簪组。
> 心和得天真,风俗犹太古。
> 牛羊散阡陌,夜寝不扃户。
> ……
> 举邑树桃李,垂阴亦流芬。
> 堤河绕渌水,桑柘连青云。
> 赵女不冶容,提笼昼成群。
> 缲丝鸣机杼,百里声相闻,
> 讼息鸟下阶,高卧披道帙。
> 蒲鞭挂簷枝,示耻无扑抶。

> 琴清月当户，人寂风入室。
>
> （《赠清漳明府侄聿》）

李白借颂一方之治，勾画的是一个政治清明、官清民谐、上勤下和、男耕女织、安居乐业的和洽淳朴美好的理想王国。

为了能使理想王国变为现实，李白曾在《明堂赋》《大猎赋》中针对唐玄宗的日趋奢侈腐败，开出了济世之方。他要求朝廷"下明诏，班旧章，振穷乏，散敖仓。毁玉沉珠，卑宫颓墙，使山泽无间，往来相望。帝躬乎天田，后亲于郊桑。弃末反本，人和时康"（《明堂赋》）。"使天人晏安，草木繁殖，六官斥其珠玉，百姓乐于耕织。寝郑卫之声，却靡曼之色，天老掌图，风后侍侧。是三阶砥平而皇猷允塞"（《大猎赋》）。

这就是李白的"寰区大定，海县清一""济苍生""安黎元""致吾君于尧舜"（《崇明寺佛顶尊胜陀罗尼幢颂并序》）。

李白与阮籍，两相比较，其政治理想蓝图是何其相似乃尔！虽用语有别，其实质却是一致的，那就是他们都是要济成黄帝、尧、舜之世，"致吾君于尧舜"。他们的政治理想，虽然同浸濡于儒家的大同、王道、仁政及道家无为而治的思想，但李白受影响先于他四百多年的阮籍却是显然的。所以李白不仅自以为能"测主人情"引阮籍为同调，而且要"更与步兵邻"。

阮籍之有"步兵"之称，完全是酒的原因。"籍闻步兵厨营人善酿，有贮酒三百斛，乃求为步兵校尉"（《晋书·阮籍传》）。《文士传》也说籍"闻步兵厨中有酒三百石，忻然求为校尉，于是入府舍与刘伶酣饮"（《世说新语》注引）。可是，阮籍为什么要酣饮，以至于"沉醉似埋照"（颜延之《五君咏·阮步兵》）？《晋书·阮籍传》说："籍本有济世志，属魏晋之际，天下多故，名士少有全者，籍由是不与时事，遂酣饮为常。"原来如此！阮籍处于魏晋交替的年代，本怀抱利器，但魏晋政权更替的争斗残杀，使他发现自己的理想是一条走不通的路，尤其是嘉平元年（249）司马懿父子发动"高平陵之变"，一下子杀了何晏、邓飏、丁谧等，致一朝天下"名士减半"，使阮籍只好放弃那"济世志"。有济世志而不能施展，而放弃济世逃避现实却又不能像伯夷、叔齐等古贤那样决然离去，"因为在那样一个统治阶级内部斗争剧烈的时代，一个极有

名望而又曾参与政治活动的人,如果真的逃避起来,那就会被当权者的一派疑为党于敌对派别而不能放过他,反而不能自全"(鲁迅《魏晋风度及文章与药及酒之关系》)。济世不得,弃世不能,矛盾、痛苦,"阮籍胸中垒块,故须酒浇之"(同前)。他以酒求醉,醉成狂傲,"傲然独得,任性不羁"(《晋书·阮籍传》),无视礼法,蔑视礼法,怪诞离奇,不守礼法。本来阮籍的基本思想还是儒家的,这从他的政治理想及蓝图不难看出,而名教礼法正是儒家的那一套。可是"魏晋时代,崇奉礼教的看来似乎很不错,而实在是毁坏礼教,不信礼教的。……因为魏晋时所谓崇奉礼教,是用以自利……不过是将这个名义,加罪于反对自己的人罢了。于是老实人以为如此利用,亵渎了礼教,不平之极,无计可施,激而变成不谈礼教,不信礼教,甚至于反对礼教"(鲁迅前文)。正因为如此,阮籍才不仅有"礼岂为我设邪"之论,而且有"母终,正与人围棋,对者求止,籍留与决赌,既而饮酒二斗……及将葬,食一蒸肫,饮二斗酒……裴楷往吊之,籍散发箕踞,醉而直视……及嵇喜来吊,籍作白眼……喜弟康闻之,乃赍酒挟琴造焉,籍大悦"。种种的抗礼不孝之举,才有"杀父乃可,至杀母乎"(《晋书·阮籍传》)的惊世骇俗之语和在"功德盛大,拟于王者"的司马昭面前也"箕踞啸歌,酣放自若"(《世说新语·简傲》)的狂傲。但是,阮籍"越礼自惊众"(颜延之《五君咏·阮步兵》)的狂傲,只是他济世不得弃世不能的矛盾、痛苦的掩饰,他"率意独驾,不由径路,车迹所穷,辄恸哭而返"(《晋书·阮籍传》),——非有深痛,哪得疯狂至此!

李白又何尝不矛盾!李白又何尝不痛苦!李白有"济代命"、"怀经济才"、"以当世之务自负"、"常欲一鸣惊人,一飞冲天"、"愿为辅弼"、"致吾君于尧舜",济苍生,"安黎元","使寰区大定,海县清一",然而结果如何呢?他"遍干诸侯""历抵卿相"(《与韩荆州书》),却"南徙莫从,北游失路,直落得"孤剑谁托,悲歌自怜,迫于恓惶,席不暇暖。寄绝国而何仰,若浮云而无依"(《上安州李长史书》)。唐帝国虽大,却没有李白的盈尺之地,以至于有《与韩荆州书》中"君侯何惜阶前盈尺之地,不使白扬眉吐气激昂青云耶"的慷慨激烈;"大道如青天"(《行路难》其二),却没有李白的路,以至于有"行路难!行路难!多歧路,今安在"的愤声疾呼。尤其是天宝元年,唐玄宗诏李白晋京,李白以为实现自己的理想抱负从此有日,于是"仰天大笑出门去",十分得意十分自负地宣言"我辈岂是蓬蒿人"(《南陵别儿童入京》)。可是,李白哪曾想到,唐玄宗让他待诏翰林,并不是要他治国,而是要他娱君,要用他的诗才文才为其消遣、解闷、随驾出游,助宫妃们的玩乐,沉香亭赋诗,白莲池之为宫辞,皆此之类。完全把李白作为一个文学弄臣。李白很快便看清了这一点,于是一团得意高兴化为一腔怒火。加上又直接看到唐玄宗由励精图治堕落为荒淫享乐,看到统治集团的黑暗腐朽,内心更为愤慨不平。因而饮酒求醉,狂放不羁,"天子呼来不上船,自称臣是酒中仙"(杜甫《饮中八仙歌》),正是其形象的写照。对万乘之尊的皇帝尚且如此,更何况王侯权贵!发而为诗,每有讥刺、抨击,以至遭谗受毁,不容于统治阶级,不得不"请还旧山"(范《碑》),被唐玄宗"赐金归之"(李《序》),体体面面地逐出了朝廷。经过这次打击,李白的思想受到巨创,虽然他并不甘心就此失败,但更大的却是失望、愤怒充塞于心,于是"乃浪迹纵酒,以自昏秽"(李《序》)。

李白的"浪迹纵酒,以自昏秽"和阮籍一样,是以酒避世,以酒傲世。如果一个人是完全清醒的,便会清醒于现实的一切丑恶,也就深感痛苦;如果一个人是昏噩的,也便会昏噩于现实的一切丑恶,于是也便没有那么痛苦。既然如此,何必痛苦!于是便饮酒。"高阳小饮真琐琐,山公酩酊何如我"(《鲁郡尧祠送窦明府薄华还西京》),"天若不爱酒,酒星不在天;地若不爱酒,地应无酒泉;天地既爱酒,爱酒不愧天……三杯通大道,一斗合自然"(《月下独酌》其二)。既然自称"高阳酒徒"的郦食其尚且是"琐琐"的"小饮",就连把习郁鱼池称为"我高阳酒池"而"酩酊大醉"(《世说新语·任诞》及注引《襄阳记》)的山公(山简)尚且是"何如我",既然是"不愧天"的饮酒"合自然"了,哪里还有人世间的富贵荣华王侯权贵!于是便有了"且须酣畅万古情"的"君不能狸膏金距学斗鸡,坐令鼻息干虹霓。君不能学哥舒,横行青海夜带刀,西屠石堡取紫袍""骅骝拳跼不能食,蹇驴得志鸣春风""荣辱于余亦何有""董龙更是何鸡狗"(《答王十二寒夜独酌有怀》)的愤激之狂;有了"安能摧眉折腰事权贵,使我不得开心颜"(《梦游天姥吟留别》)的傲岸之狂;有了不仅视权贵若草芥,而且像东方朔那样"揄扬九重万乘主,谑浪赤墀青琐贤"(《玉壶吟》),像高阳酒徒郦食其那样"长揖山东隆准公,入门不拜骋雄辩"(《梁甫吟》),像严子陵那样"高揖汉天子"(《答王十二寒夜独酌有

怀》)、"不从万乘游"(《酬崔侍御》),平交帝王,甚至"戏万乘若僚友"毫无礼法可言的猖狂。

"阮籍猖狂"(王勃《秋日登洪府滕王阁饯别序》),"李太白,狂士也"(苏轼《李太白碑阴记》),"诗酒猖狂天子客"(周权《谪仙楼诗》),"载酒五湖狂到死"(晁补之《采石李白坟》)。和阮籍一样,李白"胸中有垒块,故须酒浇之"。然而也和阮籍一样,胸中垒块岂是酒能浇灭的?因而也和阮籍一样,始终是痛苦的。他的痛苦,"霜惊壮士发,泪满逐臣衣"(《书怀赠南陵常赞府》),不仅需要"会须一饮三百杯",而且要"五花马,千金裘,呼儿将出换美酒,与尔同销万古愁"(《将进酒》)。以五花马、千金裘,名贵宝物换酒销愁,该有多少愁多少恨,该有多少痛苦!他"抽刀断水水更流,举杯消愁愁更愁"(《宣州谢朓楼饯别校书叔云》),力图冲破现实从苦闷中挣扎而出却又不得,这是一个多么愁恨痛苦的形象!愁恨痛苦,发而为愤激之词,"古来圣贤皆寂寞,唯有饮者留其名"(《将进酒》)。一部"圣贤"的历史,却只有"饮者"垂名后世,何等愤激!这"饮者",不正是"金陵捉得醉仙人"(崔宗之《赠李十二》)"自称臣是酒中仙"的酒仙"醉圣"李白么!

阮"步兵"、李"酒仙",济世不得,抱负难成,"酣饮为常","浪迹纵酒",醉酒狂傲,轻王侯、蔑权贵、戏万乘,无视礼法,无所不为。——"五百年"同一醉!所以李白欲"更与步兵邻"——岂止是"更与",简直就是一个活脱脱的阮步兵再世!

综上所论,阮籍的政治理想以至风度、气概、人品给予李白的影响是显然的。为什么会有这样的李白?阮籍的影响不正是一部分甚或是重要的一部分么!

(原载《李白研究论丛》第四辑)

"须教自我胸中出　切忌随人脚后行"
——李白对鲍照的学习继承与发扬论略

李白对鲍照的学习和继承,最早的揭示者是杜甫。杜甫《春日忆李白》诗云:"白也诗无敌,飘然思不群。清新庾开府,俊逸鲍参军。"自此以后,历来的评论家大多秉承杜甫的认识,远者如《朱子语类》(卷140)之谓"鲍明远才健,其诗乃《选》之变体,李太白专学之",又如陈绎曾《诗谱》之谓"六朝文艺衰缓,唯刘越石、鲍明远有西汉气骨,李杜箴取此;近者如沈德潜《古诗源》(卷11)之谓"明远乐府,如五丁凿山,开人世所未有。后太白往往效之"。诸人之论,皆在于李白深受鲍照影响的学习继承。然而,倘李白仅止于此,其有李白乎?其实,李白于鲍照,恰如戴复古《论诗十绝》(其四)所云:"意匠如神变化生,笔端有力任纵横。须教自我胸中出,切忌随人脚后行。"戴复古这首诗并非专论李白,但李白"学""效"鲍照又显然高出鲍照,正在于不随鲍照脚后行。故笔者取以此为题,以具体认识李白对鲍照的学习继承,并进而探讨其发扬。

在我国文学史上,鲍照第一个大力写作七言和以七言为主的杂言乐府,为七言诗的发展做出了重要贡献,并以俊逸豪放、奇矫凌厉的风格独树一帜。许颛《彦周诗话》称许鲍照说"明远《行路难》壮丽豪放……诗中不可比拟",钟惺《古诗归》亦赞其"以五言性情入七言,别有奇响异趣"。所以王夫之《古诗选评》(卷1)说,"七言之制,断以明远为祖何?前虽有作者,正荒忽中鸟径耳。柞械初拔,即开夷庚,明远于此,实已范围千古,故七言不自明远来,皆冀稗而已",对鲍照在七言诗发展中所作出的贡献给予极高的评价。

在唐代诗人中,李白是最擅七言长句者,杜甫《苏端薛复筵简薛华醉歌》称:"近来海内为长句,汝与山东李白好。何刘沈谢力未工,才兼鲍照愁绝倒。"杜甫虽然是称美薛华而及于李白,但又何尝不是对李白七言长句的赞赏。薛华诗《全唐诗》无存传,不可知其面目,而李白诗987首(不包括"诗文拾遗"部分),七言古、近体以及以七言为主的杂言乐府歌行达227首,占其诗歌总数的23%。其数量和比例,与他同时的诗人相比,当是相当可观的。如高适也是长于七言,后世称"七言古盛于开元以后,高适当属名手"(陆时雍《诗镜总论》)。但高适诗歌总数才253首,而七言古、近体以及以七言为主的杂言乐府歌行才只43首(据孙钦善《高适集校注》)。虽然沈德潜《唐诗别裁》(凡例)将李白与同是长于七言的王维、高适、岑参并称"四家",但李白七言诗的数量却远非王、高、岑所及。

七言诗，在鲍照以前大多是整齐的句式。而鲍照却将七言诗在发展过程中偶尔出现的杂言体大加发挥，多以五七言杂用。他的七言乐府共31首，其中以七言为主的五七言杂体就有23首。鲍照之后，在初唐诗坛上，七言乐府歌行又再度出现整齐化倾向，即高步瀛《唐宋诗举要》所说的"以妍华整饬为工"。而李白远绍鲍照，再变整饬为杂体。李白的七言古、近体乐府歌行共227首，而以七言为主的杂言体就有92首，这不能不说李白对鲍照的五七言杂体是深有会心有意为之。

五七言杂用，长短句交错，以句式的错综变化形成诗歌的抑扬顿挫、曲折多变。沈约《宋书》论鲍照"文辞赡逸""文甚遒丽"，其"赡逸""遒丽"的诗风正得力于此，所以钟惺说"以五言性情入七言，别有奇响异趣"（《古诗归》）。李白"七言长古，往往风雨争飞，鱼龙百变；又如大江无风，波浪自涌，白云从空，随风变灭"（《唐宋诗醇》卷6），俊逸潇洒，奇纵豪放出自"赡逸""遒丽"是显然的。且将李白的《行路难》（其一）和鲍照的《拟行路难》（其六）同读：

（鲍照）	（李白）
对案不能食，	金樽清酒斗十千，
拔剑击柱长叹息。	玉盘珍馐值万钱；
丈夫生世会几时，	停杯投箸不能食，
安能蹀躞垂羽翼？	拔剑四顾心茫然。
弃置罢官去，	欲渡黄河冰塞川，
还家自休息。	将登太行雪满山；
朝出与亲辞，	闲来垂钓碧溪上，
暮还在亲侧；	忽复乘舟梦日边。
弄儿床前戏，	行路难！行路难！
看妇机中织。	多歧路，今安在？
自古圣贤尽贫贱，	长风破浪会有时，
何况我辈孤且直。	直挂云帆济沧海。

两诗在内容、立意、风格与情调上都极为相似,都抒发了诗人壮志难酬、理想不得实现的愤慨。在写法上,都是将思想感情从句式的长短变化和起伏曲折的结构形式中错综而出,形成一股强烈激荡的精神力量。

再将李白的《夜坐吟》和鲍照的《代夜坐吟》同读:

（鲍照）
冬夜沉沉夜坐吟,
含声未发已知心。
霜入幕,风度林。
朱灯灭,朱颜寻。
体君歌,逐君音,
不贵声,贵意深。

（李白）
冬夜夜寒觉夜长,
沉吟久坐坐北堂。
冰合井泉月入闺,
金釭青凝照悲啼。
金釭灭,啼转多,
掩妾泪,听君歌。
歌有声,妾有情。
情声合,两无违。
一语不入意,
从君万曲梁尘飞。

两诗都是写一个女子寒夜听歌,心领神会歌中传达出的深情厚谊,体味、咀嚼。虽然李白以丰富的想象描写得更具体、细致,更有个性,但两诗都从女子听歌的神情和为歌声所感动的回味心态运笔,情味甚似。

李白杂言乐府歌行对鲍照的学习继承,还比较多地体现在对鲍照诗句的化用上。除前举诸诗中之句外,且再举数例:

（鲍）"自古圣贤尽贫贱"(《拟行路难》其六),
（李）"古来圣贤皆寂寞"(《将进酒》);
（鲍）"晖晖朱颜酡""满堂皆美人"(《代堂上歌行》),
（李）"美人欲醉朱颜酡"(《前有樽酒行二首》其一);
（鲍）"人生亦有命,安能行叹复坐愁"(《拟行路难》其四),
（李）"人生达命岂暇愁,且饮美酒登高楼"(《梁园吟》);
（鲍）"人生不得恒称意"(《拟行路难》其八),

（李）"人生在世不称意"（宣州谢朓楼饯别校书叔云）；

（鲍）"雉朝飞，振羽翼，专场挟雌恃强力"（《代雉朝飞》），

（李）"白雉朝飞挟两雌"（《雉朝飞》）。

上举诸例，显而易见的是李白在学习鲍照诗的过程中，或仿其句，或袭其词，或翻新变化而师其意。

形式的袭用、出自"赡逸""遒丽"的俊逸诗风、诗句的化用，观此三端，可见李白对鲍照七言诗的学习继承之用心。而且，李白师之鲍照还有一个值得注目的现象，就是在鲍照拟作的42个乐府诗题中，李白就袭用了17题（包括五言），几乎占一半。由此也足见李白对鲍照"专学之""往往效之"之专致、自觉意识之强。

李白对鲍照的学习继承是多方面的，但如果仅仅是"学之""效之"，充其量不过就是个"鲍照"而已。然而，李白的成就却远在鲍照之上。其所以如此，就正应了戴复古那首绝句所说。李白在对鲍照学习继承基础上的发扬，正在于"意匠如神变化生"，正在于"纵横""有力"的"笔端"，正在于将"意匠""笔端""自我胸中出"，不随鲍照脚后行。

鲍照诗之"意匠"，诚如陈祚明《采菽堂古诗选》（卷8）所论："鲍参军既怀雄浑之姿，复挟沉挚之性。其性沉挚，故即景命词，必钩深索异，不欲犹人。其姿雄浑，故抗音吐怀，每独成亮节"，而李白却将其变化得如神来神运，"发想超旷，落笔天纵，章法承接，变化无端，不可以寻常胸臆摸测"（方东树《昭昧詹言》卷2）。

且看李白与鲍照的同题乐府《行路难》（如前录）各一首。

"对案不能食，拔剑击柱长叹息"，诗歌开篇就喷出的是一股被压抑的无名怒火，不仅因愤怒"不能食"，而且是"拔剑击柱"，无法发泄，找不到发泄对象，只好以"击柱"泄愤。"不能食""拔剑击柱""长叹息"三个紧相连接的行为动作，见出诗人愤激的神态，展示了其内心的愤懑难平。这个开头已是不同凡响，其"抗音吐怀，每独成亮节"于此可见。但如果说鲍照写得还比较朴直的话，李白发展成的四句却是大生其辉。李白将鲍照诗中的"案"夸张铺写，"金

樽清酒斗十千，玉盘珍馐值万钱"。酒宴越是珍贵丰美，越突出了"不能食"者心情的沉重。而"不能食"又是"停杯投箸"，大具形象性，又深见其美酒不能销愁，珍馐不能解恨的难销难解的愁。"拔剑"，拔而不击，却是"四顾"。"四顾"什么？"四顾"前途。前途有路，何须"四顾"——正是前途无路！"停""投""拔""顾"四个连续的动作，极为形象地显示出了内心苦闷抑郁感情的激荡变化。"心茫然"又构成了深邃茫远的意境。

两首后面都抒写理想与现实的矛盾冲突。鲍照要大踏步前进，要振翅奋飞，而现实却是"弃置罢官去，还家自休息。朝出与亲辞，暮还在亲侧；弄儿床前戏，看妇机中织"，故作轻松平淡之语，从跌宕中激出"自古圣贤尽贫贱，何况我辈孤且直"的愤慨、牢骚。而李白却以"欲渡黄河""将登太行"和"冰塞川""雪满山"将理想与现实的矛盾形象化，突出"行路难"；而且将心理上的失望与希望、抑郁与追求的急剧变化交替，融入曲折起伏的结构形式，形成诗歌感情回旋的强力，激荡出倔强、自信、积极用世的强烈愿望和顽强的追求精神——"长风破浪会有时，直挂云帆济沧海"——何等气概！

比较鲍、李两诗，"鲍明远《行路难》壮丽豪放，诗中不可比拟"，已是不凡，李诗则出之而不随其脚后，机杼独具，匠心奇运，超然胜之。

再以李白与鲍照的同题乐府《夜坐吟》（如前录）为例。

如前所论，鲍照的诗也写得颇有情感，但他似乎没有能找到更适当的表现形式，只是抽象地说"不贵声，贵意深"。而李白，不仅为"夜坐"安排了"冰合井泉月入闺""金缸青凝照悲啼"这样一个具体的环境，烘托女子"悲啼""啼转多""掩泪"的形象和心境，而且对诗中女子的内心写得也更加细致深刻。"悲啼""啼转多"是"听君歌"为歌声所动心中之情的外溢；"掩妾泪"，继续"听君歌"，再体味，歌声传情，情情相接，"情声合"，自然是两心无违。这是诗中女子的内心活动，传达出的是这个女子的心声。可是这个女子却在掩泪"听君歌"的再体味时提出了一个新假设：如果"一语不入意"呢？这细微的心理透露出的是对爱情的珍重——生怕自己的爱情有所损伤、伤害，如果爱情被损伤、伤害，她做出的选择是"从君万曲梁尘飞"——哪怕你再唱万首绕梁之曲，我也会像梁上的尘灰那样飞去不再随你了！这在"夫为妻纲"的当时，完全是一种新的感情。

同是《夜坐吟》，同是写女子听歌的感受，李白不仅以具体的环境为烘托，还更将笔触深入人物内心，刻画出的不只是"悲啼""啼转多"、掩泪"听君歌"这样一个有情、深情、宛转多情的女子形象，并且还是一个很有决断很有个性的女子形象；而"一语不入意，从君万曲梁尘飞"更是将立意提升到了一个新的高度。

于鲍照之诗，李白"往往效之"，亦往往刷新，特别是乐府，"或用其本意，或翻案另出新意，合而若离，离而实合，曲尽拟古之妙"（胡震亨《唐音癸签》卷9）。它如《北风行》，王琦注云："鲍照有《北风行》，伤北风雨雪，行人不归，李白拟之而作。"李白虽然"拟之"，却不落窠臼，而是以大胆的创造，别出新意，从一个"伤北风雨雪，行人不归"的一般题材中，出神入化，开拓出控诉战争罪恶，同情人民痛苦的新主题，从而赋予比鲍照之作深刻得多的意义。还有《古朗月行》，鲍照写佳人对月弦歌，而李白"诗意与鲍照不同。李白运用浪漫主义的表现手法，化现实为幻景，指斥了朝政的黑暗"（詹锳《李白全集校注汇释集评》）。

李白诗歌的"意匠"独运还有一个很突出的特点，就是对自我形象的抒写。鲍照诗也注重自我形象的抒写，他所凭借的是多用"我"字，如"愿君裁悲且减愁，听我抵节行路吟"（《拟行路难》），"自古圣贤尽贫贱，何况我辈孤且直"，等等；或者托寄他人之口抒写自己的情怀，如"我初辞家从军侨，荣志溢气干云霄"（同前），"长袖纷纷徒竞世，非我昔时千金躯"（同前），等等。李白诗中的"我"更是大量的，但李白在没有"我"的诗中将自我形象表现得更是异常突出，以独特的意象群，将"我"发挥得更具个性。"大鹏一日同风起，扶摇直上九万里。假令风歇时下来，犹能簸却沧溟水"（《上李邕》），大鹏掀天簸海的奋飞，就是诗人理想的形象抒写，大鹏就是"我"。"大鹏飞兮振八裔，中天摧兮力不济"（《临路歌》），大鹏的摧折，就是"我"的命运。"凤饥不啄粟，所食唯琅玕。焉能与群鸡，刺蹙争一飧"（《古风五十九首》其四十）、"鸡聚族以争食，凤孤飞而无邻"（《鸣皋歌送岑征君》），不屑与群鸡为伍，宁可孤飞远举，也不与鸡族争食的凤凰，正是"我"的个性、品格。李白诗中又常常出现猛虎、苍鹰、骏马、天马等意象："摧残槛中虎，羁绁韝上鹰。何时腾风云，搏击申所能"（《赠新平少年》)、"骁骥本天马,素非伏枥驹。……希君一剪拂,犹可骋中衢"（《赠崔谘议》)、"天马来出月支窟,背为虎文龙翼骨。嘶青云,振绿发,兰筋权奇走灭没。腾昆仑,历西极……"（《天马歌》)。大鹏、凤凰、猛虎、苍鹰、天马……这些意象构成了李白诗歌独特的意象群,从而共同塑造了一个极有精神、极有个性、自命不凡的轩昂高大的自我形象。

鲍照诗之"意匠",在当时已是"不可无一,不能有二"（刘熙载《艺概·诗概》),大非一般诗家可比;而李白却更能"自我胸中出",于他"意匠如神变化生"。山高月小之比,李白更见其高。

"笔端有力任纵横"所凭借的是诗人的气质、才情等,以及由气质、才情等所凝练而成的诗歌语言。李白诗歌语言最突出的特点就是句式"如虬飞蠖动"（沈德潜《唐诗别裁》卷6）的错综多变。鲍照擅长五七言杂用,"别有奇响异趣",李白的七言古体、乐府歌行却更"言出天地外"（皮日休《刘枣强碑》)、"口吐天上文"（皮日休《七爱诗·李翰林》)、"仰笔驱造化"（释贯休《古意》),"以奇文取称"（元稹《杜君墓系铭》),"惊天动地"（白居易《李白墓》)。如前举《行路难》,李白慷慨于理想受阻抱负难成的"冰塞川""雪满山"和吕尚、伊尹的大器晚成,失望与希望相迭而出,又突然插入"行路难!行路难!多歧路,今安在"的一组三字短句,使诗歌节奏大变,因其句短语促密度高,让人感到诗人胸中激昂青云之气的鼓荡、震响。

李白《将进酒》一篇,詹锳先生《李白诗论丛》认为是拟鲍照《拟行路难》"君不见河边草"一首。拟之却不囿之,至成"一往豪情"（严羽评本《李太白诗集》)、"豪,一起掀揭"（陆时雍《唐诗镜》卷18）。

鲍照《拟行路难》:

> 君不见河边草,冬时枯死春满道;
> 君不见城上日,今暝没尽去,明朝复更出。
> 今我何时当得然,一去永灭入黄泉。
> 人生苦多欢乐少,意气敷腴在盛年。
> 且愿得志数相就,床头恒有沽酒钱。

功名竹帛非我事，存亡贵贱付皇天。

李白《将进酒》：

> 君不见黄河之水天上来，奔流到海不复回；
> 君不见高堂明镜悲白发，朝如青丝暮成雪。
> 人生得意须尽欢，莫使金樽空对月。
> 天生我材必有用，千金散尽还复来。
> 烹羊宰牛且为乐，会须一饮三百杯。
> 岑夫子，丹丘生，将进酒，杯莫停。
> 与君歌一曲，请君为我侧耳听。
> 钟鼓馔玉不足贵，但愿长醉不愿醒。
> 古来圣贤皆寂寞，唯有饮者留其名，
> 陈王昔时宴平乐，斗酒十千恣欢谑。
> 主人何为言少钱，径须沽取对君酌。
> 五花马、千金裘，
> 呼儿将出换美酒，与尔同销万古愁。

李白之篇，发端便是两组排比长句，黄河之水、人生愁波推浪而来。黄河之水，自天而降，势不可挡，黄河之去，滚滚奔流，势不可回；而人生则渺小短暂，只在朝暮之间。这气势磅礴的反衬，使人生短暂之"悲"悲得大气，直如巨人之悲。而且两用"君不见"，各挟两组长句呼告，有如挟风雨而出，使气势大增，更使感情色彩大大加浓。"君不见"的直接呼告，使人不能不惊异于黄河的伟大永恒和人生的渺小短暂，使人不能不惊异于黄河的伟大永恒和人生渺小短暂间的强烈的反差，感染力直撼人心。

李白以"从心化出"（沈德潜《唐诗别裁》）的这种长句格调极具气势的发端已将鲍照的开篇盖过。而以下，诗歌三、五、七言杂出，散偶间行，极尽参差错综节奏疾徐之变，大起大落，诗情也忽翕忽张，由悲转乐、转狂放、转愤激、再转狂放，将那潜动在心中酒底的郁怒情绪直如黄河之水浪涌波翻，滔滔泄出。

鲍照之诗则难乎免于局促了。

　　"君不见"的句式为鲍照首创，李白接过并发挥这种句式，不仅用之开头，也置之篇中，更有妙处，如《答王十二寒夜独酌有怀》。诗歌在转入"有怀"的正题时，连用两个"君不能"（"君不能狸膏金距学斗鸡，坐令鼻息吹虹霓；君不能学哥舒，横行青海夜带刀，西屠石堡取紫袍"），感情如火山爆发，对骄横的得宠鸡童和邀功残暴屠杀者的鄙夷之情难以遏制。最后在表明诗人自己的态度和打算时，又连用两个"君不见"（"君不见李北海，英风豪气今何在！君不见裴尚书，土坟三尺蒿棘居"），把李邕、裴敦复被杖杀的遭遇做贤愚颠倒、是非混淆的例证，连呼"君不见"，让人触目惊心于奸人弄权、贤者被害的黑暗现实。又与"君不能……君不能……"相呼应，连成一气，使"且须酣畅万古情"的畅叙衷肠的激情形成一种排山倒海的气势。

　　"君不见"这种句式，在李白诗中有18处（包括"君不能"）用于11首七杂言乐府歌行中，或置之篇首，或置之篇中，或单用，或连用，无不笔随诗情，任意挥洒，将鲍照首创的这种句式发挥得淋漓尽致。

　　鲍照的七杂言体有二十余篇，这在当时已是空前的，也可谓"不能有二"，然篇幅皆较短，句式也多是五、七言，难以将变化展开，兼之气度未达恢宏，所以诗歌气势也未足够。而李白则心驰笔端，以句式的参差错落、长短变化形成强烈的艺术感染力。上举《行路难》《将进酒》已见其洋洋大观，而至如《蜀道难》者，杂用二、三、四、五、七、八、九、十言多种句式，龙蛇舞动，忽短忽长，随心所欲，极尽伸缩变化之能事，则更见其奇。殷璠叹为"可谓奇之又奇，自骚人以还鲜有此体调"，沈德潜赞为"笔阵纵横，如虬飞蠖动，起雷霆于指顾之间"。如此之类，《梦游天姥吟留别》《宣州谢朓楼饯别校书叔云》《答王十二寒夜独酌有怀》《远别离》《战城南》等等皆是。

　　李白"笔阵纵横，如虬飞蠖动"之句式错综变化这一特点，极为后世评论家所称道。朱庭珍《筱园诗话》云："七古以长短句为最难，其伸缩长短，参差错综，本无一定之法。及其成篇，一归自然，不啻天造地设，又若有定法焉。非天才神力，不能入妙，太白最长于此。"沈德潜在《说诗晬语》中有一段颇精彩的话，他说："文以养气为归，诗亦如之。七言古或杂以两言、三言、四言、五六言，皆七言之短句也，或杂以八九言、十余言，忽伸以长句，而故欲振荡其势，

回旋其姿也。其间忽疾忽徐，忽翕忽张，忽渟滢，忽转掣，乍阴乍阳，屡迁光景，莫不有浩气鼓荡其机，如吹万之不穷，如江河之滔滃而奔放，斯长篇之能事极矣。"李白"自我胸中出"之笔端纵横，正是也。

上之所论，李白之不随鲍照脚后行——李白所以为高！

鲍照所在的南朝，可以说是孕育着文学诸多新生命却又是非常艰难的时期，犹如母体中营养不足的胎儿，临盆却难产，久经阵痛折磨，产下的虽是新生命但却是畸形儿。先是"中朝贵玄，江左称盛，因谈余气，流成文体。……诗必柱下之旨归，赋乃漆园之义疏"（刘勰《文心雕龙·时序》），玄言诗兴起，并占据东晋诗坛达百年之久，所谓"江左篇制，溺乎玄风，嗤笑徇务之志，崇盛忘机之谈"（《文心雕龙·明诗》）。次则"宋初文咏，体有因革，庄老告退，而山水方滋"（同前），山水诗崭露头角，并逐渐摆脱玄言诗的影响取得独立的地位。然而"俪采百字之偶，争价一句之奇，情必极貌以写物，辞必穷力而追新"（同前），又坠入了陆机《文赋》发挥曹丕"诗赋欲丽"而倡妍丽、声色、奇巧（所谓"诗缘情而绮靡，赋体物而浏亮""其为物也多姿，其为体也多迁，其会意也尚巧，其遣言也贵妍"）以来已成积习的六朝文坛迷雾，而且"自明帝以下，文理替矣，尔其缙绅之林，霞蔚飙起……龙章……凤采……亦不可胜也"（同前）。继而波及齐梁，"梁简文之在东宫，亦好篇什。清辞巧制，正乎衽席之间；雕琢蔓藻，思极闺阁之内。后生好事，递相放习，朝野纷纷，号为'宫体'"（《隋书·经籍志》），"伤于轻靡"（《梁书·简文帝本纪》）的宫体诗大兴。梁、陈两代，浮靡轻艳，以艳丽的词句表现宫廷腐朽生活，将女性也像宫廷器物一样吟咏的宫体诗成为诗歌创作的主流，风气流弊，直至初唐。

南朝诗风如此，故而入唐以来大受挞伐。魏徵识见于前，痛斥为"亡国之音"（魏徵《隋书·文学传序》）；卢照邻踵武其后，批评"江左诸人，咸好瑰姿艳发"（《南阳公集序》）；陈子昂则执锐于《与东方左史虬修竹篇序》，"文章道弊五百年矣，汉魏风骨，晋宋莫传……仆尝暇时观齐梁间诗，采丽竞繁，而兴寄都绝"，批评更烈，几乎全部否定。因之，盛唐之世，对南朝诗坛的评价，也普遍较低，如"都无比兴，但贵轻艳。……自萧氏以还，尤增矫饰"（《河岳英灵集》）、"《玉台》陷于淫靡"（高仲武《中兴间气集》）皆是。李白也说"大雅久不作""自从建安来,绮丽不足珍"(《古风五十九首》其一)。尽管如此,李白却能洞见那"一塌糊涂的泥塘里的光彩和锋芒",使鲍照等少数几个作家从一片批评声中拔萃而出。尤其是对鲍照,不但是"专学之""往往效之",而且大加发扬,其推崇景仰之情直从诗文中溢出。如"览君荆山作,江、鲍堪动色。清水出芙蓉,天然去雕饰"(《经乱离后天恩流夜郎忆旧游书怀赠江夏韦太守良宰》),赞韦良宰而及于鲍照;"君同鲍明远,邀彼休上人。鼓琴乱《白雪》,秋变江上春。瑶草绿未衰,攀翻寄情亲。相思两不见,流泪空盈巾"(《酬裴侍御留岫师弹琴见赠》),以鲍照比裴侍御,以休上人(梁僧汤惠休)拟岫师,而李白与裴侍御(比之鲍照)是"相思两不见,流泪空盈巾"!《赠僧行融》一首,则是直以鲍照自比,说"梁有汤惠休,常从鲍照游"。还有《江夏送倩公归汉东序》,"有唐中兴,始生紫阳先生。先生六十而隐化,若继迹而起者,惟倩公焉。蓄壮志而未就,期老成于他日。且能倾产重诺,好贤攻文,即休惠上人与江、鲍往复,各一时也",岂不是激赞鲍照"异代风流各一时"!

在南朝诗人中,李白对鲍照钟情甚重,不仅对鲍照的诗"学之""效之",广泛地化用,而且大加发扬,将我国古典诗歌尤其是七杂言乐府歌行推上了一个新的巅峰。我们在探讨李白对鲍照的继承与发扬的同时,也不能不探寻个中原因。鲍照影响于后世是必然的,但何以对李白的影响竟如此之深?从文学的继承性来说,李白对前代诗人的学习也是必然的,但何以对鲍照的学习继承是那样的自觉、主动?

同气相投,是非常重要的原因。

魏晋南北朝时期,自曹丕背弃曹操的"用人唯贤"而实行"九品官人法"以来,"上品无寒门,下品无世族"的封建门阀制度渐成痼疾,所谓"世胄蹑高位,英俊沉下僚"(左思《咏史八首》其二)。而鲍照所处的刘宋时代,门阀制度更为盛行。以才能而论,他"释担受书,废耕学文"(鲍照《侍郎报满辞阁疏》),"少有文思"(虞炎《鲍照集序》),"十五讽《诗》《书》,篇翰靡不通"(鲍照《拟古八首》其二),《宋书》本传称他"文辞赡逸""文甚遒丽",钟嵘《诗品》赞之"总四家而擅美,跨两代而孤出",誉为"才秀"者。以理想抱负而论,"丈夫生世会几时,安能蹀躞垂羽翼",以大丈夫自励,要大

踏步前进，要振翅奋飞。《宋书》本传说他去见临川王刘义庆之前，有人劝他别去，说是"郎位尚卑，不可轻忤大王"。鲍照听了极为愤慨，"勃然曰：'千载上有英才异士，沉没而不闻者，安可数哉！大丈夫岂可遂蕴智能，使兰艾不辨，终日碌碌与燕雀相随乎？'"观他《登大雷岸与妹书》，"东顾五洲之隔，西眺九派之分，窥地门之绝景，望天际之孤云，长图大念，隐心者久矣"，正可见出他的怀抱。而那"南则积山万状，负气争高，含霞饮景，参差代雄，凌跨长陇……东则砥原远隰，亡端靡际……北则陂池潜演，湖脉相连……西则回江永指，长波天合。滔滔何穷，漫漫安竭！……西南望庐山……基压江潮，峰与辰汉相接"的磅礴气势，恢宏境界，不正是外化的"长图大念"！

有才能，有抱负，按说，要一展才能"投躯报明主"（鲍照《代出自蓟北门行》）实现"长图大念"是不成问题的。然而，这在鲍照所处的那个门阀制度压制人才的刘宋时代却大成问题。鲍照属于庶族寒门一列，在本以维护世家大族累世高官显位的政治特权为纲的世袭门阀制度统治下，岂能有他的立身之地、进身之阶！尽管他以强烈的人生欲望不遗余力地追求，却也只能做上侍郎、县令、中书舍人一类小官。这与他的"长图大念"实在是相去太远了！"志逐运离，事与衰合"（《侍郎报满辞阁疏》），他不能不感慨"才之多少不如势之多少远矣"（《瓜步山揭文》）。才能的不得伸展，抱负的不得实现，理想与现实的尖锐冲突，激发成诗，以其"轶荡"（许学夷《诗源辨体》卷7）之才，将"傲岸平生中，不为物所裁"（鲍照《代挽歌行》）的个性和寒梅般的品格（鲍照《梅花落》诗云："中庭多杂树，偏为梅谘嗟。问君何独然？念其霜中能作花，露中能作实"）蕴于其间，遂成"赡逸""遒丽"，"抗音吐怀，每独成亮节"，"别有奇响异趣"。

李白其人，"五岁诵六甲，十岁观百家，轩辕以来，颇得闻矣"（《上安州裴长史书》），"十五观奇书，作赋凌相如"（《赠张相镐二首》其二），"天才英丽，下笔不休"（《上安州裴长史书》），"三十成文章，历抵卿相"（《与韩荆州书》），以其"诗可以泣鬼神"（孟棨《本事诗》），至有"谪仙"之称。李白的才学自不必说。而又"怀经济之才"（《为宋中丞自荐表》），"以当世之务自负"（刘《碣》），"常欲一鸣惊人，一飞冲天"（范《碑》），"将欲倚剑天外，挂弓扶桑，浮四海，横八极，出乎宇宙之寥廓，登云天之渺茫。……申管晏之谈，谋帝王之术，奋其智能，愿为辅弼，使寰区大定，海县清一"（《代寿山答孟少府移文书》）、"钓周猎秦安黎元"（《留别于十一兄逖裴十三游塞垣》）。然而却"南徙莫从，北游失路"（《上安州李长史书》），"一生傲岸苦不谐，恩疏媒劳志多乖"（《答王十二寒夜独酌有怀》），遭谗受毁，不容于权贵，直落得"孤剑谁托，悲歌自怜，迫于悽惶，席不暇暖。寄绝国而何仰，若浮云而无依"（《上安州李长史书》）。唐帝国虽大，却没有他的盈尺之地，以至于有《与韩荆州书》中"君侯何惜阶前盈尺之地，不使白扬眉吐气，激昂青云耶"的慷慨激烈；"大道如青天"（《行路难三首》其二），却没有李白的路，以至于有"行路难！行路难！多歧路，今安在"的愤声疾呼。阻遏李白，使他深受压制壮志难酬的依然是那个达官权贵特权、利益赖以依存的封建等级制度。

正是这样的李白，于鲍照"气同万里合"，从鲍照那里感受到气质、个性、精神、品格的"同气"，感受到所挑战的也是那不平等的社会，感受到最适合抒写自己气质、个性、精神、品格，挥斥幽愤、鞭挞现实的诗歌形式，尤其是五七言杂用的诗歌形式，以强烈的自觉意识广泛地学习继承，以横溢的才思将鲍照诗体及其"赡逸""遒丽"的诗风发挥得淋漓尽致，发扬得精光四射。

以上是李白对鲍照的学习继承和发扬的大略，或可以管窥成就李白的渊源。鲍照流风后世，非止李白一人，然于李白影响最深；李白学习继承前代非止鲍照一人，然受益于鲍照最多；李白俊逸潇洒、奇纵豪放的风格，浓厚的浪漫主义色彩，其得之，亦非止鲍照一途，然濡染于鲍照的"赡逸""遒丽"最浓，其发扬也剧。其所以探寻李白对鲍照的继承与发扬，正在于此。而一代文学的发展，不也正是在继承和发扬的创新中成就的么！

（原载《中国李白研究》2003—2004年集）

李白《梦游天姥吟留别》之意旨解读

李白《梦游天姥吟留别》一诗的意旨，古往今来的研究者见仁见智，有多种认识和说法，概括起来大略有"世事虚幻"说、"回首蓬莱宫殿"说、"向往神仙世界"说、"象征光明、理想"说,以及后来的"不肯屈事权贵,挣脱黄金樊笼,洁身自好,争取自由"(《〈梦游天姥吟留别〉诗旨新解》,《中国李白研究》1998—1999年集)的竺岳兵说,和与此大致相类的"挥斥幽愤,追求自由"(张涤云《也论李白〈梦游天姥吟留别〉的创作动因和诗旨》,《中国李白研究》1998—1999年集)、"不满现实,蔑视权贵,向往自由生活的境界"(孟修祥《走向山水的自然选择——谈李白〈梦游天姥吟留别〉的题旨》,《中国李白研究》1998—1999年集)、"弃世、非仙、皈依自然"(周冕章《弃世、非仙、皈依自然的惊世浩歌——李白〈梦游天姥吟留别〉主旨再探》,《中国李白研究》1998—1999年集)、"遍游名山大川以终天年""傲岸不屈,保持人格"(周涤《〈梦游天姥吟留别〉的段落及诗旨》,《中国李白研究》1998—1999年集)等。这些说法中,"世事虚幻"和"回首蓬莱宫殿"两说最早,分别出自明人唐汝询的《唐诗解》和清人陈沆的《诗比兴笺》,而"向往神仙世界"和"象征光明、理想"两说,则是20世纪60年代以来最流行的说法,自复旦大学古典文学教研组编《李白诗选》(人民文学出版社1961年8月版)说"诗中表现对神仙世界的热烈向往与追求,反映了诗人在政治上失意时追求个人解脱的苦闷心情"、中国社会科学院文学研究所编《中国文学史》(人民文学出版社1962年7月版),到游国恩主编的《中国文学史》(人民文学出版社1963年7月版)、朱东润主编的《中国历代文学作品选》(上海古籍出版社1979年10月版)、《唐诗鉴赏辞典》(上海辞书出版社1983年12月版)、《李白大辞典》(广西教育出版社1995年1月版)等皆是,甚至连高等师范院校汉语言文学《中国古代文学教学大纲》(北京师范大学出版社1984年版)也认为是"以仙境的美好,反衬上层社会的丑恶"。但是,最流行的未必就一定是正确的。要认识《梦游天姥吟留别》是不是"向往神仙世界"和"象征光明、理想",我们不妨以梦醒之后诗人"世间行乐亦如此,古来万事东流水"的感慨去发现:"如此"指的就是梦中的仙境,"行乐"就是群仙盛会的热闹排场盛大气派,也是"世间"的美事。如果诗人对此是向往的,是光明的象征,理想的寄托,诗人何必要写出它的突然幻灭,而且诗人又怎么会以一种轻蔑的语气把它和"世间行乐"与"古来万事"一起加以否定呢?很显然,诗人的态度是清楚的,他醒来以后丢开了否定了那个虚幻的梦——丢开了的否定了的,也即是抛弃了的。抛弃了的,怎么会是向往的追求的，怎么会是光明的呢？比较60年代流行的这两种说法，竺岳兵等人的认识应该说还是有见地的，甚至可以说是比较接近李白创作这首诗和设计这个梦境的本意。但是，他们对作品的把握似嫌尚未尽意，有的似乎又多了些篇外的话。以此，笔者试作如下解读——

此诗之诗题，殷璠《河岳英灵集》作《梦游天姥山留别东鲁诸公》，咸淳本《李翰林集》作《梦游天姥吟留别诸公》，两宋本、萧本、缪本、咸淳本、王本题下俱注"一作《别东鲁诸公》"。不管是哪个题目，都表明它只能是一首留别诗。唐人作诗最重题目，正如清人吴齐贤在《论杜》中所说，"唐人作诗，于题目不轻下一字，亦不轻漏一字"——就是说，凡题目中有的，在篇中都无不写到，不会让内容游离于题目之外。留别、饯别、送别这类诗更是如此。即以李白的诗为例，绝句则有《黄鹤楼送孟浩然之广陵》最是送得情深意长，"孤帆远影碧空尽，唯见长江天际流"；律诗则有"仍怜故乡水，万里送行舟"（《渡荆门送别》）、"此地一为别""挥手自兹去"（《送友人》）；古体、歌行就更多了，诸如"请君试问东流水，别意与之谁短长"（《金陵酒肆留别》）、"南陌不为落叶分""雁行中断惜离群"（《别中都明府兄》）、"此书谢知己，扁舟寻钓翁"（《还山留别金门知己》）、"东山春酒绿，归隐谢浮名"（《留别西河刘少府》）、"狂歌自此别，垂钓沧浪前"（《留别广陵诸公》）、"泣别目眷眷，伤心步迟迟"（《感时留别从兄徐王延年从弟延陵》）、"若攀星辰去，挥手缅含情"（《留别金陵诸公》）、"别后若见之，为余一攀翻"（《金陵白下亭留别》），等等。那么，《梦游天姥吟留别》一诗在篇中"留别"的题意在哪里呢？"留别"的题意在篇中只有一处点到——"别君去兮何时还，且放白鹿青崖间，须行即骑访名山"之"别君去"。这就是"留别"或"别东鲁诸公"。可是"留别"之后却还没有完，还有"安能摧眉折腰事权贵，使我不得开心颜"。既然是不事权贵，当然就是与权贵诀别，这也是"别"，因此，这"别"便有了双重的意义：既"别"东鲁诸公（"君"），又"别"权贵。

可是，"留别"便留别吧，诀别权贵就诀别权贵吧，为什么作者要以梦游天姥山来"留别"呢？这就是说，我们要弄清作者写梦游天姥山的作用、意义在哪里。而且作者在大写梦游天姥山的梦境之后却突然冒出别权贵来，那么，诗中此前写的权贵在哪里？如果此前诗中没有写到权贵，而后面却突然冒出"别"权贵来，那岂不成了作者硬栽上去的一个尾巴而游离于诗中？要理清这些问题，就首先需要认识作者是怎样写梦游天姥山的梦境的。作者是怎样写梦境的呢？笔者认为，作者是以真实的笔法写梦境的虚幻，又以虚幻的梦境表现现实的虚幻。

先看以真实的笔法写梦境的虚幻。

梦中景象从飞渡镜湖到登上天姥山，一路行来，"湖月照我影，送我至剡溪。谢公宿处今尚在，渌水荡漾清猿啼。脚著谢公屐，身登青云梯，半壁见海日，空中闻天鸡。千崖万转路不定，迷花倚石忽已暝。熊咆龙吟殷岩泉，栗深林兮惊层巅。云青青兮欲雨，水澹澹兮生烟。列缺霹雳，丘峦崩摧，洞天石扉，訇然中开。青冥浩荡不见底，日月照耀金银台"，直到神仙盛会的"霓为衣兮风为马，云之君兮纷纷而来下。虎鼓瑟兮鸾回车，仙之人兮列如麻"，景物的变幻非常迅速，一步一景，步步变幻，奇幻不定。这正写出了做梦的人对梦中经历的事物的恍惚。因此，虽然诗人描写梦境的笔法是真实的，但愈是这种真实的笔法，却愈显梦境的迷离恍惚，也就愈显出梦境的虚幻。而且，为了加强梦境虚幻的表现，诗人有意地用了一些飘忽不定式的词语加以描写。如"湖月照我影，送我至剡溪"。说"湖月照我影"不足为奇，而"湖月""送我至剡溪"却生出了奇幻。梦中，月光朦胧，梦中人弄不清不知道是怎么一回事，一下子就渡过了镜湖，又忽然一下子到了剡溪，还以为是朦胧的月光，一下子把自己渡过了镜湖，又一下子送到了剡溪，所以才是"湖月""送我至剡溪"。又如"千崖万转路不定"。游山的路，不管怎么"转"都应该是"定"的，但却说"路不定"，这又显出梦中人对梦境的飘忽感。再如"日月照耀金银台"。日月当然不可能同照，但到底是日照还是月照，梦中人恍恍惚惚，分辨不清，所以才是"日月照耀"。做梦的人对梦中景象飘忽不定的感觉，正显出梦境是虚幻的

作者写梦境，笔法是真实的，就是说作者写出了做梦的人对梦中景物飘忽不定的真实感觉，而显示和突出的却是梦境的虚幻。虚幻的东西肯定是会破灭的。果然，"忽魂悸以魄动，恍惊起而长嗟。惟觉时之枕席，失向来之烟霞"——破灭了。

梦境是虚幻的，虚幻的东西肯定是会破灭的，不用说，作者是非常清楚的。既然如此，作者为什么还要煞费苦心地大肆铺写出这番虚幻而终至破灭的梦境呢？以笔者看来，作者正是以梦境的虚幻表现现实的虚幻。何以见得呢？笔者前

文说到"留别"具有既别"东鲁诸公",又"别"权贵的双重意义,"别"权贵是在"别君"("东鲁诸公")之后的诗末才突然出现的,如果此前诗中不曾写到权贵,而诗末却又突然冒出了"权贵",那岂不是既不合作诗的章法结构,又失去了内容上的前后衔接,使"安能摧眉折腰事权贵"游离于诗中而成为作者硬栽上去的尾巴?李白当然不会这么写诗。那么,我们不妨循着诗末出现的"权贵"去追寻前篇——"熊咆龙吟殷岩泉,栗深林兮惊层巅"是怎么回事?熊,中国古代有"昔者鲧违帝命,殛之于羽山,化为黄熊,以入于羽渊"(《国语·晋语》)和"禹治水通轘辕山,化为熊"(《汉书·武帝本纪》颜师古注引《淮南子》),可见"熊"在古人的意识中绝非平常之物;至于龙,就更不用说了,从来就是"人君之象"(王充《论衡·纪妖篇》)。难怪乎李白不以其他猛兽入诗。而且"熊咆龙吟",以至于"殷岩泉""栗深林""惊层巅"。"列缺霹雳,丘峦崩摧",何等声威赫赫,天摇地动,这又是怎么回事?列缺(闪电)霹雳(雷鸣)乃是天庭震怒之象,正如《星经》(卷下)所载,"霹雳五星在云雨北,主天威击擘万物",所以扬雄《羽猎赋》状天子出猎的赫赫声威是"霹雳列缺,吐火施鞭",李善注为"言威德之盛,役使百神,故霹雳列缺,吐火施鞭而为卫也"。而"青冥浩荡不见底,日月照耀金银台"的神仙洞府又是何等壮丽非常,"霓为衣兮风为马,云之君兮纷纷而来下,虎鼓瑟兮鸾回车,仙之人兮列如麻"的神仙盛会又是何等奢华排场。当然,梦非现实,所谓"直梦皆象也"(《荀子·解蔽》杨倞注),想象也。但离开了现实却无法想象,也就不可能有梦,更不可能形诸笔下。因此,李白以"梦游"为"留别"必有所为。以笔者对诗人笔下"熊咆龙吟殷岩泉,栗深林兮惊层巅。云青青兮欲雨,水澹澹兮生烟。列缺霹雳,丘峦崩摧,洞天石扉,訇然中开。青冥浩荡不见底,日月照耀金银台。霓为衣兮风为马,云之君兮纷纷而来下,虎鼓瑟兮鸾回车,仙之人兮列如麻"梦境的以上认识,或许应该可以说,诗人在唐玄宗宫中供奉翰林三年,以其亲身经历对统治集团有了更多更深的了解和认识,于是就有了这番梦境的表现。"熊咆龙吟殷岩泉,栗深林兮惊层巅""列缺霹雳,丘峦崩摧",正是权势者的声势威风,而神仙洞府和群仙盛会的灿烂辉煌,也正是统治者——贵者奢侈豪华的排场。这就是权贵。

然而,无论权也罢,贵也罢,都随着虚幻的梦境一齐破灭了,所以说是"古

来万事东流水"。既然如此,权贵何足事,所以才有"安能摧眉折腰事权贵"。既然一切都是虚幻的,"古来万事东流水",那么自己的出路在哪里呢?——"且放白鹿青崖间,须行即骑访名山",追求自由洒脱的人生。

因此,这首诗的意旨我们可以这样认为:诗人以梦境的飘忽虚幻,揭示社会、人生的虚幻,就连人世间认为最美好的神仙境界都尚且破灭了,现实、人生还有什么不破灭的?以此看破现实,看破人生——"古来万事东流水"。既然如此,何不"且放白鹿青崖间,须行即骑访名山",追求自由洒脱的人生,"何必摧眉折腰事权贵"。诗题称"留别","别"什么?很显然,诗人是在借向朋友的"留别",表明自己对现实的别却,要追求归向自然、放情山水的自由洒脱的生活;借"留别"表明自己与统治者的诀别、决裂。概括起来说,就是:否定现实,追求自由,不事权贵。

笔者对《梦游天姥吟留别》诗歌意旨的这一认识虽然并非创新,因为前有明人唐汝询"托言寄梦,以见世事皆虚幻也"(《唐诗解》)和清人沈德潜"托言梦游,穷形尽相,以极洞天之奇幻,至醒后顿失烟霞矣。知世间行乐,亦同一梦"(《唐诗别裁集》)之说,后有孟修祥等的"不满现实,蔑视权贵,向往自由生活的境界"之论,但笔者对诗歌的这番解读,或许可以说使诗歌意旨的揭示更具文本基础,也便更有成立的可能性吧。且就教于方家。

(原载《绵阳师范学院学报》2007年第1期)

李白杜甫之论诗诗论略

以诗论诗,在文学批评中是一种特殊的形式,自唐以来,宋元而后,作者既多,篇什甚广,各呈缤纷,构成了我国文学理论、文学批评史上一大奇异的景观。以诗论诗,后世径称为"论诗诗",盖自宋时戴复古、金辽时王若虚而来。戴复古有《论诗十绝》,并于序中说:"昭武太守王子文日与李贾、严羽共观前辈一两家诗及晚唐诗,因有论诗十绝。"而王若虚则进而将论及"山谷于诗,每与东坡相抗"(《评东坡山谷四绝·序》)和"王子端云:'近来陡觉无佳思,纵有诗成似乐天。'其小乐天甚矣"(《评王子端四绝·序》)的"戏作四绝""和为四绝"总题之为《论诗诗》。"论诗诗"之称始矣。但追源其形式，却肇自唐时李白与杜甫。"李杜文章在，光焰万丈长"，然而同是"光焰万丈长"的李白、杜甫的论诗诗，却并没有引起人们足够的重视。李杜诗文，历经战乱，多有散佚，即如李阳冰在《草堂集序》中所说的"自中原有事，公避地八年，当时著述，十丧其九"，而杜甫之诗文又何尝不是如此。所以韩愈在《调张籍》诗中说李白、杜甫的诗文"流落人间者，太山一毫芒"。因此，在他们仅存的篇章中，以诗论诗之作就更少了。但是，唯其如此，这部分诗作在李杜集中才愈加珍贵，才愈需要给予研究。

论诗诗，是就一首诗的整体而言的，不包括吟咏其他而涉及论诗的篇章。因此，李白的论诗诗实际上只有《古风五十九首》第一、第三十五两首。

《古风五十九首》（其一）：

> 大雅久不作，吾衰竟谁陈？
> 王风委蔓草，战国多荆榛。
> 龙虎相啖食，兵戈逮狂秦。
> 正声何微茫，哀怨起骚人。
> 扬马激颓波，开流荡无垠。
> 废兴虽万变，宪章亦已沦。
> 自从建安来，绮丽不足珍。
> 圣代复元古，垂衣贵清真。
> 群才属休明，乘运共跃鳞。
> 文质相炳焕，众星罗秋旻。
> 我志在删述，垂辉映千春。
> 希圣如有立，绝笔于获麟。

这首诗，李白高屋建瓴，对我国诗歌的演变历程给予反思，于诗歌发展的各个阶段进行总结、评价和批判，表现出了诸多可贵的文学思想。其一，他将富于美刺精神、广泛反映社会生活的"大雅""王风"标举为"正声"，并因这种"正"声的衰微和沦丧而深致叹惋："大雅久不作""王风委蔓草""正声何微茫"！这实际上是肯定了《诗经》"饥者歌其食，劳者歌其事"的现实主义精神，认为《诗经》所开创的现实主义传统才是诗歌创作的正确道路。其二，李白对以屈原《离骚》为代表的骚体给予充分的肯定，认为其"哀怨"的精神是"正声"之继。"哀怨起骚人"，不仅说明屈骚都是哀愁怨苦的结晶，而且点出了社会现实对诗人的感召和刺激作用，同时也揭示了屈骚对"正声"之继正在于"哀怨"的精神。鲁迅在《摩罗诗力说》中称屈骚"抽写哀怨，郁为奇文……放言无惮，为前人所不敢言"，岂非正源自李白之识！其三，对汉赋的批判。"扬马激颓波，开流荡无垠"，"颓波"指的就是那些空洞无物"劝百讽一"，为帝王娱乐耳目而铺张声势的大赋。它多是侍臣们的奉命之作，"上有所感，辄使赋之"（《汉书·枚皋传》），其铺张夸陈的鸿篇巨制，虽从侧面反映了汉帝国的统一强大，但实际上是歌颂封建帝王的所谓"功德"，开创了雕琢铺张堆砌的坏风气，所以李白持以否定的态度，认为诗衰骚兴，诗歌借以振起，而扬雄、司马相如等辞赋家又激扬颓波，从而更使诗道衰颓如大堤决口，一发而不可收拾。至此，由《诗经》而骚体，由骚体而赋体，"废兴虽万变"，而愈变愈下，《诗经》的优良传统终于沦丧殆尽，"宪章亦已沦"。其四，既对建安以来的绮丽之风给予批判，又对唐玄宗时期（"圣代"）即盛唐的文风之治加以肯定，认为是"复元古"，恢复了"大雅""王风"的"正声"传统。这里，李白有对建安和建安以后到"圣代"文学的批评，有对"圣代""贵清真"形成的认识——"复元古"。建安文学以其慷慨悲壮、质朴刚健的"风骨"而著称，但是其实"绮丽"的倾向已现端倪于其中。即如曹丕，其"诗赋欲丽"（《典论·论文》）的主张本已表明了他的"绮丽"的艺术倾向，而后世"洋洋乎清绮"（刘勰《文心雕龙·才略》）、"笔姿轻俊"（陈祚明《采菽堂古诗选》）、"缠娟婉约"（沈德潜《古诗源》）等，不又正是对其创作实践中"绮丽"的揭示？而曹植，早就被钟嵘评之为"骨气奇高、词采华茂"（《诗品》），刘勰论之为"诗丽而表逸"（《文心雕龙·才略》）。"词采华茂""丽"皆是"绮丽"之谓。明人胡应麟《诗薮》说得更具体，说："子建《名都》《白马》《美女》诸篇，辞极赡丽，然句颇尚工，语多致饰，视东、西京乐府天然古质，殊自不同。"谢榛《四溟诗话》，也曾举其《斗鸡诗》说"造语太工，六朝之渐也"。至于其余诸子，亦多"怜风月，狎池苑，述恩荣，叙酣宴"，虽"慷慨以任气，磊落以使才"（《文心雕龙·明诗》），却已兼具绮丽，"夸尚绮靡，摛章绣句，竞为新奇，雄健之气，由此萎尔"（王琦注《李太白全集》引杨齐贤语）。由此可见，李白将绮丽诗风的源头上溯到建安，其见解和批判精神非常精辟、深刻。所以严羽在《李太白诗集》评点本中称许李白："以建安为绮丽，具眼。""圣代复元古，垂衣贵清真"则又体现了李白以复古为革新的文学思想。孟棨《本事诗·高逸》谓"白才逸气高，与陈拾遗齐名，先后合德。其论诗云：'梁陈以来，艳薄斯极，沈休文又尚以声律，将复古道，非我而谁与！'"李阳冰《草堂集序》称："至今朝诗体，尚有梁陈宫掖之风，至公大变，扫地并尽。"可见李白以复古为革新指向的是"艳薄斯极""又尚以声律"的"梁陈宫掖"的"绮丽"之风，而最终是要达到"清真"。

《古风五十九首》（其一）站在我国文学发展的高度，以独到的批判眼光对诗歌发展的各阶段进行反思、总结和评价，李白在反思历代文风流变之后，将"清真"与"绮丽"对举，这就使"清真"具有了一种特殊的美学意蕴。而"丑女来效颦，还家惊四邻，寿陵失本步，笑杀邯郸人。一曲斐然子，雕虫丧天真。棘刺造沐猴，三年费精神，功成无所用，楚楚且华身。大雅思文王，颂声久崩沦。安得郢中质，一挥成风斤"（《古风五十九首》其三十五）这首，则在批判模拟、雕琢的基础上对"清真"的美学意蕴做更具体的展露。李白以《庄子》《韩非子》中的寓言为比，反对抄袭、模拟、雕琢、矫揉造作、徒有其表的文风，追求质朴自然、如大匠运斤的浑然一体的艺术美。他追求的不是外在的形式美、雕绘美，而是内在的本质之美、自然之美。李白在《经乱离后天恩流夜郎忆旧游书怀赠江夏韦太守良宰》中所说的"览君荆山作，江鲍堪动色。清水出芙蓉，天然去雕饰"，就是这一美学观的具体运用。王安石曾说："诗人各有所得，'清水出芙蓉，天然去雕饰'，此李白所得也。"（胡仔《苕溪渔隐丛话·前集》）这又是李白的独到之处。

杜甫的论诗诗，主要是《戏为六绝句》和《解闷十二首》中的第五、六、七、八首。

《戏为六绝句》：

庾信文章老更成，凌云健笔意纵横。
今人嗤点流传赋，不觉前贤畏后生。（其一）

王杨卢骆当时体,轻薄为文哂未休。
尔曹身与名俱灭,不废江河万古流。(其二)

纵使卢王操翰墨,劣于汉魏近风骚。
龙文虎脊皆君驭,历块过都见尔曹。(其三)

才力应难跨数公,凡今谁是出群雄?
或看翡翠兰苕上,未掣鲸鱼碧海中。(其四)

不薄今人爱古人,清词丽句必为邻。
窃攀屈宋宜方驾,恐与齐梁作后尘。(其五)

未及前贤更无疑,递相祖述复先谁?
别裁伪体亲风雅,转益多师是汝师。(其六)

"唐自开、宝以降,国初淳庞之气浸漓"(宗廷辅《古今论诗绝句》),诗坛上出现了"好古者遗近,务华者去实"的风气,"效齐梁则不逮于魏晋,工乐府则力屈于五言,律切则骨格不存,闲暇则纤秾莫备"(元稹《唐检校工部员外郎杜君墓系铭并序》),所谓"恃华者质反,好丽者壮违"(《新唐书·杜甫传赞》),杜甫乃有感而发,作《戏为六绝句》。虽曰"戏",却对"古人""今人""前贤""后生"有独到的认识、评价与批评,反映出其真知灼见的文学观和创作思想。第一,如何认识和评价"古人""前贤",这是继承创新中的一个重要问题。即如庾信,受唐初文坛矫枉过正批评风气的影响,对其评价颇为偏颇,有人斥之为"其意浅而繁,其文匿而彩,辞尚轻险,情多哀思,格以延陵之听,盖亦亡国之音也"(《北史·文苑传序》),令狐德棻《周书·庾信传赞》在指责庾信作品"其体以淫放为本,其词以轻险为宗"的同时,还以"词赋之罪人"论。而杜甫却独树一帜,既肯定了庾信的"清新"(《春日忆李白》"清新庾开府"),在这里又以"老更成"的"凌云健笔意纵横"给予高度的评价,也对"今人"妄加指责的偏颇提出了含蓄委婉的批评。对"初唐四杰"的评价，在当时也是有分歧的，有的认为"勃等虽有文才，而浮躁浅露"（《旧唐书·王勃传》）。杜甫却一边以"当时体""不废江河万古流"给予肯定，一边又批评其"劣于汉魏近风骚"（按，杨伦《杜诗镜铨》："谓不如汉、魏之近《风》《骚》也。"）和"龙文虎脊"般词采的奇丽。对庾信，对"四杰"的评价，表明了杜甫一个极为重要的文学批评观，即评论一个作家，既要历史地认识，又要放到历史中去认识，既要看作家的全部，又要不脱离其时代。第二，肯定"汉魏"，标举"风骚"，推尊"风雅"，否定齐梁，不满足于"翡翠兰苕"的小景小巧，而崇尚"掣鲸鱼碧海中"的雄伟境界。第三，继承学习的态度和方法，不以古今定取舍界限，要广泛吸取创作经验，不管是"古人"的还是"今人"的，一切可以学习的都应该学习，兼取众长。既撷取"清词丽句"，又"窃攀屈宋"；既"不薄今人爱古人"，"转益多师"，镕铸古今，把艺术修养建筑在博大深厚的基础上，又要有去伪存真"别裁伪体"的批判精神。这其实就是杜甫创作的经验之谈，也是卓有见地的创作论。

与《戏为六绝句》相呼应的是《解闷十二首》中的四首：

> 李陵苏武是吾师，孟子论文更不疑。
> 一饭未尝留俗客，数篇今见古人诗。（其五）

> 复忆襄阳孟浩然，清诗句句尽堪传。
> 即今耆旧无新语，漫钓槎头缩颈鳊。（其六）

> 陶冶性灵存底物？新诗改罢自长吟。
> 孰知二谢将能事，颇学阴何苦用心。（其七）

> 不见高人王右丞，蓝田丘壑蔓寒藤。
> 最传秀句寰区满，未绝风流相国能。（其八）

这四首，一方面以两个标准论孟云卿、孟浩然、王维。一是以李陵、苏

武"古人诗"为评价的标准,反映出对风骚汉魏传统精神的推重;二是以"清""新""秀"为评价标准,反映出崇尚自然、新鲜、朗丽、幽雅的审美倾向。同时,又于自道作诗的甘苦中反映出诗于人品、性情陶冶作用的文学观和刻苦用心,取法诸家,反复推敲,千锤百炼的创作思想。

通过对李杜两家论诗诗的分析,我们对他们诗论之异同大致可以作如下认识:

就共同性而言,一是他们都秉承着自《诗经》以来的风雅、比兴、风骚汉魏的现实主义传统。李白既将富于美刺和广泛反映社会生活的"王风""大雅"标举为"正声",又对以屈骚为代表的骚体给予高度的评价,"哀怨起骚人",视之为"正声"之继;而对"绮丽"的诗风则斥之为"不足珍",给予激烈的批判;同时又以"志在删述""将复古道"的复古革新为己任。比之李白,杜甫虽并没有明确地提出复古或革新的口号,但他也同样主张以"风雅"为旨归。他不仅宣称"别裁伪体亲风雅""李陵苏武是吾师",而且评价作家也以此为标准。评价"初唐四杰",他以"劣于汉魏近风骚"为论;评价陈子昂是"有才继骚雅"(《陈拾遗故宅》),而对齐梁文风,既不屑于"作后尘",更以"余波绮丽为"(《偶题》)为批判。这些,正见出杜甫对自《诗经》以来风骚汉魏传统精神认识和对待与李白的一致性。二是共同的审美崇尚。李白贵"清真""天真",并以"丑女效颦""邯郸学步"为喻,反对矫揉造作,反对雕饰,要求作诗要如"清水出芙蓉,天然去雕饰",这和杜甫的以"清诗""清新""新语""秀句"为论,都是对诗歌风格的本质之美,自然之美这一美学观的认同和崇尚。

就其相异性而言,一是李白重在对诗歌演变、发展的总体把握上的总结,在反思中提出批判,而杜甫则多以对作家个体的评论为基础,强调继承。李白在《古风五十九首》(其一)中,对从《诗经》、楚辞到汉魏、六朝、盛唐各阶段诗歌的起落演变进行反思、总结,提出批判,尤其是在对待汉赋和魏晋六朝诗歌的态度上,多所鄙薄和抨击。他指斥"扬马激颓波,开流荡无垠",把诗道衰颓,诗歌形式主义之风的泛滥之源归咎于汉赋;而对"绮丽不足珍"的批判却并不止于六朝,而是"自从建安来"。这不仅表现出一种激烈的批判态度,也表现出批判眼光的深邃性和尖锐性。杜甫则有所不同。他往往是以作家个体为论，不仅《戏为六绝句》《解闷》如此，散见于其他诗作中的如《奉赠韦左丞丈二十二韵》（"赋料扬雄敌，诗看子建亲"）、《寄彭州高三十五使君适虢州岑二十七长史参三十韵》（"高岑殊缓步，沈鲍得同时"）、《遣兴·忆孟浩然》（"赋诗何必多，往往凌鲍谢"）等等，也皆是如此。通过对作家的评论，杜甫表现出对汉赋和六朝诗歌多取吸收和借鉴的态度。《戏为六绝句》《解闷》诸论诗诗，有对庾信、二谢、阴铿、何逊的肯定与推崇，其他诗作也每以汉魏六朝作家况人或自况（如上所举）。显然，在杜甫的认识中，汉赋、六朝诗歌，亦颇有优秀者，是大可供后世借鉴和继承的，所谓"后贤兼旧制，历代各清规"（《偶题》）。二是李白注重革新，注重创造，而杜甫则更多的是强调学习。在《古风五十九首》（其一）中，李白纵观文学演变、发展的历程，不仅敏锐地看到了"废兴虽万变，宪章亦已沦。自从建安来，绮丽不足珍"的诗道衰微不正之风泛滥的严重，也清楚地认识到形成盛唐"文质相炳焕，众星罗秋旻"诗坛盛况的原因——"圣代复元古"。也即是说，李白认识到了使诗歌发展走上正确轨道的途径只能是端正"王风""大雅"的"正声"地位，以复古为革新。革新就是创造，就意味着发展，所以他力主独创。"丑女来效颦，还家惊四邻"和"寿陵失本步，笑杀邯郸人"化用《庄子》两则寓言，其讽刺的针对性是十分明显的。在李白看来，机械模拟、亦步亦趋的做法，最终只能像"丑女效颦"和"邯郸学步"那样失却本真、贻笑大方。这个见地是十分深刻的。而杜甫则更多的是强调学习的重要性，他主张"转益多师"，兼采众长。他既不"薄今人爱古人""李陵苏武是吾师""攀屈宋""知二谢""颇学阴何苦用心"，又"清词丽句必为邻"。在杜甫看来，要做到"下笔如有神"（《奉赠韦左丞丈二十二韵》），则必须"读书破万卷"，"学习"是"创造"的基础。

以上是对李杜论诗诗异同的大略探讨。当然，探讨其异同固然重要，但追寻其形成的原因，则更是必要的，尤其是形成差异的原因。

从唐诗发展史的角度看，相对于杜甫，李白处在一个较为特殊的阶段。"唐兴，诗人承陈隋风流，浮靡相矜"（《新唐书·文苑传赞》），初唐后期，以王勃为代表的"四杰"起而自觉地批判和抵制文坛的不正之风，有意识地拓展诗歌内容，把诗歌的题材从宫廷、台阁移向市井、边塞，从歌功颂德、应制奉和变为言情抒怀、咏史、咏物、咏叹人生。但是，他们的诗风却也还依然绮丽婉转，带着较深的积习,因此于唐初诗风的根本转变,其效并不大。比"四杰"稍后的陈子昂,又一次发起了对"采丽竞繁"浮艳诗风的进攻,以其标举"汉魏风骨"主张"兴寄"的革新理论和创作实践,突破了宫体的格局,开了有唐三百年革新诗风的先声。可是,陈子昂因被迫害致死,其时年仅四十一岁,这使他对诗歌的革新历时甚短,何况陈子昂生前更多地又是在注重国家政治策略的改进方面,没有能够以充分的时间和精力致力于诗歌的改革和创作,且又不能不受到时代环境的影响,所以其改革也并不彻底。因此,在陈子昂之后,在李白等诗人登上诗坛前的数十年间,唐代诗坛流行着的依然是柔靡绮艳的诗作:"大同至于天宝,把笔者近千人,除势要及贿赂者,中间灼然可尚者五分无二","开元十五年后,声律风骨始备矣"[1]。李白是在开元中期登上诗坛的。他一登上诗坛,面临的正是继承陈子昂起而革新诗风的责任。李白清醒地意识到时代赋予自己的历史使命,所以他宣称"将复古道,非我而谁"。要"复古道",就要有对败坏"古道"有所认识,不破不立,"破"就是批判,"立"就是在复古中创新。所以李白论诗注重批判,注重革新和创造。杜甫登上诗坛已经是天宝时期。其时,陈子昂、李白等人大力提倡和践行的诗风革新已经奏效。因此,杜甫所面临的已经不再是"破"和"批判",而是"继承",是在继承基础上的发展。这就不仅要"继承",更要"学习"。杜甫也同样清醒地意识到时代赋予他的历史使命,所以他论诗格外垂青"继承",特别注重"学习"。

至于李白、杜甫论诗诗在对现实主义传统和审美崇尚上体认的一致性形成的原因,似乎可以说是很明了的。因为,在这些问题上,作为一个进步的优秀的诗人,都必须顺应时代,赋予诗歌以比兴寄托美刺之旨,与此同时也必然注重内容与艺术美的完美的结合。非独李白、杜甫,任何优秀诗人都会如此。因而,形成李杜论诗诗在对现实主义传统和审美的趋尚上体认的一致性是自然而又合理的。

李杜的论诗诗,以其精深的见解和独特的形式,对后世产生着极大的影响。在诗歌理论的发展史上,李白首先打破了"以文论诗"的传统,开创了"以诗论诗"的体制。杜甫继之而起,又一变李白的古体论诗为绝句论诗。绝句,以其

---

[1] 殷璠:《河岳英灵集序》,郭绍虞主编《中国历代文论选》,上海古籍出版社,1979年版。按,王克让《河岳英灵集注》(巴蜀书社2006年版)之殷璠序与《中国历代文论选》据《全唐文》所录多有不同。

义精词简，集中含蓄，把丰富的含义浓缩在极小的篇幅之中，用它去品评作家作品和揭示诗歌的创作规律与逻辑说理，易记易诵，印象深刻，迥异其趣。所以杜甫之后，仿之者风起，成为一大传统。前有清人宗廷辅辑编的《古今论诗绝句》十二家，后有羊春秋等编注的《历代论诗绝句选》集唐以来五十七家，可见其大观。虽然如此，但李白的以古体论诗却也颇有生命力。如韩愈（《调张籍》）、白居易（《读张籍古乐府》《读李杜诗集因题卷后》）、司空图（《二十四诗品》）、皮日休（《七爱诗》）、欧阳修（《子美画像》）、王安石（《次韵张安道读杜诗》）、李纲（《读四家诗选》）等，直到金元时元好问（《继愚轩和党承旨雪诗》）、清时蒋士铨（《论诗杂咏三十首》）等，皆为李白以古体论诗之影响所及。正是李白、杜甫开创的以古体、绝句论诗的独特形式对后世的巨大影响，才形成了我国文学理论、文学批评史上以诗论诗——论诗诗这一独具民族风格和民族特色的传统。李白、杜甫岂独功益诗坛，其于此，不亦然乎！

（原载《绵阳师范学院学报》2008年第1期）

论李白诗歌的叙事艺术

诗的叙事手法，可以追溯到《诗经》，其"六义"中的"赋"便是，即朱熹所谓"赋者，敷陈其事而直言之者也"（《诗集传》卷一）。叙事的表现手法，在《诗经》中就已经被大量使用，明人谢榛《四溟诗话》说："予尝考之《三百篇》，赋七百二十，兴三百七十，比一百一十。"可见"赋"在《诗经》中已经是最基本的最常用的表现手法。魏晋以来，尤其是唐代诗歌，虽然重在以感觉为诗，但自《诗经》、汉乐府以来已成传统的叙事手法仍然是诗人们常用的表现手法，即如李白，论者常常只注意到了他"兴酣落笔摇五岳，诗成笑傲凌沧洲"（李白《江上吟》）、"笔落惊风雨，诗成泣鬼神"（杜甫《寄李十二白二十韵》），有着雄豪奔放奇纵飘逸风格的抒情诗，而对他诗歌的叙事艺术却不曾多所留意。

一、以情、事互为经纬的结构特点

李白的叙事诗，从结构形式上说，不同于他以歌行为代表的抒情诗的"结构

跳跃跌宕，纵横开阖"（郭预衡《中国古代文学史》），"完全打破了诗歌一切固有格式，空无依傍，笔法多变，达到任随性情之所之的变幻莫测、摇曳多姿的神奇境界"（袁行霈《中国文学史》），差不多都是力求按照事物本身的发展和以自身活动的时间为线索来构思和安排，把一些相关（或看似联系不大紧密）的事物贯穿在一起，构成一首以情、事为经纬的结构严整的诗。如《经乱离后天恩流夜郎忆旧游书怀赠江夏韦太守良宰》。

此诗是李白集中最长的一首叙事诗，全诗166句830字。诗以诗人与韦良宰的三次聚散为结构，详尽地叙述了自己从离开长安到流放赦还期间的生活经历。虽然是一首自叙传性质的诗篇，但诗人并没有局限于个人的身世遭逢，而是把个人的坎坷与国家民族的灾难连在一起，把笔墨转向安史之乱前安禄山"呼吸走百川，燕然可摧倾"将叛的猖狂和安史之乱"九土中横溃""沙尘暗云海""草木摇杀气，星辰无光彩，白骨成丘山""二圣出游豫，两京遂丘墟"给国家、民族、人民造成的深重灾难这样一个社会的时代的背景，又融入了"揽涕黄金台，呼天哭昭王。无人贵骏骨，绿耳空腾骧"的才不为用的满腔悲愤和对安史乱军的极大愤慨，以及"中夜四五叹，常为大国忧"的伤痛。这正如《唐宋诗醇》（卷5）所论："通篇以交情时势互为经纬，汪洋灏瀚，如百川之灌河，如长江之赴海。卓乎大篇，可与《北征》并峙。"

又，《忆旧游寄谯郡元参军》是一首七言长篇叙事诗。诗以历叙诗人与元参军的四番聚散的经历为自然结构。在每次的聚离之后的又聚之间有着巧妙的衔接。"我向淮南攀桂枝，君留洛北愁梦思"结束了第一次聚、离，在到第二次相会之间以"不忍别，还相随"作为过渡，既上承分手"愁梦思"的依依不舍，又下启"相随迢迢访仙城"的第二番相会。"余既还山寻故巢，君亦归家渡渭桥"，诗人与元参军又分道而走。诗歌在这里不再以过渡的形式衔接，却是以跳跃的笔墨直接第三次的太原相会："君家严君勇貔虎，作伊并州遏戎虏。五月相呼渡太行，摧轮不道羊肠苦。"可跳跃却跳跃得颇具艺术性："君""归家"，当然是"君家"；有"家"当然会有"严君"，"严君"是"勇貔虎""作尹并州遏戎虏"，既接并州（太原）相会，又顺便显示了元参军出身将门的家庭背景。"西游因献长杨赋"是朋友的再次分手，而诗歌则以因（献赋）果（"北阙青云"）为衔接关系，将"北阙青云"的"不可期"作为再次相会的铺垫。因

"归"而"遇",朋友相会得偶然,而诗歌却衔接得极自然。不仅如此,这自然、分明而又巧妙的结构中又贯穿着五光十色令人应接不暇的人、事、景物。有"三十六曲水回萦,一溪初入千花明,万壑度尽松风声""流水如碧玉""微波龙鳞莎草绿""杨花似雪""百尺清潭"的美景,有"嘈然宛似鸾凤鸣"的仙乐,有"入空去""自绕行云飞"的歌声,有"汉东太守醉起舞""我醉横眠枕其股"的醉态狂行,有"当筵意气凌九霄"的豪气,有"摧轮不道羊肠苦""时时出向城西曲""浮舟弄水箫鼓鸣""兴来携妓恣经过"的游兴,还有斜日的霞光与歌女的红妆、醉颜相映的"红妆欲醉宜斜日",美人的倩影倒映在清清潭水中的"百尺清潭写翠娥",面容如新月般皎洁的美人"舞罗衣"的翩翩。这些,交相辉映,将诗篇辉映得灿烂多姿、气象非凡。这与李白七言古诗通常那种"纵逸"的无法而法的作风不同,而是按实有的经历如实叙来,娓娓道出,层次分明,结构谨严,写法却又极富变化,以酣畅淋漓之笔写深沉之情。《唐宋诗醇》(卷5)称许其"此篇最有纪律可循。历数旧游,纯用叙事之法。以离合为经纬,以转折为节奏,结构极严而神气畅然。至于奇情胜致,使览者应接不暇,又其才之独擅者耳"。

《长干行》(其一)是李白乐府诗中的叙事名篇。它以商妇的爱情和离别为题材,用女子自述的口吻,抒写对远出经商的丈夫的怀念。诗云:

> 妾发初覆额,折花门前剧。
> 郎骑竹马来,绕床弄青梅。
> 同居长安里,两小无嫌猜。
> 十四为君妇,羞颜未尝开。
> 低头向暗壁,千唤不一回。
> 十五始展眉,愿同尘与灰。
> 常存抱柱信,岂上望夫台。
> 十六君远行,瞿塘滟滪堆。
> 五月不可触,猿声天上哀。
> 门前迟行迹,一一生绿苔。
> 苔深不能扫,落叶秋风早。

八月蝴蝶黄，双飞西园草。
感此伤妾心，坐愁红颜老。
早晚下三巴，预将书报家。
相迎不道远，直至长风沙。

全诗十五韵，前七韵是女主人公对往昔甜美生活的回忆，中间六韵是对现实寂寞境况的倾诉，末两韵是对未来的憧憬。三个层次，以年龄为结构顺序，从"妾发初覆颜"青梅竹马的童年写到"十四为君妇"初婚娇羞的喜悦，到"十五始展眉"时爱情含而不露的炽热，再到"十六君远行"后一年四季焦灼等待和刻骨相思的煎熬，将一些生活片断（或女主人公拟想中的情景）联缀成篇，形成"娓娓不尽，曲尽商妇之情，转折有法"（应时《李诗纬》）的完美的艺术整体。

《闻李太尉大举秦兵百万出征东南懦夫请缨冀申一割之用半道病还留别金陵崔侍御十九韵》是李白以情事互为经纬为结构的叙事诗中别具一格的一类。如此长的题目，其规模已相当于一首五言律诗的字数。作者如此命题，其作用何在？细绎诗意，原来诗题的组织便是诗的内容结构："秦出天下兵"四句，正是题中的"大举秦兵"；"太尉杖旄钺"六句，正是"李太尉""出征东南"驻节彭城的情形；"恨无左车略"六句，即题中的"懦夫请缨冀申一割之用"；"半道谢病还"六句，即题中的"半道病还"；承上句的"长吁别吴京"，"金陵遇太守"以后，便是题中的"留别金陵崔侍御"（按，《李白诗歌赏析集》郁贤皓、吴伟斌云："颇疑诗题中之'侍御'或为'侍郎'之误"）。线索清楚非常，内容与题目丝丝相扣，形成严密的组织结构。这种以诗题为篇章的结构方式，虽非李白独具，却诚如清人吴齐贤《论杜》所说，"唐人作诗，于题目不轻下一字，亦不轻漏一字"。但像此诗这样条缕之细，线索之清楚，层次之分明，所形成的结构之缜密，却非一般手笔可比。更何况还将"云骑绕""肃雷霆""绝飞鸟""拥连营"的整肃威武和"斩巨鳌""脍长鲸"的气概，以及"愿雪会稽耻，将期报恩荣"的"冀申一割之用"至老不渝的强烈的用世之情和连"冀申一割之用"也不成的"天夺壮士心"的英雄末路的愤恨，纬于这样的结构中，既大气磅礴，又有诗人历尽人世沧桑的沉郁、悲凉直撼人心。

按照事物本身的发展和以时间为线索的叙事，本是叙事诗叙事的常格，可李白却以情事互为经纬，驾驭得来既"结构极严"（《唐宋诗醇》卷6）、"一丝不乱"（延君寿《老生常谈》）、"圆转无痕"（《李诗纬》），又"纵横恣肆，激宕淋漓"（管世铭《读雪山房唐诗凡例》），的确是以拙见巧、大巧若拙的"大家手段"（严羽评本《李太白诗集》）、"太白本色"（近藤元粹《李太白诗醇》），极能体现李白叙事诗在构思和结构上的特色。

二、叙中溢情的表达方式

就表达方式说，李白叙事最擅长的是将人、事、景、物融入叙述的笔调，人情自然溢出，含蓄隽永，耐人久味。《送王屋山人魏万还王屋》是最具代表性的一篇。这是李白集中篇幅仅次于《经乱离后天恩流夜郎忆旧游书怀赠江夏韦太守良宰》的一首纪游体长篇叙事诗。王屋山人魏万（后更名颢）是李白的倾慕者，为一晤李白，竟沿着李白的游踪寻访数千里，这使李白十分感动，当魏万还王屋时李白写下了这首诗相送。诗人以魏万的游踪为线索，历叙其途中所见所闻，将对朋友的真挚情谊融于山水景物中，以展现魏万浪迹山水的逸兴和潇洒不群的风貌。如诗首十六句对魏万的赞美一节，既赞其超尘拔俗与卓尔不群的行径（"仙人东方生，浩荡弄云海。沛然乘天游，独往失所在"），又赞其采秀王屋隐居山林的志趣（"魏侯继大名，本家聊摄城。卷舒入元化，迹与古贤并。十三弄文史，挥笔如振绮。辩折田巴生，心齐鲁连子。西涉清洛源，颇惊世人喧。采秀卧王屋，因窥洞天门"），一个青年隐者的思想情趣跃然纸上，亦见出诗人把魏万引为同道的感情。

又如"遏来游嵩峰，羽客何双双。朝携月光子，暮宿玉女窗。鬼谷上窈窕，龙潭下奔潈。东浮汴河水，访我三千里。逸兴满吴云，飘摇浙江汜。挥手杭越间，樟亭望潮还。涛卷海门石，云横天际山。白马走素车，雷奔骇心颜"叙魏万自嵩、宋沿道南至吴越相访而观潮钱塘一节，"朝携""暮宿""上窈窕""下奔潈"，可见其游兴之浓；"飘摇""挥手"，可见其"逸兴"之潇洒；而"涛卷海门石，云横天际山。白马走素车，雷奔骇心颜"是钱塘江潮奇观，但又何尝不是观潮者观赏领略的"逸兴"

再如"会稽美"中"人游月边去，舟在空中行"的奇幻飘逸，"此中久伫立"的陶醉,"笑读曹娥碑,沉吟黄绢语"的神态,"五峰转月色,百里行松声,灵溪恣沿越,华顶殊超忽"的畅游之趣,"侧足"而履"横青天"形如半月的石桥("石梁横青天,侧足履半月")的小心谨慎等等,在山水美景的映衬下,将魏万乘兴游台越的神情风貌无不展现得生动形象。

至于永嘉之游,观石门瀑布、游恶溪险滩、出梅花桥、落帆金华、登八咏楼、访严光濑,顺序写来,游踪历历在目,而此中之"不惮""宁惧""搜索""北指"("不惮海路赊""宁惧恶溪恶""搜索连洞壑""北指严光濑"),则形象而又生动地表现其游兴之高。

这首诗,诗人就是以一种独特的方式——叙游踪、写胜景,表现魏万一路畅游的心境、活动、感受。而这一切,又都出自诗人的想象(虽然是以诗人自己的游历为基础,但毕竟是对别人的纪游),则魏万之情即是诗人之情,也是诗人对魏万的友情,真可谓是溢彩溢情的佳作,难怪前人推崇甚重,认为"此篇滔滔汩汩,如长江(大)河,极浩瀚之观,尽萦回之致,纪地写景,直是王屋山人作篇游记。健笔凌云,光焰万丈,那得不推为千古大家!"(严羽评本《李太白诗集》)

《寄东鲁二稚子》是一首以叙寄怀之作。诗人以生动细致的叙事笔触,抒发了思念儿女的骨肉深情。诗云:

> 吴地桑叶绿,吴蚕已三眠。
> 我家寄东鲁,谁种龟阴田?
> 春事已不及,江行复茫然。
> 南风吹归心,飞堕酒楼前。
> 楼东一株桃,枝叶拂青烟。
> 此树我所种,别来向三年。
> 桃今与楼齐,我行尚未旋。
> 娇女字平阳,折花倚桃边。
> 折花不见我,泪下如流泉。
> 小儿名伯禽,与姊亦齐肩。
> 双行桃树下,抚背复谁怜?

念此失次第，肝肠日忧煎。

裂素写远意，因之汶阳川。

　　诗人把所要表现的事、物的形象人物的神态想象得细致入微，田地、酒楼、桃树，尤其是一双儿女，"折花倚桃边"的神态，"折花不见我，泪下如流泉"思父伤感的情状，小儿子"与姊亦齐肩"的身高，姐弟俩"双行桃树下"的玩耍，将一双儿女的体态、神情、动作、心理活动，甚至身高都一一想到，一一摹写。纯从细事细景细处着墨，愈细则情愈真愈深愈长，"琐琐屑屑，弥见其真"（沈德潜《唐诗别裁》），通篇洋溢着一个慈父对儿女的思念之情。

　　李白善于将人、事、景、物融入叙述的笔调，人情自然溢出，其长篇最是擅长，而短篇却往往只从一方面叙写，亦是别具情味。如《望终南山寄紫阁隐者》："出门见南山，引领意无限。秀色难为名，苍翠日在眼，有时白云起，天际自舒卷。心中与之然，托兴每不浅。何当造幽人，灭迹栖绝巘。""心中与之然""灭迹栖绝巘"的隐居之情，只从"秀色难为名，苍翠日在眼。有时白云起，天际自舒卷"的景色中托出，"因白云舒卷，念及幽人，偕隐之思，与之俱远"（同前），但却是"淡雅自然处，神似渊明"（《唐宋诗醇》卷6）。而"红颜悲旧国，青岁歇芳洲。不待金门诏，空持宝剑游。海云迷驿道，江月隐乡楼。复作淮南客，因逢桂树留"的《寄淮南友人》一诗，却又是"只叙久游不遇，自见深情"（《李诗纬》）。

　　李白以人、事、景、物融于叙事笔调的这类诗作，不论是长篇短章，也不论是大笔挥洒还是轻描淡写，都是"一切景语皆情语"的佳作。

三、以赋为比兴的表现手法

　　李白的叙事诗对比兴手法的运用也是非常出色的。前人论李白诗中的比兴，多着眼于他的古风、乐府、歌行类抒情诗，如陈沆的《诗比兴笺》所笺李白五十七首比兴之作，只及于《古风五十九首》《拟古十二首》、乐府中的诗篇。今人论其比兴，也大抵不离这几类诗左右，着眼点也差不多都在李白"在运用比兴象征手法时，他喜欢选取雄奇不凡的事物，如大鹏、天马、雄剑及高山大河，来寄托他的理想，象征他的才能；喜欢选取高洁美好的事物如明月、凤凰、

松柏、美人等,来象征他的人品节操;又常常选取遭摧残、受拘羁的人物事件来比喻他的经历和处境"(郭预衡《中国古代文学史》)等方面,"正是由于丰富多彩的比兴手段的运用,李白写了一大批政治抒情诗"(安旗、阎琦《李诗导读》)。这就或多或少地忽略了李白诗在叙事中对比兴手法的出色运用。

李白叙事诗中的比兴手法之用,往往不像他的抒情诗那样其"喻体"是某一具体的事物,而是以多个事物、事件所构成的景象将"本体"的精神性特征显现出来,以实现"本体"的感情寄托。如前举《经乱离后天恩流夜郎忆旧游书怀赠江夏韦太守良宰》,诗人的"书怀"所在,是将个人的不幸遭遇融入对国家民族人民带来深重灾难的安史之乱这一社会时代背景的叙写中。他写自己怀才不遇"五噫出西京"被逐,却犹自"十月到幽州"打探安禄山的反形;虽然是"揽涕黄金台,呼天哭昭王。无人贵骏骨,绿耳空腾骧"报国无门,却仍心系平乱形势和"白骨成丘山""公卿如犬羊,忠谠醢与菹。二圣出游豫,两京遂丘墟"的人民灾难、国家命运;虽然自己"翻谪夜郎天",蒙冤遭放,侥幸遇赦,却仍希望"安得羿善射,一箭落旄头",迅速平定叛乱。对祖国人民寄托着多强烈多深厚的热爱之情!诚如苏仲翔先生所说:"始终洋溢着爱祖国、爱人民的热情。写出将乱时多少忧虞,被罪时绝无怨望,被赦后多少忠谋远虑。浑灏流转,洋洋大篇,不让杜甫的《北征》。"(《李杜诗选注》)而《闻李太尉大举秦兵百万出征东南懦夫请缨冀申一割之用半道病还留别金陵崔侍御十九韵》,一开始便以十二句大写唐军声势之壮,似乎是诗人眼中所见,而实际上却是诗人"闻"的想象之词,岂不是寄托着诗人对唐军的祝愿、对李太尉的崇敬、对胜利的信心和对国家的希望!正因如此,诗人才要北上请缨,然而中道病还,不仅"一割之用"难申,且"天夺壮士心",一生壮志最后被夺。诗人早年即有"奋其智能,愿为辅弼,使寰区大定,海县清一"(《代寿山答孟少府移文书》)之志,且一生为之奋斗,然而却何以连"一割之用"也难申?诗人一生壮志被谁所夺?这则有着更深沉的寄托了!《忆旧游寄谯郡元参军》一诗,诗人在历叙与元参军四番聚散的经过中大写其诸多的"行乐"之事,看起来似乎只是诗人颓放生活的反映,可是这首诗却是写于他"北阙青云不可期"被逐出宫门,政治上遭受沉重打击,对社会现实、对统治阶级以及世态人情都有了深刻的体验之后,因此,"忆旧游"便不仅仅是怀旧,更有非今的比兴意味。那恣情纵意的"行乐"生活,不正是

"使我不得开心颜"诗人亲历的污浊官场生活的对立面！那些脱略形迹的人物，不正是诗人亲见的上层社会虚伪、势利、倾轧的对立面！正所谓"言外之意，味外之旨"。

李白叙事诗中比兴手法的这种不以某一具体事物为"喻体"的运用，虽不能像他抒情诗以具体的事物如大鹏、天马、凤凰那样构成了李白诗歌独特的意象群，从而共同塑造了一个极有精神、极有个性、自命不凡的轩昂高大的自我形象，但寄托却更深广，更具有社会现实性。即使是以某一具体事物为"喻体"，也有较之抒情诗不同的特点。且看下列诸诗：

（1）"武侯立岷蜀，壮士吞咸秦。何人先见许，但有崔州平。"（《读诸葛武侯传书怀赠长安崔少府叔封昆季》）

（2）"河东郭有道，于世若浮云。"（《赠郭季鹰》）

（3）"李斯未相秦，且逐东门兔。宋玉事襄王，能为《高唐赋》。"（《赠溧阳宋少府陟》）

（4）"东平刘公干，南国秀余芳。"（《赠刘都使》）

（5）"贾生西望忆京华，湘浦南迁莫怨嗟。圣主恩深汉文帝，怜君不遣到长沙。"（《巴陵赠贾舍人》）

（6）"洛阳苏季子，剑戟森词锋。六印虽未佩，轩车若飞龙。"（《魏郡别苏少府因》）

（7）"君即颍水荀，何惭许郡宾。"（《南陵五松山别荀七》）

其（1）中的崔州平是诸葛亮的知己者，《三国志·诸葛亮传》：亮"每自比于管仲、乐毅，时人莫之许也，惟博陵崔州平、颍水徐庶元直与亮友善，谓为信然。"诗既以崔州平比崔少府，又以诸葛亮自比。其（2）中的郭有道即郭太，《后汉书·郭太传》："郭太字林宗……司徒黄琼辟，太常赵典举有道。或劝林宗仕进者，对曰：'吾夜观乾象，昼察人事，天之所废，不可支也。'遂并不应。"此以郭有道比郭季鹰。其（3）中的宋玉是借以比宋少府，而又以未遇前之李斯自比。朱谏《李诗选注》云："我则方于李斯之未遇，君可拟于宋玉之才名。"其（4）是以"建安七子"之一的刘桢（字公干）比刘都使。其（5）是以贾谊之遭贬逐比贾舍人（至）之迁谪。其（6）是以苏秦比之苏少府。其（7）中的"颍水荀"即荀淑，《后汉书·荀淑传》："荀淑……荀卿十一世孙也。少

有高行，博学而不好章句，多为俗儒所非，而州里称其知人。……当世名贤李固、李膺等皆师宗之。"此用以比荀七。

很显然，所举诸篇都是以前贤比况今时同姓者。"多用前代同姓故事以美之"（朱谏《李诗选注》），是李白在赠、别一类叙事诗中对比兴手法颇具匠心的巧妙使用。与李白同时的诗人如高适、杜甫者，虽亦偶一为之[1]，而就其使用频率之高[2]，信手拈来而恰到好处地比出被比者的精神风貌、人品气质、志向情趣的娴熟巧妙的运用，李白却是佼佼者。

李白的叙事诗，擅于按事物本身的发展线索以情事互为经纬为结构，在这样的结构中，将人、事、景、物融入叙事的笔调，以叙中溢情的表达方式和以赋为比兴的表现手法，形成了出色的叙事艺术。这就是我们对李白诗歌叙事艺术的粗浅探讨。如果以抒情诗、叙事诗划分诗歌类别，李白的叙事诗（或诗中的叙事），在李白的987首诗（据王琦本，不包括"拾遗"部分）中占有不小的比例，尤其是赠、寄、别、送、酬之类，差不多都是以叙事为主。可是历来在对李白诗歌的认识与评价上似乎并没过足够的重视，远者如游国恩等主编的《中国文学史》（1963年版），近者如对新的学术研究成果有一定总结和吸收的袁行霈主编的《中国文学史》（1999年版）、乔象钟等主编的《唐代文学史》（1995年版），他们在评价杜甫诗歌的艺术性时，大体上是分为抒情诗和叙事诗，而对李白，却无一例外都是从抒情诗的角度总结和评价，似乎李白就只有抒情诗，这不能不说是对李白诗歌认识和研究上的一种缺失。既然叙事诗在李白的诗中占有相当大的比例，既然杜诗在文学史家那里可以分为抒情诗和叙事诗两类给予评价，那么李白的叙事诗也理应给予同样的对待，理应受到学术界的重视，进行专门的研究。如此，本文则可为引玉之砖了。

（原载《当代文坛》2008年第6期）

---

1 高适诗有《赠别褚山人》"光阴苏子训，才术褚先生"，《同李太守北池泛舟宴高平郑太守》"每挥龚、黄事，还陪李、郭舟"两首。杜甫诗有《将赴荆南寄别李剑州》"但见文翁能化俗，焉知李广未封侯"，《长沙送李十一》"李杜齐名真忝窃"，《暮冬送苏四溪兵曹适桂州》"飘飘苏季子，六印佩何迟"三首。
2 李白赠、寄、别、送、酬诗中略有30处以前贤比况今时同姓者。

"李白精神"之解说

"李白精神"这一命题的提出,最早似可追溯到薛天纬先生《李白精神的历史认识过程》(《中国李白研究》2001—2002年集)一文。文章说:"每一位有成就的诗人都有其艺术家的个性,都具有某种'空前绝后'性,但我们不这样称许其他诗人,而独以之称许李白,是因为李白具有一种精神。这种精神不仅体现于他的诗歌中,而且体现于他的性格、行事与他的经历中,甚至体现于他的传说中(比如杜甫就与李白不同,他的精神基本上是由其诗歌体现出来)。这种精神极为特异,甚至具有传奇色彩,不可效仿,不可复制,不曾也不可能在他人身上再现。"显然,薛天纬先生这里所说的"李白精神",并不等同于此前学者们多所探讨的李白诗歌的什么什么精神,而是体现于他的诗歌以及更多更重要的是他的性格、行事和经历中的独特精神。因此,可以说"李白精神"是对李白更全面的认识和更高度的提升。虽然如此,但"李白精神"究竟还是一个整体性的命题,如果要有更具体的认识和感受,尚需分而析之。今且以进取精神、狂傲精神、反叛精神、爱国精神等几个主要方面对"李白精神"加以解说。

一、积极进取顽强不懈的追求精神

李白追求的是什么?追求的是理想抱负的实现,所以说是"积极进取"。李白的理想抱负,在蜀中的青年时期还没有形成蓝图,只是说"莫怪无心恋清境,已将书剑许明时"(《别匡山》),只是说"大丈夫必有四方之志,乃仗剑去国,辞亲远游"(《上安州裴长史书》)。而二十五岁出蜀之后,经过了一番游历、结交和对现实社会的了解认识,李白增加了识见,开阔了眼界,增长了才干,二十七岁定居安陆在桃花山白兆崖读书期间,其理想抱负就完全确立了。《代寿山答孟少府移文书》说要"申管晏之谈,谋帝王之术,奋其智能,愿为辅弼,使寰区大定,海县清一"。就是说,他要凭自己的本事登上高位,当上大官,然后治平天下。这也就是封建知识分子追随儒家"达则兼济天下"的"安社稷,济苍生"。要"兼济天下",首先就是个人要"达"。李白一生追求"达",以实现"安社稷,济苍生"的理想,其追求之执着之顽强,可以说是追求——失败——再追求——再失败——再追求——直至老病、身死。在追求的一

生中遭受多次打击，甚至是沉重和沉痛的打击，但每次遭受打击之后还是要不屈不挠地再追求，这样不懈的追求，正是李白追求精神的特点。

李白第一次遭受打击是开元十九年至二十一年的京城求仕。

在安陆期间，他向安州李长史、裴长史上书请求接纳或者举荐都没有成功，于是他愤而离开，要"西入秦海，一观国风"到京城去。他以为凭他李白的才能，敲开权要之门取得功名是不成问题的，"何王公大人之门不可以弹长剑乎"。（《上安州裴长史书》）但是，他失败了。在京城的三个年头，到处碰壁，没有敲开权要之门，统治者没有接纳他。然而他并不灰心也不甘心，只是认为"我有吴越曲，无人知此音"（《赠薛校书》），找不到知音，因而他决心要自致青云，即如他《冬夜醉宿龙门觉起言志》所吟唱的"青云当自致，何必求知音"，仍然满怀信心，充满希望，坚信"长风破浪会有时，直挂云帆济沧海"（《行路难》其一）。

李白第二次遭受的打击更为沉重。

天宝元年，唐玄宗下诏召李白进京。消息来得很突然，李白大喜过望，"仰天大笑出门去"，十分得意地声称"我辈岂是蓬蒿人"（《南陵别儿童入京》）。到了京城，唐玄宗把他放到翰林院做翰林学士，算是很礼遇他。因为翰林学士是专掌内诏的，"号为内相""天子私人"（《新唐书》卷46）。可是由于李白的才能，加上他自信自负的个性形成的恃才傲人，而且唐玄宗又信任他亲近他，"专掌密命，将处司言之任，多陪侍从之游"（范传正《唐左拾遗翰林学士李公新墓碑并序》），引起了朝中小人的嫉妒忌恨，兼之李白的狂傲放任不羁也难为唐玄宗所容，李白便逐渐为唐玄宗所冷淡疏远，最终被"赐金归之"（李阳冰《草堂集序》），算是体体面面地把他逐出了朝廷。

前一次进京求仕，是李白自己要"西入秦海，一观国风"，"何王公大人之门不可以弹长剑乎"的大话已经说出，却又铩羽而归，虽然不甘不屈于失败，却已经窝了一肚子的火。而这一次，是唐玄宗请他去的，本以为从此可以实现自己的理想抱负，所以极为得意地说"仰天大笑出门去，我辈岂是蓬蒿人"。不曾料到却遭谗受毁终为唐玄宗所弃，于是一团高兴化为一腔怒火，发而为愤慨之词，"哀哉悲夫！谁察予之贞坚？"（《雪谗诗赠友人》）"安能摧眉折腰事权贵，使我不得开心颜"。（《梦游天姥吟留别》）《答王十二寒夜独酌有怀》更是激情如火山喷发:"吟诗作赋北窗里,万言不值一杯水""骅骝拳跼不能食,蹇驴得志鸣春风""孔圣犹闻伤凤麟,董龙更是何鸡狗""严陵高揖汉天子,何必长剑拄颐事玉阶"。但是他也仍然是不甘不屈不灰心,坚信"天生我材必有用"(《将进酒》)。

果然是"天生我材必有用"。天宝十四载(755),李白五十五岁时安史之乱爆发,第二年安禄山攻破潼关,唐玄宗仓皇西逃蜀地途中命永王李璘领江南四道节度使。永王水师过寻阳时,派李白的故人韦子春敦请在庐山的李白。李白在"中原横溃"苍生涂炭、社稷倾危之际,为实现其"安社稷,济苍生"的理想抱负,不辞"绵疾疲苶""扶力一行"(《与贾少公书》),下山作了永王的幕僚。不料永王被唐肃宗以叛乱谋反的罪名加以镇压,李白也因此被投入狱中,他的追求再一次遭受打击。但是,就在第二年(至德二载)五十七岁时,御史中丞宋若思为他"洗雪",释放之后,他不仅马上投入宋若思军中做了幕僚,为宋若思出谋划策,而且以宋若思的名义上《为宋中丞自荐表》于朝廷,要求拜自己为京官。还作《为宋中丞请都金陵表》,为朝廷谋划迁都金陵。迁都金陵虽然是一个馊主意,但却表明了李白求为所用(也是追求)的迫切心情。然而,朝廷非但没有拜他一京官,反而判了他流放罪,长流夜郎。

牢狱之灾,流放之罪,这对李白来说其打击是更为沉重和沉痛的,可是就在流放途中三峡遇赦后流落江南一带的第二年(上元二年),已经六十一岁的李白听说李光弼率师抗击安史乱军出镇临淮驻节徐州,这又激起了他的热情,居然在垂暮之年以抱病之身去投军李光弼。其《闻李太尉大举秦兵百万出镇东南懦夫请缨冀申一割之用半道病还留别金陵崔侍御十九韵》反映的正是这件事。投军的目的是"意在斩巨鳌,何论脍长鲸",他为因病不能实现而仰天长叹,"天夺壮士心,长吁别吴京"!

李白一生以"达则兼济天下"为信条,追求"达",追求理想的实现,所遭受的打击却一次比一次沉重,但是他不甘不屈不气馁,追求——失败——再追求——再失败——直至老病、身死。这是一种顽强不懈的追求精神,正是屈原"虽九死其犹未悔兮,吾将上下而求索"(屈原《离骚》)般的精神。这种追求精神,在封建文人中是十分难能可贵的。因为绝大多数封建文人虽然也以"达则兼济"为口号,但在实际行动中却往往把"达"和"兼济"割裂,"达"的目

就成了不是或不一定是"兼济天下",即使"达"了也未必会"兼济","兼济天下"不过是欺世之谈了。像罗隐的《越妇言》中朱买臣之妻说朱买臣那样,"翁子之志,何尝不言通达后以匡国致君为己任,以安民济物为心期。……翁子果通达矣。天子疏爵以命之,衣锦以昼之,斯亦极矣。而向所言者,蔑然无闻。岂四方无事,使之然耶?岂急于富贵,未假度者耶?以吾观之,矜于一妇人则可矣,其他未之见也"(罗隐《谗书》卷4)。既然"达"没有"兼济天下"这样一个重大的责任而只是个人的荣辱,因此往往是一遭受挫折便偃旗息鼓。而李白却不然,一次挫折更是一次更强烈的激励。这样的追求精神,在封建文人中是很具光彩的。

二、张扬个性和理想的狂傲精神

李白的个性是什么?是自信,是自负。不过,他的自信、自负是很有本钱的。因为他有才能有抱负。以才能论,有"大手笔"之称的大文章家苏颋夸他"天才英丽"(《上安州裴长史书》),在其《荐西蜀人才疏》中称首"赵蕤术数,李白文章";郡督马公夸他"诸人之文,犹山无烟霞,春无草树。李白之文,清雄奔放,名章俊语,络绎间起,光明洞彻,句句动人"(《上安州裴长史书》);大名士贺知章夸他的诗是"惊风雨,泣鬼神";杜甫赞其"笔落惊风雨,诗成泣鬼神"(《寄李十二白二十韵》),又称许"白也诗无敌"(《春日忆李白》)、"斗酒诗百篇"(《饮中八仙歌》)、"敏捷诗千首"(《不见》);他自己也颇为自得地说"三十成文章,厉抵卿相。虽长不满七尺,而心雄万夫","日试万言,倚马可待"(《与韩荆州书》)。而他的理想抱负又是高尚远大的:"愿为辅弼,使寰区大定,海县清一。"他认为他的才能他的理想抱负的壮伟是时人无可企及的,所以他由自信而自负,常常以一种狂傲的姿态张扬这种个性,张扬他的理想抱负。

他的狂傲,常常被他诗意化。李白的很多诗篇中都隐现着他傲岸狂放的身影,如"兴酣落笔摇五岳,诗成笑傲凌沧洲"(《江上吟》)、"仰天大笑出门去,我辈岂是蓬蒿人"(《南陵别儿童入京》)、"揄扬九重万乘主,谑浪赤墀青琐贤"(《玉壶吟》)、"我且为君捶碎黄鹤楼,君亦为吾倒却鹦鹉洲"(《江夏赠韦南陵冰》)、"黄鹤高楼已捶碎""一州笑我为狂客"(《醉后答丁十八》)、"高冠佩雄剑,长揖韩荆州"(《忆襄阳旧游赠济阴马少府巨》),不仅长揖州官,而且"府县尽为门下客,王侯皆为平交人"(《结客少年行》),甚至见天子也仅仅是"高揖"——"严陵高揖汉天子,何必长剑拄颐事玉阶"(《答王十二寒夜独酌有怀》),"昭昭严子陵,长揖万乘君"(《古风》其十二),"严陵不从万乘游,归卧空山钓碧流"(《酬崔侍御》),"长揖山东隆准公,入门不拜骋雄辩"(《梁甫吟》)。而"扶风豪士天下奇,意气相倾山可移。作人不倚将军势,饮酒岂顾尚书期"(《扶风豪士歌》)的扶风豪士,则正是李白自我形象的写照。

他的这种狂傲,也常常被他物化为某种形象,如大鹏。大鹏形象,本是庄子在《逍遥游》中用来表现自由精神的,而李白却去其内核,取其外象,以这个形象来表现自我。"大鹏一日同风起,抟摇直上九万里。假令风歇时下来,犹能簸却沧溟水"(《上李邕》),这个大鹏的气势多雄伟!李白居然敢在颇负文名时流推重的前辈李邕面前以大鹏自比,而且比得如此之雄迈,足见其狂,足见其傲!而《大鹏赋》,则更是将自己的雄志、奇才、豪情、逸气、狂傲贯注于大鹏这一形象——"脱鬐鬣于海岛,张羽毛于天门。刷渤澥之春流,晞扶桑之朝暾。燀赫乎宇宙,冯陵乎昆仑。一鼓一舞,烟蒙沙昏。五岳为之震荡,百川为之崩奔","激三千以崛起,向九万而迅征。背磐太山之崔嵬,翼举长云之纵横","簸鸿蒙,扇雷霆,斗转而天动,山摇而海倾","喷气则六合生云,洒毛则千里飞雪","块视三山,杯观五湖,其动也神应,其行也道具"。这是一个体魄无比巨大、气势无比磅礴的形象。就是他临终时的《临路歌》所抒写的"大鹏飞兮振八裔,中天摧兮力不济。余风激兮万世,游扶桑兮挂石袂"的大鹏,也仍然是一个极高傲极自信极自负的倔强不屈的形象。

除了大鹏,李白还将自己的狂傲精神物化为天马、猛虎、苍鹰等等。

李白虽然狂傲,但是对平民对百姓却是平和平易甚至是平等的,比如《下终南山过斛斯山人宿置酒》:"我醉君复乐,陶然共忘机。"这是对平民。对百姓,如《宿五松山下荀媪家》:"我宿五松下,寂寥无所欢。田家秋作苦,邻女夜舂寒。跪进雕胡饭,月光明素盘。"劳动人民的辛勤和对他的殷勤款待,使他大受感动。《丁督护歌》:"云阳上征去,两岸饶商贾。吴牛喘月时,拖船亦何苦。水浊不可饮,壶浆半成土。一唱《都护歌》,心摧泪如雨。万人凿盘石,无由达江浒。君看石芒砀,掩泪悲千古。"对纤夫在炎热中拖船的苦楚,李白流下眼泪。

李白,一边是狂傲不已,一边却又是平和平易,大是同情,大抱关怀,这就表明他的狂傲是有为而发的,是对自我的张扬、理想的张扬,最具个性特征。

三、蔑视权贵抨击时弊抗争现实的反叛精神

李白的反叛精神是对狂傲精神的升华,这种升华,大致可以以入侍翰林又被逐出(也就是第二次入京)为界。之前的李白,为实现理想抱负而干谒求仕,但是却到处碰壁。首次入京,本是满怀信心,"何王公大人之门不可以弹长剑乎"的大话已经说出,结果却是失败而归,这是很窝火的。而第二次进京,是唐玄宗请他去的,本以为从此可以飞黄腾达大展宏图,所以他是"仰天大笑出门去",极为得意,极是自命不凡,"我辈岂是蓬蒿人"!可是哪曾料到却遭谗受毁被赶出朝廷,这使他的一团高兴化为一腔怒火。而他供奉翰林的三年,又加深了其对统治集团的认识,加深了对现实政治的了解,这又使他的一腔怒火发而为蔑视权要、抨击时弊、抗争现实的愤慨之词,使先前的狂傲得到升华,升华为反叛精神。

他的这种反叛精神,主要由两方面构成:一方面是蔑视权贵、宣泄悲愤、抗争命运,一方面是对现实的揭露和抨击。

李白一生为理想而奋斗,可是却屡遭失败,而且一次比一次失败得更惨。这是因为他的"安社稷,济苍生"不容于唐玄宗那样一个权奸当政的朝廷,也不容于以权贵为主体为本位的社会。所以,他以诗愤怒地抗议:"我本不弃世,世人自弃我。"(《赠蔡山人》)"大道如青天,我独不得出。"(《行路难》其二)这些是对这个社会摧残和扼杀人才、摧残扼杀我李白的愤声疾呼。"浮云蔽紫闼,白日难回光。群沙秽明珠,众草凌孤芳"(《古风》其三十七),又是对忠奸不分贤愚颠倒现实的尖锐揭露,从一个侧面揭示了天宝末期社会政治的黑暗和唐王朝由盛而衰的原因。李白刚正不阿,不曲意逢迎,比自己为松柏:"松柏本孤直,难为桃李颜。"(《古风》其十二)也不屑于沉浮于世俗:"乍向草中耿介死,不求黄金笼下生。"(《设辟邪伎鼓吹雉子班曲辞》)鄙视那些庸才权要:"黄金白璧买歌笑,一醉累月轻王侯。"(《忆旧游寄谯郡元参军》)《答

王十二寒夜独酌有怀》的"蹇驴得志鸣春风""董龙更是何鸡狗",对得势小人的鄙视更是激愤异常。甚至对当朝天子也是"天子呼来不上船,自称臣是酒中仙"(杜甫《饮中八仙歌》)。这些都是李白蔑视权贵、不屈于权豪势要、抗争命运反叛精神的体现。

反叛精神的另一面是对现实的揭露和抨击。李白对现实黑暗的揭露和对时弊的抨击是极为尖锐、猛烈和大胆的。

唐玄宗晚年好大喜功而穷兵黩武,文臣武将也就投其所喜邀宠生事。李白就针锋相对地指出:"乃知兵者是凶器,圣人不得已而用之。"(《战城南》)对唐玄宗不惜牺牲数万士卒轻启战端去夺取石堡城大加斥责:"君不能学哥舒,横行青海夜带刀,西屠石堡取紫袍。"(《答王十二寒夜独酌有怀》)

由于唐玄宗的骄纵,天宝末年宦官权势越来越重。虽然宦官擅权到中唐才成为严重的社会政治问题,但祸根在唐玄宗天宝年间就已经埋下。对这方面,李白是最早予以讥刺和揭露的,如"中贵多黄金,连营开甲宅。路逢斗鸡者,冠盖何辉赫。鼻息干虹蜺,行人皆怵惕"(《古风》其二十四),"斗鸡金宫里,蹴鞠瑶台边。举动摇白日,指挥回青天"(《古风》其四十六)。

天宝年间,政治日趋黑暗,朝政更为昏乱,不仅是"战士食糟糠,贤者处蒿莱"(《古风》其十五)、"梧桐巢燕雀,枳棘栖鸳鸾"(《古风》其三十九)的贤愚颠倒,更有甚者是奸臣当道才志之士蒙难遭戮。但李白所抨击的却并不止于像李邕、裴敦复这样的才士贤者的被害(《答王十二寒夜独酌有怀》:"君不见李北海,英风豪气今何在?君不见裴尚书,土坟三尺蒿棘居。")而更在于追本其根由:"殷后乱天纪,楚怀亦已昏。夷羊满中野,菉葹盈高门。比干谏而死,屈平窜湘源。"(《古风》其五十一)这种抨击的针对性和指向性,在李白所处的所谓盛唐之世,应该说是极具尖锐甚至是穿透性的眼光,也是十分大胆的。这就是李白的胆识、李白的胆气,这就是李白的反叛精神!

李白的这种反叛精神,可以说是最具现实性,最具批判性,最具尖锐性。在唐代诗坛上,如果要以现实主义论作家,则李白的这种精神便是现实主义的异彩独放,是独标一格的现实主义。这不止是因为他的现实性、批判性和尖锐性,同时也还在于:一者他的现实性往往是用浪漫的表现形式加以表现,在浪漫的外壳中往往蕴含着极为深刻的现实性和批判性;二者,现实主义一般反映和指向的

是国计民生，李白也反映这些，但他的指向更尖锐，层面更高，不仅指向当朝权要，而且还指向当朝皇帝。所以说李白的反叛精神是现实主义的异彩独放，是独标一格的现实主义，是独一无二的。

四、热切关心国势民生投身报国的强烈爱国精神

李白的政治理想是"安社稷，济苍生"，社稷就是国家，苍生就是百姓。"安社稷"是使国家安定太平，是爱国；"济苍生"是救民于贫困凋敝，同样也是爱国。因此，李白"安社稷，济苍生"的政治理想，虽然不是他爱国精神的全部，但却是最主要最突出的内核。他想要实现理想抱负而不懈追求的轨迹，也就是他爱国精神光芒的闪耀。

唐玄宗天宝年间的朝政愈来愈黑暗腐朽，孕育着的政治危机也愈益严重。安史之乱以前，李白即已感觉到这种恶果。晚年的唐玄宗，任用权奸李林甫、杨国忠和安禄山，使国家、朝政大受危害。李林甫口蜜腹剑残害忠良，败坏朝纲；杨国忠以蜀中一小吏因杨氏姊妹而鸡犬升天，竟领四十余使，权倾天下，擅权弄权；安禄山身兼范阳、平卢、河东三镇节度使，手握重兵达天下之半，野心勃勃，叛乱危在眉睫。对此，李白借用娥皇、女英及尧幽囚、舜野死的传说，向李唐王朝提出了警告："君失臣兮龙为鱼，权归臣兮鼠变虎。"（《远别离》）虽然他明知唐玄宗不会听取他的忠告，"我纵言之将何补？皇穹窃恐不照余之忠诚"，还是不能保持沉默，正说明他对国家安危的迫切关注。不仅如此，他甚至不惧危险探身虎穴，"十月到幽州"观察安禄山的动静。而所见到的是"戈铤若罗星""呼吸走百川，燕然可摧倾"（《赠江夏韦太守良宰》），是"燕谷无暖气，穷崖闭严阴"（《邹衍谷》），是"烛龙栖寒门，光耀犹旦开"，是"燕山雪花大如席，片片吹落轩辕台"（《北风行》）。危在旦夕的形势，使李白大为担忧，也大为愤恨，"揽涕黄金台，呼天哭昭王"（《赠江夏韦太守良宰》），"黄河捧土尚可塞，北风雨雪恨难裁"！（《北风行》）

如李白之预见之担忧，叛乱发生了。安史之乱爆发之后，李白的爱国精神表现得更为突出。当他"俯视洛阳川"，看到"茫茫走胡兵，流血涂野草，豺狼尽冠缨"（《古风》其十九），看到"中原走豺虎，烈火焚宗庙""苍生疑落叶，白骨空相吊"（《留赠崔宣城》），看到"九土中横溃，汉甲连胡兵。沙尘

暗云海，草木摇杀气。星辰无光彩，白骨成丘山"的情景，他痛心疾首地责问："苍生竟何罪！"怒斥公卿将帅的无能："长戟三十万，开门纳凶渠，公卿如犬羊。"（《赠江夏韦太守良宰》）正因为安史之乱既祸国家又殃百姓，所以他要参加永王李璘的部队，做永王的幕僚。入幕永王后的诗篇，充满着昂扬的爱国激情，《在水军宴赠幕府诸侍御》诗写道："浮云在一决，誓欲清幽燕。""齐心戴朝恩，不惜捐微躯。"表明自己平叛戡乱的决心和报效国家的信念。在《永王东巡歌》中又表达了必胜的信心："三川北虏乱如麻，四海南奔似永嘉。但用东山谢安石，为君谈笑静胡沙。"（其二）"试借君王玉马鞭，指挥戎虏坐琼筵。南风一扫胡尘静，西入长安到日边。"（其十一）

有人认为李白入幕永王是被骗被胁迫的，后来李白自己也说是"空名适自误，迫胁上楼船"（《赠江夏韦太守良宰》），"属逆胡暴乱，避地庐山，遇永王东巡胁行"（《为宋中丞自荐表》）。但是，看他入幕永王后的那些诗篇，哪是这么回事？而且李白还有《与贾少公书》一篇，更能说明问题。它是受聘永王行前对"贾少公"指责自己入幕的答书。书言："白绵疾疲薾，去期恬退，才微识浅，无足济时。虽中原横溃，将何以救之。王命崇重，大总元戎，辟书三至，人轻礼重，严期迫切，难以固辞，扶力一行，前观进退。且殷深源庐岳十载，时人观其起与不起，以卜江左兴亡。谢安高卧东山，苍生属望。白不树矫抗之迹，耻振玄邈之风，混迹渔商，隐不绝俗，岂徒贩卖云壑，要射虚名……唯当报国荐贤，持以自免。斯言若谬，天实殛之。"书中可以窥见的是李白系苍生社稷激烈跳动热血沸腾的心，和一腔至老不衰的报国之志。从中可以看出李白入幕永王并非由于"迫胁"，文中的"严期迫切"，不过是说永王水师过寻阳不能久留，时间紧迫，容不得李白盘桓。如果"严期迫切"是"迫胁"，那又何必还要"辟书三至"，也就没有什么"礼"不"礼"，更不必"礼重"了。李白事后所说的"迫胁""胁行"不过是被追究时的自辩遮掩之辞。入幕永王恰恰是他在用自己的行动实践他"安社稷，济苍生"的理想抱负，报效国家。尤其是后来被投入狱中，判了流放罪，流放夜郎被赦后，在他生命的最后光景，以垂暮之年抱病之身，又去投军李光弼，要"斩巨鳌""脍长鲸"，为平定安史之乱建功，更是他爱国精神的最后一束强烈闪光。

李白的爱国精神，是以"安社稷，济苍生"的政治理想为内核。他对理想的

追求是顽强不懈的，他的爱国精神也一如对理想的追求，是终生不息，甚至是愈老愈强烈，愈老愈执着。这样的爱国精神，在唐代诗坛甚至在整个古代文化传统中都是不多的。

积极进取顽强不懈的追求精神、张扬个性和理想的狂傲精神、蔑视权贵抨击时弊抗争现实的反叛精神、热切关心国势民生投身报国的爱国精神，以上是构成"李白精神"、最具李白个性特征的四个主要方面。它，"不可效仿，不可重复，不曾也不可能在他人身上再现"。这就是李白精神！

附录一：《李白生平研究匡补》序

栩生以新作《李白生平研究匡补》示我，嘱我作序。我于李白谈不上研究，读完大作后有一些感想。兹就其中一点，写成短文，谓之读后感可矣。

二十年前，我在北京师大师从郭预衡先生攻读硕士学位。第二年学习唐宋文学，写了一篇《李白从政简论》的作业。洋洋二万余字，其意不外说李白既薄权贵，又热功名；既以管仲、乐毅自比，又于政治并不在行。李白思想性格十分复杂，李白的悲剧，在相当程度上是性格的悲剧。文章写成不久，读到裴斐先生《李白十论》，才知道自己的所见，裴斐先生不仅谈过，而且更为深刻，也由此知道做学问立论不易，要做到议论深刻透彻，更为不易。毕业后回川，我把作业中的一段《李白从璘辨析》独立出来，在一家学术刊物上发表，其余部分则束之高阁，一想到它便汗颜不止。

文章发表之后，便以为诸事大吉。不料现在读到栩生的大著，才知道自己对李白从璘一事的论析很不充分。如李白入永王幕后，曾有《与贾少公书》。该书对于确定李白从璘的时间，分析李白从璘的动机，是很重要的文献。关于书信的写作时间，我的文章仅用"据说写于李璘军中"一句，轻轻带过。栩生则据《旧唐书·永王传》、李白《送内寻庐山女道士李腾空》《赠王判官时余归隐居庐山屏风叠》，断定"此书作于天宝十五载（756）十二月，其时李白已应永王之辟，但尚未成行，故'扶力一行，前观进退'"。栩生的推论，较我的"据说"云云，显然更为确切。又如《与贾少公书》有云："且殷深源庐岳十载，时人观其起与不起，以卜江左兴亡。谢安高卧东山，苍生属望。白不树矫抗之迹，耻振玄邈之风，混迹渔商，隐不绝俗。岂徒贩卖云壑，要射虚名。方之二子，实有惭德；徒尘忝幕府，终无能为。"我在旧文之中，对此数句，只是说李白"引殷浩、谢安自比，以见其下山入水是'不树矫矫抗之迹，耻振玄邈之风'"。而栩生对此，却有更准确的论述：

> 李白对卧云林隐田庐如殷深源、谢安石者，并非不向往，并非不崇拜……然而李白在这封《与贾少公书》中却对"庐岳十载，时人观其起与不起，以卜江左兴亡"的殷浩和"高卧东山，苍生属望"的谢安大为鄙薄。……原来殷浩、谢安者辈为邀名而隐田庐卧云林却置苍生不顾。而李白虽也向往山林，崇尚高卧，但在"中原横溃"苍生涂炭、社稷倾危之际却不辞"绵疾疲薾""扶力一行"，将以救之，苍生社稷常系心中！难怪乎对殷浩、谢安者之行，"不树"且"耻"，责其"贩卖云壑，要射虚名"。"方之二子，实有惭德"，语调调侃，意实讥诮，对曾经作过少府的贾某来说，又有不尽之意！

仅此一例，便可见我当时读书粗疏有余，深思不足。故念及旧文，又不禁汗颜不止。

李白与四川有很深的渊源，四川的学者在李白研究方面，多有真知灼见。李白又是中国古代诗坛的巨擘，全国乃至国外的学者在李白研究方面，更是成就斐然。但从自己读栩生大著得到的教训推广来看，学人所作，对自己和学术界都只是阶段性的成果。正因如此，李白研究才会长盛不衰，前景无限。

栩生治学如其人，谦逊而踏实。其作于李白研究，价值自不待言；就我个人而言，所获更甚于此。是为序。

万光治

2000年3月12日

附录二：曲径通幽　走近李白——《李白生平研究匡补》读后

张一璠

这些年来，我更加坚持这样的观点：李白，是一个美丽的名字，一个伟大的名字；李白是永恒的，也是不可超越的。说"李白和他的诗歌，永远是我们民族的骄傲"，说"李白的作品成为中华民族优秀文化的典范和代表"，是一点也不过分的。但是真正认识李白，走近李白，并不是一件容易的事。这有如下一些原因：一是古代诗文这种"形式的隔膜"；二是千余年前的唐代社会生活，无论是政治的、经济的、文化的，与今人都有很大的距离，形成一种生活情感上的隔膜；三是李白之所以为李白的"独特性"。诚如裴斐先生所说：李白的"身世经历很富有传奇性，并存在许多谜。生也是谜，死也是谜，经历交游之谜就更多。其中有的可以解开，有的则恐怕永远无法解开，除非又发现了什么地下文物。"（《李白诗歌赏析集·前言》）

近读杨栩生教授的新著《李白生平研究匡补》（巴蜀书社版）获益良多。给我留下的总体印象是：著者在广搜博采、充分掌握资料的基础上，确实做了不少爬梳剔抉、探幽索隐的工作，提出了不少真正属于个人研究心得的精辟见解。这些见解对于我们认识李白、走近李白是大有裨益的。与此同时，著者的文献学功夫亦得到充分展示，是我所读到的"李白研究"著作中最为快意的一种。这与时下所见的那些或空疏浮泛，或连基本的理论知识都不具备的、人云亦云的所谓学术著作判然有别，即分轩轾。

《李白生平研究匡补》（以下简称《匡补》），着力于三个方面的研究：一为"李白蜀中行踪及诗文创作"；二为"李白首次入京求仕长安之始末"；三为"李白卒于宝应元年考辨"。这三个方面所涉的诸多问题，都是李白研究中颇多争议的热点、难点，也是广大读者所关注的。我是李白诗文的热心读者，是李白人格的崇仰者，但与"李白研究"相去甚远。然而这并不妨碍我对有关李白生平问题的诸多兴趣，所幸我所感兴趣的一些问题，在《匡补》一书中都找到了较为满意的答案。

一是李白的出生地、生卒时间。这是凡涉"生平"一类研究所不能回避，也回避不了的敏感问题，也是"知人论世"的入口处。李白的出生地，向来有三种说法，即"蜀地"说、"西域"说、"长安"说。《匡补》一书以无可辩驳的事实，详加论证，有力地支持"蜀地"说，其结论是"李白生于蜀地是可以肯定的"。而于李白的卒年，旧说加新说，也有了三种意见。一是卒于宝应元年（762）。这一说法，在詹锳先生《李白全集校注汇释集评》一书的"前言"中还有一段生动的描述，给读者留下的印象特别深刻。他说："李白的一生是在唐玄宗的时代。他和唐玄宗、肃宗同死于一年，即宝应元年（762），享年六十二岁。"这算是旧说。"近年来出现了两种新说：一说卒于广德二年（764），一说卒于广德元年（763）"。《匡补》一书通过《闻李太尉大举秦兵百万出征东南懦夫请缨冀申一割之用半道病还留别金陵崔侍御十九韵》系年之辨，以及《送内寻庐山女道士李腾空》诸诗系年的辨析，极具说明力地告诉我们："李白卒于宝应元年还是比较可靠的。虽然还可作深入探讨，但'新说'所持论据是不可靠的，所以结论也是不正确的。"

二是李白的交游。《匡补》一书于此突出了两点：一是李白早年在蜀中的交游；二是李白"入京求仕长安"之交游。而其中论述最为精彩的当属"李白首次入京求仕长安之始末"这一部分。如果说李白蜀中之游历，不过是"开阔了青年诗人的胸怀，孕育了他热情奔放，不受传统束缚的思想和性格"（复旦本《李白诗选》），是李白之所以成为李白的准备阶段。这里所谓的"准备"，当然包括了知识的、思想的、意志的准备。而"入京求仕"的长安之行，我以为是李白交游中最为光辉的一页，也是他思想发生深刻变化的重大转折期。这是因为他因此见到了当朝最高统治者玄宗皇帝。这一点，就是在千年以后的今人看来，也是极荣耀的事。何况玄宗"初亦颇加礼遇"。但终因才气过高，性格狂傲，以致"权臣妒盛名，群犬多吠声"（任华《杂言寄李白》），直至最终"被挤出京"，都是预料中的事。"但是，李白正因此而对封建社会的某些黑暗面有了认识，他的诗歌创作也因此而产生了一个飞跃，他的天才闪射出了批判现实的犀利光芒"（《中国历代著名文学家评传·李白》）。也许，正是基于这样的认识，历代李白研究家们都特别关注李白的长安之行。《匡补》在接受李白"两入长安"说的前提下，详加考证，将李白"首次入长安"的时间交代得具体而明白："李白第一次入长安的起始时间是在开元十九年（731），在京城一带滞留了开元十九、

二十、二十一三个年头。"这给读者了解李白在"长安时期"的生活及创作情况提供了方便。丹纳《艺术哲学》里有这样一段话:"要了解一件艺术品,一个艺术家,一群艺术家,必须正确地设想他们所属的时代的精神和风俗概况。这是艺术品最后的解释,也是决定一切的基本原因。"出于同样的理由,我们要对李白其人及其作品做"最后的解释",是不能不去留意其交游的。正如《匡补》所指出的,"李白平生有着极广泛的交游"。因此,如从"交游学"角度去做深入的探讨,就还大有文章可做。

　　三是对李白诗文的解读。这里的所谓"解读",有三点尤其值得特别指出:其一,是对李白在蜀中诗文创作的考订。李白在蜀中生活了25年。而蜀中时期的诗作,"留传下来的很少,可以考定的不到十篇"(复旦本《李白诗选》)。我们读李白蜀中所留下的作品,常为不能考辨其创作的具体(或大致)时间而惆怅。诚如《匡补》一书所言:"李白在蜀地生活达二十余年,而《李太白全集》所存蜀中之诗作却屈指可数,且多难寻其年代,这无疑有碍于对李白的生活经历及思想、创作发展的认识。"栩生先生以他生于蜀地,且在李白家乡供职高校教学的"地利"条件,对李白蜀中诗文及其创作年代,"能考者考之,能辨者辨之"。栩生先生在这里所说的"考之""辨之",在我看来,就是做了"系年"和"年谱"一类的工作,是一件惠及学林的大好事。经著者一番审慎的"考辨",共提供李白蜀中所作诗文达20余篇,并列出了一张《李白蜀中年表》。这既见著者治学的严谨,又为读者提供了极大的方便。虽该表仅以"附录"的形式载入,我却十分看重。其二,是对李白名篇《蜀道难》一诗的创作时地,以及"为何而作"等问题的考辨。这首先使我想到早年曾读过的《李白研究》(李守章著,上海新宇宙书店1930年版)。李先生在书中讲过这样一番话:"这首诗的表面是写的由秦入蜀的羊肠小道;其中峰峦巉岩的险峻,鸟悲猿啼的恐怖,月色惨淡的凝冷,枯松挂壁的凛冽,无不使人毛发森然!但是,蜀道真的如此吗?他曾经走过这样的路吗?在事实上是不会如他所描写的那样奇险。他不过借嘹亮的音节,写出他的冥索的幻想,而把人事方面的险峻寓了进去,挺出人民反抗苛政的呼声罢了!可是他却借了大自然做了他的背景。"李守章先生的这番说法也可以说是提供了一种"答案"!但失之牵强。此外,李先生之说也多不确定,如说"是写的由秦入蜀的羊肠小道",这判断并不错,但未说出创作的时地。而《匡补》则用了相当篇幅来论述，并得出了明确的结论："李白其诗实实在在是写于天宝元年应诏晋京时，而且是进京后不久，也即是供奉翰林不久。"至于"为何而作"，从"詹锳先生的送友人入蜀说"。这样的研究成果，是极有助于我们去解读那享千古绝唱之誉的《蜀道难》的。其三，是对李白散文风格的论述。历来，人们较多地把阅读的兴趣和研究的目光，投放在李白的诗歌创作上，而于李白的散文创作则留意不多。这大概是因为李白之文为诗名所掩的缘故。如陈柱《中国散文史》："韩柳"自不必说，而杜甫、李商隐、白居易之文均有论说，独不提李白一字。说"留意不多"，当然毕竟有研究者留心于此。如郭预衡《中国散文史》（三卷本，上海古籍出版社）就给了李白散文以应有的地位："李白在开元年间，怀着'天生我才必有用'的信念，在他的笔下，几乎没有'戚戚之文'。尽管'识度甚浅'，却豪壮清新，这样的文章，和前后各家相比，很有特色。"郭预衡的说法重点在"豪壮清新"四个字上，自然不无道理。但我更喜欢栩生先生对李白散文特点所做的理论概括：一是"骈散结合，以诗为文"；二是"注重形象的刻画塑造"。在我看来，这同样是对李白研究的不应忽视的理论贡献。如果著者由李白的散文而又能论及李白的书法，那么，其研究的视角，就更为丰富了，读者认识李白的空间亦由此而得以拓展。以此质之栩生先生不知以为如何？这是因为作为一个艺术家的李白，他不仅能诗，能文，还能书。他是诗人，也是书法家。《宣和书谱》称其"字画尤飘逸，乃知白不特以诗名也"。《书学史》则以"雄逸秀丽，飘飘然有仙气"论之。

四是作者的考辨功力。栩生先生的这部著作是对多年来的"李白研究"中所悬置的诸多问题的"匡补"。简而言之，就是"匡正"之，"补充"之。这并不是一件易于讨好的事，它当以著者的学识为基础，亦颇见考辨的功力。这在《匡补》一书中不乏其例可证。我这里仅以深得詹锳先生赞许的那件为学界传为美谈的事为例：

> 杨栩生在《李白〈留别金陵崔侍御再辨〉》一文，辨李光弼出镇临淮一事，《资治通鉴》所纪与两《唐书·李光弼传》有出入，应以两《唐书》为准。其结论谓："上元二年五月李光弼受命出镇临淮，途中因史朝义进略申、光等十三州，围宋州，情况紧急，李光弼'遂疾驱入

徐州',使田神功解宋州之围。李白正于此间'闻李太尉大举秦兵百万出征东南'的'云骑绕彭城'时投效,到《十九韵》自当作于上元二年。"(见《中国李白研究》一九九一年集)杨栩生的考证是可信的。

(《李白全集校注汇释集评·前言》)

詹锳先生是国内公认的"李白研究"专家。他对栩生教授的认可,是具有权威性的。我们对栩生教授的考辨功力,不得不表示由衷的敬服。

韩愈老先生曾说过"李杜文章在,光焰万丈长"这样的话,成为"李杜"并称的最为形象的说法。而后来的历史却证明,在对李杜其人其诗的研究上,却是"千家注杜",其盛况远在李白之上。这是很值得玩味的一种文化现象。因此可以这样说,研究李白,就难免有"烧冷灶"之嫌,且足资参考的东西就少得多,其研究的难度,也就可想而知了。《匡补》一书的著者,正是在这样的背景下开展其工作的,其知难而进的勇气,以及在研究工作上已取得的实实在在的理论成果,就不能不令人于佩服之余再加肃然起敬了。也因此才有理由说:《匡补》一书,是作者奉献给"李白研究"领域的又一新成果,是值得一读的学术研究力作。欲近李白,不可不读。我们要对李白的艺术成就作出新的、创造性的诠释,不可不读。

(原载《绵阳师范高等专科学校学报》2001年第6期)